Karl Sandner (Hrsg.)

Politische Prozesse in Unternehmen

Mit Beiträgen von
T. Dyllick, A. Kehrer, M. Lueger, S. Sackmann
K. Sandner, J. Steyrer, P. Stockinger, R. Wimmer

Zweite Auflage

Mit 16 Abbildungen

Springer-Verlag Berlin Heidelberg GmbH

Professor Dr. Karl Sandner
Wirtschaftsuniversität Wien
Augasse 2-6
A-1090 Wien, Österreich

ISBN 978-3-7908-0616-8   ISBN 978-3-642-58168-7 (eBook)
DOI 10.1007/978-3-642-58168-7

Dieses Werk ist urheberrechtlich geschützt. Die dadurch begründeten Rechte, insbesondere die der Übersetzung, des Nachdruckes, des Vortrags, der Entnahme von Abbildungen und Tabellen, der Funksendungen, der Mikroverfilmung oder der Vervielfältigung auf anderen Wegen und der Speicherung in Datenverarbeitungsanlagen, bleiben, auch bei nur auszugsweiser Verwertung, vorbehalten. Eine Vervielfältigung dieses Werkes oder von Teilen dieses Werkes ist auch im Einzelfall nur in den Grenzen der gesetzlichen Bestimmungen des Urheberrechtsgesetzes der Bundesrepublik Deutschland vom 9. September 1965 in der Fassung vom 24. Juni 1985 zulässig. Sie ist grundsätzlich vergütungspflichtig. Zuwiderhandlungen unterliegen den Strafbestimmungen des Urheberrechtsgesetzes.
© Springer-Verlag Berlin Heidelberg 1992
Ursprünglich erschienen bei Physica-Verlag Heidelberg 1992

Die Wiedergabe von Gebrauchsnamen, Handelsnamen, Warenbezeichnungen usw. in diesem Werk berechtigt auch ohne besondere Kennzeichnung nicht zu der Annahme, daß solche Namen im Sinne der Warenzeichen- und Markenschutz-Gesetzgebung als frei zu betrachten wären und daher von jedermann benutzt werden dürften.

7120/7130-543210 – Gedruckt auf säurefreiem Papier

Inhaltsverzeichnis

1	Zur Zielgerichtetheit betriebswirtschaftlichen Denkens - Eine Einführung Karl Sandner	1
2	**Der Kontext politischer Prozesse**	
2.1	Sozioökonomische Rahmenbedingungen politischer Prozesse in Unternehmen Johannes Steyrer	7
3	**Politische Prozesse in Unternehmen**	
3.1	Unternehmenspolitik - Politik im Unternehmen. Zum Begriff des Politischen in der Betriebswirtschaftslehre Karl Sandner	45
3.2	Kommunikation und Interaktion. Handlungstheoretische Grundlegung politischer Prozesse dargestellt am Begriff der Macht Peter Stockinger	77
3.3	Zur Gehorsamsbereitschaft in Organisationen Alois Kehrer	103
3.4	Die Steuerung komplexer Organisationen. Ein Reformulierungsversuch der Führungsproblematik in systemischer Sicht Rudolf Wimmer	131
3.5	'Kulturmanagement': Läßt sich Unternehmenskultur 'machen'? Sonja Sackmann	157
3.6	Das Verhältnis von Macht und Herrschaft als politische Wechselbeziehung in Organisationen Manfred Lueger	185
4	**Das Unternehmen als politischer Akteur**	
4.1	Politische Legitimität, moralische Autorität und wirtschaftliche Effizienz als externe Lenkungssysteme der Unternehmung. Grundvorstellungen einer gesellschaftsbezogenen Managementlehre Thomas Dyllick	205
	Zu den Autoren	231

Zur Zielgerichtetheit betriebswirtschaftlichen Denkens - Eine Einführung

Karl Sandner

Betriebswirtschaftslehre und Politik scheinen im traditionellen betriebswirtschaftlichen Selbstverständnis nicht sehr viel gemein zu haben. Wohl werden funktionale Teil-'politiken' (z.B. Mellerowicz, 1976) entwickelt, aber diese beziehen sich auf abgegrenzte technologische Mittel-Zweck-Verknüpfungen auf der Grundlage strategischer Entscheide. Ansonsten vermittelt sich der Eindruck, man bemühe sich, die Betriebswirtschaftslehre ausgegrenzt und frei von allem Nicht-Dazugehörigen zu halten. Frei vor allem von jenen Phänomenen und Theoriebezügen, die etwas mit Normativität, individuellen Interessen und Gruppeninteressen, Macht, Herrschaft oder eben auch politischen Prozessen zu tun haben könnten. Diese eben genannten Begriffe rufen bei etlichen Betriebswirtschaftern - noch immer - Berührungsängste hervor. Mit diesen Begriffen und den sie repräsentierenden Inhalten will man (d.h. die 'reine' Lehre, ihre Betreiber) eher nichts zu tun haben als umgekehrt (z.B. Wöhe, 1976).

Demgegenüber läßt sich jedoch argumentieren, daß mit der Berücksichtigung z.B. politischer Phänomene eine *qualitative* Dimension zur sonst vorwiegend quantitativen Betrachtungsweise hinzutritt, der Status der Kunstlehre überwunden und eine überfällige Re-Integration in die Sozialwissenschaften ermöglicht werden könnte. In diesem Band wird implizit und explizit der Standpunkt vertreten, daß die Betriebswirtschaftslehre ohne ein geeignetes *sozialwissenschaftliches* Fundament in ihrem Theorie- und in ihrem Praxisbezug in zunehmende Schwierigkeiten geraten wird. Eine zunehmend komplexer werdende und als solche auch erlebte soziale Wirklichkeit wird zunehmend unzulänglicher mit redundanten Theorien erfaßt werden können. Sie verlangt nach weiterreichenden theoretischen Zugängen, als dies z.B. die Anreiztheorie in ihrer Funktion als dynamische Kategorie betriebswirtschaftlichen Denkens zu leisten vermag.

Auch wenn so getan wird 'als ob', läßt sich - etwas genauer betrachtet - das Postulat der Wertfreiheit z.B. hinsichtlich der Zielfunktion wirtschaftlichen Handelns ohnedies nicht aufrechterhalten. Die Beschränkung auf die Entwicklung der 'Mittel für vorgegebene Zwecke' erinnert an die 'Dame ohne Unterleib'. Genauso wie diese nicht beliebig und folgenlos zerlegbar ist, können betriebswirtschaftliche Zielsetzungen und die damit verbundenen Prozesse nicht ohne ihren außerbetrieblichen sozio-ökonomischen Kontext und auch nicht ohne ihre innerbetrieblichen, auf die Realisierung der Interessen der Beteiligten gerichteten Prozesse angemessen verstanden werden.

Der Auseinandersetzung mit der qualitativen Dimension des betrieblichen Handelns, also der Zielgerichtetheit, dient die Erörterung der *Politischen Prozesse in Unternehmen*. Der Anwendungszusammenhang betriebswirtschaftlichen Denkens berücksichtigt solche Prozesse mitunter implizit. So z.B. dann, wenn von Durchsetzungsproblemen (Witte, 1973) die Rede ist. Die betriebliche Praxis dagegen hat mit politischen Phänomenen in ihrem betrieblichen Alltag zu tun (Allen et al., 1979), gleichgültig ob sie dieses will oder nicht, gleichgültig ob die betriebswirtschaftliche Theorie mit diesen Phänomenen zu Rande kommt oder nicht. In diesem Sinn geht es hier auch darum, die Praxis theoretisch einzuholen. In einem allgemeinen Sinn hat dabei Politik etwas zu tun mit Ordnungsvorstellungen, mit den Beziehungen der Systemmitglieder zueinander, mit der Organisation und Verteilung von Handlungsmöglichkeiten sowie mit der Verteilung von Ressourcen und Werten.

Damit wird aber deutlich, daß eine Beschränkung auf innerbetriebliche Teilaspekte des Handelns, d.h. eine Beschränkung auf die sog. *Mikropolitik*, zur Erklärung bzw. zum Verständnis dieser Phänomene nicht ausreichen wird. Die sozio-ökonomischen Voraussetzungen betrieblichen Handelns sind mit zu berücksichtigen. Der vorliegende Band geht daher, um betriebliche Prozesse angemessen erklären bzw. verstehen zu können, in seinem Theoriebezug über die Analyseebene des Betriebes hinaus.

Zum derzeitigen Stand unseres sozialwissenschaftlichen Wissens über politische Prozesse sind wir von einem einheitlichen Politikbegriff weit entfernt. Von der Betriebswirtschaftslehre, die in der Beschäftigung mit politischen Phänomenen erst in ihren Anfängen steckt, ist ein solcher einheitlicher Politikbegriff noch viel weniger zu erwarten. Die in diesem Band vertretenen Vorstellungen von Politik weisen daher zwar beträchtliche Überschneidungen und Gemeinsamkeiten auf, die dennoch gegebene Heterogenität ist m.E. im derzeitigen Stadium der Theorieentwicklung nicht nur unvermeidlich, sondern sogar notwendig: Es ist momentan wesentlich wichtiger, das Feld zu öffnen, als in scheinbarer Homogenität und tatsächlicher Redundanz zu verkümmern. Von einer 'politischen Theorie des Unternehmens', einer 'Theorie des Unternehmens als politisches System' oder ähnlichem sind wir zur Zeit noch weit entfernt.

Vor diesem Hintergrund bezweckt der vorliegende Band die Untersuchung politischer Prozesse in Unternehmen. In einem ersten Schritt werden dabei die sozio-ökonomischen und historischen Voraussetzungen einer solchen Diskussion über politische Phänomene in Wirtschaftsorganisationen erörtert. 'Management' wird - i.S. dieses Bandes - als eine politische Kategorie etabliert. In einem zweiten Schritt werden die Brauchbarkeit diverser Politikkonzepte für die Betriebswirtschaftslehre untersucht und begriffliche Grundlagen entwickelt. Daran anschließend werden politische Prozesse auf der Ebene von Individuen, von Gruppen und auf der Ebene der Gesamtorganisation diskutiert. Dabei werden politische Phänomene sowohl direkt als auch als Metaphänomene angesprochen. In einem dritten und letzten Schritt wird das betrieblich-politische Handeln auf seinen sozio-ökonomischen Kontext hin erweitert und in diesen explizit eingebunden: Neben das Effizienzprinzip als Kriterium wirtschaftlichen Handelns sind in der Praxis längst schon andere - nicht-ökonomische - Beurteilungskriterien getreten, welche die Zielrichtung unternehmerischen Handelns ausschlaggebend beeinflussen.

Johannes Steyrer geht daher in seinem Beitrag *"Sozioökonomische Rahmenbedingungen politischer Prozesse in Unternehmen"* von der verkürzten Reichweite mikropolitischer Perspektiven aus. Er zeigt, daß eine Diskussion über politische Prozesse in Unternehmen nur dann sinnvoll zu führen ist, wenn auch die Wechselbeziehungen zwischen dem gesellschaftlichen Gesamtsystem und den jeweiligen Subsystemen hinsichtlich der innerorganisatorischen Auswirkungen mit einbezogen werden. Im besonderen gilt es dabei, die Auswirkungen der Handlungsrationalität auf die Verfestigung organisationaler Beziehungen, die Ursachen und die Wirkungsweisen übergreifender Machtasymmetrien unter dem Blickwinkel eines interesseorientierten Politikverständnisses sowie die Auswirkungen von Differenzierungsmechanismen auf die Handlungschancen einzelner Mitglieder und Gruppen in Unternehmen aus der Warte eines herrschaftsorientierten Politikverständnisses zu untersuchen.

Damit sind die Voraussetzungen geschaffen, zielorientierte Prozesse in Unternehmen als politische Prozesse zu begreifen. *Karl Sandner* diskutiert auf dieser Grundlage zunächst die gegenwärtigen Vorstellungen der Betriebswirtschaftslehre hinsichtlich *"Unternehmenspolitik - Politik im Unternehmen"*. Er kommt zum Schluß, daß die derzeitigen betriebswirtschaftlichen Politikkonzeptionen zu kurz greifen und schlägt die Rückbesinnung auf zwei historische Politikkonzepte vor: auf Politik als Interessenrealisierung und auf Politik als Herrschaftsausübung. In ihrer Anwendung auf betriebswirtschaftliche Fragestellungen zeigt sich, daß sich diese beiden Konzeptionen in ihrer betrieblich-politischen Praxis sowohl konkurrenzhaft als auch komplementär gegenüberstehen.

Eines der Dilemmata der gegenwärtigen betriebswirtschaftlichen Diskussion über Politik im Unternehmen besteht im Fehlen geeigneter sozialwissenschaftlicher Begriffe. *Peter Stockinger* geht davon aus, daß hybride manageriale Begriffsbildungen zu ebensolchen Theorien führen. In seinem Beitrag *"Kommunikation und Interaktion. Handlungstheoretische Grundlegung politischer Prozesse dargestellt am Begriff der Macht"* entwickelt er daher vor dem Hintergrund einer strukturalen Organisationstheorie elementare sozialwissenschaftliche Begriffe. Denn erst auf dieser Grundlage können politische Prozesse angemessen beschrieben, verstanden bzw. erklärt werden.

Versteht man zielgerichtete Prozesse in Unternehmen im allgemeinen und Steuerungsprozesse im besonderen als politische Prozesse, dann lassen sich diese Prozesse auf drei Analyseebenen festmachen: Auf der Ebene von Individuen, auf der Ebene von Gruppen und auf der Ebene des Gesamtunternehmens.

Das geordnete Funktionieren komplexer Organisationen kann mit Hilfe externer Steuerungsmechanismen (z.B. Anleitung, Überwachung, Kontrolle) nur unzureichend erklärt werden. *Alois Kehrer* geht daher in seinem Beitrag der *"Gehorsamsbereitschaft in Organisationen"* nach. Vor dem Hintergrund einer tiefenpsychologischen Theorie der Gehorsamsbereitschaft weist er nach, daß wesentliche Voraussetzungen der Gehorsamsbereitschaft und damit des geordneten Funktionierens von Organisationen von den Organisationsmitgliedern internalisiert sein müssen, damit diese gleichsam "von sich aus" die von ihnen erwarteten Leistungen erbringen. Vor allem sog. Autoritäten und fraglos übernommene Interpretationsmuster bestimmen dabei die Gehorsamsbereitschaft der Mitarbeiter.

Auf der Basis des oben erläuterten Politikbegriffs ist Führung in Unternehmen als politisches Phänomen zu betrachten. Methodisch steht der Vorgesetzte seinem Führungsobjekt nun nicht mehr kausalistisch-extern gegenüber, sondern er ist mit seinen Führungshandlungen ebenfalls Beteiligter und auch Betroffener des Systems Führung. *Rudolf Wimmer* vertritt daher die Ansicht, daß *"Die Steuerung komplexer Organisationen"* nach anderen Lösungen verlangt, als es etwa das Modell der Trivialmaschine anzubieten hat. Ein nicht-triviales Systemverständnis hebt die Trennung in Führende und Geführte auf und fordert u.a. die Aufgabe der Vorstellung vollständiger Kontrollierbarkeit von Unternehmen. Mit der Umstellung auf ein nicht-triviales Führungsverständnis steigen aber die qualitativen Anforderungen an Führungskräfte.

Mit der in den letzten Jahren auch in der Betriebswirtschaftslehre zunehmenden Beschäftigung mit organisationskulturellen Phänomenen rückt auch die Frage nach der Gestaltbarkeit von Unternehmenskulturen in das Zentrum organisationspolitischer Fragestellungen. Gelingt es den Steuernden, die Unternehmenskultur 'in den Griff' zu bekommen, dann steht damit ein tendenziell totalitäres Steuerungsinstrument zur Verfügung. *Sonja Sackmann* untersucht die Frage der Steuerbarkeit von Unternehmenskulturen in ihrem Beitrag *"'Kulturmanagement': Läßt sich Unternehmenskultur 'machen'?"* vor allem unter theoretischen und methodologischen Gesichtspunkten. Sie diskutiert vorerst den Variablen-Ansatz und den Metapher-Ansatz und schlägt anschließend als dritte Alternative vor, Unternehmenskultur als dynamisches Konstrukt zu verstehen. Damit werden sowohl funktionale als auch ideelle Elemente in das Konzept Unternehmenskultur integriert.

Die Konzepte Macht und Herrschaft stehen explizit oder implizit im Zentrum jeder Diskussion über politische Prozesse. *Manfred Lueger* geht in seinem Beitrag *"Das Verhältnis von Macht und Herrschaft als politische Wechselbeziehung in Organisationen"* auf das Verhältnis dieser beiden Konzepte zueinander ein. Die macht- und herrschaftsbezogenen Potentiale in Organisationen werden zeitlich, sozial und inhaltlich differenziert; ein Strategieschema - orientiert an Sinndimensionen, Strategieebenen und Macht- bzw. Herrschaftsbezug - wird entwickelt. Die damit herausgearbeiteten Strategien werden am Beispiel rigider und flexibler Organisationsformen erläutert und hinsichtlich ihrer Funktionalität untersucht.

Bereits eingangs wurde darauf hingewiesen, daß politische Prozesse in Unternehmen ohne Bezugnahme auf den außerorganisatorischen Kontext nicht angemessen verstanden bzw. erklärt werden können. Der diesen Band abschließende Beitrag geht auf die strategische Verknüpfung innerorganisatorischer Entscheidungsprozesse mit Anforderungen, die aus dem politischen Kontext des Unternehmens an dieses herangetragen werden, ein. In seinem Beitrag *"Politische Legitimität, moralische Autorität und wirtschaftliche Effizienz als externe Lenkungssyteme der Unternehmung"* entwickelt *Thomas Dyllick* diese Überlegungen in Richtung einer gesellschaftsbezogenen Managementlehre weiter. Er geht dabei von der öffentlichen Exponiertheit des Unternehmens, die ihm den Status einer quasi-öffentlichen Institution verleiht, aus. Die dominante Handlungsrationalität wird von einer wirtschaftlichen zu einer gesellschaftlichen erweitert. Auf Grund dessen treten daher neben den Markt noch die Politik und die Moral als unternehmensexterne Lenkungssysteme hinzu.

Ob die Betriebswirtschaftslehre in nächster Zeit zu einem in diesem Band dargestellten politischen Selbstverständnis finden wird, erscheint fraglich. Gerade dieser Zweifel spricht aber für eine intensivere Auseinandersetzung mit politischen Prozessen in Unternehmen. Denn die Themenstellungen, mit denen sich eine anwendungsorientierte Wissenschaft wie die Betriebswirtschaftslehre dominant beschäftigt, aber auch Art und Intensität der (Nicht-)Auseinandersetzung mit sich selbst, sind letztendlich als politische Phänomene zu begreifen.

Literatur

Allen, R.W./Madison, D.L./Porter, L.W./Renwick, P.A./ Mayes, B.T.: Organizational Politics. Tactics and Characteristics of its Actors. In: California Management Review 22. Jg (1979), S. 77 - 83

Mellerowicz, K.: Unternehmenspolitik, Bd. 1. Freiburg 1976 (3. Aufl.)

Witte, E.: Organisation für Innovationsentscheidungen. Göttingen 1973

Wöhe, G.: Einführung in die Allgemeine Betriebswirtschaftslehre. München 1976 (12. Aufl.)

Sozioökonomische Rahmenbedingungen politischer Prozesse in Unternehmen

Johannes Steyrer

1 Einleitung

Politische Prozesse in Unternehmen werden von der traditionellen betriebswirtschaftlichen Theorie üblicherweise im Zusammenhang mit der strategischen Ausrichtung einer Unternehmung diskutiert. Derartige Ansätze erkennen in betrieblichen Entscheidungen stets rationale Handlungsweisen und vertreten damit eine äußerst verkürzte Sichtweise über den Charakter und das Zustandekommen betrieblicher Handlungen. Sozialwissenschaftlich orientierte betriebswirtschaftliche Ansätze sehen hingegen in betrieblichen Entscheidungen das Resultat von Aushandlungsprozessen, in welche die Interessen der jeweils Beteiligten einfließen und integrieren damit die Dimension des "Politischen" in ihr Selbstverständnis. In ihrem Kern handelt es sich bei diesen Theoriekonzepten um mikrodimensionale Sichtweisen, die jeweils die aktuellen Interessen der Akteure eines spezifischen sozialen Systems in den Brennpunkt der Betrachtungen rücken. Ausgeblendet bleiben in dieser Orientierung die sozioökonomischen Kontextfaktoren, die den gesamtgesellschaftlichen Rahmen reflektieren, unter dem die einzelnen Akteure einer spezifischen Unternehmung ihre Interessen zu verwirklichen trachten.

Diese verkürzte Reichweite mikrodimensionaler Perspektiven ist theorieimmanent und ursächlich mit der Beschränkung auf innerorganisatorische Bedingungen einzelner Subsysteme des gesellschaftlichen Gesamtsystems verbunden. Eine derartige Sichtweise ist sowohl legitim als auch zweckmäßig, weil die gesellschaftliche Komplexität eine Konzentration auf verschiedene Referenzebenen erforderlich macht. Dennoch ist eine Diskussion über politische Prozesse in Unternehmen nur dann sinnvoll zu führen, wenn auch die Wechselbeziehung zwischen dem gesellschaftlichen Gesamtsystem und einzelnen Subsystemen hinsichtlich ihrer Auswirkungen auf innerorganisatorische Bedingungen miteinbezogen wird. Denn nur aus dieser Wechselbeziehung kann z. B. eine Analyse jener marktwirtschaftlich bedingten Sachzwänge vorgenommen werden, die die unternehmenspolitischen Zielsetzungen und Aushandlungsprozesse und damit auch die politischen Beziehungen präformieren und dominieren.

Bevor ich nun detailliert auf die Zielsetzung und den Aufbau meines Beitrages eingehe, gilt es zunächst, jenen Politikbegriff zu erarbeiten, der mir als Richtschnur für die einzelnen Erörterungen dient. Dieser Politikbegriff geht im wesentlichen auf die Arbeit von Lenk und Franke zurück, die zwischen drei verschiedenen Elementen des Politikbegriffs unterscheiden: Herrschaft, Interesse und Öffentlichkeit (Lenk/Franke, 1987).

Wie Lenk und Franke nachweisen, beginnt die Diskussion über den Politikbegriff - sieht man von der Antike ab - mit dem Aufkommen der neuzeitlich bürgerlichen Gesellschaft und hier insbesondere im Rahmen ihrer gesellschaftlichen Vorformen, den Stadt-Staaten der italienischen Renaissance. In diesem gesellschaftlichen Kontext bildete sich erstmals eine ständische Sozialordnung, die von einem durch Wohlstand und politischem Selbstbewußtsein geprägten Stadt-Bürgertum gekennzeichnet war. Der herrschenden Bewußtseinslage entsprechend wurde Politik als Machthandeln begriffen. So definiert Machiavelli: "Politik ist die Summe der Mittel, die nötig sind, um zur Macht zu kommen und sich an der Macht zu halten und um von der Macht den nützlichsten Gebrauch zu machen (...)" (zit. nach Böhret, 1979:27). Wenn man mit Weber unter Macht die "Möglichkeit" versteht, "den eigenen Willen dem Verhalten anderer aufzuzwingen" (Weber, 1972: 542), so wird von Machiavelli die politische Dimensionierung fürstlichen Handelns, worauf er sich in erster Linie bezieht, zurecht als Machthandeln begriffen, weil es den Charakter des Willkürlichen, Brachialen und Absoluten hat. Weber selbst verwirft den Machtbegriff als Grundbegriff soziologisch/politischer Analyse, weil letztendlich "alle denkbaren Qualitäten eines Menschen und alle denkbaren Konstellationen jemand in die Lage versetzen können, seinen Willen in einer gegebenen Situation durchzusetzen" (Weber, 1972:28 f.). Der Machtbegriff erscheint ihm daher als ungeeignet, die verschiedenen institutionalisierten Erscheinungsformen gesellschaftlicher Macht (Staat, Recht, Bürokratie usw.) zu bestimmen. Weber führt daher den Begriff der Herrschaft ein, worunter er "die Chance" versteht, "für einen Befehl bestimmten Inhalts bei angebbaren Personen Gehorsam zu finden" (Weber, 1972: 28). Herrschaft (= institutionalisierte Macht) existiert also dann, wenn die Chance besteht, daß Befehle auch befolgt werden. Diese Chance sieht Weber auf Dauer nur dann gegeben, wenn die Herrschenden Geltungs- oder Rechtmäßigkeitsansprüche zu erheben imstande sind (Weber, 1972: 122 ff.). Es geht also um die Anerkennung der Herrschaft im Bewußtsein der ihr Unterworfenen, wobei sich historisch verschiedene Legitimierungsvarianten herausgebildet haben: charismatische, traditionale und legale Herrschaft (vgl. dazu das Kapitel 2.5.). Die erste Ebene des Politikbegriffs richtet somit das Augenmerk auf diejenigen Menschen, Gruppen und Institutionen, die Macht und Herrschaft innehaben bzw. in die Auseinandersetzung um die Machtverteilung involviert sind. Politik heißt demnach "Streben nach Machtanteil oder nach Beeinflussung der Machtverteilung (...)" (Weber, 1972:822).

Die politische Diskussion des 18. Jahrhunderts war vor allem von der Forderung geprägt, eine Beteiligung der einzelnen Bürger an den öffentlichen Angelegenheiten zu gewährleisten. In diesem Zusammenhang wurde allmählich die Herrschaft der konstitutionellen Monarchien zugunsten bürgerlicher Demokratien ersetzt. Die Etablierung der bürgerlichen Gesellschaft war jedoch nur eine Facette im Rahmen des generellen sozialökonomischen Wandels der Neuzeit (Rationalisierung, Kapitalisierung, Industrialisierung). Ein Wandel, der zu neuen Abhängigkeits- und Herrschaftsverhältnissen führte, die das Resultat klassengebundener Machtverteilung zwischen Arbeit und Kapital waren. Damit wurde ein neuer Aspekt in der Diskussion um den Politikbegriff bedeutsam: der

Aspekt der Interessen. Dieser zweite Aspekt bezieht sich im Sinne von Lenk und Franke auf die "Auseinandersetzung der sozialen Klassen um die Teilhabe an gesellschaftlichem Reichtum und politischem Einfluß" (Lenk/Franke, 1987: 44). Dem bürgerlichen und staatsorientierten Politikbegriff wird dadurch ein Aspekt von Politik als Verteilungskampf zwischen verschiedenen klassengebundenen Interessen um die Macht hinzugefügt.

Wie Lenk und Franke deutlich machen, gibt es in der jüngeren Diskussion um den Politikbegriff wieder eine "deutliche Tendenz zur Zurückhaltung, wo es um essentielle Bestimmungen des Politischen geht" (Lenk/Franke, 1987:44). Hier wird Politik tendenziell nur mehr als Verwaltungs- und Administrationshandeln begriffen, wobei vor allem die Entscheidungsbildung im öffentlichen Sektor und die Lenkung bzw. Selbstlenkung großer Gemeinschaften den Kern der Definition bilden (Lenk/Franke, 1987:45). Dort aber, wo Politik mit Administration bzw. mit Regieren zusammenfällt, "ist sie in den modernen bürokratisierten Gesellschaften identisch mit der Macht (der Verwaltung), wobei Art und Ziel dieser Macht (...) ziemlich beliebig scheinen" (Lenk/Franke, 1987: 45). Lenk und Franke kritisieren also diesen Politikbegriff als ideologisch indifferent, weil er vor allem den Interessen-Aspekt aus seiner Definition ausgrenzt. Sie halten dem entgegen, daß "alles, nicht nur Regierungshandeln" politisch sei und führen deshalb einen dritten Aspekt in ihre Definition des Politikbegriffs ein: den der Öffentlichkeit. "Jede Konsumentscheidung, jeder zwischenmenschliche Kontakt kann unter politischem Aspekt gesehen werden, sofern, müßte man hinzufügen, größere Menschengruppen davon betroffen sind" (Lenk/Franke, 1987: 45 f.) Sie beziehen diesen Aspekt des Politischen insbesondere auf "die Qualität der miteinander vernetzten sozialen, kulturellen und politischen Öffentlichkeit" (Lenk/Franke, 1987: 48). Es werden also die politischen Kommunikationsprozesse anzusprechen versucht, die konstitutiver Bestandteil jeder Machtausübung und Interessendurchsetzung sind und im Rahmen spätkapitalistischer Erscheinungsformen etwa mit den Begriffen instrumentelle Rationalität, Außensteuerung, Autonomieverlust, Manipulation und Sprachlosigkeit zu beschreiben sind.

Aus diesen drei Elementen, Herrschaft, Interesse und Öffentlichkeit, lassen sich nun für die Analyse politischer Prozesse in Unternehmen folgende Fragenkomplexe ableiten: Welche Gruppen und Akteure besitzen faktische und potentielle Macht bzw. welche Gruppen und Akteure sind im Verteilungskampf um diese Macht involviert (Macht-Aspekt)? Auf welchen strukturellen Erscheinungsformen institutionalisierter Herrschaft beruht diese Macht (Herrschafts-Aspekt)? Wodurch ist die Asymmetrie zwischen Arbeit und Kapital bedingt und wie wirkt sich diese auf die Machtbeziehungen aus (Interessen-Aspekt)? Welche interdependenten Verflechtungen existieren zwischen diesen Faktoren und wie wirken sich diese auf die Kommunikationsbeziehungen innerhalb von Unternehmungen aus (Kommunikations-Aspekt)? Der Terminus Öffentlichkeit wird von mir in weiterer Folge durch den Terminus Kommunikation ersetzt, weil es sich bei Unternehmungen um spezifische Öffentlichkeitsorte handelt und eine Analyse der in ihnen stattfindenden Kommunikationsprozesse gleich auf den Begriff "Kommunikation" zurückgreifen kann.

Der vorliegende Beitrag versucht nun, im Rahmen dieses Politikbegriffs die verschiedenen Aspekt-Ebenen auf ihre sozial-historisch und gesamtgesellschaftlich bedingten Ursachen zurückzuführen und in diesem Zusammenhang insbesondere den evolutionären Verlauf deutlich zu machen. Dabei werden folgende Fragenkomplexe erörtert: Entstehungszusammenhang zweckrationalen Handelns und dessen Auswirkungen auf die Entpersönlichung, Generalisierung und Formalisierung organisatorischer Beziehungen (Kommunikations-Aspekt); gesellschaftlich bedingte Ursachen und Wirkungsweisen der Machtasymmetrie zwischen Arbeit und Kapital und deren Einbindung in den Marktmechanismus (Interessen-Aspekt); gesellschaftlich verursachte Differenzierungs- und Hierarchisierungsmechanismen und deren strukturelle Auswirkungen auf die Divergenzen in den Macht- und Herrschaftschancen einzelner Akteure und Gruppen in Unternehmungen (Macht- und Herrschafts-Aspekt).

Die sozialwissenschaftliche Diskussion über die sozial-historische Genese und gesellschaftstheoretisch zu begründenden Ursachen dieser Bestimmungsmerkmale wird äußerst kontroversiell geführt. Die zahlreichen Positionen sind auf unterschiedliche Paradigmen, unterschiedliche Methodenverständnisse und unterschiedliche Sichtweisen in der Beantwortung der Frage nach der Zulässigkeit von Werturteilen im wissenschaftlichen Diskurs zurückzuführen. Ein weiteres Anliegen des Beitrages besteht daher darin, verschiedene Theoriekonzepte in ihrem Aussagengehalt einander gegenüberzustellen und deren Relevanz für das Verständnis politischer Prozesse in Organisationen zu untersuchen. Die Auswahl der einzelnen theoretischen Richtungen erfolgte dabei nach Gesichtspunkten ihrer allgemein anerkannten Originalität bzw. ihrer Verwertbarkeit im Hinblick auf das beschriebene Erkenntnisinteresse.

Im einzelnen liegt dem Beitrag folgender Aufbau zugrunde: Wie nachzuweisen versucht wird, kann Handeln in Organisationen als eine spezifische Form zweckrationalen Handelns beschrieben werden, - ein Handlungstypus, der erst im Zuge der Neuzeit eine dominante gesellschaftliche Stellung erlangen konnte und sich vor allem gegenüber traditionalen Handlungsorientierungen abgrenzt. Der erste Teil der Arbeit beschäftigt sich daher mit der geschichtlichen Entwicklung moderner Rationalität und jenen als politisch zu klassifizierenden Repressionsmechanismen, die im Rahmen traditionaler Vergesellschaftung eine Zunahme rationalen Handelns vereitelten. Entsprechend der historisch-genetischen Ausrichtung meiner Erörterungen beginne ich beim mittelalterlichen Kloster, das von vielen Autoren als die Geburtsstätte moderner Rationalität beschrieben wird. In der Folge gehe ich auf die Auswirkungen der "Protestantischen Ethik" ein, die - im Sinne Max Webers - Hauptursache für die Zunahme des zweckrationalen Handlungstypus auch im Wirtschafts- und Alltagsleben war.

Betriebliche Systeme sind als derjenige gesellschaftliche Ort anzusehen, wo die Rationalität in Form der Arbeitsorganisation, der Produktionstechnik und des Informations- und Steuerungssystems konkrete Gestalt annimmt (Kommunikations-Aspekt). In weiterer Folge werden daher die Auswirkungen des gesamtgesellschaftlichen Rationalisierungsprozesses auf die Bürokratisierungs- und Formalisierungstendenzen organisatorischer Systeme dargestellt und in diesem Zusammenhang die Charakteristika bürokratischer Herrschaft herausgearbeitet.

Max Webers Theorie, wonach der Rationalisierungsprozeß im wesentlichen durch einen religiösen Wertewandel eingeleitet wurde, steht im Gegensatz zur materialistischen Geschichtsauffassung, welche gesellschaftliche Veränderungen generell auf ökonomische Determinanten zurückführt. Im Anschluß daran skizziere ich daher die Kontroverse zwischen der Weberschen und der marxistischen Gesellschaftstheorie und werfe damit die Frage auf, welche Faktoren den sozialen Wandel determinieren, bzw. auf welche Einflüsse das Entstehen moderner Produktions- und Organisationformen zurückzuführen ist.

Um wiederum den evolutionären Verlauf deutlich zu machen, welcher der industriellen Produktionsweise vorausging, werde ich zunächst verschiedene frühere Stadien gesellschaftlicher Entwicklung und die damit verbundenen Macht- und Herrschaftsbeziehungen beschreiben. Im Anschluß daran werden die wichtigsten Merkmale kapitalistischer Organisationsformen definiert. Daraus abgeleitet können sowohl die betrieblichen Machtbeziehungen auf die spezifisch kapitalistische Konstruktion sozialer Wirklichkeit zurückgeführt als auch die marktbedingte Selektion betriebswirtschaftlicher Handlungs- und Steuerungsmechanismen aufgezeigt werden (Interessen-Aspekt).

Im Rahmen marxistischer Theorieansätze wird der Angelpunkt der Erläuterung betrieblicher Differenzierungs- und Hierarchisierungstendenzen (Herrschafts-Aspekt) stets im Zusammenhang mit der Verfügung über Kapital gedeutet. Der letzte Abschnitt des Beitrages beschäftigt sich daher mit alternativen Interpretationsansätzen der Ursachen dieses Bestimmungselementes politischer Beziehungen in Unternehmungen und erläutert in diesem Zusammenhang die Theoriekonzepte von A. Smith, G. Simmel, H. Spencer, E. Durkheim und N. Luhmann. Das erkenntnisleitende Interesse dazu lautet: Welche gesellschaftlichen Ursachen liegen dem Differenzierungs- und Hierarchisierungsprozeß und der damit einhergehenden Machtasymmetrie zwischen dem Management einer Unternehmung und seinen ausführenden Ebenen zugrunde?

2 Art und Entstehungszusammenhang zweckrationalen Handelns und dessen gesellschaftlich bedingte Penetration politischen Handelns in Unternehmen

2.1 Betriebswirtschaftliches Handeln als zweckrationales Handeln

Betriebswirtschaftliches Handeln (planen, entscheiden, organisieren, realisieren, kontrollieren usw.) läßt sich im Sinne einer soziologischen Handlungstypologie als eine spezifische Form zweckrationalen Handelns beschreiben. Dieses liegt nach Max Weber dann vor, wenn der Handelnde ein klares Ziel vor Augen hat und die entsprechenden Mittel zur Erreichung dieses Zieles einsetzt (Weber, 1972:18).

Betriebswirtschaftliches Handeln ist auf das Ergiebigkeitsprinzip hin ausgerichtet, dessen Handlungsmaxime sich folgendermaßen definiert: "Entscheide in Betrieben stets so, daß Du mit Deinen knappen Mitteln (Gütern) optimale Ausprägungen Deiner Ziele erreichst" (Schweitzer, 1982:23). Handeln in Betrieben unterliegt damit einer spezifischen Form der Rationalität, deren generelle Zielsetzung etwa lautet: Mit möglichst hoher Effizienz Ressourcen (Arbeit, Kapital, Ideen, Rohstoffe usw.) in Güter, Dienstleistungen, Arbeitsplätze und andere Outputs zu verwandeln. Der für die Ausübung betrieblichen Handelns relevante Mitteleinsatz richtet sich nach technisch-betriebswirtschaftlichen Regeln bzw. nach Strategien, die auf analytisch-empirischem Wissen und intuitiver Einschätzung beruhen. Entsprechend dieser Ziel-Mittel-Relation ist ein betriebliches Handeln, das auf Dauer bewährte technisch-betriebswirtschaftliche Regeln verletzt oder falsche Strategien verfolgt, durch ökonomischen Mißerfolg zum Scheitern verurteilt, wobei sich Erfolg oder Mißerfolg bei der Erfüllung der Zielsetzungen in Geld-Begriffen beurteilen und bewerten lassen.

Dieser zweckrationalen Handlungsausrichtung stehen im Sinne Webers drei weitere Handlungstypen gegenüber, nämlich wertrationales, affektuelles und traditionales Handeln. Zunächst einmal eine Definition dieser restlichen drei Handlungsalternativen: "Rein wertrational handelt" - sagt Weber -, "wer ohne Rücksicht auf die vorauszusehenden Folgen handelt, im Dienste seiner Überzeugung von dem, was Pflicht, Würde, Schönheit, religiöse Weisung, Pietät oder die Wichtigkeit einer 'Sache' gleich viel welcher Art ihm zu gebieten scheinen" (Weber, 1972:18). Im Gegensatz dazu ist "affektuelles" Handeln Resultat einer spontanen Reaktion: "Affektuell handelt, wer sein Bedürfnis nach aktueller Rache, akutellem Genuß, aktueller Hingabe (...) oder nach Abreaktion aktueller Affekte (....)" (Weber, 1972:18) befriedigt. "Traditionales Handeln" folgt hingegen eingelebten Gewohnheiten und Überlieferungen: "ist sehr oft nur ein dumpfes, in die Richtung der einmal eingelebten Einstellungen ablaufendes Reagieren auf gewohnte Reize" (Weber, 1972:17).

Diese Handlungstypologie ist deshalb von Bedeutung, weil nachzuweisen ist, daß zweckrationales Handeln und zweckrationale Handlungssysteme in der gesellschaftlichen Entwicklung der Neuzeit immer mehr an Bedeutung gewonnen haben. Zunächst ist es daher einmal erforderlich, das Aufkommen der Dominanz zweckrationalen Handelns bzw. zweckrationaler Handlungssysteme selbst zu analysieren, um in einem weiteren Schritt die damit verbundene Penetration betrieblichen Handelns zu untersuchen. Unter zweckrationalem Handeln soll dabei ein planvolles Bemühen verstanden werden, die Probleme des menschlichen Daseins durch wohlüberlegte, berechnete oder vorauskalkulierte Prozesse anstelle von teleologischen, zufälligen oder planlosen zu lösen. Betriebliches Handeln entspricht diesem Handlungstypus insofern, als es ein systematisch organisiertes Bemühen darstellt, unter bürokratischen Bedingungen institutionelle Zwecke und Ziele zu erreichen.

2.2 Rationalität in traditionalen und modernen Gesellschaftssystemen

Weber versucht mit dem Begriff "Rationalisierung", den strukturellen Rahmen moderner Gesellschaften von demjenigen traditionaler Gesellschaften abzugrenzen. Letztere basieren (im Sinne von Habermas) "auf der fraglosen Legitimationsgrundlage von mythischen, religiösen oder metaphysischen Deutungen der Realität im ganzen - des Kosmos ebenso wie der Gesellschaft" (Habermas, 1978:67). So war z. B. das mittelalterliche Weltbild untrennbar mit der zutiefst religiösen Denkungsart dieser Zeit verbunden - die Erdenkugel stand im Zentrum einer für sakrosankt erklärten göttlichen Ordnung, deren Bestimmung bis hin zur Eingliederung des Einzelnen in die soziale Pyramide, in oben und unten, Herr und Knecht reichte.

Entsprechend der Handlungstypologie Webers bewegte sich soziales Handeln daher vorwiegend auf einer traditionalen bzw. wertrationalen Ebene. In welchem Ausmaß mittelalterliches Handeln der Tradition verpflichtet war, veranschaulicht folgendes Zitat: "Alles Neue, nicht von Zeit und Tradition Geheiligte erregte Verdacht. Mit der Beschuldigung der 'unerhörten Neuerungen' und 'neuer Moden' wurden in erster Linie Ketzer (novi doctores) belangt; diese Beschuldigung war im Mittelalter ein gefährliches Mittel der gesellschaftlichen Diskreditierung. Wert besaß vor allem das Alte (....). In dieser Welt galt die Originalität des Gedankens nicht als Würde, und im Plagiat sah man keine Sünde" (Gurjewitsch, 1980:128).

So drückte sich z. B. der Traditionalismus im Bereiche des Wirtschaftsverhaltens durch eine strikte Fixierung auf einen als unveränderlich erachteten Standard konkreter Bedürfnisse aus. War dieser Standard befriedigt, gab es keine weitere Veranlassung mehr, den Output entweder durch Mehrarbeit oder technologische Innovationen zu verändern. Im Gegensatz dazu bedeutet eine rationale Wirtschaftsorientierung ein beständiges Abwägen der Bedürfnisse im Hinblick auf die entsprechenden Kosten ihrer Befriedigung und ihrer möglichen Maximierung (Birnbaum, 1973:42).

Zweckrationales Handeln - von Habermas etwa mit folgenden Merkmalen zu fassen versucht: Befolgung technischer Regeln, Aufstellung bedingter Prognosen und Imperative, Erlernung von Fertigkeiten und Qualifikationen, exakte Angabe von Problemlösungen im Rahmen definierter Zweck-Mittel-Relationen, Steigerung der Produktivkräfte, Ausdehnung der technischen Verfügungsgewalt usw. (Habermas, 1978:64) - blieb unter traditionalen Lebensbedingungen auf diverse gesellschaftliche Subsysteme beschränkt und hier vor allem auf den Bereich der Arbeit und den damit verbundenen Erfahrungsschatz technischen Wissens. Wie Habermas zeigt, ist dies auch der Grund, warum traditionale Gesellschaften nur in einem begrenzten Ausmaß technologisch innovieren. Als Indexziffer für derartige traditionale Produktivitätsgrenzen nennt er die Tatsache, daß es bis vor etwa 300 Jahren keiner größeren Gesellschaft gelungen sei, mehr als das Äquivalent von höchstens 200 Dollar pro Kopf und Jahr zu produzieren (Habermas, 1978:66). Das gegenwärtige Niveau liegt bei einem Wert von etwa 13 000 Dollar (Gordon, 1984:570).

Entscheidend für den restriktiven Gebrauch von Rationalität war vor allem die Tatsache, daß sie nur bis zu jenem Grad expandieren durfte, wo sie nicht "zur offenen Bedrohung für die Autorität der herrschaftslegitimierenden kulturellen Überlieferungen geworden" ist (Habermas, 1978:67). Dort, wo zweckrationale Sub-Systeme auszuufern oder zu dominieren drohten und damit die kulturellen Überlieferungen (mythischer, religiöser und metaphysischer Art) in Frage stellten, verfielen sie gesellschaftlich-politischer Repression (man denke in diesem Zusammenhang etwa an die Auseinandersetzungen zwischen Galileo Galilei oder Giordano Bruno und der röm. kath. Kirche). Erst die "fortschreitende Rationalisierung" der Gesellschaft führte zu einer Institutionalisierung von Wissenschaft und Technik. "Kosmologische Weltinterpretationen", z. B. die Welt als Zentrum des planetarischen Systems oder von Gott eingesetzte Herrscher und Stellvertreter auf Erden, wurden damit obsolet. So mußte sich auch die Ausübung politischer Herrschaft rational legitimieren, was z. B. durch demokratisch gebildete Parlamente und Regierungen zu bewerkstelligen versucht wird.

Zu fragen ist nun, welcher historische Prozeß die Ausweitung zweckrationalen Handelns und zweckrationaler Handlungssysteme begünstigte und damit, wie Habermas es ausdrückt, die "Infrastruktur einer Gesellschaft unter Modernisierungszwang" schuf (Habermas, 1978:71) und im Zuge dieser Entwicklung auch das Aufkommen betriebswirtschaftlichen Handelns im modernen Sinn einleitete.

2.3 Das Kloster als Geburtsstätte moderner Rationalität

Von vielen Autoren wird übereinstimmend das mittelalterliche Kloster als die erste Stätte eines rational gestalteteten Wirtschaftsbetriebes im Okzident bezeichnet (Weber, 1972:696, 699; Mumford, 1977:304; Foucault, 1977:192, Kieser, 1984). Dem Kloster wird sogar der Stellenwert einer Keimzelle für den europäischen Kapitalismus zugesprochen, was am prägnantesten wohl in einem Zitat von Carl Amery zum Ausdruck kommt: "ohne Mönche gäbe es keine Stechuhren " (zitiert nach Kieser, 1984:2).

Da die Bestrebungen der mönchischen Existenz auf das Jenseits abzielten, bzw. eine kontemplative Vereinigung mit Gott suchten, macht klösterliches Leben zunächst einen äußerst antirationalen und antiökonomischen Eindruck. Rational gestaltete Arbeit konnte unter diesen Bedingungen nicht Hauptzweck des Zusammenlebens, sondern bloß Mittel zum Zweck, und zwar Mittel zur besseren Erreichung asketisch-religiöser Zielsetzungen sein, - und genau das war das Entscheidende. Diese religiöse Legitimationsbasis machte eine "geplante Veränderung der Lebensbedingungen", machte "Innovation" (Kieser, 1984:13), auch unter den restriktiven Bedingungen des Mittelalters, möglich. Zahlreiche Entwicklungen in der Architektur, der Arbeitstechnologie und -gestaltung konnten dadurch vorangetrieben werden. Selbst der organisatorische Aufbau des Klosters konnte so auf eine rationale Basis gestellt werden: "Die Organisation der Zisterzienser gehört zu den Meisterstücken mittelalterlicher Planung. (...) Es gab eine einzige oberste gesetzgebende Körperschaft in dem dreijährlichen Generalkapitel aller Zisterzienseräbte;

ein einfaches System von Filiation und Visitation, das jedes Haus des Ordens umfaßte; Uniformität praktischen Handelns, weitreichende Freiheit von lokalen Autoritäten sowohl geistlicher wie auch weltlicher Art. Die Zisterzienser erreichten auf einen Schlag eine Organisation, wie sie jeder Herrschende gern hätte: ein in sich geschlossenes System, völlig selbständig, ausgerüstet mit einer durchgebildeten Organisation für die Überwachung im Inneren, geschützt vor Einflußnahme von außen "(Southern, 1976:51).

Natürlich können noch zahlreiche andere Faktoren als Ursachen für die innovativen Leistungen des mittelalterlichen Klosters angeführt werden. Kieser nennt unter anderem: die Verbesserung der Reproduktionschancen, was unmittelbar mit der Entwicklung der Schrift zusammenhing; Arbeitsteilung; Forschung und Lehre; Erhöhung der Variationsrate durch zahlreiche Neugründungen (Kieser, 1984:12 ff.).

Eine für mittelalterliche Verhältnisse unvorstellbare Anhäufung von Reichtum war die Folgeerscheinung dieser rationalen und effizienten Wirtschaftsführung. Dazu kam, daß die asketischen Prinzipien des Konsumverzichts einer weiteren Vermehrung des Reichtums Vorschub leisteten, indem noch ausgiebiger Arbeit und Kapital in die Verbesserungen des Produktionsapparates gelenkt werden konnten; ein Prozeß, der später noch im kapitalistischen Betrieb seine beeindruckende wirtschaftliche Potenzierungskraft unter Beweis zu stellen vermochte. Die Gründung der zahlreichen Reformklöster ist aus diesem Paradoxon zu erklären, - paradox deshalb, weil mit einer spezifisch religiösen Lebenshaltung ein nicht intendierter wirtschaftlicher Erfolg verbunden war. Der Schlußpunkt dieser reformatorischen Bestrebungen bestand in der Gründung der Jesuiten- und Franziskanerorden, die wirtschaftliche Betätigung zur Gänze vermieden und sich nur noch religiös vertretbaren Belangen widmeten.

In weiterer Folge gilt es nun zu klären, wie dieser ökonomische Rationalismus auch außerhalb der klösterlichen Bereiche an Bedeutung gewinnen konnte.

2.4 Die "protestantische Ethik" als Grundlage für den Rationalismus moderner Prägung

Weber führt die Entstehung des modernen Kapitalismus auf das Zusammentreffen von ökonomischen, rechtlichen, politischen und religiösen Komponenten zurück. In seiner Analyse konzentriert er sich aber vor allem auf die Frage, wie weit die religiösen Prinzipien der "protestantischen Ethik" zum ökonomischen Rationalismus moderner Prägung führten. Religiöse Bewußtseinsinhalte nehmen bei Weber deshalb eine so zentrale Stellung ein, weil - wie er behauptet - der moderne, säkularisierte Mensch sich kaum mehr eine Vorstellung davon zu machen vermag, welche Bedeutung diese "für die Lebensführung, die Kultur und Volkscharaktere" gehabt haben (Weber,1975:190). Seine Frage lautet: Wie konnte im Zuge der neuzeitlichen Entwicklung, "die rational kapitalistische (betriebliche) Organisation von (formell) freier Arbeit" entstehen, bzw. wie ist das Aufkommen des "abendländischen Bürgertums und seiner Eigenart (...)" zu erklären (Weber, 1975:18)?

Charakteristisch für dieses Bürgertum war vor allem die qualitative Aufwertung des Begriffes "Arbeit". So war in traditionalistisch orientierten Gesellschaftssystemen das Interesse an Arbeitsleistung auffallend gering. Der Mehrverdienst reizte den Arbeiter weniger als die Minderarbeit: "er fragte nicht: wie viel kann ich am Tag verdienen, wenn ich das mögliche Maximum von Arbeit leiste, sondern: wieviel muß ich arbeiten, um denjenigen Betrag (...) zu verdienen, den ich bisher einnahm und der meine traditionellen Bedürfnisse deckt?" (Weber, 1975:50)? Gemäß den traditionellen Leitbildern diente Arbeit zur jeweiligen Bedarfsdeckung und nicht der Anhäufung von Reichtum als Selbstzweck. Weber dazu: "Der Mensch will 'von Natur' nicht Geld und mehr Geld verdienen, sondern einfach leben, so leben, wie er zu leben gewohnt ist und soviel erwerben, wie dazu erforderlich ist" (Weber, 1975:50). Im Gegensatz dazu skizziert er eine spezifisch bürgerliche Haltung, die "sich der Arbeit gegenüber verpflichtet" zeigt, "die mit dem Verdienst und seiner Höhe überhaupt rechnet", die "Arbeit als Selbstzweck, als 'Beruf'" versteht und damit den "traditionalistischen Schlendrian" überwindet (Weber, 1975:53).

Webers Theorie baut nun auf folgender Hypothese auf: Luther, die erste Heldengestalt der Reformation, räumte zunächst mit dem Glauben auf, daß die Kirche "magische" Kräfte besitze, z. B. Absolution der Sünden erteilen könne (eine Reaktion, die sich vor allem aus dem geradezu zynischen Ablaßhandel der römisch katholischen Kirche ergab: Schuldbefreiung nach Bezahlung von Geld). Allein mit dieser Tatsache war eine stärkere Profanisierung reformatorischer Glaubensäußerungen verbunden, weil sie der Kirche spirituelle Macht entzog. In diese Richtung ist auch Luthers Idee der "Berufung" zu deuten, welche davon spricht, daß der Mensch seine ihm zugewiesene weltliche Berufsrolle - im Sinne einer göttlichen Berufung - auszufüllen habe. Neu ist damit für die Lebensführung des Alltagsmenschen "die Schätzung der Pflichterfüllung innerhalb der weltlichen Berufe als des höchsten Inhalts, den die sittliche Selbstbestätigung" annehmen könne (Weber, 1975:67). Damit verwarf Luther aber den Gedanken, daß das einzige Mittel gottgefällig zu leben, in der Sittlichkeit der mönchischen Askese zu finden sei. Vielmehr habe sich der Mensch in der Erfüllung seiner weltlichen Berufspflichten Gott gegenüber zu bestätigen. Weber sieht aber vor allem in den radikalisierten Formen des Protestantismus, insbesondere im Calvinismus, den "Urheber" der Umorientierung von einer traditionalen zu einer rationalen Wirtschafts- und Arbeitsgesinnung.

2.4.1 Die calvinistische Lehre von der Gnadenwahl

So besagt die calvinistische Lehre von der Gnadenwahl, daß jeder Mensch von Anfang an durch Gottes "unerforschlichen Ratschluß" entweder zur "ewigen Verdammnis" oder zum "Heil", d. h. "Gnade" bestimmt sei (Weber, 1975:119). Daher gibt es keine Mittel, etwa durch gute Taten, gute Werke oder durch Intensivierung der Religiosität, die Gnadenwahl Gottes zu beeinflussen.

Diese nüchterne Lehre, nach der der einzelne Mensch völlig auf sich gestellt ist, bewirkte nach Weber die "Entzauberung der Welt" (Weber, 1975:123): Der Katholik lebt in moralischer Hinsicht "von der Hand in den Mund" (Weber, 1975:132); er besitzt in der Beichte ein "Mittel" zum periodischen "Abreagieren" des "affektbetonten Schuldbewußtseins" (Weber, 1975:124) und kann seinen Gnadenstand nach Belieben (durch das kirchlich-sakramentale Heilsangebot) beeinflussen. Beides zusammen macht die Entwicklung einer "methodologischen Lebensführung" beim Katholiken nicht erforderlich (diese bleibt den "religiösen Virtuosen", den Mönchen, vorbehalten). Der Calvinist hatte hingegen eine andauernde Ungewißheit zu ertragen, ob er nun zu den Erwählten gehöre oder nicht. Die Anwort auf diese innere Vereinsamung lautet aber: nur durch systematische, erfolgreiche Berufsarbeit, durch Unterdrückung der natürlichen Anlagen, kann man ein Zeichen für seine Erwähltheit, für seine Gnade finden. Weber dazu: "Das bedeutet nun aber praktisch im Grunde: daß Gott dem hilft, der sich selber hilft, daß also der Calvinist, wie es auch gelegentlich ausgedrückt wird, seine Seligkeit - korrekt müßte es heißen: die Gewißheit von derselben - selbst 'schafft', daß aber dieses Schaffen nicht wie im Katholizismus in einem allmählichen Aufspeichern verdienstlicher Einzelleistungen bestehen kann, sondern in einer zu jeder Zeit vor der Alternative: 'erwählt oder verworfen' stehenden systematischen Selbstkontrolle" (Weber, 1975:131 f.).

Weber glaubt, aus der sich daraus ergebenden Lebenshaltung den Ursprung des spezifisch kapitalistischen Geistes ableiten zu können, denn Gelderwerb wurde ab diesem Zeitpunkt - sofern er auf legale Weise erfolgt - das Resultat und der Ausdruck der Tüchtigkeit im Beruf und damit der Beweis eines gottgefälligen und gottbegnadeten Lebens. Als Dokument dieser neuen ethischen Haltung führt Weber ein in puritanischen Kreisen geschätztes und tradiertes "Ethisches Kompendium" von Benjamin Franklin an, das auch hier in einem Auszug kurz zitiert werden soll: "Bedenke, daß die Zeit Geld ist; wer täglich zehn Shillinge durch seine Arbeit erwerben könnte und den halben Tag spazieren geht, oder auf seinem Zimmer faulenzt, der darf, auch wenn er nur sechs Pence für sein Vergnügen ausgibt, nicht dies allein berechnen, er hat nebendem noch fünf Shillinge ausgegeben oder vielmehr weggeworfen. (...) Bedenke, daß Geld von einer zeugungskräftigen und fruchtbaren Natur ist. Geld kann Geld erzeugen, und die Sprößlinge können noch mehr erzeugen und so fort. Fünf Shillinge umgeschlagen sind sechs, wieder umgetrieben sieben Shilling drei Pence und so fort, bis es hundert Pfund Sterling sind. Je mehr davon vorhanden ist, desto mehr erzeugt das Geld beim Umschlag, so daß der Nutzen schneller und immer schneller steigt. Wer ein Mutterschwein tötet, vernichtet dessen ganze Nachkommenschaft bis ins tausendste Glied. Wer ein Fünfshillingstück umbringt, mordet (!) alles, was damit hätte produziert werden können: ganze Kolonnen von Pfunden Sterling" (Weber, 1975:40 f.).

Was im Mittelalter als Ausdruck "schmutzigsten Geizes und einer schlechthin würdelosen Denkart" (Weber 1975:46) apostrophiert worden wäre, erhielt so im Rahmen der neuen Ethik den Status einer religiös bejahten Lebensmaxime. Weber geht damit auf die sozialpsychologischen Wurzeln kapitalistischer Handlungsorientierungen ein, aus denen sich in weiterer Folge, natürlich längst nicht mehr der religiösen Legitimation bedürfend, das betriebswirtschaftliche Ergiebigkeitsprinzip bzw. eine rational orientierte Wirtschaftshaltung entwickeln konnte.

2.4.2 Modernere Analysen der Auswirkungen "protestantischer Ethik" auf das soziale Handeln

Die von McClelland in den 50er Jahren durchgeführten historisch interkulturellen Analysen über die Ursachen wirtschaftlichen Wachstums und Niedergangs erbrachten eine weitgehende Stützung der Weberschen Protestantismustheorie (McClelland 1966). McClelland isoliert den Faktor "Bedürfnis nach Leistung" (kurz b-Bedürfnis genannt) und untersucht dessen Auswirkungen auf wirtschaftliches Wachstum bzw. unternehmerisches Handeln. Es gelingt ihm, nachzuweisen (also noch in der Mitte dieses Jahrhunderts), daß Protestanten im allgemeinen eine signifikant höhere Leistungsbereitschaft aufweisen als Katholiken, was McClelland in letzter Konsequenz auf die unterschiedlichen Erziehungspraktiken zurückführt. Demnach legen protestantische Eltern "mehr Wert auf Wissen und darauf, daß ein Mensch selbständig etwas herausfindet, und sie sind der Überzeugung, daß Kinder allein sein sollten, fort von ihren Eltern, weil sie sich so besser entwickeln" (McClelland, 1966:305). Im Gegensatz dazu charakterisiert McClelland die katholischen Erziehungspraktiken als vergleichsweise autoritär, weniger leistungsorientiert und traditional (eine noch höhere Leistungsbereitschaft als bei Protestanten fand McClelland bei den Angehörigen jüdischer Religionsgemeinschaften vor; McClelland, 1966:285 ff.).

Auch Lenski kommt in seinen religionssoziologischen Studien zu einem ähnlichen Ergebnis: "Mit bemerkenswerter Regelmäßigkeit vertraten die Juden und weißen Protestanten die individualistische, wettbewerbsbetonte Denk- und Handlungsweise der Mittelklasse. Sie entsprachen damit, historisch gesehen, der protestantischen Ethik oder ihrem säkularen Gegenstück, dem Geist des Kapitalismus. Im Gegensatz dazu fühlten sich die Katholiken und die schwarzen Protestanten häufiger der kollektivistischen, sicherheitsbetonten Denk- und Handlungsweise verbunden, die typisch für die Arbeiterklasse ist, und die historisch gesehen der Protestantischen Ethik und dem Geist des Kapitalismus entgegengesetzt ist" (Lenski, 1967:106).

Schmidtchen führte im deutschen Sprachraum einen Vergleich zwischen protestantischer und katholischer Kultur durch und stellte eine weitgehende Angleichung auf allen untersuchten Dimensionen fest. Bezogen auf den vielfach nachgewiesenen Statusvorsprung der Protestanten gegenüber den Katholiken führt er allerdings aus: "Der Statusvorsprung der Protestanten ist nicht sehr dramatisch, und manche Trends deuten darauf hin, daß er kleiner wird. (...) Andererseits aber ist ebenso unwiderleglich die Tatsache, daß sich in den oberen sozialen Regionen anteilmäßig mehr Protestanten aufhalten als Katholiken. Das gilt für die deutschen Verhältnisse ebenso wie für die amerikanischen" (Schmidtchen, 1973:94 f.).

Diese drei Beispiele sozialwissenschaftlicher Forschung jüngeren Datums können als empirisches Beweismaterial für die Relevanz der Protestantismus-These

Webers herangezogen werden, die selbstverständlich auch auf heftige Kritik stieß (siehe z. B. Winckelmann, 1978). Bevor ich mich aber auf jenes Hauptargument beziehe, das gegen die Theorie Webers vorgebracht werden kann, gilt es zu fragen, welche Auswirkungen mit der gesellschaftlichen Dominanz zweckrationalen Handelns auf die innerorganisatorischen Kommunikationsbeziehungen verbunden sind.

2.5 Der Prozeß der Rationalisierung und dessen Auswirkungen auf die politischen Beziehungen in Unternehmen

Betriebliche bzw. organisatorische Systeme sind nun als derjenige gesellschaftliche Ort anzusehen, wo die Rationalisierung in Form der Arbeitsorganisation, der Produktionstechnik und der Informations- und Steuerungsmechanismen am konkretesten Gestalt annimmt. Funktionsweise und Stabilsierung derartiger sozialer Gebilde erklärt Weber im Zusammenhang mit seiner viergeteilten Handlungstypologie (affektuelles, wertrationales, traditionales und zweckrationales Handeln) zunächst auf der Grundlage von Erwartungen und Erwartungs-Erwartungen. Antizipatorische und reziproke Erwartungen stellen dabei einen subjektiv für jeden maßgeblichen Handlungssinn dar, durch welchen Handlungsalternativen aus der Fülle aller denkbaren Handlungsalternativen ausgegrenzt werden und es dadurch zu einer Strukturierung und Stabilisierung sozialer Gebilde kommt.

Weber sieht jedoch die Stabilität und Struktur sozialer Gebilde durch diese Wechselseitigkeit von Erwartungen nicht ausreichend garantiert. Vor allem angesichts der permanent gegebenen Möglichkeit, gegen die Ordnung zu handeln, bedarf es der koordinierenden und ordnungssichernden Tätigkeit einzelner "Stäbe". Die Wirksamkeit derartiger "Stäbe" beruht letztendlich auf der Chance, Gehorsam für einen bestimmten Befehl zu erlangen. Diese herrschaftskonstituierende Chance ist im Sinne Webers erst dann auf Dauer garantiert, wenn die einzelnen Mitglieder eines sozialen Systems an die Legitimität verbindlicher Ordnungssysteme glauben. Von Weber wird dadurch Legitimität als zentraler Gesichtspunkt der Herrschaftsanalyse in die politische Soziologie eingebracht. Die Handelnden können dabei einer Ordnung, also dem Komplex von Verhaltensregelungen innerhalb einer Organisation, auf verschiedene Weise Geltung (Legitimität) zuschreiben: aufgrund der Anerkennung kraft Tradition (traditionale Herrschaft), aufgrund der Anerkennung kraft affektuellen Glaubens (charismatische Herrschaft) und aufgrund der Anerkennung kraft positiver Satzung (legale/bürokratische Herrschaft).

Gilt es im folgenden die Auswirkungen des Rationalisierungsprozesses auf innerorganisatorische Beziehungen zu diskutieren, ist es zunächst sinnvoll, kurz die phänotypischen Merkmale der restlichen beiden Herrschaftsformen zu beschreiben, um - daraus abgeleitet - das spezifisch neue Element bürokratischer Systeme herausarbeiten zu können. Geltungsgrund der traditionalen Herrschaft ist die "Heiligkeit" altüberkommener, von jeher bestehender Ordnungen. Es wird nicht Satzungen, sondern Personen gehorcht (Weber, 1972:130); Obödienz wird dem Herrn, nicht irgendeiner abstrakten Rechtsvorschrift geschuldet. Der Herrschende ist nicht Vorgesetzter in einem modern hierarchischen Sinn, sondern persönlicher Herr. Sein Verwaltungsstab besteht aus Dienern, und die Mitglieder des Staatsverbandes sind jeweils seine Untertanen. Im Gegensatz zur charismatischen Herrschaft beruht die persönliche Autorität des Herrn nicht auf seinen individuellen Qualitäten, sondern auf dem Ansehen des "Immer so Gewesenen" (Weber, 1972:596). Innerhalb des durch Tradition bestimmten Spielraums kann der persönliche Herr regelfrei handeln. Der für die traditionale Herrschaft spezifischen Verquickung von Traditionsgebundenheit und Willkür fehlt somit vor allem die Berechenbarkeit der Ordnung.

Grundlage der charismatischen Herrschaft bilden die als übernatürlich gedachten physischen und geistigen Qualitäten des Herrn (Weber, 1972:654). Wie bei der traditionalen Herrschaft wird der Gehorsam einer Person geschuldet. Legitim ist die charismatische Herrschaft "nur soweit und lange, als das persönliche Charisma kraft Bewährung 'gilt', d. h. Anerkennung findet (...)" (Weber, 1972: 141). Bleibt die Bewährung aus, so schwindet die Chance des Herrn, daß seine Herrschaft auch weiterhin Anerkennung findet. Der Verwaltungsstab ist "weder nach ständischen noch nach Gesichtspunkten der Haus- oder persönlichen Abhängigkeit, sondern er ist seinerseits nach charismatischen Qualitäten ausgelesen: dem 'Propheten' entsprechen die 'Jünger', dem 'Kriegsfürsten' die 'Gefolgschaft', dem 'Führer' überhaupt: 'Vertrauensmänner'. Es gibt keine 'Anstellung' oder 'Absetzung', keine 'Laufbahn' und kein 'Aufrücken'" (Weber, 1972:141). Typisch für die charismatische Herrschaft ist weiters das Fehlen jeglicher Orientierung an Regeln, seien es rational geschaffene oder auf Tradition beruhende. Hohe Instabilität, insbesondere im Vakuum der Nachfolger-Diskussion, ist Kennzeichen dieser Herrschaftsform.

Die Bindung an abstrakte Normen, Gesetze und Regeln ist das entscheidende Charakteristikum der legalen Herrschaft. Gehorsam wird nicht gegenüber Personen, sondern gegenüber abstrakten Vorschriften geleistet (Weber, 1972:550). Der Vorgesetzte ist ebenfalls an diese Regeln gebunden, an denen er seine Entscheidungen ausrichtet und orientiert. Der typisch legale "Herr" ist der "Vorgesetzte", die Mitglieder des Verwaltungsstabes sind "Beamte", ihre Amtsführung erfolgt "nach generellen, mehr oder minder festen, und mehr oder minder erschöpfend erlernbaren Regeln" (Weber, 1972:552). Die Verbandsmitglieder glauben an die Legitimität der Herrschaft, weil sie an die Legalität des Verfahrens glauben, an das formal korrekte und in der üblichen Form Zustandegekommensein der Satzung (Weber, 1972:19).

Reinster Typus legaler Herrschaft ist nach Weber die bürokratische Herrschaft, deren Strukturmerkmale die Regelgebundenheit der Amtsführung, feste Kompetenzverteilung, das Prinzip der Amtshierarchie, die Aktenmäßigkeit der Verwaltung und die Trennung des Verwaltungsstabes von den Verwaltungsmitteln sind (Weber, 1972: 552 ff.). Bezüglich der "inneren und äußeren Stellung des Beamten" (Weber, 1972:552) sind mit der bürokratischen Struktur die Unpersönlichkeit der Amtsführung, die Fachqualifikation des Beamten sowie die kontraktliche Anstellung und das Laufbahnprinzip verbunden.

Der Zusammenhang zwischen den einzelnen Handlungs- und Herrschaftstypen Webers ist offensichtlich. Dabei werden zwei wesentliche Alternativen sozialer Wirklichkeit dichotomisiert, nämlich Systeme, die auf der Basis einer Vergemeinschaftung und Systeme, die auf der Basis einer Vergesellschaftung organisiert sind (Tönnies, 1963). Während erstere auf dem Gefühl einer Zusammengehörigkeit der Beteiligten auf einer affektuellen, emotionalen bzw. traditionalen Ebene basieren, sind letztere auf spezifisch nicht-emotionale Handlungsweisen aufgebaut, in denen Leistungs- und Selbstorientierung, Anonymisierung und Entpersönlichung, universalistische Handlungsprinzipien und spezifisch definierte sowie formalisierte Verhaltensweisen dominieren (Parsons, 1962).

Obwohl Weber davon überzeugt ist, daß die bürokratische Organisation rein technisch allen anderen Organisationsformen in ihrer Effektivität eindeutig überlegen ist (Weber, 1972:128), beschreibt er den Prozeß der Ersetzung persönlicher Herrschaft durch die Herrschaft von Regeln als Prozeß der Versachlichung und Entindividualisierung: "Es ist (...) als ob wir mit Wissen und Willen Menschen werden sollten, die 'Ordnung' brauchen und nichts als Ordnung, die nervös und feige werden, wenn diese Ordnung einen Augenblick wankt, und hilflos, wenn sie aus ihrer ausschließlichen Angepaßtheit an diese Ordnung herausgerissen werden. Daß die Welt nichts weiter als solche Ordnungsmenschen kennt - in dieser Entwicklung sind wir ohnedies begriffen, und die zentrale Frage ist also nicht, wie wir das noch weiter fördern und beschleunigen, sondern was wir dieser Maschinerie entgegenzusetzen haben, um einen Rest des Menschentums freizuhalten von dieser Parzellierung der Seele, von dieser Alleinherrschaft bureaukratischer Lebensideale" (Weber, 1924:414).

Was Weber hier als Autonomieverlust beschreibt, wird schließlich von der "Kritischen Theorie" umfassend erörtert und auf die jeweiligen gesellschaftlichen Ursachen zurückgeführt. So wird mit den Begriffen "Instrumentelle Vernunft" (Horkheimer, 1967) bzw. "Eindimensionaler Mensch" (Marcuse, 1967) das radikalisiert, was Weber mit dem Diktum "Entzauberung der Welt" zu fassen suchte, und was er als wesentliches Bestimmungselement vergesellschafteter Beziehungen ansah.

Während insbesondere in familiaren Beziehungen noch Restbestände vergemeinschafteter Orientierungsmuster anzutreffen sind - Emotionalität, diffuses Verhalten (keine spezifischen normativen Handlungsorientierungen), Partikularität (Rücksichtnahme auf individuelle Bedürfnisdispositionen), Gemeinschaftsorientierung und Handeln nach zugeschriebenen Eigenschaften (Rücksichtnahme auf individuelle Dispositionen) -, bilden die kommunikativen Orientierungsmuster organisationalen Handelns den dichotomen Gegensatz: Handlungen haben in affektiver Neutralität zu erfolgen, die Selbstorientierung hat Vorrang gegenüber Kollektivinteressen, Handlungen müssen nach Maßstäben allgemeiner Standards getroffen werden und können individuelle Dispositionen und Persönlichkeitsaspekte nicht berücksichtigen. Gratifikationen basieren auf Leistung anstelle zugeschriebener Eigenschaften und der soziale Bewegungsspielraum ist spezifisch definiert und in ein Normenkorsett eingebunden. Nur im Rahmen dieses selektiven Spielraums, der in seiner Gestalt durch gesamtgesellschaftliche Transformations- und Penetrationsprozesse bestimmt wird, haben sich innerorganisatorische Kommunikationsprozesse zu bewegen. Die damit verbundene instrumentelle Ausrichtung des Handelns entzieht sich zur Gänze organisationaler Entscheidung und ist in ihrem Ursprung nur über gesamtgesellschaftlich orientierte Ansätze zu erschließen.

3   Kritik an Max Webers Protestantismus/Kapitalismus-Theorie

Weber macht mit seiner Protestantismus/Kapitalismus-Theorie geltend, daß religiöse Systeme und die damit verbundenen Wertvorstellungen (Ideen, Ideologien, Bewußtseinsinhalte; im marxistischen Sinn: der gesellschaftliche Überbau) einen bis zu einem gewissen Grad von anderen Faktoren unabhängigen Einfluß auf den Verlauf der Geschichte nehmen können. Damit befindet er sich aber im Gegensatz zur marxistisch/materialistischen Geschichtsauffassung, deren Quintessenz lautet: "Es ist nicht das Bewußtsein der Menschen, das ihr Sein, sondern umgekehrt ihr gesellschaftliches Sein, das ihr Bewußtsein bestimmt" (Marx, 1978:9). Marx sieht das Denken der Menschen und damit auch ihr religiöses Bewußtsein als eine mehr oder weniger von der ökonomischen Basis (vom gesellschaftlichen Sein) abhängige Variable an; wie er ja überhaupt den gesamten historischen Prozeß und hier insbesondere den der kapitalistischen Entwicklung unter dem Gesichtspunkt der Priorität ökonomischer Faktoren analysiert.

Weber kritisiert die Einseitigkeit dieses Ansatzes, denn, so Weber:"(...) die Reduktion auf ökonomische Ursachen alleine ist auf keinem Gebiet der Kulturerscheinungen je in irgendeinem Sinn erschöpfend auch nicht auf demjenigen wirtschaftlicher Vorgänge" (Weber, 1968:169). Seine religionssoziologischen Studien trägt Weber daher explizit unter dem Titel: "Positive Kritik der materialistischen Geschichtsauffassung" (Löwith, 1960:62) vor. Im Kern dieser Kontroverse zwischen Marx und Weber steht letztlich die generelle Frage: Was bestimmt den Verlauf der Geschichte (bzw. auf welche Determinanten ist das Entstehen des modernen Kapitalismus zurückzuführen)? Die marxistische Antwort auf diese Frage ist eindeutig: es sind jeweils ökonomische Faktoren. Weber scheut hingegen dieses methodologische Dogma. Seine Antwort lautet: Erst das Zusammenwirken ökonomischer, rechtlicher, politischer und religiöser (usw.) Faktoren bewirkt den historischen Prozeß, machte das Phänomen des modernen Kapitalismus und all seiner Folgeerscheinungen möglich. Webers religionssoziologischer Erklärungsansatz beansprucht daher auch nicht, den gesamten Verlauf der kapitalistischen Entwicklung analysieren zu wollen. Entsprechend seiner von Kant inspirierten Methodologie erscheint es Weber auch nicht möglich, das "heterogene Kontinuum" (Kocka, 1972:79) der Realität zu fassen, weil ein "erschöpfender kausaler Regressus" nicht nur praktisch unmöglich wäre, sondern "einfach ein Unding ist" (Weber, 1968: 178). Der Marxismus behauptet hingegen, mit seinen Kategorien die "Totalität" gesellschaftlicher Erscheinungen überblicken zu können und sieht in der Position Webers eine spezifische Form bürgerlicher Entfremdung (Kocka, 1972:54).

Was Weber jedoch mit seiner Theorie zu klären verabsäumt, ist die Frage, warum es zum Entstehen gerade dieser religiösen Werthaltungen kam, warum gerade diese Form der Ethik eine so zentrale gesellschaftliche Stellung erringen konnte, daß aus ihr der sogenannte "kapitalistische Geist" seinen Anfang zu nehmen vermochte. Im Sinne der materialistischen Basis/Überbau-Theorie kann daher folgender Einwand gegenüber Weber vorgebracht werden: Mit der protestantischen Ethik habe sich das aufstrebende Erwerbsbürgertum eine religiöse Legitimationsgrundlage für seinen wirtschaftlichen Erfolg zugelegt; womit wir wiederum beim Ausgangsproblem angelangt sind, ob nicht doch den ökonomischen Faktoren die bedeutendere, entscheidendere historische Schubkraft zukommt.

Wie weit das Feld möglicher Ursachen-Wirkungsinterpretationen im Zusammenhang mit dem Aufkommen des Protestantismus sein kann, beweist zum Beispiel auch der Ansatz von Erich Fromm, der in Erweiterung der marxistischen Konzepte in die Richtung einer ökonomisch orientierten Sozialpsychologie folgende Theorie generiert: Der mittelalterliche Mensch war sowohl in seinem Diesseits als auch in seinem Jenseits umfassend bestimmt. Erst die sozialökonomischen Veränderungen der frühen Neuzeit, bedingt durch den Handelskapitalismus (siehe dazu das folgende Kapitel), führten zu einer Auflösung mittelalterlicher Bindungen. Fromm sieht daher in der "protestantischen Ethik" den Versuch, eine neue Interpretation der menschlichen Bezogenheit zur Welt herzustellen. Der Protestantismus postuliert die Ohnmacht des einzelnen vor der Güte Gottes und verneint die Möglichkeit, daß der Mensch durch gute Taten, durch sakrales Wirken, sein Heil finden könne. Einerseits befreit der Protestantismus damit den Menschen von der Abhängigkeit gegenüber der Institution Kirche, andererseits führt er ihn aber in eine neue, noch tiefere Abhängigkeit gegenüber Gott, denn nur in absoluter Demut gegenüber Gott, so die Antwort, kann der Protestant Gewißheit seines Heils erlangen. Fromm sieht darin den pathologischen Versuch, mit der Befreiung von Bindungen insofern fertig zu werden, als eine neue Bindung, eine neue Abhängigkeit gesucht und in der absoluten Demut gegenüber Gott gefunden wird. Der Calvinist rationalisiert diese Unsicherheit in die Richtung einer zwangshaften Betonung von Arbeit und Leistung. Hinter dieser Theorie Fromms steht die Annahme, daß der enttraditionalisierte Mensch nur noch mit Hilfe der Bildung einer Ich-Identität imstande sei, einen gesunden Bezug zur Welt zu erlangen. Ohne Ich-Identität sucht er nach Substituten, um mit seiner Bindungslosigkeit zurande zu kommen (Fromm, 1982).

Der nächste Teil der Arbeit bezieht sich nun auf die ökonomischen und sozialen Veränderungen, die mit der Entstehung des modernen Kapitalismus einhergingen. Damit werden die wohl wichtigsten Bestimmungsfaktoren der Interessenkollision zwischen Arbeit und Kapital in Organisationen einer Aufarbeitung näher gebracht. Um wiederum den historischen Prozeß deutlich zu machen, der zur Herausbildung des modernen Kapitalismus führte, ist es zunächst erforderlich, die verschiedenen Gesellschaftsformationen und die sie charakterisierenden Macht- und Herrschaftsbeziehungen zu skizzieren, welche dieser Entwicklung vorangingen.

4 Die politische Machtasymmetrie zwischen Arbeit und Kapital und deren Einbindung in den Marktmechanismus

Das grundlegende Kriterium, nach dem die marxistisch orientierte Gesellschaftstheorie die verschiedenen Entwicklungsstufen der Menschheit (Gesellschaftsformationen) unterscheidet, ist die jeweilige Form der Verfügung über das Mehrprodukt (Überschuß). Diese Verfügung kann entweder durch private Aneignung der Produktionsmittel und -bedingungen erfolgen, was in der Sklavenhalter-, Feudal- und kapitalistischen Gesellschaft der Fall ist, oder aber durch kollektive Verfügung, idealtypisch in der urwüchsigen Gemeinschaft und im Sozialismus verwirklicht (vgl. Marx, 1978, 1980; modernere Literatur dazu z. B.: Sweezy, 1970; März 1978, Lenski, 1977; Kiss, 1977 Bd. 1; Mandel, 1978 Bd. 1, 2; Mandel, 1982; Bauer/Matis 1988).

4.1 Urwüchsige Gemeinschaften

Etwa 98 % der menschlichen Geschichte fanden in äußerst kleinen, bis zu fünfzig Personen zählenden, Jäger-, Sammler- und Fischergemeinschaften statt (Lenski, 1977:134 ff.; Mandel, 1978:21 ff.). Die materielle Produktion derartiger Gemeinschaften vollzog sich unter größter Armut. So war der Arbeitseinsatz eines jeden einzelnen erforderlich, um das Überleben der Sozietät garantieren zu können. Urgemeinschaften organisierten sich deshalb auf der Basis maximaler Gleichheit (egalitär; Service, 1977). Hätte eine Gruppe materielle Vorteile für sich beansprucht, wären andere in ihrer Existenz bedroht gewesen (Mandel, 1978:14 ff.). Erzeugt wurde jeweils für den unmittelbaren Bedarf. Ein Austausch von Waren fand daher kaum statt und wenn, dann vollzog sich dieser nach dem Schema: Ware gegen Ware. Da sich alle unmittelbar mit der Nahrungsherstellung beschäftigten, konnte sich auch keine Spezialisierung in verschiedene Berufe im Sinne gesellschaftlicher Arbeitsteilung (Handwerk) entfalten (Mandel, 1978:22 ff.). Führerrollen waren jeweils zeitlich begrenzt und hatten ihren Grund in persönlichen Qualifikationen, Fähigkeiten, Mut, Augenmaß, Erfahrungen, Alter, Charisma usw. Es fehlten daher permanente, nachhaltige Führungsfunktionen (Ämter), die sich mittels hierarchischer Autoritätspositionen stabilisieren und tradieren (Service, 1977:88).

4.2 Agrargesellschaften

Die Subsistenzbedingungen archaischer Gemeinschaften änderten sich mit dem Aufkommen von Ackerbau und Viehzucht entscheidend (neolithische Revolution, 15000 v. Chr.: vermutlich zuerst in Kleinasien, Mesopotamien, Persien und Turkestan, später in Ägypten, Indien, China und Nordafrika; Mandel, 1982:24). Erstmals bestand die Möglichkeit zur Produktion eines Überschusses, was mehrere Konsequenzen nach sich zog: Einige Mitglieder der Gemeinschaft waren dadurch vom Zwang der Nahrungsmittelherstellung befreibar, womit eine bescheidene Form der Arbeitsteilung aufkam; weiters wurden auf der Basis einer Überschußökonomie eine Expansion in größere Territorien, Bevölkerungswachstum und eine gesteigerte Bevölkerungsdichte möglich. Alles zusammen machte aber den Aufbau einer zentralen Verteilungs-, Kontroll- und Entscheidungsinstanz erforderlich, oder anders ausgedrückt: Funktionsleistungen auf der Ebene gesellschaftlicher Organisation.

Diese Funktionsleistungen können nun in erster Linie unter dem Gesichtspunkt ihres Beitrages zur Sicherung des Fortbestandes der Gesellschaft untersucht werden (funktionale Betrachtungsweise); oder aber unter dem Gesichtspunkt der Aneignung und der Kontrolle des gesellschaftlichen Mehrproduktes (marxistische Betrachtungsweise). So betont die marxistische Theorie, daß mit dem Entstehen eines Überschusses auch erstmals die Voraussetzungen für soziale Ungleichheit gegeben waren, denn dieser konnte eine ganze Schicht von Priestern, Soldaten, Beamten, Lehensherren und Königen ernähren. Auch die Versklavung von Kriegsgefangenen war ab diesem Zeitpunkt ökonomisch sinnvoll, zuvor wurden diese ja aufgrund der allgemeinen Güterknappheit getötet (Mandel, 1982:25). Zahlreiche unterschiedlich strukturierte und verschieden große Kulturen entstanden auf der Grundlage einer derartigen von Landwirtschaft und Handwerk abhängigen Ökonomie (z. B. gehörten zum Inkareich beim Einfall der Spanier 4 Millionen Menschen; Lenski, 1977:200).

4.3 Mittelalterliche Feudalgesellschaft

Betrachtet man nun etwas näher den strukturellen Aufbau der mittelalterlichen Agrargesellschaft in Europa, aus der ja in der Folge der Industrialisierungsprozeß hervorging, so war für diesen der Feudalismus typisch. Darunter werden Mann-zu-Mann-Beziehungen bzw. Treueverhältnisse zwischen Lehensherren und Vasallen verstanden, die Bloch folgendermaßen charakterisiert: "Der Überlegene garantiert Schutz und diverse materielle Vorteile, die den Abhängigen direkt oder indirekt sein Auskommen sichern, der Unterlegene verpflichtet sich zu unterschiedlichen Abgaben oder Dienstleistungen und muß sich generell zu Hilfsdiensten bereithalten" (Bloch, 1932:204). Feudale Tendenzen traten in typischer Weise dort auf, wo sich ältere, expandierende Gesellschaftsordnungen gezwungen oder veranlaßt sahen, im Zusammenstoß mit einer höher entwickelten Gesellschaft sehr rasch neue, größere Herrschaftsordnungen auszubilden. Am deutlichsten ausgeprägt war diese Tatsache natürlich im alten Europa, wo die germanischen Stämme in die Gebiete des römischen Imperiums vordrangen (Hintze 1962, S. 84 ff). In Ermangelung eines anonym funktionierenden bürokratischen Apparates gab es auch keine Alternative zur feudalen Organisation in Form direkter und persönlicher Treueverhältnisse.

Was nun die dem feudalen System zugehörige Mehrproduktaneignung betrifft, so beruhte sie auf "naturalwirtschaftlicher Ausbeutung" und konnte eben deshalb keine extremen Formen annehmen. Es fehlte ein Absatzmarkt, wodurch der mittelalterliche Großgrundbesitzer keinerlei Möglichkeiten besaß, für den Verkauf zu produzieren. Er war gezwungen, seine Einkünfte selbst zu verbrauchen und begnügte sich damit, diese seinem Bedarf anzupassen: "Indes ist klar, daß, wenn in einer ökonomischen Gesellschaftsformation nicht der Tauschwert, sondern der Gebrauchswert des Produkts vorwiegt, die Mehrarbeit durch einen engeren oder weiteren Kreis von Bedürfnissen beschränkt ist, aber kein schrankenloses Bedürfnis nach Mehrarbeit aus dem Charakter der Produktion selbst entspringt" (Marx, 1980:250).

Welche Ursachen zum Zusammenbruch des europäischen Feudalismus führten, ist weitgehend umstritten. Genannt werden vor allem die Intensivierung des Fernhandels, das Aufkommen des Städtewesens, damit zusammenhängend der Warenaustausch zwischen Stadt und Land, sowie die Umwandlung der Naturalleistungen der Bauern in Geldrenten (siehe dazu: Kriedte, 1980; Sweezy, 1984). Auf alle Fälle kam es aber im Rahmen dieser Entwicklung zu einem verstärkten Aufkommen des allgemeinen Tausches, des Geldverkehrs und des Handels. Erst von diesem Zeitpunkt an bestand ein zusätzlicher Anreiz, die Produktion anzukurbeln.

4.4 Handelskapitalismus

Standen sich auf der Stufe der einfachen Warenproduktion Warenbesitzer gegenüber, die tauschten, um fehlende Produkte zu erstehen (nach dem Schema Ware-Geld-Ware), traten auf der Stufe des Handelskapitalismus neben den Warenbesitzern Geldbesitzer auf, die die Ware zirkulieren ließen, damit sie einen Gewinn abwirft (nach dem Schema: Geld - Ware - Geld + Mehrwert). Dieser mit dem Mehrwert zusammenhängende Reichtum veränderte aber die gesellschaftliche Entwicklung nachhaltig, denn während sich die Feudalherren mit einer relativ stabilen Ausbeute ihres Grund und Bodens begnügten (siehe dazu obiges Marxzitat), ist der Handel per se auf Vermehrung des Kapitals bedacht: "In den Händen der alten Besitzklassen war der ganze angestaute Reichtum, einschließlich des Geldes, nur ein Reichtum von Gebrauchswerten oder ein Mittel, solche zu erwerben. Das Ziel der Akkumulation war die Konsumation. In den Händen der bürgerlichen Klassen dagegen wird das akkumulierte Geld zu Kapital" (Mandel, 1977:115).

Entscheidend für die Stufe des Handelskapitalismus war, daß der Kaufmann zunächst nur als Verleger von Handwerksprodukten auftrat. Die Fertigung blieb damit räumlich dezentral, denn der Heimarbeiter arbeitete mit seinen eigenen Produktionsmitteln zu Hause, nur die Rohstoffbeschaffung und der Vertrieb wurden zentral gesteuert. Das mittelalterliche Zunftsystem blieb damit in seinen Strukturen weitgehend erhalten. Der Verleger gewann aber im zunehmenden Maße Einfluß auf die handwerkliche Produktion, denn die Vergrößerung der Märkte verlangte nach Ausweitung und besserer Kontrolle der Produktionsstätten. So konnte z. B. der Kaufmann aufgrund seiner Marktkenntnisse abschätzen, welche Produkte absetzbar waren und welche nicht.

Für das Verlagswesen kennzeichnend war, daß der Kaufmann alle Waren kaufen konnte, jedoch noch nicht die Arbeitskraft als Ware (Mandel, 1977:119 ff.). Erst wenn der Händler sein Geld dazu benützte, "eine Ware zu kaufen, deren Gebrauchswert die Eigenschaft hat, neue Werte zu schaffen: die menschliche Arbeitskraft" (Mandel, 1977:99), sind die Voraussetzungen für den Produktionskapitalismus gegeben.

4.5 Produktions- und Industriekapitalismus und deren Auswirkungen auf die politischen Beziehungen in Unternehmen

Wie es zu dieser Entwicklung kam, beschreibt Marx am Modellfall des englischen Frühkapitalismus: Hier hatte der Preisanstieg der englischen Wolle, ein Resultat der Nachfrage in der flämischen Wollindustrie, die Feudalherren dazu veranlaßt, sich auf Schafwolle zu spezialisieren. Die damit verbundenen "Einhegungen" (enclosure movement) vertrieben die Bauern von den gemeinwirtschaftlich bebauten Grundstücken (diese wurden ja für die Schafzucht erforderlich), wodurch sie ihrer Existenzgrundlage verlustig gingen und eine "Klasse" landloser Proletarier entstand. Damit war auch erstmals ein größerer Markt für Gebrauchsgüter gegeben, denn zuvor konnte diese Gruppe ja einen Großteil ihres Bedarfes selber decken (Marx, 1980:742 ff.).

Zwei Faktoren waren demnach im Sinne der marxistischen Theorie für das Entstehen des modernen Produktionskapitalismus verantwortlich: die Bildung eines großen Vermögens in den Händen einer bourgeoisen Oberschicht (ursprüngliche Akkumulation) und die Freisetzung einer großen "Klasse" von Menschen, die keine andere Ware mehr zu verkaufen hatten als ihre "eigene Arbeitskraft". Akkumuliertes Geld dient ab diesem Zeitpunkt nicht mehr der Konsumation, sondern als Mittel zur weiteren Erzeugung von Mehrwerten (vgl. dazu das Kloster im Mittelalter), ein Prozeß, der deshalb funktioniert, weil der Mehrwert den Produzenten, den Arbeitnehmern entzogen und vorenthalten wird.

Ungeachtet der Frage, wie weit tatsächlich die Gewinne der kapitalistischen Unternehmungen auf der Ausbeutung der ökonomisch schwachen Schichten beruhen (so garantiert z. B. das kapitalistische System eine hohe Reinvestitionsrate der Gewinne, der verbleibende Rest unterliegt einer hohen Besteuerung), ist mit dem daraus sich entfaltenden circulus vitiosus eine immense Steigerung der wirtschaftlichen Produktivität möglich (Schumpeter spricht in diesem Zusammenhang von der "schöpferischen Zerstörung" des Kapitalismus; Schumpeter, 1978). Um Gewinn zu erzielen, muß das Kapital ständig seine Form wechseln: Es muß sich vom Geldkapital zum Produktionskapital und vom Produktionskapital wieder zum Geldkapital (+ Gewinn) verwandeln usw. Die ökonomische Situation zwingt den Unternehmer, diesen Kreislauf aufrecht zu erhalten. Würde er nicht nach Gewinn streben und diesen wiederum zur Neubildung von Produktionskapital verwenden, unterläge er der Konkurrenz. Sweezy schreibt dazu: "Die Zirkulation von Geld - Ware - Geld + Mehrwert, in der der Kapitalist die Schlüsselposition einnimmt, ist objektiv ein Wertexpansionsprozeß. Diese Tatsache spiegelt sich im subjektiven Zweck des Kapitalisten. Es handelt sich keineswegs um eine Frage von angeborenen menschlichen Neigungen oder Instinkten: Der Wunsch des Kapitalisten, den seiner Kontrolle unterstehenden Wert auszudehnen (Kapital zu akkumulieren), entspringt seiner besonderen Position in einer bestimmten Organisationsform der sozialen Produktion" (Sweezy, 1970:100).

Diese ökonomische Zwangslage ist es, die nach marxistischer Theorie zu einer Verselbständigung gesellschaftlicher Verhältnisse führt und nur durch den Übergang in eine sozialistische Wirtschaftsordnung aufzuheben ist. Selbst wenn die einzelnen Individuen nach anderen Prinzipien handeln wollten, können sie es nicht, weil sie als Vollzugsorgane gesellschaftlich-ökonomischer Verhältnisse agieren: "Ihre eigene gesellschaftliche Bewegung besitzt für sie die Form einer Bewegung von Sachen, unter deren Kontrolle sie stehen, statt sie zu kontrollieren" (Marx, 1980:89). Das primäre Interesse des Unternehmers kann unter diesen Bedingungen daher auch nicht die bedarfsgerechte Versorgung der Bevölkerung mit Wirtschaftsgütern sein, sondern die möglichst risikolose Mehrung von Kapital. Wie Staehle feststellt: "Der Unternehmer kann sich hier wegen der Gefahr des Bankrotts keinerlei Sentimentalitäten bzw. Vorliebe gegenüber seinen Erzeugnissen leisten, sofern sie nicht nachhaltig zur Gewinnerzielung beitragen" (Staehle, 1985:226).

Ein Charakteristikum dieser Entwicklung ist der sogenannte "Warenfetischismus" (Marx, 1980:250 ff.), von Lukacs unter Einbeziehung der Weberschen Rationalisierungstheorien in der Folge "Verdinglichung" genannt (Lukacs, 1968): Produkte werden nicht mehr unter dem Gesichtspunkt ihres jeweiligen Gebrauchswertes, sondern ihres in Geld bewerteten Tauschwertes betrachtet, was dazu führt, daß alles, was an ihnen individuell, persönlich oder spezifisch ist, vernachlässigt wird. Die menschlichen Beziehungen werden zu Objektbeziehungen zwischen Käufer und Verkäufer, Effektivität und Profite wichtiger als menschliche Werte (siehe dazu auch: Israel, 1972:309 ff.). Was im vorangegangenen Kapitel daher im Sinne Webers im Rahmen bürokratisierter Handlungsvollzüge als Rationalisierung deutlich wurde, wird hier auf die Ökonomieorientierung kapitalistischer Organisation sozialer Wirklichkeit zurückgeführt. Fromm versucht, diese gesellschaftliche Situation mit den Kategorien "Haben" und "Sein" zu beschreiben (Fromm, 1980), wobei die Habensorientierung einen dominanten Stellenwert in den neuzeitlichen Gesellschaftsformationen einnimmt.

Bezogen auf Webers Protestantismus-/Rationalismus-Theorie läßt sich daher formulieren: Rationalität und Kapital bedingen sich gegenseitig, denn Geld bzw. Kapital ist das "'vollkommenste' wirtschaftliche Rechnungsmittel, das heißt: das formal rationalste Mittel der Orientierung wirtschaftlichen Handelns" (Weber, 1972:66). Da aber wirtschaftliches Handeln einen immer größeren Stellenwert in unserer gesellschaftlichen Welt einzunehmen vermochte, konnte oder mußte sich damit einhergehend zweckrationales Handeln (bzw. Rationalität überhaupt) auch in allen übrigen Lebensbereichen ausweiten und durchsetzen.

Der industrielle Kapitalismus beginnt nun dort, wo die hauswirtschaftlich organisierten, dezentralisierten Handwerksbetriebe mitsamt ihren traditionalen Arbeitsgewohnheiten durch zentralisierte Großbetriebe (Manufaktur, Fabrik) ersetzt werden. Diese Umstrukturierung vom Handwerk hin zur Fabrik läßt sich recht eindrucksvoll an der Veränderung der Zahl der Beschäftigen in den jeweiligen Produktionsformen belegen. Um 1800 waren insgesamt 2,2 Millionen Menschen auf dem Gebiete des Deutschen Reiches im gewerblichen Sektor folgendermaßen aufgeteilt: 51 % Handwerk, 44 % Verlag, 5 % Manufaktur, erste Fabriken. Um 1900 verteilten sich bereits 9,5 Millionen im gewerblichen Sektor wie folgt: 35 % Handwerk, 5 % Verlag 60 % Manufaktur, Fabrik (Kocka, 1983:63 ff.). Mit dieser Zentralisierung der verschiedenen Arbeitsprozesse unter einem Dach waren zwei Vorteile verbunden, die ihrerseits wiederum zueinander in einer Wechselbeziehung standen: Eine disziplinierende Wirkung durch verbesserte Kontrollmöglichkeiten (Braverman, 1977:60; Matis, 1983:8 f.) und eine Erhöhung des Spezialisierungsgrades der Arbeiter auf einen einzigen, leicht erlernbaren Arbeitsgang, wodurch die Arbeitsteilung vorangetrieben werden konnte.

Entscheidend für das Verständnis dieser neuen, betrieblichen Arbeitsteilung ist ihre Abgrenzung von der gesellschaftlichen Arbeitsteilung. Gesellschaftliche Arbeitsteilung, Unterteilung der Gesellschaft in Berufe, Gewerbesparten, handwerkliche Diszipline, hat es, ausgenommen in archaischen Gemeinschaften, immer gegeben. Die industrielle Produktionsweise vollzieht jedoch die Aufsplitterung der Arbeit in Teilaufgaben: "Nicht nur, daß die einzelnen Verrichtungen voneinander getrennt sind, sie werden auch verschiedenen Arbeitern übertragen. Hier haben wir es nicht nur mit der Zerlegung des Arbeitsprozesses zu tun, sondern mit der Schaffung des Detailarbeiters" (Braverman, 1977:168). Erst mit dieser Zerlegung kommt es zur Notwendigkeit von Management im Sinne planmäßiger Arbeitsvorbereitung, -einteilung und -überwachung. Dies heißt aber nichts anderes, als die Trennung von "Vorstellung und Ausführung" (Braverman, 1977:94), von Kopf- und Handarbeit. Management ist deshalb, wie Braverman aufzeigt, etymologisch von "manus" und "agere", also wörtlich "an der Hand führen", etwa ein Pferd in der Manege, abzuleiten (Braverman, 1977:61).

Diese mit der kapitalistischen Produktionsweise verbundene Umgestaltung der menschlichen Arbeit beschreibt der Marxismus mit dem Begriff "Entfremdung": Der Arbeiter ist gezwungen, seine Arbeitskraft zu verkaufen, um leben zu können. Arbeit ist deshalb nicht länger ein Ausdruck seiner Persönlichkeit und seiner Bedürfnisse. Der Arbeiter verfügt weder über die Produktionsmittel noch über das Produkt seiner Arbeit. Den Ergebnissen seiner Arbeit steht er daher fremd gegenüber: "Je mehr der Arbeiter sich ausarbeitet, um so mächtiger wird die fremde, gegenständliche Welt, die er sich gegenüber schafft, um so ärmer wird er selbst, seine innere Welt, um so weniger gehört ihm zu eigen" (Marx, zitiert nach Israel, 1972:61). Durch Arbeitsteilung, Konkurrenzkampf und Arbeitsorganisation sind keine natürlichen zwischenmenschlichen Beziehungen mehr möglich, der Arbeiter ist somit auch seinen Kollegen gegenüber entfremdet (Israel, 1972:61 f.).

Während die Betriebswirtschaftslehre in erster Linie diese im Gefolge der Arbeitsteilung auftretende Koordinierungsfunktion der Betriebsführung untersucht, befassen sich politisch orientierte Analysen stärker mit den damit verbundenen Kontroll- und Machtaspekten. Das zentrale Kontrollproblem der Betriebsführung besteht dabei darin, die am Arbeitsmarkt durch den Betrieb erworbene Arbeitszeit in tatsächlich verausgabte Arbeit umzuwandeln. So wird der Arbeitsplatz "zum Kampfplatz, weil die Arbeitgeber ihre Beschäftigten zur Höchstleistung antreiben wollen, während die Arbeiter sich diesen Versuchen zwangsläufig zu widersetzen versuchen" (Edwards, 1981:22).

In diesem Widerspruch liegt der strukturelle Interessengegensatz zwischen der Betriebsführung und der Belegschaft begründet, denn welche diesbezüglichen Entscheidungs- und Strukturbereiche der Arbeitnehmer- oder Arbeitgeberseite obliegen, ist eine Frage der Machtverhältnisse. Kontrolle und Macht innerhalb des betrieblichen Systems besitzt folglich, "wer aktuell und real die Verfahren und Methoden der Aufgabenerledigung, der Arbeitsgeschwindigkeit, der Arbeitseinteilung und des betrieblichen Verhaltens überhaupt bestimmt" (Jürgens, 1984:67).

Die historisch-gesellschaftlich bedingte grundlegende Beziehungsasymmetrie zwischen den Vertretern des Kapitals und den Lohnabhängigen ist es, welche den strukturellen Rahmen darstellt, unter dem politische Aushandlungsprozesse in Organisationen vonstatten gehen. Die betriebliche Arbeitsorganisation ist dabei das Mittel, den einzelnen Akteuren die Kontrolle über die Nutzung und Verausgabung der Arbeitskraft zunehmend zu entziehen. Daraus resultierende Machtbeziehungen basieren somit auf einer spezifischen Art der Konstruktion sozialer Realität und lassen sich via Aushandlungsprozesse zwischen einzelnen organisatorischen Gruppierungen nicht auflösen. Betriebliches Führungshandeln steht seinerseits wiederum unter einem marktwirtschaftlich determinierten Erfolgszwang, der die spezifisch betriebswirtschaftliche Rationalität erforderlich macht. Alles in allem also ein in sich vernetztes System, dessen emergente Folgewirkungen sich längst der Kontrolle der einzelnen Akteure entzogen haben.

Der "Kritischen Theorie" kommt das Verdienst zu, die historisch real gewordenen Gesellschaftsformationen der Gegenwart (sowohl Kapitalismus als auch Sozialismus bzw. Staats-Kapitalismus), im Hinblick auf die in ihnen stattfindenden Kommunikationsprozesse untersucht zu haben. So wird nachgewiesen, daß es zu einer total gewordenen Herrschaft instrumenteller Vernunft kam (vgl. dazu Kapitel 2.5), welche die kommunikativen Gestaltungsmöglichkeiten auf technische Rationalität und technische Sachzwänge reduzierte (Habermas, 1978). Dieser instrumentellen Vernunft ist jene aus gelebter Erfahrung entstehende schöpferische und subjekthafte Vernunft verlustig gegangen, deren wichtigste Merkmale Spontaneität, Produktivität und die Kraft, Inhalte neuer Art zu entdecken, sind (Horkheimer, 1967:61). Die "Kritische Theorie" rollt weiters unter einem neuen Gesichtspunkt die vom Marxismus eingeleitete Entfremdungsfrage auf, basierend auf der Tradition der Aufklärung, der Hegelschen Dialektik und der Marxschen Theorie der gesellschaftsbestimmenden Rolle ökonomischer Vermittlungsprozesse. Das Problem der Entfremdung unter den Bedingungen der spätkapitalistischen Gesellschaft besteht dabei darin, daß sich die Mehrheit der Menschen ihres wachsenden Autonomie- und Selbständigkeitsverlustes gar nicht mehr bewußt wird. Für den Autonomieverlust in der Berufsphäre meint man Ersatz in der sogenannten "freien" Privatsphäre zu finden. Doch auch diese Bereiche sind nur scheinbar frei, weil industrielle Arbeit überall und über alle Grenzen der politischen Systeme hinaus zum Muster der Gesellschaft geworden ist. So haben sich Verfahrensweisen, die der industriellen Produktion ähneln, auch auf Bereiche außerhalb der materiellen Produktion, auf Verwaltungs-, Distributions-, Kultur- und Konsumsphäre ausgedehnt (Adorno, 1969a). Das Individuum wird, ohne sich dessen bewußt zu sein, als Mittel zum Zweck für "Profitinteressen" ausgenutzt und hat sich den Erwartungen eines subtilen Konsumzwangs zu fügen. Sowohl die private als auch die öffentliche Sphäre ist "eindimensional" (Marcuse 1967) verplant und auf die funktionalen Erfordernisse der ökonomischen Mechanismen hin orientiert: "Durch die Reduktion der Menschen auf Agenten und Träger des Warentauschs hindurch realisiert sich die Herrschaft von Menschen über Menschen" (Adorno, 1969b:21). Die politische Unterdrückung verläuft dabei über ökonomische Mechanismen, wobei die nicht zu bestreitende wachsende Befriedigung der materiellen Bedürfnisse der Preis für die soziale Gleichschaltung ist. Die Diskussion über politische Prozesse kann sich deshalb nicht auf die Entscheidungsbildung im öffentlichen Sektor beschränken (vgl. Kapitel 1), sondern hat jeweils den Gesamtzusammenhang zu reflektieren, unter dem in den einzelnen öffentlichen Lebensbereichen Aushandlungsprozesse vor sich gehen. Ohne diese Einbeziehung kann nämlich die aktuelle sozialpsychologische und sozialökonomische Signatur politischer Kommunikationsprozesse nicht erschlossen werden.

Im letzten Abschnitt meines Beitrages geht es nun um die Frage, auf welche gesellschaftlich bedingten Differenzierungs- und Hierarchisierungsmechanismen die strukturellen Divergenzen in den Macht- und Herrschaftschancen einzelner Akteure innerhalb von Organisationen zurückzuführen sind.

5 Gesellschaftlich bedingte Ursachen der Differenzierungs- und Hierarchisierungstendenzen und deren Auswirkungen auf die politischen Beziehungen in Unternehmen

Organisationale Differenzierungs- und Hierarchisierungsmechanismen hängen also - so kann aus den obigen Erörterungen abgeleitet werden - unmittelbar mit der Arbeitsteilung zusammen: Dem Management kommt dabei die Aufgabe zu, die in Teilverrichtungen und Einzelprobleme aufgespaltene organisatorische Realität zu planen, zu organisieren und zu kontrollieren. Gilt es nun, die Ursachen und die Notwendigkeit dieser Differenzierung gesellschaftstheoretisch zu begründen, um daraus abgeleitet Art und Wirkungsweise der Machtbeziehungen in Organisationen hinterfragen zu können, muß als nächster Schritt eine nähere Analyse des Phänomens "Arbeitsteilung" folgen. Allgemein lautet dazu die Prämisse, daß mit der Arbeitsteilung ein enormer Produktivitätszuwachs verbunden ist. Läßt man diese Prämisse als solche gelten, so stellt sie aber höchstens die erste Ursache in der Kausalkette dar und verlangt selbst nach einer Begründung. Denn wie nachgewiesen werden konnte, begnügte sich traditionelles Wirtschaften Jahrtausende mit der Befriedigung eines als "unveränderlich erachteten Standards konkreter Bedürfnisse" (Birnbaum, 1973:42). Wozu also Produktivitätssteigerungen, wozu Arbeitsteilung, wozu letztendlich die Trennung zwischen Hand- und Kopfarbeit?

Die marxistische Theorie - so konnte gezeigt werden - erkennt in diesem Komplex das Resultat privatwirtschaftlich organisierter Kapitalverwertung: Arbeitsteilung und in ihrer Folge die Differenzierungs- und Hierarchisierungsprozesse sind danach Instrumente zur Sicherung unternehmerischer Einzelinteressen und dienen letztlich der Reproduktion sozialer Ungleichheit. Es gibt jedoch noch zahlreiche andere Begründungen für die Ursachen dieser Prozesse, deren Klärung vor allem mit dem Beginn der industriellen Revolution zur Diskussion standen. Namen wie A. Smith, G. Simmel, E. Durkheim und H. Spencer, alles Klassiker sozialwissenschaftlichen Denkens, sind damit verbunden.

5.1 Die Neigung zum Tausch und der Eigennutz als Ursachen der Arbeitsteilung

Smiths Argumentation über die mit der Arbeitsteilung verbundenen Vorteile beruht auf drei Faktoren: "1. der größeren Geschicklichkeit jedes einzelnen Arbeiters, 2. der Ersparnis an Zeit, die gewöhnlich beim Wechsel von einer Tätigkeit zur anderen verlorengeht und 3. der Erfindung einer Reihe von Maschinen, welche die Arbeit erleichtern, die Arbeitszeit verkürzen und den einzelnen in den Stand setzen, die Arbeit vieler zu leisten" (Smith, 1983:12). Am berühmten Beispiel der Stecknadelerzeugung erläutert er seine Beobachtungen und stellt fest: "Ein Arbeiter, der noch niemals Stecknadeln gemacht hat und auch nicht dazu angelernt ist (....), könnte, selbst wenn er sehr fleißig ist, täglich höchstens eine, sicherlich keine zwanzig Nadeln herstellen. Aber so, wie die Herstellung von Stecknadeln heute betrieben wird, ist sie nicht nur als Ganzes ein selbständiges Gewerbe. Sie zerfällt vielmehr in eine Reihe getrennter Arbeitsgänge, die zumeist zur fachlichen Spezialisierung geführt haben. Der eine Arbeiter zieht den Draht, der andere streckt ihn, ein dritter schneidet ihn, ein vierter spitzt ihn zu, ein fünfter schleift das obere Ende, damit der Kopf aufgesetzt werden kann. Auch die Herstellung des Kopfes erfordert zwei oder drei getrennte Arbeitsgänge. Das Ansetzen des Kopfes ist eine eigene Tätigkeit, ebenso das Weißglühen der Nadel, ja, selbst das Verpacken der Nadeln ist eine Arbeit für sich. (...) Ich selbst habe eine kleine Manufaktur dieser Art gesehen, in der nur 10 Leute beschäftigt waren, (....), so waren die 10 Arbeiter imstande, täglich etwa 48000 Nadeln herzustellen, jeder also ungefähr 4800 Stück" (Smith, 1983:9 f.).

Smith bleibt aber nicht an diesem Punkt der Diskussion über die Produktivität stehen, sondern versucht, das Aufkommen der Arbeitsteilung über eine allgemeine Anthropologie zu begründen. Danach kommen dem Menschen zwei sich gegenseitig bedingende und ergänzende Charaktermerkmale zu. 1. Eine natürliche Neigung zum Tauschhandel: "Die Arbeitsteilung, die so viele Vorteile mit sich bringt, ist in ihrem Ursprung nicht etwa das Ergebnis menschlicher Erkenntnis, welche den allgemeinen Wohlstand, zu dem erstere führt, voraussieht und anstrebt. Sie entsteht vielmehr zwangsläufig, wenn auch langsam und schrittweise, aus einer natürlichen Neigung des Menschen, zu handeln und Dinge gegeneinander auszutauschen" (Smith, 1983:16). 2. Eine auf Eigennutz angelegte Psyche: "(...) der Mensch (ist) fast immer auf Hilfe angewiesen, wobei er jedoch kaum erwarten kann, daß er sie allein durch das Wohlwollen der Mitmenschen erhalten wird. Er wird sein Ziel wahrscheinlich viel eher erreichen, wenn er deren Eigenliebe zu seinen Gunsten zu nutzen versteht, indem er ihnen zeigt, daß es in ihrem eigenen Interesse liegt, das für ihn zu tun, was er von ihnen wünscht. (...) Nicht vom Wohlwollen des Metzgers, Brauers und Bäckers erwarten wir das, was wir zum Essen brauchen, sondern davon, daß sie ihre eigenen Interessen wahrnehmen" (Smith, 1983:17).

Das klassisch liberale Denken vollzieht sich dabei etwa nach folgendem Schema: Der Mensch sucht stets nach seinem individuellen Vorteil, was seine Neigung zum Tausch und damit auch das Aufkommen der Arbeitsteilung begründet. Mit dieser Entwicklung geht eine Intensivierung der Tauschbeziehungen und die Einrichtung eines dauerhaften Marktes einher. Der Markt reguliert schließlich durch "echte Konkurrenz" den Interessensausgleich und führt zu einer zunehmenden Verbreitung des Typus "Wirtschaftsgesellschaft". Dies steigert die Produktivität der Ökonomie und bringt den höchstmöglichen allgemeinen Wohlstand mit sich. Entscheidend ist dabei die Tatsache, daß die spontanen Handlungen der Individuen nicht von einem für vernünftig gehaltenen Gesamtplan (Sozialismus) reglementiert und behindert werden dürfen (Ward, 1981:5 ff.).

Schon diese hier äußerst gerafft wiedergegebene Argumentationskette liberalen Denkens macht deutlich, daß daraus Fragen nach gesellschaftlichen Macht- und Herrschaftsverhältnissen nicht abgeleitet werden können. Macht und Herrschaft sind demnach Kriterien des Erfolgs oder Mißerfolgs einzelner Akteure und legitimieren sich durch eben diese Tatsache. Da mit diesem individuellen Erfolgsstreben einzelner Individuen auch für das Gesamtsystem größere Vorteile verbunden sind, brauchen ungleiche Macht- und Herrschaftschancen nicht zu interessieren.

5.2 Die Tendenz zur Kraftersparnis als Ursache für die Arbeitsteilung

Für Georg Simmel liegen die Ursachen des gesellschaftlichen Differenzierungsprozesses in der "Tendenz zur Kraftersparnis" begründet, eine Tendenz, die er im Prozeß der organischen Evolution überhaupt zu erkennen glaubt. So wird durch Arbeitsteilung für niedrigere Arbeitsfunktionen weniger Kraft verbraucht, die in der Folge für höher geordnete Arbeitsverrichtungen zur Verfügung steht (Simmel, 1890:117).

Während für die liberale Position die Integration der durch die Arbeitsteilung differenzierten Gesellschaft ohne Probleme vonstatten geht, die marxistische Position gerade die damit hervorgerufenen Konflikte betont, hält Simmel eine Entwicklung in beiden Richtungen für möglich: einerseits eine Entwicklung, "die ein Auseinandergehen in feindliche Gegensätze enthält", anderseits einen Abbau der scharfen Gegensätze zwischen Gruppen, "um zugleich mit der Individualisierung auch Vermittlung und Allmählichkeit der Übergänge eintreten zu lassen" (Simmel, 1890:119 f.). Die Beantwortung der Frage, welche Prozesse eine Entwicklung in die eine oder andere Richtung begünstigen, läßt Simmel allerdings im wesentlichen offen (Willke 1978:240).

5.3 Gesellschaft als expandierende Systemdifferenzierung

In Anlehnung an Darwins Konzept der biologischen Evolution, versucht Spencer gesellschaftliche Entwicklung als einen Prozeß der Differenzierung von Funktionen zu fassen. Auch er meint damit, ähnlich wie Simmel, ein universelles Prinzip formuliert zu haben, vergleichbar mit dem Gravitationsgesetz der Physik (Spencer, 1967:121 ff.). Entwicklung wird dabei ganz allgemein als eine Transformation vom "Homogenen zum Heterogenen", oder präziser von "unzusammenhängender Gleichförmigkeit" zu einer "zusammenhängenden Ungleichförmigkeit "gedeutet (Jonas, 1976:258). Im Zusammenhang mit der Tendenz zur Zunahme funktionaler Differenzierung steht aber jeweils auch die Tendenz zur gegenseitigen Abhängigkeit der Teile, was wiederum die gesellschaftliche Integration und Stabilisierung fördert: "Die Gesellschaft ist einem fortwährenden Wachstum unterworfen. Indem sie wächst, werden ihre Theile ungleich: sie zeigt also auch eine Zunahme der Verschiedenheiten des inneren Baues. Die ungleichen Theile übernehmen zugleich Thätigkeiten verschiedener Art. Diese Thätigkeiten weichen nicht einfach voneinander ab, sondern ihre Verschiedenheiten stehen in Beziehung zueinander, daß die eine erst die andere möglich macht. Die wechselseitige Unterstützung (...) verursacht dann wieder eine wechselseitige Abhängigkeit der Theile, und indem die wechselseitge Abhängigkeit der Theile so durch und füreinander leben, bilden sie ein Aggregat, das nach demselben allgemeinen Grundatze aufgebaut ist wie ein einzelner Organismus" (Spencer, 1976:441). Um den genannten Evolutionsverlauf deutlich zu machen, unterscheidet Spencer zwischen drei spezifischen Typen sozialer Systeme: primitive, militärische und industrielle Gesellschaften.

Es ist hier nicht erforderlich, die strukturellen Charakteristika dieser Entwicklung im Sinne Spencers nachzuvollziehen, denn die generelle Richtung evolutionären Wandels kann auch an den schon behandelten Gesellschaftsformationen beobachtet werden: ausgehend von den ursprünglich homogenen (egalitären) archaischen Gemeinschaften wird irgendwann, gleichgültig jetzt von welchen Faktoren begünstigt, ein Anwachsen der Bevölkerung und damit einhergehend eine Zunahme der Komplexität und Kommunikationsdichte möglich. Berufliche Spezialisierung und gesellschaftliche Arbeitsteilung tragen in der Folge das ihrige dazu bei, daß die Gesellschaft heterogener und komplexer wird. Auch die Zunahme der daraus resultierenden gegenseitigen Abhängigkeit interdependent aufeinander angewiesener Stellen und Teile ist augenscheinlich: "So wie wir von den kleinen Gruppen zu größeren fortschreiten, von einfachen Gruppen zu zusammengesetzten, von zusammengesetzten zu doppelt-zusammengesetzten von ihnen, so wachsen auch die Unähnlichkeiten der Teile. Das soziale Aggregat, ursprünglich homogen, gewinnt gewöhnlich an Heterogenität bei jedem Zuwachs der Größe; denn das Erreichen einer wachsenden Größe muß eine große Komplexität mit sich bringen" (zitiert nach Kiss, 1977 Bd. 1:259 f.).

Man denke in diesem Zusammenhang etwa daran, wie viele arbeitsteilig organisierte Stellen, Bereiche und Entscheidungen notwendig und erforderlich sind, damit der urbanisierte Konsument im Großmarkt nach seiner Packung Milch greifen kann. Im Gegensatz dazu denke man etwa an eine hauswirtschaftlich organisierte Großfamilie, in der die wesentlichen Subsistenzbedingungen selbst geschaffen werden.

Die Zunahme der Heterogenität und Komplexität bedingt also die Ausdifferenzierung der Systemteile, deren Integration nicht nur über das Bewußtsein der gegenseitigen Abhängigkeit alleine zu bewerkstelligen ist, sondern zusätzlich der Ausübung regulierender, operativer und kontrollierender Funktionen - also Führung und Management - bedarf. Wichtig für die Abgrenzung der Position Spencers gegenüber der marxistischen Theorie ist die Tatsache, daß er keine Trennung zwischen der gesellschaftlichen und der industriellen Arbeitsteilung vornimmt. Differenzierung ist bei Spencer ein universelles Prinzip: also keine bedingte, sondern selbst bedingende Variable innerhalb der kapitalistischen Entwicklung.

Im Sinne Spencers läßt sich daher formulieren, daß die Notwendigkeit für die Ausübung von Führungs- und Managementfunktionen und die damit einhergehenden Hierarchisierungen mit der generellen Systemdifferenzierung zusammenhängen. Organisatorische Leitungsfunktionen haben dabei eine synthetisierende und integrierende Leistung zu erbringen. Zu klären ist nur, wie weit die von Spencer aufgestellte These der Komplexitätssteigerung tatsächlich den Anspruch eines universellen Prinzips erheben darf (siehe dazu Kapitel 5. 5.). Weiters ist augenscheinlich, daß mit dieser funktionalen Interpretation Differenzierungsasymmetrien als Folgeerscheinung zwangsläufiger Entwicklungen gedeutet werden und damit nur noch erschwert Ansatzpunkte für die Kritik an gesellschaftlicher Ungleichheit bieten.

5.4 Integration der arbeitsteiligen, funktional ausdifferenzierten Stellen durch das "Kollektivbewußtsein"

Auch Durkheim unterscheidet zwischen einfachen und komplexen Gesellschaftssystemen und zeigt sich in dieser Hinsicht von Spencer beeinflußt. Er geht aber über Spencer insofern hinaus, als er in der bloßen Organisation der Austauschbeziehungen zwischen den differenzierten Teilen keine genügende Garantie sieht, die Aufrechterhaltung des Systems zu sichern. Soziale Ordnung kann nach Durkheim nur über eine normative Integration und Sozialisation der Mitglieder einer Gesellschaft erfolgen. Normen und Werte üben dabei auf den einzelnen einen spezifischen Befolgungszwang aus und legen jeweils das Handeln der Individuen fest (Durkheim, 1961:144).

Die eigentliche Leistung Durkheims besteht aber darin, die sozialen Ursprünge dieses von ihm "Kollektivbewußtsein" genannten gesellschaftlichen Phänomens aufgezeigt zu haben. Auf dieser Theorie basiert sein berühmtes Diktum, daß Gesellschaft nicht auf individuelle Prozesse zurückführbar ist, sondern eine "Realität sui generis" darstellt (Durkheim, 1961:94 u. 114; siehe weiters Steyrer, 1985:35). Durkheim begründet damit den eigentlichen Gegenstand der Soziologie, wenn er formuliert: "Gesellschaft (ist) nicht bloß eine Summe von Individuen, sondern das durch deren Verbindung gebildete System stellt eine spezifische Realität dar, die einen eigenen Charakter hat" (Durkheim, 1961:187). Es ist in weiterer Folge die Gesellschaftstheorie Talcott Parsons, welche diese Gedanken Durkheims radikalisiert und die Frage der gesellschaftlichen Integration durch soziale Regeln und Normen zum zentralen Problem soziologischer Analysen überhaupt macht (siehe z. B. Parsons, 1956).

5.5 Hierarchisierungstendenzen als Integrationsleistung auf der Ebene organisierter Komplexität

Betrachtet man nun moderne Systemtheorien, wie sie z. B. von N. Luhmann entwickelt wurden, so erkennen auch sie in der funktionalen Differenzierung oder Arbeitsteilung eines der wichtigsten Abgrenzungskriterien zwischen Systemen und ihrer Umwelt (moderne Systemtheorien zeichnen sich gegenüber früheren Ansätzen gerade durch diese Bemühung aus, die System-Umweltrelationen ins Zentrum ihrer theoretischen Konzeptionen zu stellen). Luhmann sieht dabei in der spezifischen Art der Reduktion von Welt-Komplexität das konstitutive Merkmal von Systemen. Was darunter zu verstehen ist, soll zunächst am Beispiel einer betrieblichen Organisation erläutert werden.

In einem Betrieb geschieht nur ein kleiner Teil jener Vorgänge, die in der gesamten Gesellschaft permanent stattfinden. Wenn in einem Betrieb vor oder nach einer Handlung alle bekannten gesellschaftlichen Handlungen möglich wären, dann würde sich dieser nicht von der Gesellschaft (der "Welt") unterscheiden: Der Betrieb wäre ein völlig chaotisches Gebilde. Innerhalb seiner Grenze findet somit nur ein selektives Ausmaß von Handlungen statt: Der Betrieb hat deshalb eine innere Ordnung, er ist organisiert. Eine Organisation ist im Sinne Luhmanns demnach dann gegeben, wenn aus der unendlichen Fülle möglicher Beziehungen zwischen Elementen eine begrenzte Menge ausgegliedert und dauerhaft verwirklicht wird, wenn also eine spezifische Reduktion von Komplexität verwirklicht wird. Systeme konstituieren sich damit durch das Prinzip der Selektivität.

Um sich aber gegenüber der Weltkomplexität ("Überfülle des Möglichen", Luhmann, 1972:72) behaupten und stabilisieren zu können, benötigen Systeme eine bestimmte Eigenkomplexität: Sie müssen ihre "geringere Komplexität durch verstärkte Selektivität wettmachen" (Luhmann, 1971:37). Als Grenzkriterium zwischen Innen und Außen hat bei Luhmann der Begriff Sinn eine zentrale Bedeutung. Soziale Systeme sind demnach "sinnhaft identifizierte Systeme" (Luhmann, 1971:12). Sinn grenzt dabei systemspezifisch ab, was als sinnvoll bzw. als sinnlos zu gelten hat, wobei Sinnorientierung - als Ordnungsprinzip der Welt - zum wichtigsten Gattungsmerkmal menschlichen Handelns überhaupt zu gehören scheint.

In Einbeziehung der wechselseitig eingespielten Situationsdeutungen und Erwartungen gelangt Luhmann zur Definition von "sozialen Systemen": "Soziale Systeme bestehen aus faktischen Handlungen, die sinngemäß zusammenhängen. Ein solcher Sinnzusammenhang gewinnt Dauer, Konsistenz und Konsensfähigkeit dadurch, daß das Handeln typisch erwartbar wird. Nicht im rein faktischen Vollzug und auch nicht allein in der Kausalität ihres Bedingungs- und Wirkungszusammenhanges können Handlungen zum System zusammengeschlossen werden, sondern nur durch Stabilisierung von Verhaltenserwartungen; (...). Zur Invariantsetzung einer Systemstruktur sind Prozesse der zeitlichen, sachlichen und sozialen Generalisierung von Verhaltenserwartungen erforderlich" (Luhmann, 1970:41).

Funktionale Differenzierung ist nun neben der "zeitlichen" und "sachlichen" Komponente einer der wichtigsten Mechanismen zur Reduktion von Welt- Komplexität und damit der Konstituierung von Systemen. "Durch Differenzierung erreichen Systeme Ultrastabilität. Sie können interne Grenzen zwischen den Teilsystemen stabilisieren im Sinne von Schwellen, die eine Effektübertragung beschränken - sei es, daß sie nur außergewöhnliche, krisenhafte Störungen durchlassen, normale aber abfangen; sei es, daß sie nur spezifische funktionale Effekte weiterleiten. So können störende Umwelteinwirkungen in Teilsystemen abgekapselt und neutralisiert werden; andere fördernde Leistungen können intensiviert werden, ohne daß jedes Ereignis alle Teile anginge und alles mit allem abgestimmt werden müßte. Darin liegt eine erhebliche Beschleunigung systeminterner Anpassungsprozesse, ein überlebenskritischer Zeitgewinn, der das Entstehen und die Erhaltung komplexer Systeme auf höherer Stufe der Entwicklung überhaupt erst ermöglicht" (Luhmann 1971 S. 123).

Willke geht sogar so weit, daß er in der biologisch bedingten, phylogenetischen Spezialisierung der Zellen eine Parallele zur Arbeitsteilung erkennt. Systeme werden damit, gleichgültig auf welcher Ebene, ganz allgemein auf eine qualitativ neue Stufe gestellt: "Die neue Qualität liegt in der nun ungleich größeren Kapazität für strukturell geordnete Komplexitätsverarbeitung. Auftauchende Probleme betreffen nicht mehr alle Mitglieder in gleicher Weise und verbrauchen nicht mehr die Zeit aller, sondern sie betreffen und beschäftigen nur noch bestimmte Rollenträger oder Teile. Funktionale Differenzierung multipliziert die im System verfügbare Zeit und damit die Gelegenheit zur Problemlösung, indem die eine Weltzeit durch Rollenstrukturen aufgefächert wird wie das eine Sonnenlicht durch ein Prisma" (Willke, 1982:55). Bemerkenswert ist dabei die Tatsache, daß die Kapazität zur inneren Steigerung von Komplexität auf einer bestimmten Reduktion beruht, nämlich der Reduktion von Menschen auf arbeitsteilig strukturierte Rollen und Positionen (Willke, 1982:55).

Funktionale Differenzierung und die damit entstehenden Interdependenzen erzeugen eine zunehmende Vielschichtigkeit und Vernetzung der Interaktionen und Operationen, sie erzeugen einen "Abstimmungsbedarf", weil die Leistungen der einen Einheit von den Leistungen der anderen Einheit abhängig sind, was die Notwendigkeit synthetisierender Funktionen, also die Notwendigkeit der Übernahme von Führungs- und Koordinationsaufgaben begründet.

Wie schon Spencer mit seiner Theorie der Entwicklung vom Homogenen zum Heterogenen ein universelles Prinzip der Evolution zu formulieren gedachte, so sieht auch die moderne Evolutionstheorie in der Zunahme organisierter Komplexität das Hauptkriterium des evolutionären Verlaufes: "Wäre das Kriterium der Evolution das Überleben des Stärkeren oder eine hohe Reproduktionsrate, so hätte die biologische Entwicklung bei Bakterien oder Amöben aufhören müssen; denn diese überleben seit Milliarden von Jahren und sind optimal an ihre Umwelt angepaßt. In Wirklichkeit scheint Evolution einer ganz anderen Gesetzmäßigkeit zu folgen: dem Spiel mit den Möglichkeiten des Aufbaus immer komplexerer Systeme, die sich zwar gegenüber ihrer äußeren Umwelt auch behaupten - und insofern das Darwinsche Kriterium erfüllen; die aber darüber hinaus zusätzlich ihre interne Kombinatorik von Teilen, Funktionen und Prozessen steigern und damit gegenüber ihrer Umwelt qualitativ neue Freiheitsgrade zu verwirklichen vermögen" (Willke, 1982:51). Schon Spencer blieb der Vorwurf nicht erspart, ein organizistisches Modell von Gesellschaft entwickelt zu haben, ein Modell, das allzu große Anleihen bei biologischen Entwicklungsprinzipien nimmt. Zahlreiche Wurzeln der Anfang des 20 Jahrhunderts auftretenden völkischen und rassischen Theorien gehen auf diese Ansätze zurück (Jonas, Bd. 1 1976:259).

Die mit der funktionalen Differenzierung in Verbindung stehenden systemischen Vorteile, bzw. deren Nachteile auf subjektiver Ebene (Entfremdung), stehen außer Zweifel. Was zur Diskussion steht, ist die Erhebung dieses Kriteriums zu einem universellen Prinzip. Danach wäre nämlich, provokant formuliert, auch die repetitivste Fließbandarbeit schon im Konzept der Schöpfung enthalten und angelegt. Völlig abzulehnen wäre jedoch ein Ansatz, der daraus gesellschaftspolitische Folgerungen zöge und verschiedene, mit der Arbeitsteilung verbundene Entfremdungserscheinungen in der gegenwärtigen Welt der Arbeit damit zu rechtfertigen versuchte.

Wenn aber tatsächlich, wie auch Riedl es formuliert, die "Strategie der Genesis" darin besteht, "von niederen zu höheren Graden und Formen der Ordnung aufzusteigen" (Riedl, 1980:10), und damit jeweils eine Zunahme der organisierten Komplexität verbunden ist, wären organisatorische Differenzierungs- und im Gefolge damit auch Hierarchisierungstendenzen ein konstitutiver Bestandteil sozialer Evolution. Was die Vielschichtigkeit und Vernetztheit der Interaktionsbeziehungen innerhalb organisationaler Systeme an synthetisierenden Abstimmungshandlungen erforderlich macht, ist somit auch die Quelle divergierender Chancen auf Macht- und Interessenrealisierung: Abstimmungs-, Entscheidungs- und Strukturkompetenzen stellen dabei die Eckpunkte eines magischen Dreiecks dar, aus denen die asymmetrische Machtverteilung zwischen den einzelnen Akteuren eines sozialen Systems erwächst. Auch damit werden abermals gesamtgesellschaftliche Entwicklungen innerhalb organisationaler Beziehungen strukturell relevant, deren penetrierende Wirkung außerhalb der Aushandlungskompetenz einzelner Akteure und Gruppen liegt.

6 Integration der Untersuchungsergebnisse

Ich habe im Rahmen dieser Arbeit den Versuch unternommen, Aspekte politischer Prozesse in Organisationen auf ihre gesamtgesellschaftlich bedingten Ursachen zurückzuführen. Konzentrierte sich der erste Teil der Arbeit auf den institutionellen Wandel, der mit der Erweiterung der Sub-Systeme zweckrationalen Handelns verbunden war (Kommunikations-Aspekt), so ging es im zweiten Teil um die gesellschaftlich bedingten Ursachen und Wirkungszusammenhänge der Machtasymmetrie zwischen Arbeit

Aspekte des Politikbegriffs / Gesellschaftsformationen	Macht/Herrschaft	Interessen	Kommunikation	organisiertes Handeln
Urwüchsige Gemeinschaften	Fehlen institutionalisierter Macht (Herrschaft).	Ökonomische und soziale Egalität. Kein Warentausch (Erzeugung für Eigenverbrauch).	Gemeinschaftliche Orientierungsmuster (Magie, Mythos, Charisma). Diffuses, affektuelles Handeln. Außengeleitete soziale Kontrolle.	Führerrollen zeitlich begrenzt (Zuweisung aufgrund hervorragender Eigenschaften). Keine Arbeitsteilung. Struktur: Unzusammenhängende Gleichförmigkeiten (Homogenität).
Agrargesellschaften	Erste Kontrolle über gesellschaftliches Mehrprodukt. Aufbau zentraler Verteilungs-, Kontroll- und Entscheidungsinstanzen (Institutionalisierung von Macht = Herrschaft). Keine Regelgebundenheit der Herrschaft (Willkür). Charismatische und traditionale Legitimierung.	Überschuß bildet die Voraussetzungen für soziale Ungleichheit (zentralisierte Mehrproduktaneignung). Ware/Ware Austauschrelationen.	Gemeinschaftliche Orientierungsmuster. Affektuelle und traditionale Normenkonformität. Außengeleitete soziale Kontrolle. Zweckrationales Handeln in Teilbereichen gesellschaftlicher Subsysteme.	Führerrollen aufgrund ererbter Zuweisung (charismatische und traditionale Legitimierung). Ansätze zu gesellschaftlicher Arbeitsteilung und Differenzierung. Teilheterogenisierung unter zentraler Kontrolle.

Abbildung 1

Aspekte des Politikbegriffs / Gesellschaftsformationen	Macht/Herrschaft	Interessen	Kommunikation	organisiertes Handeln
Mittelalterliche Feudalgesellschaft	Lehensherr/Vasall. Aufbau dezentraler Verteilungs-, Kontroll- und Entscheidungsinstanzen. Institutionalisierungsversuche von Macht seitens der Lehensherren gegenüber Zentralgewalt. Traditionale Regelgebundenheit.	Naturalwirtschaftliche Ausbeutung. Bescheidene Produktion für Verkauf. Ware/Geld/Ware Austauschrelationen.	Gemeinschaftliche Orientierungsmuster. Traditionale und religiöse Normenkonformität. Zweckrationales Handeln innerhalb gesellschaftlicher Subsysteme (Handwerk, Kloster). Repressionen gegenüber Neuerungen. Außengeleitete soziale Kontrolle.	Fehlen eines zentralisierten bürokratischen Apparates (Feudalisierung). Führerrollen aufgrund von Ernennungen. Lehensherr ist persönlicher Herr (Treueverhältnisse). Struktur: Heterogenisierung unzusammenhängender Gleichförmigkeiten.
Handelskapitalismus	Entfeudalisierung. Erstarken zentraler Verteilungs-, Kontroll- und Entscheidungsinstanzen (Monarchische Zentralgewalt = politische Macht) bei gleichzeitiger Dezentralisierung ökonomischer Macht (Händler).	Monetarisierte Ausbeutung. Produktion für den Verkauf. Geld/Ware/Geld + Mehrwert Austauschrelationen. Handwerk bleibt dezentralisiert und teilautonom.	Gemeinschaftliche und erste gesellschaftliche Orientierungsmuster. Zweckrationalität nimmt an Bedeutung zu. Entraditionalisierung. Destabilisierung außengeleiteter Kontrolle. Wandel in den religiösen Orientierungen (Profanisierung). Aufwertung der Berufsarbeit.	Etablierung eines zentralisierten polit-bürokratischen Apparates. Führerrollen aufgrund ererbter Zuweisung (Adel) und aufgrund von Ernennung (Beamte). Gesellschaftliche Arbeitsteilung. Struktur: Erste Heterogenisierung zusammenhängender Ungleichförmigkeiten.

Abbildung 2

Aspekte des Politikbegriffs / Gesellschaftsformationen	Macht/Herrschaft	Interessen	Kommunikation	organisiertes Handeln
Produktions- und Industriekapitalismus	Bürokratisch, zentralisierte Herrschaft (Staat). Rationale Legitimierung von Herrschaft. Sowohl ökonomische Zentralisierungs- als auch Dezentralisierungstendenzen.	Monetarisierte Ausbeutung. Überschüsse dienen nicht der Konsumation, sondern der Erzeugung von Mehrwerten (Wertexpansionsprozeß). Interessengegensatz zwischen Arbeit und Kapital. Verselbständigung gesellschaftlicher Verhältnisse (Marktmechanismus).	Gesellschaftliche Orientierungsmuster. Entaffektualisierung, Rollenspezifität, Universalisierung. Innengeleitete soziale Kontrolle. Dominanz zweckrationalen Handelns. Warenfetischismus und Verdinglichung. Entfremdung.	Industrielle Arbeitsteilung. Trennung von Hand- und Kopfarbeit (erhöhter Abstimmungsbedarf = Management). Rollenzuweisung aufgrund von Leistung. Regelgebundenheit des Handelns. Kompetenzverteilung, Hierarchie, Unpersönlichkeit der Handlungen. Struktur: Fortschreitende Heterogenisierung zusammenhängender Ungleichförmigkeiten (expandierende Systemdifferenzierung).
	→	→	→	→
Spätkapitalismus	Monopolisierungstendenzen ökonomischer und politischer Macht.	Staatliche Ausgleichsfunktion des Interessengegensatzes zwischen Arbeit und Kapital (Wohlstandsgesellschaft)	Instrumentelle Rationalität. Autonomieverlust. Konsumzwang. Vorherrschaft falscher Bedürfnisse.	Steigerung der Produktivkräfte. Ausdehnung der technischen Verfügungsgewalt.

Abbildung 3

und Kapital und deren Einbindung in den Marktmechanismus (Interessen-Aspekt). Schließlich wurde im letzten Teil der Arbeit dem Entstehungszusammenhang sozialer Differenzierung und den damit verbundenen organisatorischen Beziehungskonsequenzen nachgegangen (Macht- und Herrschafts-Aspekt). Es konnte deutlich gemacht werden, in welchem Ausmaß gesellschaftlich transformierte Rahmenbedingungen organisatorische Kommunikations-, Interessen- sowie Macht- und Herrschaftsaspekte penetrieren, Transformationen und Penetrationen, die außerhalb der diskursiven Einflußnahme kommunikativer Aushandlungsprozesse in Organisationen liegen.

Eine zusammenfassende und integrierende Darstellung der Ergebnisse meiner Erörterungen kann den Abbildungen 1 - 3 entnommen werden. Es handelt sich dabei jeweils um idealtypische Beschreibungen auf den einzelnen Aspektebenen des Politikbegriffes.

Literaturverzeichnis

Adorno, Th.W. (Hrsg.): Spätkapitalismus oder Industriegesellschaft? Stuttgart 1969 (1969a)
Adorno, Th.W. (Hrsg.): Der Positivismusstreit in der deutschen Soziologie. Neuwied 1969 (1969b)
Bauer, L./Matis, H.: Geburt der Neuzeit. München 1980
Birnbaum, N.: Konkurrierende Interpretation der Genese des Kapitalismus: Marx und Weber. In: Seyfarth, C./Sprondel, M. W. (Hrsg.): Seminar: Religion und gesellschaftliche Entwicklung. Studien zur Protestantismus-Kapitalismus-These Max Webers. Frankfurt 1973
Bloch, M.: Feudalism, European. In: Encyclopaedia of the Social Sciences. New York 1932
Böhret, C.: Innenpolitik und politische Theorie. Opladen 1979
Bravermann, H.: Die Arbeit im modernen Produktionsprozeß. Frankfurt/New York 1977
Durkheim, E.: Die Regeln der soziologischen Methode. Hrsg.: König R., Neuwied/Berlin 1961
Edwards, R.: Herrschaft im modernen Produktionsprozeß. Frankfurt 1981
Foucault, M.: Überwachen und Strafe. Die Geburt des Gefängnisses. Frankfurt 1977
Fromm, E.: Die Furcht vor der Freiheit. Frankfurt 1982
Fromm, E.: Haben oder Sein. Die seelischen Grundlagen einer neuen Gesellschaft. München 1980
Gordon, R. J.: Macroeconomics. Boston/Toronto 1984
Gurjewitsch, A. J.: Das Weltbild des mittelalterlichen Menschen. Berlin 1980
Habermas, J.: Technik und Wissenschaft als Ideologie. Frankfurt 1978
Horkheimer, M.: Zur Kritik der instrumentellen Vernunft. Frankfurt 1976
Hintze, O.: Wesen und Verbreitung des Feudalismus. In: O. Hintze, Gesammelte Werke. Hrsg. Oestreich, H. Bd. 1.: Staat und Verfassung. Wien 1962
Israel, J.: Der Begriff Entfremdung. Makrosoziologische Untersuchung von Marx bis zur Soziologie der Gegenwart. Reinbek 1972
Jonas, F.: Die Geschichte der Soziologie, Bd. 1. Hamburg/Reinbek 1976

Jürgens, U.: Die Entwicklung von Macht, Herrschaft und Kontrolle im Betrieb als politischer Prozeß - Eine Problemskizze zur Arbeitspolitik. In: Leviathan, Sonderheft 5/1983, S. 58 - 91

Kieser, A.: Von asketischen zu industriellen Bravourstücken. Die Organisation der Wirtschaft im Kloster des Mittelalters. DBW-Depot Mannheim 1984

Kiss, G.: Einführung in die soziologischen Theorien, Bd. 1. Opladen 1977

Kocka, J.: Karl Marx und Max Weber im Vergleich. Sozialwissenschaft zwischen Dogmatismus und Dezisionismus. In: Wehler , H.U. (Hrsg.): Geschichte und Soziologie. Köln 1972

Kocka, J.: Lohnarbeit und Klassenbildung. Berlin/Bonn 1983

Kriedte, P.: Spätfeudalismus und Handelskapitalismus. Göttingen 1980

Lenk, K./Franke, B.: Theorie der Politik. Eine Einführung. Frankfurt/New York 1987

Lenski, G.: Religion und Realität. Eine Untersuchung über den Stellenwert der Religion in einer Industriegroßstadt. Köln 1967

Lenski, G.: Macht und Privileg. Eine Theorie der sozialen Schichtung. Frankfurt 1977

Löwith, K.: Max Weber und Karl Marx. In: Löwith, K. (Hrsg.): Gesammelte Abhandlungen. Stuttgart 1960

Luhmann, N.: Moderne Systemtheorie als Form gesamtgesellschaftlicher Analyse. In: Habermas, J./Luhmann, N.: Theorie der Gesellschaft oder Sozialtechnologie. Frankfurt 1971

Luhmann, N.: Soziologische Aufklärung. Aufsätze zur Theorie sozialer Systeme. Opladen 1972

Lukacs, G.: Geschichte und Klassenbewußtsein. Neuwied 1968

Mandel, E.: Marxistische Wirtschaftstheorie, Bd. 1/2. Frankfurt 1978

Mandel, E.: Einführung in den Marxismus. Frankfurt 1982

Marcuse, H.: Der eindimensionale Mensch. Darmstadt/Neuwied 1967

Marx, K.: Zur Kritik der Politischen Ökonomie. MEW: Bd. 13. Berlin 1978

Marx, K.: Das Kapital. Bd. 1. Berlin 1980

März, E.: Einführung in die Marxsche Theorie der wirtschaftlichen Entwicklung. Wien 1976

Matis, H.: Historische Ursprünge von Betriebs-Organisation und Management. In: Verein der wissenschaftlichen Forschung auf dem Gebiete der Unternehmensbiographie und Firmengeschichte (Hrsg.): Management und Organisation. Wien 1983

McClelland, D. C.: Die Leistungsgesellschaft. Psychologische Analyse der Voraussetzungen wirtschaftlicher Entwicklung. Hrsg.: Wendt I. Y./Fleischmann G. Stuttgart/Berlin/Köln/Mainz 1966

Mumford, L.: Mythos der Maschine. Frankfurt 1977

Parsons, T./Bales, F.: Family Socialization and Interaction Process. London 1956

Parsons, T.: Toward a General Theory of Action. New York 1962

Riedl, R.: Die Strategie der Genesis. München 1980

Schmidtchen, G.: Protestanten und Katholiken. Soziologische Analyse konfessioneller Kultur. Bern 1973

Schumpeter, J.: Kapitalismus, Sozialismus und Demokratie. München 1980

Schweitzer, M.: Der Gegenstand der Betriebswirtschaftslehre. In: Bea, F. X./Dichtl, E./Schweitzer, M. (Hrsg.): Allgemeine BWL Bd. 1.: Grundfragen. Stuttgart/New York 1982

Service, E. R.: Ursprünge des Staates und der Zivilisation. Der Prozeß der kulturellen Evolution. Frankfurt 1977

Simmel, G.: Über sociale Differenzierung. Leipzig 1890

Smith, A.: Der Wohlstand der Nation. München 1983 (3.Aufl.)

Spencer, H.: Progress. In: Dreitzel, P. (Hrsg.): Sozialer Wandel. Neuwied 1967, S. 121 - 141

Spencer, H.: Die Principien der Sociologie. In: Jonas, F. (Hrsg.): Geschichte der Soziologie., Bd. 1. Reinbek 1976, S. 441 - 444

Staehle, W.: Strategien des Managements aus gesamtgesellschaftlicher Sicht. In: Wirtschaftswissenschaftliches Studium 14. Jg (1985), S. 225 - 229

Steyrer, J.: Organisationstheorie und Psychoanalyse - Anmerkungen zu einer Ergänzungsbedürftigkeit. In: management forum 5. Jg (1985), S. 33 - 52

Southern, R. W.: Kirche und Gesellschaft im Abendland des Mittelalters. Berlin/New York 1976

Sweezy, P. M.: Theorie der kapitalistischen Entwicklung. Frankfurt 1970

Sweezy, P.M. : Der Übergang vom Feudalismus zum Kapitalismus. Frankfurt 1984

Tönnies, F.: Gemeinschaft und Gesellschaft. Darmstadt 1963

Ward, B.: Die Idealwelten der Ökonomen. Liberale, Radikale, Konservative. Frankfurt/New York 1981

Weber, M.: Gesammelte Aufsätze zur Soziologie und Sozialpolitik. Tübingen 1924

Weber, M.: Die "Objektivität" sozialwissenschaftlicher und sozialpolitischer Erkenntnis. In: Weber, M.: Gesammelte Aufsätze zur Wissenschaftslehre. Tübingen 1968

Weber, M.: Wirtschaft und Gesellschaft. Grundrisse der verstehenden Soziologie. Tübingen 1972

Weber, M.: Die protestantische Ethik 1. Hrsg.: Winckelmann J. Hamburg 1975

Winckelmann, J.: Max Weber, Kritiken und Antikritiken. Die protestantische Ethik II. Gütersloh 1978

Willke, H.: Zum Problem der Integration komplexer Sozialsysteme: Ein theoretisches Konzept. In: Kölner Zeitschrift für Soziologie und Sozialpsychologie 30. Jg (1978) S. 228 - 252

Willke H.: Systemtheorie. Stuttgart/New York 1982

Unternehmenspolitik - Politik im Unternehmen

Zum Begriff des Politischen in der Betriebswirtschaftslehre

Karl Sandner

1 Problemstellung

Die Betriebswirtschaftslehre befindet sich hinsichtlich der Konzepte 'Unternehmenspolitik' (Unternehmungspolitik, Betriebswirtschaftspolitik) und 'Politik im Unternehmen' in einer eigentümlichen Situation. Einerseits sind diese Konzepte Bestandteil ihres Theoriengebäudes, und im betriebswirtschaftlichen Alltag finden sich regelmäßig Hinweise auf politische Phänomene. Andererseits scheint aber die theoretische Reichweite der betriebswirtschaftlichen Politik-Konzepte hinsichtlich der Phänomene, die sie zu erklären beabsichtigen, nicht besonders groß zu sein. So dient Sandig (1966) noch immer als Ausgangspunkt für diverse, z.T. einander ausschließende Neuformulierungen. March (1962) bzw. Cyert/March (1963) stellen die entsprechende Ausgangsbasis für jene Autoren dar, die sich in ihrem Politikverständnis auf die Forschungstradition der angelsächsischen Organisationstheorie stützen. Gleichzeitig hat es dabei den Anschein, als würde die Betriebswirtschaftslehre eine eher 'un-politische' Vorstellung von Politik entwickeln, etwa als technologische Mittel-Zweck-Verknüpfung (z.B. Mellerowicz, 1976), als Strategie (z.B. Ulrich, 1978) oder als sog. Mikropolitik (z.B. Bosetzky, 1977). Mitunter ergibt sich sogar der Eindruck, als fehle dem verwendeten Politikbegriff das 'eigentlich' Politische, und die bestehenden sozialwissenschaftlichen Konzepte würden im Prinzip zur Beschreibung der angesprochenen Phänomene ohnehin ausreichen. Damit sagen dann die aus dem jeweiligen Politikkonzept ausgegrenzten Phänomene mehr über dessen Politikgehalt aus als die inkludierten Phänomene.

Die Verwendung des Politikbegriffes in der Betriebswirtschaftslehre ist somit nichts Neues. Das Problem besteht aber offensichtlich darin, daß die Vorstellung darüber, was 'Politik' ausmacht (und damit die Fruchtbarkeit bzw. Unfruchtbarkeit des jeweiligen Ansatzes bestimmt), bisher nicht nur umstritten ist, sondern auch hinsichtlich der Reichweite des Politikbegriffes einiges offen läßt. In der Folge werden daher vorerst die bestehenden betriebswirtschaftlichen Politikkonzeptionen in einem Überblick systematisch dargestellt und diskutiert. Anschließend daran wird, anstatt ein neues zusätzliches Konzept zu entwickeln, auf historische sozialwissenschaftliche Politikansätze zurückgegriffen und ihre heuristische Brauchbarkeit für einen betriebswirtschaftlichen Begriff der Politik untersucht. Die Reinterpretation dieser historischen Konzepte zeigt einerseits die Defizite der bestehenden betriebswirtschaftlichen Politikkonzepte deutlich auf. Sie führt aber andererseits schließlich zu zwei zentralen gegenläufigen

Politikverständnissen. Diese werden in der Folge mit dem Konzept der Institutionalisierung verknüpft.

2 'Politik'-Konzepte der Betriebswirtschaftslehre

Die - in ihrem Selbstverständnis - am wenigsten 'politische' Richtung der Unternehmenspolitik stellt jene betriebswirtschaftliche Tradition dar, bei der 'Politik' gleichbedeutend mit Unternehmensstrategie, oder als Variante dazu, gleichbedeutend mit technologischen Mittel - Zweck - Aussagen in Form von sog. Teilpolitiken, gesetzt wird. Hier ist es die Aufgabe der obersten Organe des Unternehmens, jene Grundziele festzulegen, die Voraussetzungen für Teilpolitiken darstellen.

Die zweite Richtung der Unternehmenspolitik integriert bereits politikwissenschaftliche Konzepte, geht aber ebenfalls von der Kerngruppe (d.h. den obersten Organen) des Unternehmens aus. Hier stellt sich die Frage nach dem Zustandekommen jener Entscheidungen, welche für die Mitglieder des Unternehmens verbindlich sind. In solche Entscheidungen gehen individuelle Wertprämissen ein, sie stellen in ihrem Ergebnis Wertzuweisungen dar. Während die erstgenannte Richtung die Grundzielsetzung betont und deren Durchsetzung bzw. die Sicherung der Grundzielsetzung außer acht läßt, visiert die zweitgenannte Richtung zwar auch grundlegende Zielsetzungen an, berücksichtigt aber sowohl Aspekte des Zustandekommens als auch Aspekte der Durchsetzung bzw. Sicherung von Entscheidungen.

	Zustandekommen v. Entscheidungen	Grundzielsetzung	Durchsetzung von Entscheidungen
1. Strategierichtung		▬▬▬	
2. Kerngruppenkonzept	▬▬▬	▬▬▬	∽∽∽∽
3. Sicherungszielsetzung			▬▬▬
4. Diskursorientierung	▬▬▬	∽∽∽∽	
5. Mikropolitik	▬▬▬		▬▬▬

Leg: ▬▬▬ = primärer forschungsprogrammatischer Schwerpunkt
∽∽∽∽ = sekundärer forschungsprogrammatischer Schwerpunkt

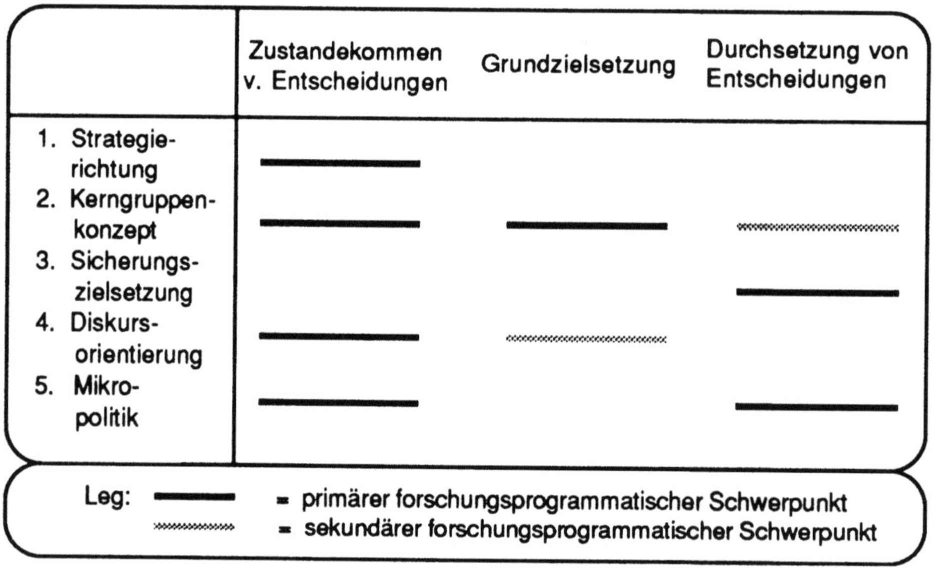

Abb. 1: Politikkonzepte der Betriebswirtschaftslehre

Aus der Kritik dieser ersten beiden Richtungen hat sich in der Folge ein Ansatz entwickelt, der sowohl das Entstehen von Entscheidungen als auch die Grundzielsetzung in seinem Politikverständnis prozessual voraussetzt, beide definitorisch aber ausschließt und sich auf die Durchsetzung bzw. Sicherung der Grundziele konzentriert. In Anlehnung an die angelsächsische Terminologie versteht sich dieser Ansatz als "politics", während die vorgenannten als "policy" zu bezeichnen wären.

Der Konstruktivismus der sog. Erlanger Schule enthält die vierte unternehmenspolitische Richtung: Hier geht es um die Durchführung von Entscheidungen unter solchen Kommunikationsbedingungen, die in einem normativen Sinn die Rationalität der Konfliktlösungen in Unternehmen verbessern.

Und schließlich finden sich neuerdings Ansätze (v.a. der angelsächsischen political behavior Diskussion folgend), welche die Verwirklichung von Interessen, Zielen und Bedürfnissen der Mitglieder einer Organisation innerhalb dieser Organisation zum Gegenstand haben. Es ist dabei gleichgültig, ob sich diese Interessen, Ziele oder Bedürfnisse mit den offiziellen Zielen der Organisation decken, ihnen widersprechen oder sich gegenseitig bedingen. Da die Organisationsmitglieder hier sozusagen im Kleinen agieren, versteht sich diese Richtung als Mikropolitik.

Diese fünf Politik-Konzepte der Betriebswirtschaftslehre basieren auf unterschiedlichen theoretischen und methodischen Annahmen und führen zu unterschiedlichen Konsequenzen. Auf die theoretischen und methodischen Implikationen dieser Konzepte ist daher im folgenden näher einzugehen.

2.1 Unternehmenspolitik als Setzung grundlegender Ziele

Dieser Politikbegriff wird v.a. von der älteren betriebswirtschaftlichen Tradition vertreten. Es kommt zu einer partiellen und im wesentlichen formalen Integration politikwissenschaftlichen Gedankenguts, wie z.B. die allgemein gehaltene Assoziation der Institution Staat mit der Institution Unternehmen. So spricht z.B. Sandig von der betrieblichen Innen- und Außenpolitik (Sandig, 1966:6), schränkt aber diesen Vergleich im weiteren als nur bedingt zulässig ein (Sandig, 1966:34 f.). Ebenso wie im Staat geht es beispielsweise dann auch bei der Politik des Unternehmens darum, daß dazu befugte Organe grundsätzliche Entscheidungen für das soziale System treffen, den Durchführungsbereich aber anderen Mitgliedern des Systems überlassen bzw. übertragen.

In einer technologischen Wendung dieses Politikverständnisses sieht Mellerowicz Unternehmenspolitik als das Treffen von elementaren Entscheidungen sowie das Aufstellen von solchen Grundsätzen, die das Finden optimaler Entscheidungen erleichtern (Mellerowicz, 1976:79). Mellerowicz betont damit die Ziel - Mittel - Verknüpfung der Unternehmenspolitik (1976:82), wobei technische Aspekte der Unternehmenspolitik als instrumentelle betriebswirtschaftliche Aussagen in Form von Entscheidungsregeln, Grundsätzen und Empfehlungen in den Vordergrund treten. Eine solche technologische Sichtweise der Unternehmenspolitik wird in der Folge u.a. auch von Vogler (1981), Stadler (1978) und Kühn (1978) vertreten.

Als typischer Vertreter der strategischen Richtung der Unternehmenspolitik kann v.a. Ulrich (1985, 1978) angesehen werden. Seine Überlegungen werden daher in der Folge etwas ausführlicher dargestellt. Für Ulrich geht es in der "Unternehmungspolitik" um die "für ein Unternehmen grundlegenden Entscheide, um die Festhaltung seiner Zwecke und Ziele und der Art und Weise seines Verhaltens" (1985:390). Unternehmenspolitik ist hier eine Aufgabe der obersten Unternehmensführung; die obersten Führungsorgane haben über die Gestaltung des Unternehmens als sinnvolles Ganzes ihren klaren Willen auszudrücken (1985:403). Die Grundauffassungen und Werthaltungen der Führungskräfte verdichten sich zur Unternehmensphilosophie. Die Unternehmenspolitik kann dann als Ausdruck der Unternehmensphilosophie verstanden werden. Für Ulrich zeichnet sich die Unternehmenspolitik damit durch folgende Merkmale aus (1978:18 ff.):

1. unternehmenspolitische Entscheide sind originäre Entscheide, denen keine höherwertigen Entscheide zugrunde liegen; es handelt sich um die oberste Stufe unternehmerischer Willensbildung;
2. diese Entscheide sind relativ abstrakt, sie haben einen geringen Konkretisierungsgrad. Sie sind also nicht operationell und sind nicht unmittelbar in konkrete ausführende Handlungen umsetzbar. Sie haben daher für die Entscheide der nachfolgenden Stufen den Stellenwert von Rahmenentscheidungen;
3. unternehmenspolitische Entscheide haben einen langfristigen Geltungswert, sie reichen weit in die Zukunft hinein;
4. sie betreffen wesentliche, wichtige Entscheide, die für das ganze Unternehmen von Bedeutung sind;
5. die Entscheide beziehen sich nicht nur auf die zu verfolgenden Ziele, sondern auch auf die dabei anzuwendenden Mittel und Verfahren. Auf der obersten Führungsstufe geht es daher um die Bestimmung der langfristigen Unternehmensziele, um die Bestimmung jenes Leistungspotentials, über welches das Unternehmen langfristig verfügen soll sowie um die Bestimmung der grundlegenden Strategien, welche bei der Verfolgung langfristiger Ziele angewendet werden sollen. Unternehmenspolitik steht somit über der langfristigen Planung; diese ist bei Ulrich nicht Aufgabe der strategischen Führung des Unternehmens. In terminologischer Hinsicht vertritt Ulrich die Ansicht, daß "'strategische Führung' einfach ein anderer, vielleicht modernerer Ausdruck für 'Unternehmungspolitik'" sei (1985:391; vgl. auch Heinen, 1981:50).

Vor dem Hintergrund dieses Politikverständnisses kann die strategische Planung (z.B. Kirsch/Esser/Gabele, 1979) bzw. die strategische Grundzielsetzung (z.B. Hinterhuber, 1984) prozessual in mehrere Abschnitte aufgeschlüsselt werden. So gliedert etwa Hinterhuber den strategischen Grundzielsetzungsprozeß in fünf Phasen: Analyse der Ausgangsposition, Formulierung der Strategien, Ausarbeitung funktionaler Politiken, Organisationsgestaltung zur Durchführung der Strategien und der funktionalen Politiken, Durchführung der Strategien und Politiken (1984:34 ff.). Zentrale Methode ist dabei nach wie vor die Portfolio-Technik.

Diskussion:
Die Strategierichtung der Unternehmenspolitik beschäftigt sich mit der Erstellung grundlegender Ziele der Unternehmung durch die dazu berechtigten Führungsorgane der Unternehmung. Manche Autoren grenzen den Politikbegriff auf die obersten Organe ein, andere integrieren logisch nachfolgende Prozesse bis hinunter auf die Ebene der Teilpolitiken. Offensichtlich ist auch, daß dieser Zugang weniger politikwissenschaftlich als v.a. betriebswirtschaftlich ausgerichtet ist. Auch darin stimmt er mit jener Politiktradition überein, die in der angelsächsischen Organisationstheorie als "policy" bezeichnet wird.

Den in diesem Ansatz als politisch bezeichneten Prozessen und Phänomenen liegt ein alltagssprachliches Verständnis (Wondracek, 1987:35) institutioneller Politik zugrunde. Sieht man einen solchen institutionellen Politikbegriff in seiner betriebswirtschaftlichen Ausformung als überholt an, dann ergeben sich daraus zwei Sichtweisen hinsichtlich des Konzepts Politik:
1) Diese Ansätze sind betriebswirtschaftliche, es fehlt ihnen aber das spezifische politische Element. Daher wäre es besser, mangels spezifischer Substanz den Terminus Politik in diesen Zusammenhängen nicht mehr zu verwenden und ihn durch Termini wie Strategie oder Planung zu ersetzen.
2) Legt man dagegen ein interesseorientiertes Politikverständnis zu Grunde, dann kann das Unternehmen sehr wohl als Akteur, der seine Ziele und Interessen in einem spezifischen normativen Kontext realisieren will, gesehen werden. Dann liegt auch dem Außenverhältnis des Unternehmens eine politische Dimension zu Grunde, und Strategien, Pläne etc. werden zu Elementen des politischen Prozesses der Zielverwirklichung.

Aus der gleichen Warte wird es dann im Innenverhältnis der Organisation notwendig, die Zielrealisierung des Unternehmens, verkörpert in der dominanten Koalition, abzusichern. D.h. im Innenverhältnis erhält der politische Prozeß die Aufgabe der Leistungs- und Herrschaftssicherung. Folgt man nun einer solchen Sichtweise des Politischen im Rahmen der Betriebswirtschaftslehre, dann läge eigentlich der Strategierichtung der Unternehmenspolitik eine eindrucksvolle politische Strategie zugrunde: Es ist ihr erfolgreich gelungen, normative, interesseorientierte Prozesse aus dem Bereich eines interesseorientierten Politikverständnisses herauszuholen und als technische Mittel - Zweck - Relationen scheinbar 'objektiv' zu untersuchen.

Ein solches - 'doppeltes' - Politikverständnis ist aber den Vertretern der Strategierichtung der Unternehmenspolitik - weder praktisch noch theoretisch - zuzuschreiben. Ihr Ansatz reduziert sich daher auf ein überholtes Politikverständnis, für das jedoch der Politikbegriff zugunsten des Strategiebegriffs aufgegeben werden sollte.

2.2 Das Kerngruppenkonzept der Unternehmenspolitik

Die Vertreter der verhaltenswissenschaftlich-entscheidungstheoretisch orientierten Richtung innerhalb der deutschsprachigen Betriebswirtschaftslehre, welche sich um die Unternehmenspolitik annehmen, stellen das Zustandekommen von politischen Entscheidungen in den Mittelpunkt ihrer Betrachtungen. Es geht ihnen v.a. um die Frage, wie es zu verbindlichen ("autoritativen") Entscheidungen kommt, zu Entscheidungen also, die für alle Organisationsmitglieder Gültigkeit haben (sollen). Die "Kerngruppe" umfaßt dabei jene Gruppe von Organisationsmitgliedern, welche im Transformationsprozeß die individuell oder kollektiv an die Organisation gerichteten Forderungen, Wünsche oder Ziele ("Ziele für die Organisation") für verbindlich erklärt ("Ziele der Organisation"). Ziele der Organisation stellen damit jene Zielformulierungen dar, die von der Kerngruppe autorisiert wurden.

2.2.1 Kirsch

Kirsch äußerte vor einigen Jahren die Erwartung, "daß die Betriebswirtschaftslehre in Zukunft erheblich stärker als bisher die Führung von Betriebswirtschaften als politische Führung begreifen, die Begriffe "Unternehmenspolitik' und 'Betriebswirtschaftspolitik' wörtlich nehmen und die strategische Planung als Kern dieser Politik als politische Planung konzipieren wird" (Kirsch, 1981c:121). Auch wenn sich diese Erwartung bisher nicht erfüllt hat, so ist sie doch geeignet, Kirschs eigene programmatische Absicht zu verdeutlichen.

Kirsch geht von Eastons Modell des politischen Systems aus (Easton, 1965), bei dem die dazu legitimierten Mitglieder eines Systems eine autoritative (verbindliche) Verteilung von Werten für die Mitglieder dieses politischen Systems vornehmen. Für die organisationstheoretisch-betriebswirtschaftliche Fragestellung verändert Kirsch das Modell von Easton in zweifacher Weise:
1) Zunächst erscheint es Kirsch zweckmäßig, nicht mehr wie bei Easton von einer autoritativen Allokation, sondern von der "autoritativen Beeinflussung der Allokation von Werten" zu sprechen (1981d:398).
2) Weiters hält Kirsch die Eastonsche Inputkomponente der Abwägung von Werten ("values") für zu unpräzise (1981d:399) und schlägt daher vor, jene Entscheidungen als politische Entscheidungen zu betrachten, für die es in der Organisation noch keine "offiziellen" Werte oder Wertprämissen gibt.

Demzufolge sind Entscheidungen, für die solche "offizielle" Werte bzw. Wertprämissen bereits existieren, als unpolitische Entscheidungen zu betrachten. Da aber auch in operative und administrative Entscheidungen individuelle Werte eingehen (können), kennzeichnet Kirsch die politischen Entscheidungen zusätzlich als jene, die einen niedrigen Strukturierungsgrad aufweisen und viele individuelle Wertprämissen enthalten. Im Gegensatz dazu gehen in administrative und operative Entscheidungen wenige individuelle Wertprämissen ein (Kirsch, 1981c:127). "Politische Entscheidungen sind also jene schlechtstrukturierten, innovativen Entscheidungen in der Organisation, für die es keine verbindlichen, d.h. autorisierten Wertprämissen gibt und die daher in einem hohen Maße durch die individuellen Werte und Präferenzen derjenigen geprägt werden, die - so können wir gleich hinzufügen - entsprechende Macht in der Organisation besitzen" (Kirsch, 1981c:128).

Die größte Chance, ihre individuellen Werte und Wertprämissen in politischen Entscheidungen zum Ausdruck zu bringen, haben
1) die Inhaber politischer Rollen, d.h. die zur Autorisierung befugten Kernorgane, sowie jene Personen, die bei der Vorbereitung von Entscheidungen beteiligt sind,
2) jene Organisationsteilnehmer oder sonstige Interessenten, die genügend Macht haben, ihren Forderungen Nachdruck zu verleihen, und
3) jene Personen(gruppen), die zwar nicht selbst in den politischen Prozeß eingreifen, von deren Unterstützung aber andere am Prozeß Beteiligte abhängig sind.

Diskussion:
Politische Entscheidungen sind damit nach Kirsch nicht nur oberste Grundsatzentscheidungen, sondern reichen bis in den betrieblichen Alltag. Der zweite Teil dieser Aussage ist - bei und mit Kirsch - zu bezweifeln. Einerseits kennzeichnet Kirsch jene Entscheidungen, die auf der Grundlage schon bestehender offizieller Werte erfolgen und vom Ergebnis her eine autoritative Beeinflussung der Allokation von Werten bzw. Gütern bewirken, explizit als unpolitisch (1981d:399 f.). Andererseits schließt er auch die administrativen und operativen Entscheidungen aus. Wo soll es dann also zu jenen unstrukturierten, innovativen, mit vielen individuellen Werten bzw. Wertprämissen versehenen und zugleich durch genügend Macht abgestützten Entscheidungen kommen, wenn nicht auf den obersten Führungsebenen? Zugleich kann davon ausgegangen werden, daß es in komplexen sozialen Systemen kaum zu sprunghaften und diametralen Veränderungen in den grundlegenden Wertprämissen kommen wird, da dies eine Überbeanspruchung der Systemelastizität und damit Teilzusammenbrüche des Systems zur Folge hätte. D.h. die von Kirsch als politisch bezeichneten Entscheidungen finden daher in der Regel auf den obersten Führungsebenen statt und betreffen entweder langfristige Ziele oder sind als besondere Präzedenzfälle der Beeinflussung der Allokation von Anreizen und Belastungen für alle Organisationsmitglieder mit einer hohen Verbindlichkeit ausgestattet.

Eine offensichtliche Schwäche des Politikkonzeptes von Kirsch liegt in der Trennungslinie zwischen politischen und unpolitischen Handlungen. Politische Prozesse würden nach Kirsch via Autorisierung offizielle Wertprämissen produzieren, die im Augenblick ihrer Offiziellwerdung Voraussetzung für un(!)politische Prozesse würden. Soziale Prozesse werden damit entpolitisiert und auch entideologisiert. Sie fallen zurück auf Sachzwangrelationen, deren politischer Gehalt außer Diskussion gestellt wird. Demzufolge entsteht ein eklatantes theoretisches Problem: Es hängt dann letztendlich von der Macht eines Akteurs ab, ob ein soziales Phänomen aus der Warte von Kirsch als politisch oder unpolitisch zu gelten hat. Wer nämlich die Macht hat, befördert die ihm wichtigen Wertprämissen zu offiziellen, was qua Kirschs Definition dann dazu führt, daß die darauf beruhenden Prozesse unpolitisch sind. Politik wird so zu einem rein formalen Konzept, das sich erst und ausschließlich über Macht konstituiert. Anzumerken ist hier noch, daß die Betriebswirtschaftslehre bisher über keine Theorie der Macht verfügt (Reber, 1980), die Kirschs Ansatz aber notwendigerweise voraussetzt.

2.2.2 Heinen

Heinens Ausführungen zum betriebswirtschaftlichen Politikbegriff (1981) sind einerseits als Variation bzw. Einengung von Kirsch zu sehen, andererseits stellt er das Politikverständnis der entscheidungsorientierten Betriebswirtschaftslehre (in seinem Sinn) dar. "Der Begriff der Politik dient in der entscheidungsorientierten Betriebswirtschaftslehre zur Kennzeichnung des Merkmals der Verteilung von Werten durch organisationale Entscheidungsprozesse" (Heinen, 1984:43). Politische Prozesse dienen entweder der unmittelbaren Wertzuweisung oder bringen eine solche Wertzuweisung unmittelbar mit sich. Nach Heinens Meinung sind in allen Lebensbereichen politische Entscheidungen unvermeidbar. Im Unternehmen versuchen die Mitglieder auf allen hierarchischen Ebenen ihre eigenen individuellen Zielsetzungen in die Festlegung des gemeinsamen Solls einzubringen (Heinen, 1981:46). Führungsentscheidungen kommen somit nicht unbeeinflußt von den Interessen der Organisationsmitglieder zustande und sind daher wertgeladen. Inwieweit sich die individuellen Zielvorstellungen im einzelnen durchsetzen, hängt jedoch von der Machtverteilung im Unternehmen ab (Heinen, 1984:43). Auch Heinen knüpft an Easton bzw. an Kirschs Ausarbeitung von Easton an. Heinen hält die Kennzeichnung politischer Entscheidungen dadurch, daß sie schlecht strukturiert sind und in sie relativ viele persönliche Interessen eingehen, für zu allgemein (Heinen, 1981:47). Darunter würden nach seiner Meinung viele Entscheidungen fallen, die weder die Organisationsziele noch die Bedürfnisse anderer Organisationsmitglieder wesentlich berühren. Eine Eingrenzung sei daher notwendig. Seiner Auffassung nach sind daher solche Entscheidungen als politisch anzusehen, "die sowohl die formalen Ziele der Organisation als auch die individuellen Bedürfnisse anderer Organisationsmitglieder betreffen" (Heinen, 1981:47). In jüngster Zeit bemühen sich Heinen und seine Mitarbeiter im Rahmen der Diskussion um die Organisationskultur um erste Ansätze einer Integration von organisationspolitischen und organisationskulturellen Überlegungen (Heinen, 1987; Heinen/Dill, 1986:207 ff.).

Diskussion:
Heinen bietet damit formal wohl einen sehr weiten Politikbegriff an, der letztendlich jedes interessegeleitete Handeln, das die Organisation in irgend einer Weise instrumentalisiert, einschließt. De facto fällt er aber mit seiner Bezugnahme auf Easton (z.B. Kerngruppe, autoritative Entscheidungen) und der graduellen Eingrenzung von Kirsch auf das bereits bei diesem Autor Angemerkte zurück: Auch bei Heinen werden es wiederum nur die obersten Führungsebenen sein, die unternehmenspolitische

Entscheidungen zu treffen in der Lage sind. Der formal weite Politikbegriff verengt sich damit real zu mit individuellen Wertprämissen aufgeladenen grundsätzlichen Entscheidungen. Auch Heinens sonstige Ausführungen zum Koalitionsmodell reichen zu einer theoretischen Umsetzung eines politischen Handelns auf *allen* hierarchischen Ebenen nicht aus.

Es ergibt sich weiters die Frage, ob die von Heinen vorgenommene Einengung auf "formale Ziele der Organisation als auch individuelle Bedürfnisse anderer Organisationsmitglieder betreffend" (Heinen, 1981:47) als Kriterium politischer Entscheidungen eine substantielle Einschränkung darstellt. Gerade unter den von Heinen selbst skizzierten Interessenrealisierungsabsichten innerhalb oder mit Hilfe des Unternehmens scheint das keine wesentliche Einengung darzustellen: Darunter fällt der größte Teil aller Handlungen in Organisationen. Und auch hier findet sich das gleiche Problem wie bei Kirsch: Die Trennungslinie zwischen politisch und unpolitisch liegt in der Legitimation: Sobald die Wertprämissen vom Kernorgan autorisiert sind, werden die Handlungen, die darauf Bezug nehmen, unpolitisch.

So sehr die von Heinen vertretene Entscheidungstheorie den Blick für das interesseorientierte Handeln von Akteuren auf allen hierarchischen Ebenen öffnet, so verstellt sie gleichzeitig doch eine strukturelle Sichtweise von Politik. Es ist m.E. unzureichend, den Politikbegriff an Neo-Wertprämissen zu binden. Das interessegeleitete Handeln dagegen, das sich in Herrschaft ausdrückt, aber im Gegensatz dazu auf einem offiziellen und geordneten System von Wertprämissen beruht, d.h. den Schritt der Legalisierung (das ist in letzter Konsequenz Selbstlegitimierung) bereits hinter sich hat, wäre als 'unpolitisch' im Rahmen der Politikdiskussion vernachlässigbar bzw ausgeschlossen. Dies ist konzeptionell zwar möglich, aber unbefriedigend: Es werden wesentliche Elemente des klassischen interesseorientierten Politikbegriffes mißachtet bzw. aus dem Verständnis von Unternehmenspolitik 'hinausdefiniert'.

2.2.3 Remer

Remer geht in seiner Monographie (1982) zwar hauptsächlich auf die Instrumente unternehmenspolitischer Steuerung ein und nicht auf den politischen Prozeß, dennoch läßt sich sein Verständnis von Unternehmenspolitik unschwer festmachen. Politik ist für ihn ein "Prozeß der interessegeleiteten Auseinandersetzung zwischen Menschen ..., dessen wichtigstes Medium die Macht ist und dessen Ergebnis in verbindlichen Entscheidungen (Plänen, Strategien) zur Gestaltung der Bedingungen und Prozesse sozialer Werteverteilung (Bedürfnisbefriedigung etc.) besteht" (Remer, 1982:27). Remers Anknüpfung an Easton wird in der Charakterisierung von Politik als "Prozeß der Verbindlichmachung von Entscheidungen" (Remer, 1982:43) deutlich. Im weiteren geht Remer dann nicht mehr auf den politischen Prozeß selbst, sondern auf die drei seiner Meinung nach wichtigsten Voraussetzungen, die zugleich die drei wichtigsten Instrumente unternehmenspolitischer Steuerung darstellen, ein: Unternehmensverfassung, formale Organisation und personale Gestaltung. Hier, d.h. in seiner unternehmensspezifischen Konkretisierung erhält der breite und dynamische Politikbegriff Remers eine lenkungsspezifische Wende. Er verengt sich auf die "Herausbildung von generellen Richtungstendenzen im unternehmensbezogenen Entscheidungsgeschehen (Unternehmenspolitik)"; Unternehmensverfassung, formale Organisation und personale Gestaltung stellen dabei die "Ansatzpunkte einer gezielten Beeinflussung (Steuerung) der Unternehmenspolitik" dar (Remer, 1982:13).

Diskussion:
Remer geht an sich von einem breiten, tragfähigen Politikbegriff aus. Leider verengt er ihn in der Folge auf Politik als Herrschaftsausübung der Kerngruppe und ist auch hier methodisch an das Kriterium der Auseinandersetzungsbezogenheit gebunden, d.h. er muß aus methodischen Gründen Konflikte postulieren, um politische Prozesse begründen zu können. Aber auch in der Herrschaftsausübung geht Remer nicht allzuweit: Wie Lukes (1974) bereits deutlich gemacht hat, kann die Ausübung von Macht bzw. Herrschaft auch in sozialen Formen erfolgen, die keinen sichtbaren Konflikt mehr erkennen lassen. D.h. mit der für ihn methodisch notwendigen Orientierung an erkennbaren Konflikten muß Remer die nicht-sichtbar-konfliktäre Herrschaftsausübung aus seinem Politikkonzept ausschließen. So könnten bei Remer soziale Situationen zwar durchaus in einem hohen Maße problem- und konfliktgeladen sowie von einseitiger Interessenrealisierung dominiert sein, wenn jedoch Beteiligte im Sinne einer antizipatorischen Reaktion auf die Geltendmachung ihrer Ansprüche verzichten, und damit auch kein Konflikt sichtbar wird, müßte Remer solche Situationen als unpolitisch definieren. Eine solche operational bestimmte Verkürzung des Politischen kann nicht befriedigen. Darüberhinaus, so interessant Remers herrschaftsorientiertes Politikverständnis auch ist, vernachlässigt er die in seinem Politikbegriff an sich enthaltene Interessendimension, die unterhalb der Herrschaftsebene zum Tragen kommt. Jenes interessegeleitete Handeln wird vernachlässigt, mit dem die Organisationsmitglieder die Organisation zum Zweck der Realisierung der eigenen individuellen oder kollektiven Interessen instrumentalisieren.

2.3 Unternehmenspolitik als sekundäres Sicherungshandeln

Dlugos (1987; 1984; 1981; 1974) gelangt nach Diskussion der policy - Richtung der Unternehmenspolitik, d.h der Grundzielsetzungskonzeption, zur Ansicht, daß die policy - Ansätze das machiavellistische Verständnis von Politik vernachlässigt hätten. Macht, Herrschaft, Konfliktentstehung und Konflikthandhabung stünden im Zentrum des machiavellistischen Verständnisses von Politik. Seiner Ansicht nach geht es daher bei der Unternehmenspolitik vor allem um die Sicherung der Durchsetzung der eigenen Zielvorstellungen gegenüber konfligierenden Zielvorstellungen anderer. Unter Berufung auf M. Weber definiert er dann als Gegenstand seiner unternehmenspolitischen Konzeption "Probleme der Determinierung kollidierender Handlungsspielräume unter Einsatz von Macht zur Sicherung der Realisation von Zielen, die von Institutionen,

Gruppen oder Individuen verfolgt werden" (Dlugos, 1987:1990). Dlugos geht dabei von gegebenen Grundzielen aus, d.h. seine betriebswirtschaftlich-politologische Zielsicherungskonzeption der Politik (siehe dazu auch Dorow, 1982:116 ff.) beschäftigt sich nicht mit dem Zustandekommen der Grundziele. Was können unternehmenspolitische Akteure (die Dlugos implizit auf den obersten Führungsebenen ansiedelt) tun, damit die Realisierung ihrer Zielsetzungen nicht gefährdet wird? Sekundäre Sicherungshandlungen sind die Determinierung des Zielsetzungsprozesses (z.B. kommunikative Einwirkung in Form von Überzeugung, Manipulation, Ankündigung von positiven oder negativen Sanktionen) und die Determinierung des Umfeldes (als Begrenzung der Handlungsmöglichkeiten der anderen Akteure) (Dlugos, 1984:302). Ähnlich wie die Vertreter des Kerngruppenkonzepts sieht die Zielsicherungskonzeption formal "sämtliche unternehmensinterne oder -externe Aktorziele ... als Sicherungsobjekte politischen Handelns der Aktoren" (Dorow, 1982:36). Sowohl aus den Ausführungen von Dlugos als auch von Dorow wird aber offenkundig, daß relevante unternehmenspolitische Aktivitäten nur auf den obersten Führungsebenen stattfinden.

Diskussion:
Es ist Dlugos und in der Folge auch Dorow als Verdienst anzurechnen, daß sie bereits relativ früh den politics - Aspekt in die Politikdiskussion eingebracht haben. M.E. handelt es sich aber um ein Mißverständnis, politics auf Zielsicherung zu beschränken. Politics, zumindest im angelsächsischen Begriffsverständnis, schließt jedenfalls den Zielbildungsprozeß mit ein. Die Zielsicherungskonzeption kommt damit zu einem halbierten politics - Begriff. Zieht man weiters in Erwägung, daß die Zielsicherungskonzeption zwar auf das political behavior abstellt, konzeptionell aber eigentlich die Herrschaftsleistungen trifft, diese aber theoretisch nicht erfaßt, so wird der angebotene Politikbegriff noch enger - wir haben sozusagen einen geviertelten Politikbegriff vor uns. Außerdem ist es m.E. unrichtig, die Strategierichtung der Unternehmenspolitik auf die aristotelische Wurzel (Dlugos, 1984:288 f.) zurückzuführen. Dazu fehlt ihr das Interesse am gemeinsamen Wohl. Besser sollte sie wohl via Bürokratietheorie auf M. Weber und die dort erarbeiteten Vorstellungen über Herrschaft zurückgeführt werden.

2.4 Der diskursorientierte Politikbegriff

Mit dem diskursorientierten Politikbegriff kehrt das lange Zeit als 'unwissenschaftlich' betrachtete normative Politikverständnis wieder in die wissenschaftliche Diskussion zurück. Im Anschluß an Habermas trennen die Vertreter der sog. Erlanger Schule (siehe dazu z.B. Steinmann, 1978) den technischen (deskriptiven) Rationalitätsbegriff vom normativen (präskriptiven) Rationalitätsbegriff (Ulrich, 1981:86 ff.). Technische Rationalität meint Mittel-Zweck-Relationen, während der normative Rationalitätsbegriff im Rahmen der Diskursorientierung Handlungen der Unternehmensführung dann als "rational" bezeichnet, wenn sie sich auf sog. "gute Gründe" stützen. Im Rahmen eines "Diskurses zwischen sachverständigen Dialogteilnehmern, die unvoreingenommen, zwanglos und nicht-persuasiv Argumente auf ihren Wahrheitsgehalt (für technische Vorschläge) oder Rechtfertigung (für normative Ansprüche oder Interessen) überprüfen" (Steinmann, 1985:225), lassen sich "gute Gründe" von nicht rechtfertigbaren Argumenten unterscheiden. In den Diskurs gehen die Interessen von Konsumenten, Arbeitnehmern, Aktionären (Kapitaleignern) sowie das öffentliche Interesse ein. Unter Beachtung prozessual-normativer Bedingungen werden jene Prozesse der Lösung von Interessenkonflikten "politische Prozesse" genannt, "die auf argumentativer Verständigung beruhen, d.h. auf die Erzielung von Konsens oder rationaler Vereinbarung angelegt sind" (Steinmann, 1985:228). Die normative Fassung des Politikbegriffes wird hier deutlich. Aus dieser Sicht wird das Unternehmen zu einem politischen Gebilde, in dem Interessen mit Hilfe eines konsensorientierten Managements (Ulrich, 1986:431 ff.) in einem argumentativen Prozeß in Entscheidungen transformiert werden.

Diskussion:
Auf die wissenschaftstheoretische bzw. methodologische Diskussion des Konstruktivismus der Erlanger Schule braucht hier nicht näher eingegangen zu werden (siehe dazu z.B. Kap. C und D bei Steinmann, 1978). Da sich Wertaussagen letztendlich einer wissenschaftlichen Begründung entziehen, wird auf die Normativität dieses Ansatzes, der sich im Diskurs manifestiert, hier nur hingewiesen. Die Annahme bzw. Vorstellung einer idealen Kommunikationsgemeinschaft kann gegenwärtig nur als utopisch-unrealistisch betrachtet werden. Aus praktisch-politischer Sicht wäre in diesem Sinn zu fragen, warum jemand - wenn wir von faktischen sozialen Machtverhältnissen ausgehen - die ihn begünstigenden Verhältnisse aufgeben und sich Entscheidungsbedingungen unterwerfen sollte, die für ihn in der Regel weniger vorteilhaft wären als der gegebene Zustand. Unter der Annahme nicht-freiwilliger Aufgabe vorteilhafter Situationen und Beziehungsmuster durch die davon Begünstigten läge dann die Vermutung einer nichtdiskursiven Einführung diskursiver Beziehungsmuster nahe. Dies stellte aber einen Widerspruch von Inhalt und Form dar.
    Da die gegenwärtige Betriebswirtschaftslehre utilitaristisch orientiert ist (und es in absehbarer Zukunft auch bleiben wird), wird auf den nicht-utilitaristischen diskursorientierten Politikbegriff im weiteren nicht mehr eingegangen.

2.5 Mikropolitik

Wohl läßt sich - zumindest partiell - Mikropolitik auf machiavellistische Wurzeln zurückverfolgen, aber im Gegensatz zu Dlugos (v.a. 1984; 1981) und Dorow (1982), die 'politics' zu sekundärem Sicherungshandeln uminterpretieren, umfaßt das aus der angelsächsischen Organisationstheorie stammende 'politics' sowohl Prozesse der Entscheidungsbildung als auch deren Durchsetzung. Wie es die deutschsprachige Bezeichnung Mikropolitik (z.B. Ortmann, 1987:369 ff; Küpper/Ortmann, 1986:591 ff.; Neuberger, 1984:144 f.) schon ausdrückt, geht es hier nicht um Ziele der Organisation, sondern um Ziele von Organisationsmitgliedern aller hierarchischen Ebenen

(Lawler/Bacharach, 1983:95). Da sich in der Betriebswirtschaftslehre bisher keine eigenen mikropolitischen Ansätze entwickelt haben, wird auf die angelsächsische Tradition zurückgegriffen. Hier lassen sich im wesentlichen vier Schwerpunktsetzungen unterscheiden.

2.5.1 Ziele, Interessen und ego-orientiertes Verhalten

Dieser Schwerpunktsetzung nach richtet sich politisches Verhalten auf die Realisierung von Zielen und Interessen von Individuen und Gruppen. Narayanan/Fahey betrachten die Organisation als "loose structures of interests and demands, competing for organizational attention and resources" (Narayanan/Fahey, 1982:26). Ziele und Interessen können innerhalb und außerhalb der Organisation entstehen. Porter/Allen/Angle definieren politisches Verhalten als Beeinflussungsversuche, die darauf abzielen "to promote or protect the self-interests of individuals and groups" (Porter/Allen/Angle, 1981:112). Sieht man Politik unter diesem Blickwinkel, so treten die offenen und verdeckten Interessen der Akteure in den Mittelpunkt. Ihre jeweiligen Dependenzen als Voraussetzung der Macht anderer konkurrierender Akteure (Emerson, 1962) erhalten im Prozeß des Aushandelns bzw. Ausbalancierens der diversen Interessen eine strategische Bedeutung.

2.5.2 Prozeß

Viele Autoren sehen das Charakteristische des Politischen in der Art des Prozesses verkörpert. Für Burns, einen der ersten Organisationstheoretiker, die sich mit politischem Verhalten befaßt haben, ist politics "a mode of doing", "a particular mode of behavior" (Burns, 1961:259). Madison et al. sehen in politics "a process of influence" (Madison et al., 1980:81); ähnlich auch Mayes/Allen mit "the management of influence" (Mayes/Allen, 1977:675). Bacharach/Lawler schließlich beschreiben "organizations as politically negotiated orders" (Bacharach/Lawler, 1980:1). Folgt man einer prozessualen Sichtweise des Politischen, dann werden Verhaltensstrategien (z.B. Kakabadse/Parker, 1984) und Taktiken (z.B. Allen et al., 1979) instrumentell wichtig. Mintzberg schließlich löst - unter Bezugnahme auf Crozier/Friedberg (1979) - den politischen Prozeß in eine Anzahl sog. politischer Spiele auf (Mintzberg, 1983); Ortmann (1987) bzw. Küpper/Ortmann (1986) vertreten eine ähnliche Sichtweise.

2.5.3 Macht

Andere Autoren sehen in "Macht" - mitunter in tautologischer Form - den eigentlichen Bestimmungsfaktor von Politik. Bereits Simon bekennt sich zu einer Sichtweise von "politics as power" (Simon, 1953:500). Für Cobb "politics simply refers to how power is used" (Cobb, 1986:483). Ein machtzentriertes Politikkonzept richtet sich auf die Untersuchung sog. "powerholders" (Kipnis, 1976), auf Ressourcen und Dependenzen der

Akteure, auf den Prozeß der Organisation der Macht (z.B. Koalitionen und Netzwerke) und auf den Legitimationsprozeß.

Diskussion:
Sosehr es zu begrüßen ist, daß das dynamische Element der Entscheidungsfindung und Durchsetzung im mikropolitischen Ansatz in den Vordergrund tritt, so deutlich ist auch das Unvermögen, mit Politik im Zusammenhang mit Strukturen umzugehen, erkennbar. Dies läßt sich auf die behavioristische Vorgangsweise zurückführen. Mitunter tritt diese dabei so stark hervor, daß sich die Frage stellt, warum das damit beschriebene kompetitive Verhalten eigentlich als "politisch" bezeichnet werden soll, wenn im Prinzip die existierenden sozialwissenschaftlichen Konzepte zur Phänomenbeschreibung ausreichen würden. So z.B. wenn Politik als psychologisiertes Wettbewerbsverhalten dargestellt wird. Ähnlich stellt sich das Problem auch bei jenen behavioristischen Politikdefinitionen, die den Politikbegriff eng mit dem Machtbegriff verknüpfen, dar: Der eigentliche Kern der Politik wird hier ebenfalls nicht mehr erkennbar, der Politikbegriff fällt mit dem Begriff der Macht zusammmen, er wird tautologisiert. Der Mikro-Bezug eines solchen Politikbegriffes verknüpft sich weiters mit einer weitgehenden Vernachlässigung des Kontextes. Die Rationalität, in welche die Organisation eingebettet ist und die auf die innerorganisatorischen Handlungsvollzüge durchschlägt, wird außer acht gelassen: Mikro-Politik spielt sich dort - theoretisch - nur mehr in (abgekapselten) Mikro-Bereichen ab.

3 Probleme der bestehenden Politikkonzepte

Aus der Diskussion der bestehenden Politikkonzepte wurde deutlich, daß es vor allem drei Problembereiche sind, die Schwierigkeiten bereiten: 1) technizistischer und behavioristischer Reduktionismus, 2) die Grenzziehung zwischen politischen und unpolitischen Prozessen, 3) die strukturelle Dimension von Politik.

3.1 Reduktionismus

Sowohl dem technizistischen Reduktionismus, der Politik als Mittel - Zweck - Relationen bzw. als langfristige Strategieüberlegungen versteht, als auch dem behavioristischen Reduktionismus, der Politik als kompetitives Verhalten psychologisiert, fehlen ein eigenständiger "politischer" Kern. Die beschriebenen Phänomene lassen sich mit den bestehenden sozialwissenschaftlichen Begriffen und Konzepten problemlos darstellen; ein besonderes 'Politik'-Konzept liegt ihnen nicht zugrunde.

3.2 Die Differenzierung zwischen politischen und unpolitischen Handlungen

Bei manchen Politikbegriffen ist es in der Tat so, daß der aus der Definition ausgeschlossene Teil mehr über das Politikverständnis aussagt, als der in die Definition eingeschlossene Teil. Vertreter des kritischen Rationalismus und des Behaviorismus benötigen aus methodischen Gründen ein operational feststellbares Verhalten. Wählt man daher einen auseinandersetzungsbezogenen Politikbegriff, der einen in diesem Sinn erkennbaren Konflikt oder Widerstand zur Voraussetzung hat, so gehen z.B. Manipulation oder die sog. ökologische Kontrolle (Cartwright, 1965) auf Grund der Methodik verloren. Manipulation und ökologische Kontrolle zeichnen sich ja gerade dadurch aus, daß ihre erfolgreiche Anwendung zu keinerlei offenem Konflikt oder Widerstand führt. Um dem zu begegnen, müßte man etwa bei den Manipulierten 'andere' Interessen postulieren. Dies würde in der Folge unweigerlich zur Frage des 'wahren' und des 'falschen' Bewußtseins führen; beides Konzepte, mit denen sowohl der kritische Rationalismus als auch der Behaviorismus v.a. methodisch bisher nichts anzufangen wußten. Daher sollte nicht übersehen werden, daß in einer ähnlichen Situation Frey dafür plädiert hat, wichtige Phänomene eher mit schwachen Operationalisierungen zu erfassen, als Trivialitäten exzellent zu messen (Frey, 1971:1081 ff.).

Ein zweites Problem der Grenzziehung zwischen politisch und unpolitisch findet sich im Kriterium der Legitimation. Die Kerngruppe, d.h. nach Easton die dazu Befugten, muß die Wertprämissen autorisieren. M.E. ist eine solche Grenzziehung problematisch, da sie sich - wie bereits ausgeführt - auf die offiziellen Machtverhältnisse, d.h. auf die Möglichkeit der Legalisierung subjektiver Wertprämissen stützt. Mächtige transformieren dann politische Verhältnisse zu unpolitischen; Politik reduziert sich auf Macht. Oder um es anders auszudrücken: Je erfolgreicher politisches Verhalten ist, desto weniger politisch wäre es anschließend; erfolgreiches politisches Verhalten würde sich letztendlich in unpolitischem Verhalten auflösen.

3.3 Politik und Struktur

Da sich die Betriebswirtschaftslehre bisher kaum mit der Thematik Macht auseinandergesetzt hat, verwundert es nicht, daß sie sich auch mit institutionalisierter Macht kaum beschäftigt. Noch weniger wundert es dann, daß - ausgenommen bei Remer - die Verknüpfung von Herrschaft und Politik praktisch nicht existiert. Die normative Betriebswirtschaftslehre präsentiert sich in ihrem Aussagenbereich zwar notwendigerweise als Theorie der Herrschaft; alle ihre Empfehlungen nützen nichts, wenn sie nicht Herrschaft voraussetzt, ja große Teile ihres Aussagensystems richten sich auf Herrschaftsausübung und -erhaltung. Selbst Heinen hat im Zusammenhang mit Politik darauf hingewiesen, daß die Vernachlässigung 'unangenehmer' Themen nicht schon deswegen die betriebliche Welt auch zur "heilen" Welt macht, weil man weghört oder wegsieht (Heinen, 1981:50). Geht man davon aus, daß Politik in einem Zusammenhang mit

Macht steht, und das tun alle vorgestellten Politikkonzepte, dann kann die Institutionalisierung der Macht nicht vernachlässigt werden.

4 Sozialwissenschaftliche Politikkonzepte

Die dargestellten betriebswirtschaftlichen Politikkonzepte präsentieren sich widersprüchlich, partikularistisch und schließen einander teilweise aus. Solche Repräsentationen sind typisch für entweder einen noch unreifen Zustand der entsprechenden wissenschaftlichen Teildisziplin oder für paradigmatische Transformationen in diesem Wissenschaftsfeld (Kuhn, 1979). M.E. trifft hier das erstere Argument zu: Der Entwicklungsstand der betriebswirtschaftlichen Politikdiskussion ist noch nicht so weit fortgeschritten, daß bereits von paradigmatischen Veränderungen gesprochen werden könnte.

In einer solchen Situation bieten sich grundsätzlich zwei Möglichkeiten an: 1) es wird versucht, ein zusätzliches, neues Politikkonzept, das die Schwächen der bestehenden Konzepte überwindet und/oder bestimmte wichtig erscheinende Aspekte besonders beleuchtet, zu entwickeln; oder 2) man geht zurück zu den bestehenden einschlägigen sozialwissenschaftlichen Grundkonzeptionen, um im Rahmen einer Reinterpretation deren Potential auszuschöpfen. Hier wird die Rückkehr zu den politikwissenschaftlichen Grundkonzeptionen vorgeschlagen, und zwar aus folgendem Grund: Die dargestellten betriebswirtschaftlichen Politikkonzepte stellen zum Teil einseitige, zum Teil oberflächliche und zum Teil irrige Interpretationen politikwissenschaftlicher Politikbegriffe dar. Die grundlegenden Konzeptionen und möglichen Fassungen von Politik erscheinen durch die bestehenden betriebswirtschaftlichen Abgrenzungen bei weitem nicht ausgelotet zu sein. Es empfiehlt sich somit in der derzeitigen Situation der betriebswirtschaftlichen Politikdiskussion, vorerst einmal das *heuristische Potential* der politikwissenschaftlichen Grundkonzeptionen im Sinne einer betriebswirtschaftlich orientierten Reinterpretation auszuschöpfen.

Als *begriffliche Annäherung* wird hier in einem ersten Schritt davon ausgegangen, daß Politik die Verteilung von Ressourcen und Werten vor dem Hintergrund der sozialen Ordnung eines Systems betrifft: Politik hat etwas zu tun mit Ordnungsvorstellungen, mit den sozialen Beziehungen der Systemmitglieder zueinander, mit der Verteilung der Handlungsmöglichkeiten und mit der Verteilung von Ressourcen und Werten. In Form einer Realinterpretation von Politik hat jede geschichtliche Epoche ihr eigenes Politikverständis selbst produziert. D.h. die sog. historischen Politikkonzepte sind Ausdruck historisch-gesellschaftlicher Strömungen. Vor allem zwei historische Konzeptionen von Politik scheinen besonders beachtenswert zu sein: Politik als Herrschaftsausübung und Politik als Interessenrealisierung. Beide sind Ausdruck des politischen Bewußtseins der letzten Jahrhunderte, beide - und das wird darzustellen sein - prägen im wesentlichen noch immer unsere heutigen Vorstellungen von Politik. Diese beiden Konzeptionen werden daher im folgenden in ihren historischen und theoretischen

Zusammenhängen diskutiert; anschließend daran wird ihre Zweckmäßigkeit für betriebswirtschaftliche Fragestellungen untersucht.

4.1 Von der "Machtkunst" zur Herrschaftsausübung

Die Wurzeln neuzeitlicher Politikbegriffe fallen mit dem Auslaufen des europäischen Mittelalters zusammen. Im Italien der Hochrenaissance kämpfen die Fürsten um die Vorherrschaft und um die Erhaltung ihrer Macht. Es zeigen sich erste Ansätze der Konstituierung der neuzeitlichen bürgerlichen Gesellschaften; ein erstarktes Bürgertum geht in den italienischen Stadtstaaten daran, die Sozialordnung zu verändern (Lenk/ Franke, 1987:40). Die aristotelische Auffassung von Politik als Ausgerichtetheit des politischen Handelns auf das Gemeinwohl und auf die Bedürfnisse der Menschen findet ihr Ende (Sellin, 1978:789 ff.).

Machiavelli (1469 - 1527), an den Herrschenden orientiert, schreibt vor diesem Hintergrund seine berühmt gewordenen Arbeiten über Macht, Herrschaft und Tyrannei. Für ihn sind politische Handlungen auf den Erwerb oder die Sicherung von Macht gerichtet. Erfahrungsgemäß gibt es Handlungsweisen, so Machiavelli, die eher zum Erfolg führen als andere. Das Erlernen und die Beherrschung der Regeln für erfolgreiche Handlungen machen die Politik zu einer Fertigkeit, zur "Machtkunst" (Freyer, 1961:13). Diese Techniken des Machterwerbes und der Herrschaftssicherung stehen bei Machiavelli im Mittelpunkt. So geht er in seiner Schrift "Der Fürst" z.B. auf Techniken der Wohltätigkeit, der Grausamkeit, der Heuchelei und der Wortbrüchigkeit ein (Machiavelli, 1961:97 ff.). Man sollte sich jedoch von der Betonung der "Machtkunst", d.h. der sozialtechnologischen Fertigkeiten, nicht ablenken lassen. Worauf Machiavelli tatsächlich abzielt, ist nicht Macht; Macht dient ihm nur als Mittel. Sein *eigentliches Ziel* ist *Herrschaft*. Politik ist als Kampf um die Herrschaft zu verstehen, sowohl als Erreichung als auch als Erhaltung von Herrschaft. Soweit die Organisationstheorie auf Machiavelli Bezug nimmt, hebt sie nur den Machtaspekt hervor und übersieht den Herrschaftsaspekt (z.B. Mintzberg, 1983; Pfeffer, 1981). Für Machiavelli jedoch ist Macht wohl als Mittel wichtig, ihre Vollendung findet sie für ihn aber erst in ihrer Institutionalisierung, in der Herrschaft.

Einige Jahrhunderte später verfolgt M. Weber (1864 - 1920) eine recht ähnliche Argumentation bezüglich der Relation Politik - Macht - Herrschaft. Politik heißt für ihn "Streben nach Machtanteil oder nach Beeinflussung der Machtverteilung" (Weber, 1972:822). Politik betrifft somit Machtverteilungs-, Machterhaltungs- oder Machtverschiebungsinteressen, "wer Politik treibt, erstrebt Macht" (Weber, 1972:822). Obwohl M. Webers Machtdefinition große Verbreitung gefunden hat, hält er selbst vom Konzept der Macht nicht allzu viel: "der Begriff Macht ist soziologisch amorph" (Weber, 1972:28). Auch für ihn steht Herrschaft im Zentrum des Interesses. Seine Typologie legitimer Herrschaft ist bekannt (Weber, 1972:124). Wenn Herrschaft auf die freiwillige Gehorsamsleistung abstellt, so sind die sozialen Beziehungen in modernen Unternehmen (auch) als Herrschaftsbeziehungen zu verstehen (Kieser/Kubicek, 1983:16

f.) und die Unternehmen selbst können als institutionalisierte Herrschaftssysteme gesehen werden. In der betriebswirtschaftlichen Organisationstheorie wird der Herrschaftsaspekt mitunter im Zusammenhang mit der Bürokratietheorie angesprochen (z.B. Kieser/Kubicek, 1978:78 ff.), im Zusammenhang 'Unternehmenspolitik - Politik im Unternehmen' fehlt er jedoch, abgesehen von Remer, zur Gänze. Das bedeutet jedoch nicht, daß die Betriebswirtschaftslehre in ihrem Praxisbezug nun tatsächlich 'herrschaftsneutral' wäre; sie selbst versteht sich jedoch überwiegend so und blendet den Herrschaftsaspekt aus ihren theoretischen Überlegungen weitestgehend aus.

4.2 Interessen

Eine weitere Richtung des politischen Denkens entsteht in England und Frankreich im 17. und 18. Jahrhundert im Zusammenhang mit der Etablierung bürgerlicher Gesellschaften. Vor allem aber im 19. Jahrhundert kommt es auf Grund der Industrialisierung zu bedeutenden ökonomischen und sozialen Veränderungen. Dabei wandelt sich auch das politische Bewußtsein: Politik wird nun als Geltendmachung und Realisierung von *Interessen* verstanden. Der Staat wird als eine Arena betrachtet, in die individuelle und kollektive Interessen eingebracht werden. Politik wird zum Prozeß des Ausgleichs der divergierenden Interessen (Lenk/Franke, 1987:43 f.). Die marxistische Argumentationslinie sieht dabei die Auseinandersetzung um Interessen als eine kollektive Problemstellung und unter klassenkämpferischen Gesichtspunkten. Politik ist Prozeß und Ergebnis der geschichtlichen Auseinandersetzung um die Herrschaft in der Gesellschaft. Die jeweiligen Produktionsverhältnisse sind sowohl Ausdruck der gesellschaftlichen Interessenlagen als auch Ausgangspunkt der subjektiven Interessen der Menschen.

Demgegenüber steht eine liberale Argumentationslinie: Politik ist der Bereich konflikthafter interessegeleiteter Auseinandersetzungen. Ihr Untersuchungsgegenstand sind v.a. die Interessen von Individuen und Gruppen. Die Idealvorstellung geht von der freien Konkurrenz rivalisierender Einzelinteressen aus, bei der sich mittels eines "natürlichen Interessenausgleichs" die Einzelinteressen zu einem gemeinsamen Ganzen verbinden (Massing, 1985:384 f.). In einer modernen Ausprägung dieses Politikverständnisses sind die Ansätze der politischen Ökonomie und der Property Rights an der Idee des größtmöglichen Nutzens orientiert (Wondracek, 1987:72 ff.). Demgegenüber steht eine extreme Individualisierung dieses Politikverständnisses im "political behavior" der behavioristischen angelsächsischen Organisations- bzw. Verhaltenstheorie. Das Ziel der Gewinnmaximierung in der Betriebswirtschaftslehre ist ebenfalls Ausfluß eines liberalen interesseorientierten Politikverständnisses.

5 Betriebswirtschaftslehre und Politik

Diese beiden historischen Konzeptualisierungen von Politik - Herrschaft und Interessen - sind zweifellos auch für die betriebswirtschaftliche Organisationstheorie von Bedeutung. So können Organisationen als Herrschaftsgebilde betrachtet werden; und Handlungen in Organisationen lassen sich ohne besondere theoretische Probleme auf organisationsexterne oder organisationsinterne Interessen zurückführen. Beide Konzeptualisierungen von Politik scheinen daher hinsichtlich der betriebswirtschaftlichen Organisationstheorie mit einem beträchtlichen heuristischen Potential ausgestattet zu sein. Dieses gilt es zu nutzen. Organisationspolitische Überlegungen sollten daher aus dieser Warte auch beides umfassen: Politik als Interessenrealisierung (sowohl kurzfristige mit geringer Reichweite als auch langfristige) und Politik als Herrschaftsausübung. Interessen und Herrschaft drücken sich dabei in ihren spezifischen Formen aus: Politik als Interessenrealisierung betont den dynamischen Aspekt, Politik als Herrschaftsausübung den stabilisierenden Aspekt. Schließlich ist auch auf die theoretische Verknüpfung der beiden Konzepte einzugehen.

5.1 Politik als Interessenrealisierung

5.1.1 Grundlagen eines betriebswirtschaftlich-interesseorientierten Politikverständnisses

Organisationen können als soziale Gebilde betrachtet werden, in denen und mit denen Akteure ihre Interessen zu realisieren versuchen. Aus handlungstheoretischer Sicht stellen Interessen längerfristige Absichten der Herbeiführung oder Aufrechterhaltung von Situationen, die der Bedürfnisbefriedigung dienen, dar (Mittelstraß, 1975:135 f.). Zwecke richten sich dagegen auf einen abgrenzbaren Einzelfall und sind als Sonderfälle von Interessen zu sehen. Im weiteren werden alle jene kurz- und langfristigen Wünsche, Forderungen, Verlangen, Bedürfnisse, Zielvorstellungen etc., die sich im Prinzip auf Interessen zurückführen lassen, unter dem Begriff Interesse subsumiert. Politik als Interessenrealisierung enthält damit

1) eine kurzfristige und eine längerfristige Dimension. Da diese Interessen vereinzelt und gemeinsam wahrgenommen werden können, tritt zum Zeithorizont (bzw. der Intensität der Verankerung)
2) eine individuelle und eine kollektive Ebene hinzu. Die Knappheit der zur Verfügung stehenden Ressourcen führt zu Wettbewerb und zu Konflikt. Damit wird
3) die dynamische Qualität und die Prozeßorientierung dieses Politikverständnisses deutlich.

Organisationen dienen der Realisierung von Interessen. Ohne diesen Bezug ergeben Organisationen keinen Sinn. Wie kommt es nun zur Realisierung von Interessen durch die Mitglieder eines Unternehmens? Die Akteure formulieren ihre Interessen und versuchen, sie in Aushandlungsprozessen durchzusetzen. Das Ergebnis von Aushandlungsprozessen ist v.a. durch die Macht der beteiligten Akteure bestimmt, d.h. Interessen werden in Aushandlungsprozessen in Dependenzen und Interdependenzen *transformiert*. Diese führen schließlich entweder zur Akzeptanz der jeweiligen Unterordnungsbedingungen, zu ihrer Ablehnung oder zu weiteren Verhandlungen (Sandner, 1986:290 ff.). Der Koalitionsansatz der betriebswirtschaftlichen Entscheidungstheorie (z.B. Cyert/March, 1963; Heinen, 1984) basiert, ohne weder über eine adäquate Theorie der Macht (Reber, 1980:VIII f.) noch über eine solche der Koalition (Stevenson/ Pearce/ Porter, 1985) zu verfügen, auf diesen Prozessen. Folgt man der Terminologie der betriebswirtschaftlichen Entscheidungstheorie, so entwickeln die Mitglieder einer Organisation ihre eigenen Zielvorstellungen als Ziele für die Organisation. Bei erfolgreicher Durchsetzung werden diese zu Zielen der Organisation (z.B. Heinen, 1978:28 f.). Da weder alle Zielvorstellungen kompatibel sind, noch der Interessenansatz von illusionären Harmonievorstellungen ausgeht, ist anzunehmen, daß die Ziele der Organisation in der Regel Zielkompromisse darstellen. Die Dynamik der Aushandlungsprozesse kann dabei zu Ergebnissen bzw. Zielvereinbarungen führen, die von den beteiligten Akteuren weder vorhergesehen noch ursprünglich beabsichtigt waren. Diverse Taktiken und Strategien sollen daher den Akteur hinsichtlich einer erfolgreichen Durchsetzung seiner Zielvorstellungen unterstützen (z.B. Madison et al., 1980; Allen et al., 1979; Falbo, 1977; Kipnis, 1976).

M.E. ist das interesseorientierte Politikverständnis des entscheidungsorientierten Ansatzes noch (viel zu) stark mit der traditionellen 'rationalen' Denkweise der Betriebswirtschaftslehre verknüpft. Politik als Interessenrealisierung sollte aber *darüber hinaus*gehen: Das Unternehmen dient als Instrument und 'Vehikel' für alle möglichen Interessen auf allen hierarchischen Ebenen. Die Interessen werden nicht nur von der Kerngruppe mediiert: Sie werden von ihr durchgesetzt, sie werden aber auch gegen sie durchgesetzt - ja oft merkt die Kerngruppe gar nichts davon. Ziemlich transparent werden politische Handlungen, wenn es um langfristige strategische Entscheidungen oder aber auch um die Reorganisation einer Abteilung geht. Dann werden Budgets, Kompetenzen, unterstellte Mitarbeiter, die eigene Karriere, Dienstautos und andere fringe benefits, Büroräume etc. ausgehandelt. Weiters werden unter dem Titel 'objektive Sachzwänge' allzuoft und vielfach auch ebenso durchsichtig für alle Beteiligten die jeweils eigenen Interessen in 'Sachzwänge' verkleidet und als Problemlösung dargestellt. Ebenso transparent sind meist auch die jeweiligen Koalitionen, Tauschgeschäfte und Bündnisse.

Während inzwischen unbestritten ist, daß in weitreichende Entscheidungen in Unternehmen nicht nur die Normativität der Beteiligten, sondern auch deren Interessen eingehen, wird dies für die *unteren* hierarchischen Ebenen im Unternehmen meist vernachlässigt. Auch hier 'richten' es sich die Mitarbeiter, auch wenn ihre strukturellen Begrenzungen engere Handlungsspielräume mit sich bringen (Ortmann, 1987:370 f.). Die Mitarbeiter redefinieren die Arbeitsanweisungen auf eine ihnen sinnvoll erscheinende Art (Hackman, 1969:437 ff.), sie nützen die Handlungsspielräume für ihre eigenen Interessen aus, sie instrumentalisieren mehrdeutige Vorschriften und Situationen, und oft unterlaufen sie das offizielle Regelungssystem des Unternehmens bzw. halten sich nicht daran. Die Organisation erhält auch hier den Stellenwert eines Instruments zur Realisierung der eigenen Interessen.

Das offizielle *Organigramm* einer Organisation gilt daher auch nur insoweit, als sich die Organisationsmitglieder an das offizielle Regelungssystem halten. Gerade eine organisationspolitische Sichtweise weist auf die oberflächliche Relativität von Organigrammen hin. Die Abhängigkeit der Mitarbeiter von den Leistungen (und deren Stellenwert für die Interessenrealisierung), welche die Organisation für ihre Mitarbeiter zur Verfügung zu stellen in der Lage ist, bestimmt gleichzeitig die Unterordnung der Mitarbeiter unter die offiziellen Handlungsaufforderungen der Organisation.

Aus der Sicht eines interesseorientierten organisationspolitischen Ansatzes stellen *Sachzwänge* erfolgreiche Versuche der Situationsdefinition auf der Basis eines Bezugsrahmens dar, den die jeweils Mächtigeren durchzusetzen in der Lage sind. D.h. die jeweils dominante Rationalität ist Ausdruck der jeweiligen Machtverhältnisse. 'Sachzwänge' sind ohne ihren Definitionsrahmen weder 'objektiv', noch ergeben sie einen Sinn. Der soziale Definitionsrahmen, d.h. das, was als 'wahr' und 'richtig' Geltung hat (haben soll), wird in Aushandlungsprozessen, die wesentlich durch Macht bestimmt sind, hergestellt. Bei Sachzwängen wird damit ein bestimmter, abgegrenzter Satz an Interpretationsregeln als 'richtig' und 'relevant' bestimmt und zugelassen. Damit werden andere mögliche Situationsdefinitionen zu 'unrichtigen', 'unbrauchbaren', 'falschen', 'dysfunktionalen' bzw. 'irrelevanten'.

Sieht man auf der Metaebene den organisationspolitischen Zugang als Beitrag zum Verstehen bzw. zur Erklärung sozialer Situationen, dann fallen aus dieser Warte jene organisationstheoretischen Zugänge, die in "Politik" eine für die Betriebswirtschaftslehre vernachlässigbare Kategorie sehen, nicht nur dem Ideologieverdacht anheim, sondern darüberhinaus wird die Ausgrenzung von "Politik" aus dem als relevant angesehenen Theorieverständis selbst zum politischen Akt.

5.1.2 Die Durchsetzung von Interessen

Manche innerorganisatorische Interessenrealisierungen sind von besonderen Entscheidungsarenen unabhängig. Dies wird insbesondere dann der Fall sein, wenn der Akteur innerhalb seines Kompetenzbereiches bleibt, es sich um Interessenrealisierungen geringerer Reichweite handelt, und eher wenige andere Organisationsmitglieder davon betroffen sind. Andere Interessenrealisierungen, besonders jene, die den offiziellen betrieblichen Leistungserstellungsprozeß hinsichtlich größerer Reichweite und größerer Zahl der davon betroffenen Organisationsmitglieder instrumentalisieren, bedürfen dagegen besonderer *Entscheidungsarenen*. V.a. drei Arten von Entscheidungsarenen dienen dann der Geltendmachung von Interessen:

- offizielle, auf regelmäßiger Basis eingerichtete Zusammenkünfte: Hier treffen in vorhergehenden Aushandlungsprozessen bereits mehr oder weniger vorselektierte Teilnehmer auf in vorhergehenden Aushandlungsprozessen als mehr oder weniger relevant definierte Problemfelder;
- garbage cans (Cohen/March/Olsen, 1972): Die 'aufbewahrten' Interessen werden je nach Situationsopportunität als Lösungen geltend gemacht: "choices looking for problems, ... solutions looking for issues to which they might be the answer" (Cohen/March/Olsen, 1972:2). Bei Mülleimer-Entscheidungsarenen kehrt sich die Kausalität der Abfolge um, denn üblicherweise sind für Probleme Lösungen zu finden. Änliches gilt für jene Situationen, wo für erwartete künftige Zustände (= Lösungen) 'aufgehobene' Problem- bzw. Interessenslagen gefunden werden, die sich in den künftigen Zuständen unterbringen und damit positiv erledigen lassen;
- ad hoc Arenen: Sie ergeben sich auf Grund besonderer situativer Veränderungen oder der aktualisierten Interessenlage von mit entsprechender Macht ausgestatteten Akteuren.

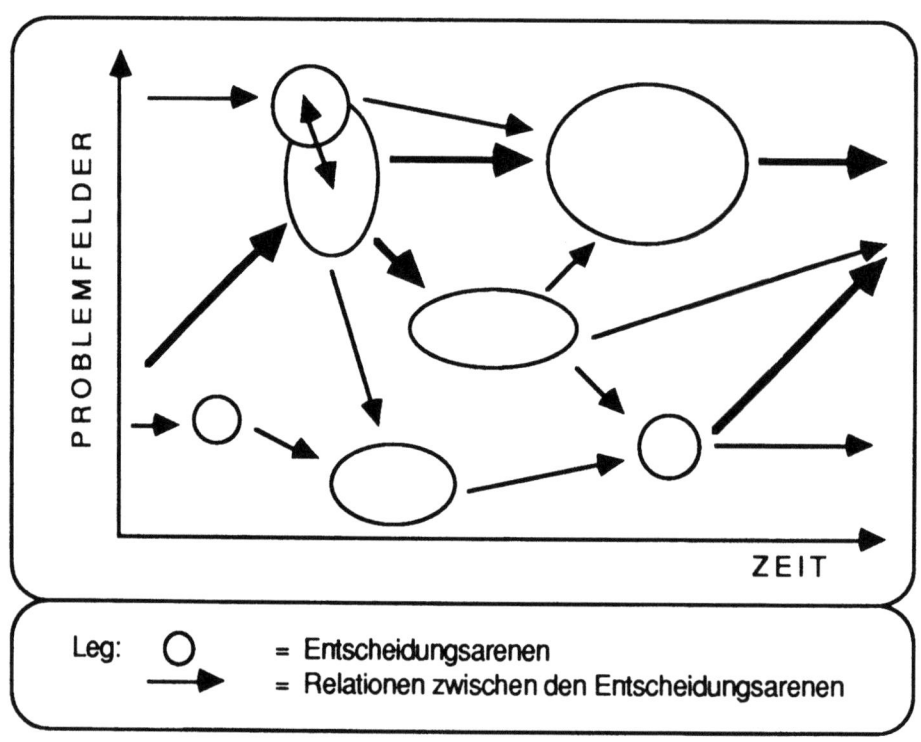

Abb. 2: organisationale Entscheidungsarenen

Es ist nicht notwendig, daß diese Entscheidungsarenen formal zum Treffen von Entscheidungen legitimiert sind. Auch sog. illegitime Entscheidungsarenen können für ihr Subsystem verbindliche Entscheidungen hervorbringen.

Die Entscheidungsarenen bilden damit jenen Rahmen, in dem für das jeweilige Subsystem verbindliche Entscheidungen und damit auch Ressourcenverteilungen und Wertzuweisungen festgelegt werden. Je nach Problemfeld und Interessenlage rekrutieren sich die Beteiligten. Sie versuchen, ihre Situationsdefinitionen und Interessenlagen mit möglichen Lösungen zu verknüpfen. Nicht jede Problemlage eignet sich für jede Arena. Die Akteure werden daher versuchen, Problemlagen so zu definieren, daß sie in der betreffenden Arena erfolgversprechend gelöst werden können. Ist dies nicht möglich, so werden sie versuchen, Problemlagen in solche Arenen einzubringen, die für die Behandlung ihrer Interessen am erfolgversprechendsten erscheinen (z.B. auf Grund der dort dem Akteur zugänglichen Koalitionen und Netzwerke).

Welche Organisationsmitglieder verfügen nun hinsichtlich ihrer Interessenrealisierungsmöglichkeiten über eine erfolgversprechende Ausgangsbasis? In erster Linie sind dies:

- Inhaber formaler Positionen;
- Akteure, welche für die Organisation kritische Ressourcen kontrollieren;
- Akteure, die im betrieblichen Leistungsprozeß eine zentrale Stelle einnehmen, und deren Leistung für andere Stellen wichtig ist;
- Akteure, die in der Lage sind, über Koalitionen und Netzwerke ihre Verhandlungsposition im obigen Sinn aufzuwerten.

Im Anschluß an Freeman (1984) lassen sich die Interessenten an organisationalen Problemlagen als "stakeholders" bezeichnen. Ein "stakeholder" in einer Organisation ist dabei "any group or individual who can affect or is affected by the achievement of the organization's objectives" (Freeman, 1984:46). Verändert man das Freeman'sche Modell insofern, als nicht mehr die Organisation und ihre stakeholders untersucht werden, sondern organisationale Problemlagen und die damit verbundenen Interessen, so läßt sich dies wie in Abb. 3 darstellen.

Eine solche Sichtweise organisationaler Problemlagen wählt einen anderen als den üblichen 'rationalen' Problemzugang. Sie verlagert sich weg von der Untersuchung des sog. sachlichen Problemfeldes bzw. -umfeldes und hin zur Analyse der Beteiligten und ihrer Interessen. So sieht die traditionelle Betriebswirtschaftslehre z.B. strategische Entscheidungen als Produkte rationalen Handelns an. Aus einer organisationspolitischen Sicht dagegen stellen sich diese strategischen Entscheidungen aber als Ergebnis von Aushandlungsprozessen, in welche die Interessen der beteiligten Akteure eingehen, dar.

In welchem Zusammenhang stehen nun Interessenrealisierung und Herrschaftssystem? Individuelle Interessenrealisierungen verändern das Herrschaftssystem der Organisation in seiner Grundstruktur nicht. Es kommt wohl zu Verlagerungen von

Wertverteilungen und zum Austausch von Personen, aber die Herrschaftsstruktur der Organisation bleibt erhalten. Anders stellt sich dies bei Absichten kollektiver Interessenrealisierungen dar, insbesonders dann, wenn die kollektiven Interessen ebenfalls in entsprechenden Organisationsformen institutionalisiert sind. Hier wird, z.B. in Fragen der Mitbestimmung, das organisationale Herrschaftssystem strukturell verändert; die langfristige Machtverteilung wird umstrukturiert. Gelingt es dagegen dem Mitarbeiter A, seinen formalen Kompetenzbereich zu erweitern, zusätzliche Mitarbeiter und ein neues, größeres Dienstauto auszuhandeln, so bleibt die grundsätzliche organisationale Herrschaftsstruktur davon unberührt.

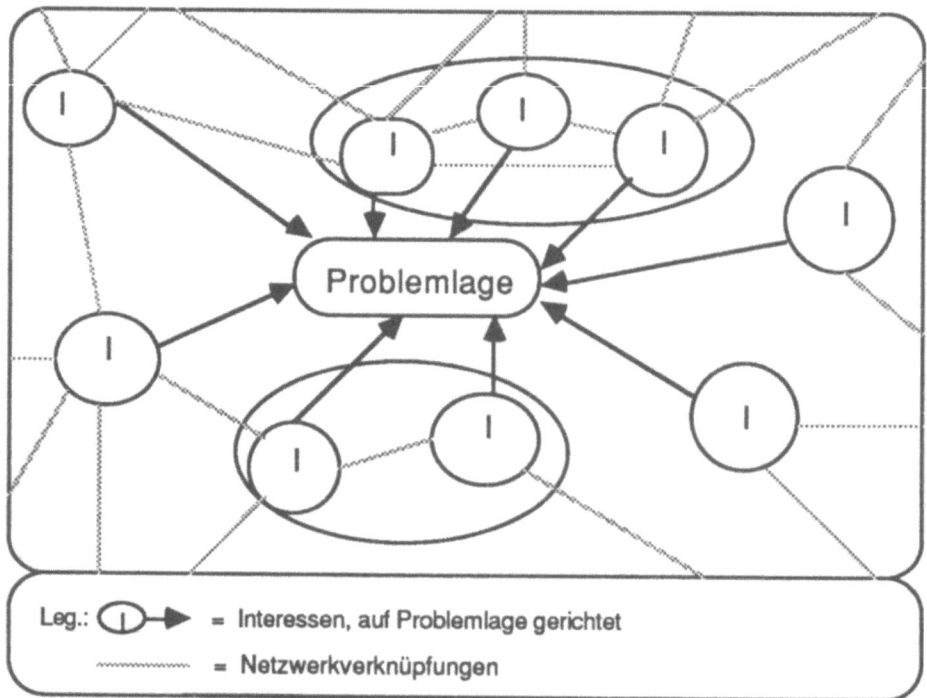

Abb. 3: Problemlage und Interessen

(verankert in Koalitionen und Netzwerken)

Versteht man in diesem Sinne Politik in Organisationen als Verfolgung und Realisierung von Interessen, so sind Organisationen als soziale Systeme zu sehen, die sich primär durch miteinander verknüpfte Interessen strukturieren, und in denen es auf Grund von Aushandlungsprozessen zu Ressourcen- und Wertverteilungen kommt.

5.2 Politik als Herrschaftsausübung

Hebt die Interessenrealisierung den dynamischen Aspekt von Politik hervor, so betont Herrschaftsausübung eher den stabilen Aspekt von Politik. Organisationen können als Herrschaftssyteme betrachtet werden. Die Zielverfolgung in komplexen sozialen Systemen setzt voraus, "für einen Befehl bestimmten Inhalts bei angebbaren Personen Gehorsam zu finden" (Weber, 1972:28). Mit dem Eintritt in das Unternehmen erklären sich die Mitarbeiter bereit, künftig einem nicht genau abgegrenzten und auch nicht genau abgrenzbaren Satz von Handlungsaufforderungen Folge zu leisten. Die Legitimität der Herrschaft beruht damit einerseits auf dem Unterzeichnen des Arbeitsvertrages. Andererseits beruht sie aber auch darauf, daß die Institution Herrschaft gesellschaftlich akzeptiert wird. Damit kann Herrschaft als eine soziale Einrichtung, welche die Varietät der Handlungsmöglichkeiten der Akteure einschränkt (einschränken soll) und in bestimmte Bahnen lenkt (lenken soll), betrachtet werden. Aus dieser Warte ist Herrschaft auch als Gegenposition zur Interessenrealisierung der Organisationsmitglieder zu sehen: Die Herrschaftsformen sollen die mögliche Komplexität, die durch die diversen an die Organisation herangetragenen Zielvorstellungen entsteht, reduzieren. Anders ausgedrückt bedeutet dies, daß mit Herrschaft jener Rahmen gesetzt wird, innerhalb dessen die Organisation ihren Mitgliedern zugesteht, ihre individuellen Interessen zu verfolgen.

Entsprechend ihrer historischen Entwicklung sind vier Hauptformen innerorganisatorischer Handlungssteuerung zu unterscheiden: technologische Steuerung, bürokratische Steuerung, psychologische Steuerung und neuerdings kulturelle Steuerung (Sandner, 1988a).

5.2.1 Technologische Steuerung

Technologische Steuerung versucht, jene Probleme, die Mitarbeiter als Quellen möglicher Unsicherheiten und Störungen mit sich bringen, mittels technologischer Arrangements zu reduzieren. Die technologische Rationalität der Arbeitsgestaltung schreibt die Arbeitsabläufe und deren Intensität vor. Wie bei allen indirekten Steuerungsformen gibt es auch hier keinen sichtbar Steuernden, was dazu beiträgt, daß die technologische Steuerung von den ihr Unterworfenen oft nur ansatzweise - wenn überhaupt - wahrgenommen wird. So verlangt z.B. in Büros die Computerisierung der Arbeitsabläufe auf Grund der Logik der Computertechnologie ganz bestimmte notwendige Arbeitssequenzen. Im Falle ihrer Nichteinhaltung reagiert das System nicht bzw. antwortet mit "system error, start again" oder ähnlichem. D.h. der Mitarbeiter wird erst mit der Akzeptanz der Systemrationalität arbeitsfähig.

5.2.2 Bürokratische Steuerung

Um in einer dynamischen Umwelt überleben zu können, brauchen komplexe Organisationen standardisierte organisationsinterne Interaktionsformen. Regelsysteme sagen den Mitarbeitern, was sich die Organisation von ihnen erwartet, und was sie wann und auf welche Art und Weise zu tun haben. Damit werden die Handlungsmöglichkeiten der Mitarbeiter gebunden und eingegrenzt. Bürokratische Regeln sind darüberhinaus in hohem Ausmaß geeignet, Mythen zu transportieren und lassen in der Folge häufig rituelle Handlungsabfolgen erkennen.

5.2.3 Psychologische Steuerung

Den Vorläufer der psychologischen Kontrolle stellt die schon früh einsetzende Selektion der Mitarbeiter mit psychologischen Mitteln dar (z.B. die sog. "Psychotechnik" von H. Münsterberg, 1914). Den ersten Höhepunkt bildet zweifellos die Pflege der "Human Relations". Zum zweiten Höhepunkt kommt es mit der instrumentalen Verknüpfung von Motivationstheorien und organisatorischen Aufgabenstellungen (z.B. Herzberg, 1966), die schließlich zu ausgefeilten Modellen der Arbeitsgestaltung führen (z.B. Hackman/Oldham, 1980). Während solche Modelle oberflächlich als psychologische Modelle erscheinen, sind ihre Erfolgs- bzw. Mißerfolgskriteren primär doch an ökonomische Kalküle gebunden. D.h. es bestimmt letztendlich die ökonomische Rationalität und nicht die psychologische Problemsicht, was ihren Erfolg oder Mißerfolg ausmacht.

5.2.4 Kulturelle Steuerung

Aus utilitaristischer Sicht stellt kulturelle Steuerung zweifellos ein attraktives Konzept dar: Wer die Parameter der kulturellen Steuerung kontrolliert, verfügt über ein tendenziell totalitäres Steuerungsinstrument. Es verwundert daher auch nicht, daß das "Management der Unternehmenskultur" zum Zugpferd des Unternehmensberatungsmarktes der späten 80er Jahre geworden ist. Wie es angesichts des derzeitigen Standes der Theorieentwicklung jedoch den Anschein hat, dürften sich zumindest in absehbarer Zeit kulturelle Steuerungsphantasien umfassender Art nicht erfüllen (Sandner, 1988b).

Die sog. Grundzielsetzung von Unternehmen, die von der traditionellen Betriebswirtschaftslehre zwar formal als Unternehmenspolitik bezeichnet, normativ jedoch ausgegrenzt wird, entspringt damit der Herrschaftslogik. Die formale Ausgrenzung und scheinbare Neutralisierung der Grundzielsetzung wird außerdem dadurch unterstützt, daß die besondere Form der Legitimierung in Unternehmen die Legalisierung darstellt. Da aber in der Herrschaftsausübung auch das Recht der Legalisierung enthalten ist, kommt es schließlich zur Selbst-Legitimierung. D.h. Herrschaft reproduziert sich aus dieser Warte selbst bzw. sorgt für die eigene Kontinuität.

6 Politik im Unternehmen

Beide dargestellten Betrachtungsweisen von Politik - Herrschaftsausübung und Interessenrealisierung - sind für die Betriebswirtschaftslehre von essentieller Bedeutung. Politik kann daher weder auf Strategie noch auf Mikropolitik reduziert werden. Politik im Unternehmen stellt damit auch keine zusätzliche Variable dar, die ein effizienzorientierter Manager neben anderen Variablen kalkulieren muß, um erfolgreich zu sein. Politik ist vielmehr als eine *qualitative* Dimension des innerorganisatorischen Handelns zu verstehen. Von der traditionellen betriebswirtschaftlichen Organisationstheorie wird dabei der Interessenaspekt häufig, der Herrschaftsaspekt jedoch überwiegend vernachlässigt. Ein Unternehmen kann in diesem Sinn als Netz politischer Handlungsstrukturen verstanden werden, das selbst in einen normativen Kontext eingebunden ist. Eine betriebswirtschaftlich-politische Betrachtungsweise von Organisationen sieht in Unternehmen pluralistische soziale Gebilde. Die zentralen Fragestellungen, mit denen eine solche Betrachtungsweise Handlungen in Organisationen untersucht, sind Fragen nach:

- den die organisationsinternen Handlungen leitenden Interessen und deren Durchsetzung, also die Fragen "wer hat was davon?", bzw. "wem dienen diese Handlungen?",
- der Institutionalisierung von Interessen, also Herrschaft,
- dem Bedingungsverhältnis von pluralistischen Interessen und Herrschaft sowie der sich daraus ergebenden Prozeßdynamik.

Eine politische Betrachtungsweise von Organisationen trägt zu einem besseren Verständnis bei, warum manche Wertverteilungen und Problemlagen aktualisiert und verfolgt werden und andere dagegen nicht. Sie leistet auch einen Beitrag zu einem besseren Verständnis jener sozialen Prozesse und Kooperationsformen, die hinsichtlich der Realisierung von Interessen funktional oder dysfunktional sein können.

Auch wenn Herrschaft dazu dient, die Handlungsmöglichkeiten der Mitarbeiter einzuengen und zu kanalisieren, so ist die theoretische Verknüpfung zwischen Interessenverfolgung und Herrschaftsausübung doch unmittelbar gegeben: Herrschaft entwickelt sich aus der dauerhaften Realisierung von Interessen. Das Ergebnis von Aushandlungsprozessen ist als Entscheidung darüber anzusehen, welche Interessen realisiert werden und welche nicht. Durch Legitimierung erhalten diese Ergebnisse für ihre (Sub)Systeme Verbindlichkeit und Öffentlichkeit und werden v.a. durch Legalisierung zum Bestandteil des organisatorischen Regel- und Wertverteilungssystems. Im Rahmen der Institutionalisierung der Interessen lösen sie sich von ihren unmittelbaren Betreibern, sie werden Teil des innerorganisatorischen Ordnungssystems und werden von den Organisationsmitgliedern als legitimer Teil der bestehenden Ordnung anerkannt. Politik als Herrschaftsausübung ist damit auch aus der Warte der Institutionalisierung von Interessen zu sehen. Crozier/Friedberg haben mit ihrem Konzept des "Spiels" die Aspekte von Interessenrealisierung und Herrschaftsakzeptanz verknüpft (Crozier/ Friedberg, 1979:56 ff.). Die Interessenrealisierung in Unternehmen beruht darauf, daß die Akteure durch Akzeptanz struktureller Bedingungen und ihre Unterordnung unter die Handlungsaufforderungen anderer Akteure den Bestand des Unternehmens und damit die Chance künftiger Interessenrealisierungen aufrecht erhalten. Politik als Interessenverfolgung und Politik als Herrschaftsausübung stellen damit sowohl einen Gegensatz (Herrschaft limitiert Interessen) als auch das Ergebnis einer zusammengehörigen prozessualen Transformation (Herrschaft als institutionalisierte Interessen) dar. Damit kann *Politik im Unternehmen* schließlich als *interessegeleitetes Handeln, das sich auf die Herstellung, Bewahrung oder Veränderung sozialer Ordnungsvorstellungen des Systems Unternehmen bezieht*, definiert werden.

Die Diskussion der historischen Politikansätze hat die zeitgeschichtliche Gebundenheit der jeweiligen Politikkonzepte betont. Das gleiche, nämlich die geschichtliche Gebundenheit, scheint für das organisationstheoretische Politikverständnis zuzutreffen. Auch wenn davon auszugehen ist, daß für die Analyse moderner Unternehmen beide Aspekte von Politik herangezogen werden müssen, so sollte sich mit einer zunehmenden Betrachtung des Unternehmens als quasi-öffentliche Institution (Ulrich, 1977) das organisationstheoretische Politikverständis, begriffen als Ausdruck gesellschaftlich-historischen Problembewußtseins, eher in Richtung einer Dominanz des interesseorientierten Politikbegriffes verschieben. Die Mitglieder einer Organisation würden ihre Organisation dann als interessenpluralistisches Gebilde verstehen, dessen wirklichkeitsgenerierende Parameter Aushandlungsprozessen unterliegen. Ein wesentlicher Entdeckungszusammenhang der Organisationskulturdiskussion, nämlich die These vom Wertewandel, unterstreicht ebenfalls die tendenzielle Dominanz des interesseorientierten Politikbegriffs. Je besser es weiters bei der Diskussion über die jeweiligen Interessen gelingt, diesen Prozeß allen Beteiligten zugänglich zu machen, desto offenkundiger tritt neben *Herrschaft* und *Interessen* die *Öffentlichkeit* als das dritte und damit den Politikbegriff vervollständigende Element hinzu.

Literatur

Allen, R.W./Madison, D.L./Porter, L.W./Renwick, P.A./ Mayes, B.T.: Organizational Politics. Tactics and Characteristics of its Actors. In: California Management Review 22. Jg (1979), S. 77 - 83

Bacharach, S.B./Lawler, E.J.: Power and Politics in Organizations. San Francisco u.a. 1980

Bosetzky, H.: Machiavellismus, Machtkumulation und Mikropolitik. In: Zeitschrift für Organisation 46. Jg (1977), S. 121 - 125

Burns, T.: Micropolitics: Mechanisms of Institutional Change. In: Administrative Science Quarterly 6. Jg (1961), S. 257 - 281

Cartwright, D.: Influence, Leadership, Control. In: March, J.G. (Hrsg.): Handbook of Organization. Chicago 1965

Cobb, A.T.: Political Diagnosis: Applications in Organizational Development. In: Academy of Management Review 11. Jg (1986), S. 482 - 496

Cobb, A.T./Margulies, N.: Organization Development: A Political Perspective. In: Academy of Management Review 6. Jg (1981), S. 49 - 59

Cohen, M.D./March, J.G./Olsen, J.P.: A Garbage Can Model of Organizational Choice. In: Administrative Science Quarterly, 17. Jg (1972), S. 1 - 25

Crozier, M./Friedberg, E.: Macht und Organisation. Königstein 1979

Cyert, R.M./March, J.G.: A Behavioral Theory of the Firm. Englewood Cliffs 1963

Dlugos, G.: Unternehmungspolitik als betriebswirtschaftlich-politologische Teildisziplin. In: Wild, J. (Hrsg.): Unternehmungsführung. Berlin 1974, S. 39 - 73

Dlugos, G.: Von der Betriebswirtschaftspolitik zur betriebswirtschaftlich-politologischen Unternehmungspolitik. In: Geist, M.N./Köhler, R. (Hrsg.): Die Führung des Betriebes. Stuttgart 1981, S. 53 - 70

Dlugos, G.: Die Lehre von der Unternehmungspolitik - eine vergleichende Analyse der Konzeptionen. In: Die Betriebswirtschaft 44. Jg (1984), S. 287 - 305

Dlugos, G.: Unternehmungspolitik als Führungsaufgabe. In: Kieser, A./Reber, G./Wunderer, R. (Hrsg.): Handwörterbuch der Führung. Stuttgart 1987, Sp. 1985 - 1994

Dorow, W.: Unternehmungspolitik. Stuttgart u.a. 1982

Easton, D.: A Framework for Political Analysis. Englewood Cliffs 1965

Edelman, M.: Politics as Symbolic Action. New York u.a. 1971

Emerson, R.M.: Power-Dependence Relations. In: American Sociological Review 27. Jg (1962), S. 31 - 41

Falbo, T.: Multidimensional Scaling of Power Strategies. In: Journal of Personality and Social Psychology 35. Jg (1977), S. 537 - 547

Farell, D./Peterson, J.C.: Patterns of Political Behavior in Organizations. In: Academy of Management Review 7. Jg (1982), S. 403 - 412

Freeman, R.E.: Strategic Management. A Stakeholder Approach. Boston 1984

Frey, F.W.: Comment: On Issues and Nonissues in the Study of Power. In: American Political Science Review 65. Jg (1971), S. 1081 - 1101

Frost, P.J./Hayes, D.C.: An Exploration in Two Cultures of a Model of Political Behavior in Organizations. In: Allen, R.W./Porter, L.M. (Hrsg.): Organizational Influence Processes. Glenview u.a. 1983, S. 369 - 392

Habermas, J.: Theorie des kommunikativen Handelns. 2 Bde. Frankfurt 1981

Hackman, J.R.: Nature of the Task as Determiner of Job Behavior. In: Personnel Psychology 22. Jg 1969, S. 435 - 444

Hackman, J.R./Oldham, G.R.: Work Redesign. Reading, Mass. 1980

Heinen, E.: Zum betriebswirtschaftlichen Politikbegriff - Das Begriffsverständnis der entscheidungsorientierten Betriebswirtschaftslehre. In: Geist, M.N./ Köhler, R. (Hrsg.): Die Führung des Betriebes. Stuttgart 1981, S. 43 - 51

Heinen, E.: Betriebswirtschaftliche Führungslehre. Wiesbaden 1984 (2. Aufl.)

Heinen, E., (Hrsg.): Unternehmenskultur. München/Wien 1987

Heinen, E./Dill, P.: Unternehmenskultur - Überlegungen aus betriebswirtschaftlicher Sicht. In: Zeitschrift für Betriebswirtschaft 56. Jg (1986), S. 202 - 218

Herzberg, F.: Work and the Nature of Man. Cleveland 1966

Hinterhuber, H.H.: Strategische Unternehmensführung. Berlin/New York 1984 (3. Aufl.)

Kakabadse, A./Parker, Ch.: Towards a Theory of Political Behavior in Organizations. In: Kakabadse, A./Parker, Ch. (Hrsg.): Power, Politics, and Organizations. Chichester u.a. 1984, S. 87 - 108

Kasper, H.: Organisationskultur. Über den Stand der Forschung. Wien 1987
Kieser, A./ Kubicek, H.: Organisationstheorien Bd. 1. Stuttgart 1978
Kieser, A./ Kubicek, H.: Organisation. Berlin und New York 1983 (2. Aufl.)
Kipnis, D.: The Powerholders. Chicago/London 1976
Kirsch, W.: Die Unternehmensziele in organisationstheoretischer Sicht (Kirsch, 1981b). In: Kirsch, W. (Hrsg.): Unternehmenspolitik: Von der Zielforschung zum strategischen Management (Kirsch, 1981a). München 1981, S. 63 - 81
Kirsch, W.: Betriebswirtschaftspolitik und geplanter Wandel betriebswirtschaftlicher Systeme (Kirsch, 1981c). In: Kirsch, W. (Hrsg.): Unternehmenspolitik: Von der Zielforschung zum strategischen Management (Kirsch, 1981a). München 1981, S. 121 - 152
Kirsch, W.: Politik in der Unternehmung: Autoritative Beeinflussung der Allokation von Anreizen und Belastungen (Kirsch, 1981d). In: Kirsch, W. (Hrsg.): Unternehmenspolitik: Von der Zielforschung zum strategischen Management (Kirsch, 1981a). München 1981, S. 397 - 440
Kirsch, W./Esser, W.M./ Gabele, E.: Das Management des geplanten Wandels von Organisationen. Stuttgart 1979
Kühn, R.: Entscheidungsmethodik und Unternehmungspolitik. Bern und Stuttgart 1978
Kuhn, T.S.: Die Struktur wissenschaftlicher Revolutionen. Fankfurt 1979
Küpper, W./Ortmann, G.: Mikropolitik in Organisationen. In: Die Betriebswirtschaft 46. Jg (1986), S. 590 - 602
Lawler, E.J./Bacharach, S.B.: Political Action and Alignment in Organizations. In: Bacharach, S.B., (Hrsg.): Research in the Sociology of Organizations, Vol. 2. Greenwich Conn. 1983, S. 83 - 107
Lenk, K./Franke, B.: Theorie der Politik. Eine Einführung. Frankfurt/New York 1987
Lukes, S.: Power: A Radical View. London 1974
Machiavelli, N.: Der Fürst. Stuttgart 1961
Madison, D.L./Allen, R.W./Porter, L.W./Renwick, P.A./Mayes, B.T.: Organizational Politics: An Exploration of Managers' Perceptions. In: Human Relations 33. Jg (1980), S. 79 - 100
March, J.G.: The Business Firm as a Political Coalition. In: The Journal of Politics 24. Jg (1962), S. 662 - 678
Margulies, N./Raia, T.: The Politics of Organization Development. In: Training and Development Journal 38. Jg (1984), S. 20 - 23
Massing, P.: Interessen. In: Nohlen, D./Schultze, R.O.: Politikwissenschaft. Theorien - Methoden - Begriffe. Bd. 1. München/Zürich 1985, S. 384 - 387
Mayes, B.T./Allen, R.W.: Toward a Definition of Organizational Politics. In: Academy of Management Review 2. Jg (1977), S. 672 - 678
Mellerowicz, K.: Unternehmenspolitik. Bd. I. Freiburg 1976 (3. Aufl.)
Mintzberg, H.: Power In and Around Organizations. Englewood Cliffs 1983
Mittelstraß, J.: Über Interessen. In: Mittelstraß, J. (Hrsg.): Methodologische Probleme einer normativ-kritischen Gesellschaftstheorie. Frankfurt 1975, S. 126 - 159
Münsterberg, H.: Grundzüge der Psychotechnik, Leipzig 1914
Narayanan, V.K., Fahey, L.: The Micro-Politics of Strategy Formulation. In: Academy of Management Review 7. Jg (1982), S. 25 - 34

Ortmann, G.: Mikropolitik im Entscheidungskorridor. In: Zeitschrift für Organisation 56. Jg (1986), S. 369 - 374

Pfeffer, J.: Power in Organizations. Boston u.a. 1981

Pfeffer, J.: Organizations and Organization Theory. Boston u.a. 1982

Porter, L.W./Allen, R.W./Angle, H.L.: The Politics of Upward Influence in Organizations. In: Cummings, L.L., Staw, B.L. (Hrsg.): Research in Organizational Behavior. Vol. 3. Greenwich 1981, S. 109 - 149

Reber, G.: Vorwort des Herausgebers. In: Reber, G. (Hrsg.): Macht in Organisationen. Wien 1980, S. V - X

Remer, A.: Instrumente unternehmenspolitischer Steuerung. Berlin/New York 1982

Rühli, E.: Beiträge zur Unternehmungsführung und Unternehmungspolitik. Bern/Stuttgart 1971

Sandig, C.: Betriebswirtschaftspolitik. Stuttgart 1966 (2. Aufl.)

Sandner, K.: Ressourcen, Relation und Dependenz. Ansätze zur Erklärung der Macht im Unternehmen. In: management forum 6. Jg. (1986), S. 283 - 297

Sandner, K.: Strukturen der Führung von Mitarbeitern. Steuerung und Kontrolle beruflicher Arbeit. In: Hofmann, M./Rosenstiel, L.v. (Hrsg.): Funktionale Managementlehre. Heidelberg/New York 1988, S. 38 - 58 (1988a)

Sandner, K.: "... von Mythen und Märchen, Kulturpflege und Sinn-Management" - Organisationskultur als Gegenstand der Organisationsforschung. In: Die Betriebswirtschaft 48. Jg (1988), in Druck (1988b)

Scott, W.G./Mitchell, T.R./Peery, N.S.: Organizational Governance. In: Nystrom, P.C./Starbuck, W.H. (Hrsg.): Handbook of Organizational Design. Vol. 2. London u.a. 1981, S. 135 - 151

Sellin, V.: Politik. In: Brunner, O. (Hrsg.): Geschichtliche Grundbegriffe. Historisches Lexikon zur politisch - sozialen Sprache Deutschlands. Stuttgart 1978, S. 789 - 874

Simon, H.: Notes on the Observation and Measurement of Political Power. In: The Journal of Politics 15. Jg (1953), S. 500 - 516

Stadler, K.: Innovative Unternehmungspolitik. Diessenhofen 1978

Steinmann, H. (Hrsg.): Betriebswirtschaftslehre als normative Handlungswissenschaft. Wiesbaden 1978

Steinmann, H.: Zum Element des Politischen in der Unternehmung. In: Bühler, W./Hofmann, M./Malinsky, A.H./Reber, G./Pernsteiner, A.W. (Hrsg.): Die ganzheitlich-verstehende Betrachtung der sozialen Leistungsordnung. Wien/New York 1985, S. 223 - 242

Stevenson, W.B./Pearce, J.L./Porter, L.W.: The Concept of "Coalition" in Organizational Theory and Research. In: Academy of Management Review 10. Jg (1985), S. 256 - 268

Ulrich, H.: Unternehmungspolitik. Bern/Stuttgart 1978

Ulrich, H.: Unternehmungspolitik - Instrument und Philosophie ganzheitlicher Unternehmensführung. In: Die Unternehmung 34. Jg (1985), S. 389 - 405

Ulrich, P.: Die Großunternehmung als quasi-öffentliche Institution. Stuttgart 1977

Ulrich, P.: Dialog und unternehmenspolitische Vernunft. In: Gottlieb-Duttweiler-Institut (Hrsg.): Entscheidung auf neuen Wegen. Rüschlikon/Zürich 1981, S. 85 - 129

Ulrich, P.: Transformation der ökonomischen Vernunft. Bern/Stuttgart 1986

Vogler, G.: Instrumentelle Aspekte der Betriebswirtschaftspolitik. In: Geist, M.N./Köhler, R. (Hrsg.): Die Führung des Betriebes. Stuttgart, 1981, S. 71 - 90
Weber, M.: Wirtschaft und Gesellschaft. Tübingen 1972 (5. Aufl.)
Wondracek, J.: Die Verkürzung der politischen Fragestellung in unternehmensbezogenen Forschungsansätzen. Berlin 1987

Dieser Beitrag ist Teil des vom Fonds zur Förderung der wissenschaftlichen Forschung, Wien, unterstützten Projekts J 0001.

Kommunikation und Interaktion

Handlungstheoretische Grundlegung politischer Prozesse dargestellt am Begriff der Macht

Peter Stockinger

1 Problemstellung

Es gibt verschiedene Möglichkeiten, sich dem Verständnis von Phänomenen wie "Politik", "Herrschaft", "Macht" oder "Interesse" sowie deren strukturellen und funktionalen Zusammenhängen anzunähern. Das derzeit dominante Forschungsparadigma verbindet in sog. "interdisziplinärer" Weise sozialhistorische, soziologische, psychologische und politologische Ansätze. Auffallend dabei ist jedoch das eigenartige Nebeneinander von sowohl beschreibenden, erklärenden und selbst normativen (moralischen oder ideologischen) Begriffen als auch von theoretischen und praktischen (operationellen) Erkenntnisinteressen. Dies stellt eine Schwäche dieses Paradigmas dar, welche sich vor allem auf zwei Ursachen zurückführen läßt: Erstens auf eine methodologisch nicht immer einsichtige Verwebung und Vermischung von Begriffen und Problembereichen, die unterschiedlichen Bereichen der Sozial- und Humanwissenschaften angehören; zweitens auf die Verwendung von Begriffen, deren Bedeutungen bzw. Definitionen mitunter ziemlich unklar bleiben. Der große empirische Aufwand dieses Paradigmas rechtfertigt weder den gewählten wissenschaftlichen Stil noch die sogenannten wissenschaftlichen Erklärungen, die man zu gewinnen vermeint.

Das Verständnis eines bestimmten Phänomens sowie seine operationale Verarbeitung setzt eine Erklärung desselben voraus; die Beschreibung eines Phänomens ist aber nur interessant in bezug auf eine ihr zugrunde liegende Hypothese (Poblemstellung), die man überprüfen möchte. Eine solche Überprüfung (Beschreibung - Erklärung - Anwendung) schließlich kann nur mit Hilfe von gut definierten Begriffen und begrifflichen Modellen geleistet werden. Die diesbezüglichen Schwächen der traditionellen Betriebswirtschaftslehre im Zusammenhang mit "Unternehmenspolitik" bzw. politischen Phänomenen in Unternehmen sind nicht zu übersehen. Es ist daher notwendig, in einem ersten Schritt die zentralen Elemente politischer Prozesse bzw. politischen Handelns, d.h. vor allem Kommunikation und Interaktion, theoretisch und methodologisch zu klären, bevor sie weiterhin auf geringem Reflexionsniveau im Rahmen traditioneller betriebswirtschaftlicher Diskussionen über politische Phänomene in Unternehmen Verwendung finden. Die Begriffsklärung erfolgt vor dem Hintergrund der strukturalen Organisationstheorie an Hand eines Kernelements jeder politischen Theorie, dem Konzept der Macht.

Diese Überlegungen führen zum handlungstheoretischen Forschungsparadigma (von Wright, 1963), wie es in der Pragmatik, in der Semiotik (Greimas, 1976) und schließlich auch in der Kommunikations- und Systemtheorie (Varela, 1979) sukzessive erarbeitet wird. Der Ausgangspunkt handlungstheoretischer Ansätze ist in der neokantianischen und phänomenologischen Soziologie (Schütz/Luckmann, 1984) zu suchen, aber es sind gerade die vorhin genannten Forschungsdisziplinen, welche die Handlungstheorie erheblich weiterentwickelt und für empirische Fragestellungen fruchtbar gemacht haben.

2 Allgemeine Überlegungen zu einem prototypischen Handlungsmodell

Kommunikation - als eine der Voraussetzungen politischer Prozesse - kann, ebenso wie Interaktion, als ein Handlungsprozeß betrachtet werden, der zwischen zwei oder mehreren Subjekten bzw. Akteuren abläuft, besonderen "Spielregeln" folgt und der Lösung bzw. Befriedigung von bestimmten Zielen gerecht zu werden versucht.

In einem handlungstheoretisch fundierten Forschungsparadigma werden soziale Formationen und Verhaltensweisen als Produkte von sprachlichen und nichtsprachlichen, einfachen und komplexen, kooperativen und konflikthaften, standardisierten und nicht-standardisierten etc. Handlungen betrachtet.

Der operationelle Wert dieser Annahme hängt von der sukzessiven Erhellung folgender Fragestellungen ab:
- wie läßt sich der Begriff "Handlung" definieren?,
- was sind charakteristische Eigenschaften einer Handlung?,
- wie kann man ein einfaches Handlungsmodell in komplexere verwandeln, um empirisch relevante Einsichten in solche Phänomene zu erhalten, mit denen sich der vorliegende Sammelband beschäftigt?

Ohne hier auf handlungslogische Begriffs- und Regeldefinitionen einzugehen, läßt sich der invariante Teil einer prototypischen Handlungssituation wie folgt charakterisieren: Eine Handlung besteht aus

- einer dynamischen (prozeßhaften) Beziehung zwischen zwei Subjekten, wobei das eine die Rolle der *Handlungsquelle* und das andere die des *Handlungszieles* übernimmt;
- einer (zumindest potentiellen) Kontrolle der dynamischen Beziehung durch die Handlungsquelle;
- einem *Objekt* oder *Thema*, das die dynamische Beziehung zwischen den beiden Subjekten identifiziert;
- *Handlungsregeln*, die der dynamischen Beziehung eine besondere Form verleihen;
- einem *raumzeitlichen Dispositiv*, in dem sich die dynamische Beziehung entwickelt.

Zu diesen fünf strukturellen Bestimmungen kommt noch eine sechste, die den funktionellen Wert einer Handlung festlegt:

- eine Handlung kann als ein isolierter Akt zwischen zwei Subjekten betrachtet werden oder als ein Akt, der ein besonderes Stadium, eine besondere Etappe in einem übergreifenden Handlungsschema bestimmt.

Die sechs Komponenten, die in einer prototypischen Handlungssituation auftreten, lassen sich durch folgendes Graphenmodell abbilden:

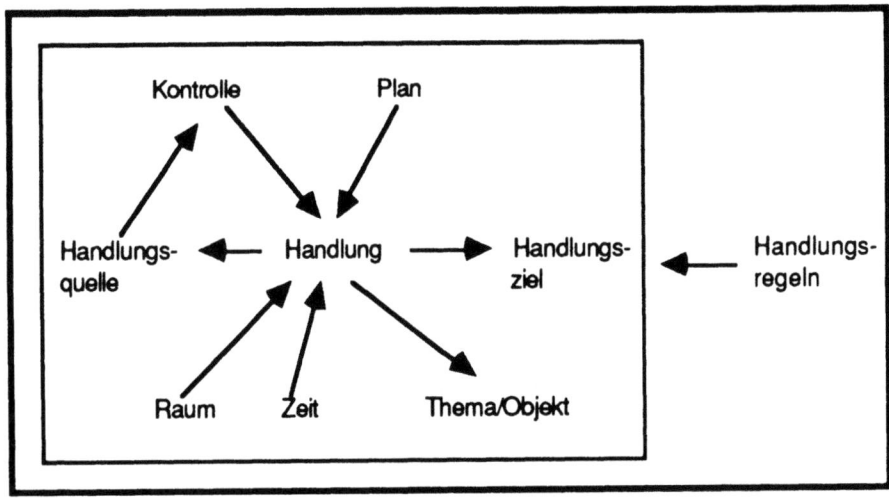

Abb. 1: Komponeten einer Handlungssituation

Es handelt sich hier um ein vereinfachtes Graphenmodell (Sowa, 1984), da die Bedeutung der verschiedenen Pfeile nicht bestimmt wurde. Eine solche Bestimmung wäre etwa dann notwendig, wenn man sich mit Forschungen zur künstlichen Intelligenz (z.B. automatische Simulierung von Handlungsabläufen, Entscheidungsplanung oder Textverarbeitung) beschäftigte; für unsere allgemeinen Ausführungen ist sie aber vernachlässigbar.

Wichtig ist jedoch der Umstand, daß das Graphenmodell ein *rein begriffliches, formales Modell* ist, das verschiedenste Ausformungen annehmen kann. Damit wird es zum strukturierenden Systemprinzip für eine große Mannigfaltigkeit von konkreten Handlungssituationen. Versuchen wir daher, nicht nur den deskriptiven, sondern auch den operationellen Wert dieses Modells näher zu erfassen.

Verstanden als ein rein begriffliches Modell ist das Modell der prototypischen Handlungssituation von seinen manifesten Handlungserscheinungen unabhängig, d.h. daß es z.B. sowohl sprachliche als auch nicht-sprachliche Handlungen repräsentieren kann. Dies ist etwa für die Arbeiten über die industrielle Kommunikation und über die menschlichen Ressourcen eines Unternehmens von nicht zu unterschätzender

Bedeutung, da die Verwendung von ein- und demselben begrifflichen Apparat eine relativ hohe deskriptive Homogenität erlaubt, und somit auch leichter operationalisierbar ist.

Gewöhnlich orientieren sich die Arbeiten über menschliche Ressourcen eines Unternehmens und die sich daraus ergebenden Formen von Management einerseits am Gegensatz: Sprachliche Kommunikation versus nicht-sprachlicher Kommunikationskontext, andererseits an der Unterscheidung: Individuum/Gruppe/Unternehmen (Organisation) versus Umwelt. Die Schwäche einer solchen Betrachtungsweise liegt nun darin, daß sie ein Gemisch verschiedenster Disziplinen und Theorien darstellt, die - mangels einheitlicher begrifflicher Modelle - unmöglich in einer überprüfbaren Weise miteinander zu verbinden sind. Das führt dann dazu, daß als solche nicht-definierte Begriffe wie "Rolle", "Organisation", "Akteur", "Macht" etc. manchmal in einem psychologischen, manchmal in einem soziologischen, manchmal wieder in einem hybriden "managerialen" Sinn gebraucht werden.

Das Phänomen der "Macht" im Rahmen politischer Prozesse in Organisationen etwa, so wie es in den organisationstheoretischen Arbeiten gebraucht wird, verweist manchmal auf die Kategorie der *Handlungsregeln*, manchmal auf die der *Kontrolle*. Ohne hier allzusehr den weiteren Ausführungen vorgreifen zu wollen, ist es wichtig, auf den qualitativen Unterschied hinzuweisen, der durch die spezifische Zuordnung dieses Phänomens zu den beiden Kategorien auftritt. "Macht" als besondere Modalität von Handlungsregeln setzt einen konventionellen Handlungshintergrund voraus, der eine besondere Gleichgewichtsfunktion besitzt, durch die Interaktion und Kommunikation zwischen individuellen und kollektiven Akteuren geregelt werden. Ein konventioneller Handlungshintergrund ist nichts anderes als die tatsächliche oder bloß angenommene Basis gemeinsamer Werte (d.h. eine gemeinsame Kultur), die gezwungenermaßen eine Struktur bzw. eine Organisation (im abstrakten Sinn) besitzt, deren Aufgabe darin besteht, Position und Funktion von Handlungsrollen zu bestimmen, ihnen bestimmte Rechte und Pflichten, Kompetenzen und Freiheiten etc. einzuräumen.

Wie schon der Begriff "Konvention" nahelegt, ist eine solche Basis gemeinsamer Werte prinzipiell immer (wenn auch de facto seltener) aushandelbar, d.h. Resultat intersubjektiver Kompromisse in Hinblick auf die Befriedigung von Bedürfnissen, die ohne konzertierte Handlungen, ohne Kooperationen nicht möglich wäre. Nichtsdestoweniger bedeutet die Veränderung einer solchen gemeinsamen Basis nichts anderes als eine Veränderung des konstitutiven Rahmens, etwa eines Unternehmens. Hingegen fällt "Macht" als besondere Modalität der Kategorie *Kontrolle* in den besonderen Kompetenzbereich der Handlungsquelle (z.B. des Individuums, der Gruppe, der Abteilung, der Unternehmenshierarchie), die gegenüber dem Handlungsziel ihre Intentionen, Bedürfnisse oder Wünsche durchzusetzen versucht. Hier handelt es sich um eine besondere Handlungsdimension, die keineswegs mit der Kategorie der Handlungsregeln ident ist: Sie kann wohl mit letzteren konform sein, sich auf letztere beziehen und sich im extremen Fall sogar für diese ausgeben, aber sie ist *logisch* mit diesen nicht gleichsetzbar. Es ist nun möglich, daß ein Akteur auf Grund seines Status und seiner ihm zur Verfügung stehenden Ressourcen (materieller oder symbolischer Natur) seinen Willen einem anderen Akteur aufzwingen kann, und daß dieser Akt konstitutiv für die weiteren Interaktionsmodalitäten zwischen den beiden Akteuren wird: Tritt dieser bereits von Rousseau (Rousseau, 1966) behandelte Fall ein, dann verändert sich der Status der Macht als besondere Handlungskontrolle zu einem Wertprinzip mit dem Status einer konstitutiven Handlungsregel. Die Geschichte des Vertragsrechts, das im Prinzip auf dem Konsens zweier autonomer Willensinstanzen beruht, ist für diesen Prozeß ein gutes Beispiel.

Um das Interesse eines begrifflich vereinheitlichten Handlungsansatzes für die Beschreibung (und Erklärung) politischer Prozesse in menschlichen, d.h. sozialen und kulturellen Organisationen darlegen zu können, werden im dritten Kapitel die verschiedenen Komponenten einer prototypischen Handlungssituation besprochen werden.

Die einzelnen Komponenten, durch die sich eine prototypische Handlungssituation zusammensetzt, sind allgemeine Bezeichnungen von *Typen*, die sich intern erheblich differenzieren und selbst wieder Einheiten bilden, mittels derer Logik, Aussehen und Ablauf eines Handlungsschemas bestimmt weden können.

Wichtig ist jedoch die Tatsache, daß die verschiedenen Komponenten zusammen eine *Ganzheit*, eine - wie man in der Psychologie sagt - *Gestalt* bilden, die eine *intern* geregelte Organisation, eine Art von begrifflicher "Grammatik" besitzen. In anderen Worten: Die Bedeutung einer Komponente kann nur in Hinblick auf *ihren* Platz und auf *ihre* Funktion, die sie gegenüber den anderen Komponenten besitzt, bestimmt werden. Es handelt sich hierbei nicht nur um ein methodologisches, sondern auch um ein deskriptives und explikatives Prinzip; d.h. je genauer das Zusammenspiel zwischen einer beliebigen Komponente und den übrigen Komponenten erfaßt werden kann, desto höher (desto "realistischer") ist der dekriptive (und explikative) Wert einer Untersuchung von politischen Prozessen in Organisationen.

Dazu ein Beispiel: Wie schon festgestellt wurde, kann das Interaktionsphänomen "Macht" u.a. als eine *Kontrollbeziehung* aufgefaßt werden. Die Beschreibung einer solchen Kontrollbeziehung muß notwendigerweise die spezifischen Positionen von Handlungsquelle und Handlungsziel sowie ihre Beziehungen zueinander berücksichtigen. Eine besondere Form von "Macht" wird also durch die Gestalt: "Handlungsquelle + Kontrolle *versus* Handlungsziel" ausgebildet. Als solche sagt aber diese Beschreibung noch kaum etwas über konkretere, d.h. reale Machtverhältnisse, wie man sie sowohl im alltäglichen Leben als auch in sozialen Organisationen beobachten kann, aus.

Es gibt nun zwei Möglichkeiten, dieselbe Beschreibung zu einem interessanten und zweckdienlichen Erkenntnisinstrument auszuarbeiten:
a) durch sukzessive Einführung weiterer Komponenten, die eine prototypische Handlungssituation bestimmen;
b) durch die Erarbeitung und Einführung von Typologien, durch welche die verschiedenen Komponenten begrifflich näher erfaßt werden können.

Man kann in diesem Sinn die obige "minimale" Definition einer besonderen Form von "Macht" durch die beiden Komponenten *Handlung* und *Plan* erweitern. Wenn man nun annimmt, daß die Komponente Handlung typologisch u.a. etwa in technische, kognitive, emotionelle etc. Handlungskategorien unterteilt werden kann, die selbst wieder besonderen Planstrukturen folgen, dann kann man bereits zwischen verschiedenen Typen von "Macht" im Sinne einer Kontrollbeziehung unterscheiden: technische Macht in Form etwa eines Expertenwissens; kognitive Macht etwa in Form von Manipulationsstrategien; emotionelle Macht etwa in Form von Lust- oder Angststrategien usw. Berücksichtigt man weiters, daß Planstrukturen den verschiedenen Handlungen eines beonderen Typs eine *spezifische Funktion* in der Erfüllung eines angestrebten Endzustands zuweisen, dann ist man wiederum in der Lage, spezifische Aspekte von "Macht" als Kontrollbeziehung herauszuarbeiten: Ausgehend davon, daß technische Handlungen mehreren großen Zyklen wie "Fabrikation" - "Akquisition" - "Konsumation" - "Transport" zuteilbar sind, lassen sich besondere *relevante Bereiche* von technischer Macht in Form von Expertenwissen herausarbeiten, die nicht unbedingt untereinander kompatibel sein müssen und daher auch nur beschränkt generalisierbare Ressourcen für einen Akteur bei der Durchsetzung seiner Ziele der Umwelt oder anderen Akteuren gegenüber darstellen.

Durch die Einführung der Komponenten *Raum* und *Zeit* erhält man wieder Kriterien, durch welche die verschiedenen Formen von Macht als Kontrollbeziehung sozusagen "geographisch" und "historisch" beschreibbar werden. In einer ersten Annäherung läßt sich ein Unternehmen als eine besondere topographische Struktur beschreiben, die sowohl eine interne Ordnung als auch gegenüber der für seine Handlungen und Zielbefriedigungen relevanten Umwelt sicht- und/oder benennbare Grenzen besitzt. So gibt es etwa in den meisten größeren Unternehmen Produktions- und Werkstätten, Lagerhallen, Verkaufs- und Verwaltungsabteilungen etc., die - wie schon aus ihren spezifischen Bezeichnungen zu entnehmen ist - einerseits Akteure mit besonderen Kompetenzen bzw. Rollen und andererseits ein Minimum an "Organisation" - an geregeltem Zusammenspiel - voraussetzen. Interessant in Hinblick auf die besondere Form von "Machtverhältnissen" im Sinne einer Kontrollbeziehung ist nun, daß jeder "Platz" im Unternehmen sowie zwischen dem Unternehmen und seiner Umwelt einem Akteur mit seinem ihm eigenen beruflichen oder allgemeinen Habitus (Bourdieu, 1979) mehr oder weniger gute Erfolgschancen zur Befriedigung seiner Interessen offenläßt. In anderen Worten und sehr einfach ausgedrückt: Es genügt nicht, zum Beispiel, eine technische Macht in Form eines Expertenwissens zu besitzen - sie muß, um sich durchsetzen zu können, an den "Orten" eingesetzt werden, die für sie "sensibel", d.h. empfänglich sind.

Nimmt man schließlich noch die Komponente der Handlungsregeln hinzu, die den Hintergrund, die "Kultur", die "Konventionen" beschreiben, auf die sich Handlungen und Interaktionen beziehen, so wird es schließlich möglich, das Problem der *Legitimierung* und der *Legitimität* (Ahonen, 1988) von Macht als Kontrollbeziehung zu behandeln. Die Handlungsregeln stellen die (spezifischen oder allgemeinen, institutionalisierten oder nicht-institutionalisierten) Bedingungen und Werte dar, die der Handlung einen konstitutiven Erfahrungsrahmen emotioneller, ästhetischer, ethischmoralischer, pragmatischer und epistemischer (doxastischer) Natur verleihen. In Beziehung gesetzt zu einem solchen konstitutiven Rahmen kann etwa die technische Macht in Form von Expertenwissen emotionell, ästhetisch oder pragmatisch evaluiert, d.h. verstanden und beurteilt werden. Das bedeutet, daß Glaubwürdigkeit, Angemessenheit, Autorität etc. von technischer Macht als Expertenwissen abhängig ist vom Habitus, der eine besondere (berufliche, soziale, ...) Lebenswelt strukturiert.

Das gerade angeführte Beispiel, das zeigen sollte, wie man mit Hilfe der Bestimmung von Position und Funktion der einzelnen Komponenten, die eine prototypische Handlungssituation ausgestalten, zu einer immer "konkreteren" bzw. "realistischeren" Beschreibung von Phänomenen wie dem der Macht gelangt, kann als Beispiel für einen *systemischen* bzw. *strukturalen* Ansatz betrachtet werden. Der zu diesem komplementäre *strategische* Ansatz (Crozier/Friedberg, 1977) geht vom *Akteur* aus, von dessen Handlungskompetenzen und Zielorientierung sowie von der besonderen Position des Akteurs in einer Organisation wirtschaftlicher, sozialer oder allgemein kultureller Natur. Theoretisch läßt sich der Akteur durch eine oder mehrere Handlungsrollen charakterisieren, die intern mehr oder weniger *strukturiert* (d.h. mehr oder weniger operationalisiert), gewichtet (d.h. einer Wertungs- oder Präferenzskala unterworfen) und *organisiert* (d.h. in einem mehr oder weniger stabilen Gleichgewicht eingebettet) sind. In diesem Sinn kann ein Akteur kollektiver oder individueller Natur als eine *Mikro-Organisation* verstanden werden, die sich in einer sie umgebenden *Makro-Organisation* behaupten muß. "Behaupten" heißt hier, sich sowohl *adaptiv* als auch *selbst-referentiell* verhalten: Adaptiv, um der Struktur und Funktion der Makro-Organisation gerecht zu werden; selbst-referentiell wieder, um der eigenen Struktur und Funktion, um den eigenen Verhaltensdispositiva gerecht zu werden. Akteur und (ökologische, soziale, kulturelle, ...) Organisation sind zwei *autonome Systeme*, die interagieren in Hinblick auf die Befriedigung von Bedürfnissen, die für beide Systeme von Relevanz sind. Die Interaktion selbst verläuft im Sinne eines *Spiels*, d.h. im Sinne einer (sozialen) Grammatik, die für die beiden Spielpartner verbindliche Regeln (Konventionen) setzt, durch die sowohl die Art des Spiels als auch die Form seiner möglichen Verläufe festgesetzt und daher sanktionierbar werden. Es handelt sich hier jedoch nicht um eine Art von Prädeterminismus, durch den jeder Akt und jede Entscheidung der beiden Spielpartner vorhersehbar würde. Das besondere an Spielregeln - wie an allen Konventionen sprachlicher oder nicht-sprachlicher Natur - besteht darin, daß sie einen bestimmten Bereich von interaktiver (intersubjektiver) Wirklichkeit *regulieren* (d.h. konventionalisieren) und so ebenfalls (institutionalisierte oder nicht-institutionalisierte) *normative* Regeln schaffen, die nicht nur positive oder negative Verpflichtungen ausdrücken, sondern auch Freiheitsräume für die Spieler, fakultative oder kontingente Handlungs- und Verhaltensformen eröffnen. Weiters darf nicht vergessen werden, daß die Regeln eines Spiels Konventionen und daher an sich immer Objekt von *Verhandlungen* und *Entscheidungen* zwischen zwei oder mehreren Akteuren sind. Das bedeutet, daß Akteure prinzipiell immer ein Spiel und die von ihm festgelegten

Interaktionsmodalitäten verändern können. Das ganze Problem besteht nun darin, feststellen zu können:

a) wie nutzen die Spieler die von einem Spiel (d.h. von einer Interaktionswirklichkeit) eröffneten Freiheitsräume aus, um - ohne gegen positive oder negative Vorschriften zu verstoßen - ihre Zielvorstellungen verwirklichen zu können?

b) wie und unter welchen Bedingungen versuchen interagierende Akteure (bzw. ein Akteur, der mit einer Organisation interagiert) Spielregeln dergestalt zu verändern, daß ein neues Spiel (d.h. eine neue Interaktionswirklichkeit) die intersubjektiven Beziehungen zwischen zwei oder mehreren Akteuren bzw. zwischen einem Akteur und einer Organisation bestimmt?

Das Schwierige an der Lösung dieser beiden Fragen besteht in der *Autonomie* der interagierenden Systeme (Akteur/Akteur, Akteur/Organisation, Organisation/Umwelt, ...), d.h. in der Tatsache, daß jedes System seine interne Struktur besitzt, die mehr oder weniger resistent gegenüber äußeren Einflüssen ist. Einer der zentralen Faktoren, der zu dieser Resistenz beiträgt, ist zweifelsohne der, daß Handeln und Verhalten eines kollektiven oder individuellen Akteurs nur in sehr seltenen und als solchen atypischen Fällen auf eine Handlungsrolle reduziert werden könnnen. Normalerweise verfügt ein Akteur über mehrere Handlungsrollen und *daher auch* über verschiedene Arten von Handlungskompetenzen, Handlungsmotiven und Handlungswerten. Selbst im Unternehmen ist ein Techniker nicht nur ein Techniker, ein Vorarbeiter nicht nur ein Vorarbeiter etc. Neben seinen beruflichen und/oder fachlichen Qualifikationen setzt der Akteur in seinen Interaktionen mit der organisationsinternen sowie organisationsexternen Umwelt alle die Aspekte seiner Persönlichkeit, seiner Identität ein, die es ihm ermöglichen, entweder seine oder solche Zielvorstellungen zu verwirklichen, die mit seinen kompatibel sind.

Um jedoch diese und ähnliche Überlegungen zur Interaktion und Kommunikation zwischen zwei oder mehreren autonomen Systemen operationaler und empirisch interessanter gestalten zu können, ist der erwähnte systemische oder strukturale Ansatz von zentraler Bedeutung, da er sowohl die Komponenten und Strukturen von "sozialen Grammatiken", die den verschiedenen Handlungssituationen zugrundeliegen, herausarbeitet, als auch Typologien von solchen Komponenten und Strukturen anzubieten versucht.

Erst die Kenntnis von Aufbau und Entfaltung typischer Handlungskomponenten ermöglicht es, gesicherte und weniger intuitive Aussagen über strategische Verhaltensformen in Interaktonen zu machen. Dies ist der Grund, warum nun im einzelnen die verschiedenen Komponenten, die eine prototypische Handlungssituation abbilden, besprochen werden.

3 Beschreibung der zentralen Handlungskomponenten

3.1 Die Komponenten "Handlungsquelle" und "Handlungsziel"

Handlungsquelle und *Handlungsziel* stehen für abstrakte Handlungssubjekte, die kollektiver oder individueller, konkreter oder abstrakter (z.B. "moralischer" im juridischen Sinne) Natur sein können.

Eine besonders interessante, wenn auch sehr komplexe Erscheinung ist hier die des kollektiven Akteurs (Stockinger, 1984), der ja nicht nur eine Summe von mehreren oder vielen individuellen Akteuren darstellt, sondern eine mehr oder weniger integrative und stabile Einheit von verschiedenen Handlungsfunktionen.

Der kollektive Akteur zeichnet sich in erster Linie durch einen *gemeinsamen Handlungshintergrund* aus, d.h. durch eine Basis gemeinsamer Werte, welche die Form von konstitutiven Regeln besitzen, durch die seine Organisation, Funktion sowie sein internes Gleichgewicht bestimmt werden. In diesem Sinn kann der kollektive Akteur mit dem empirischen Ausdruck "Gruppe" zusammenfallen, muß es aber nicht. Wie allgemein bekannt, können die Angestellten und Arbeiter einer Abteilung in einem Unternehmen in mehrere Interessengemeinschaften zerfallen, deren Existenz zumindest potentiell ein Koordinationsproblem für das Management aufwirft. In diesem Falle:

- repräsentieren die verschiedenen Interessengemeinschaften verschiedene kollektive Akteure, die sich untereinander durch divergierende Handlungshintergründe abgrenzen;
- repräsentiert die Abteilung des Unternehmens einen vorgegebenen, "idealen" kollektiven Akteur, dessen Handlungshintergrund sich in einen allgemeineren Hintergrund einschreibt, nämlich in den der "Kultur" oder der "Identität" des Unternehmens;
- verweist das "Koordinationsproblem" auf zwei zu unterscheidende Teilprobleme:
   a) auf die Divergenzen, die sich zwischen den einzelnen kollektiven Akteuren (Interessengemeinschaften) der Abteilung ergeben und deren Kompatibilität bzw. Inkompatibilität eine direkte Funktion der Relevanz (oder Gewichtung) von kollidierenden Handlungsregeln ist,
   b) auf die qualitative Differenz, die zwischen den konstitutiven Regeln und Werten des vorgegebenen, "idealen" Akteurs (der Abteilung als Teil des Unternehmens und seiner Identität) und denen besteht, die zwischen den einzelnen Interessengemeinschaften entweder zur Debatte stehen oder den konventionellen Handlungshintergrund bilden.

Neben der Bedeutung des Handlungshintergrundes (dargestellt, wie noch zu sehen sein wird, durch die Kategorie der *Handlungsregeln*) für die Bestimmung des kollektiven Akteurs ist noch die der *Handlungsrolle* hervorzuheben. Die Handlungsrolle stellt - in Beziehung gesetzt zu unserem Referenzmodell einer prototypischen Handlungssituation

– nichts anderes dar als die *Typisierung* einer spezifischen dynamischen Beziehung (eines Akts), die thematisch interpretiert wird (etwa: Verkäufer, Produzent, Vermittler) und pragmatischen sowie anderen Regeln unterworfen ist. Im einfachsten und sicher auch unproblematischsten Falle koinzidiert die Extension des kollektiven Akteurs mit der der Handlungsrolle.

Gewöhnlich umfaßt der kollektive Akteur mehr als eine Handlungsrolle, was bedeutet, daß er ein Organisationsfeld darstellt, durch das die Bedeutung, d.h. die Position und die Funktion von verschiedenen Rollen in bezug auf spezifische und allgemein relevante Systemprinzipien wie Selbstorganisation, Selbsterhaltung oder Selbstreferentialität festgelegt werden. Die Integration mehrerer Handlungsrollen zu einem kollektiven Akteur vollzieht sich zumindest unter zwei Gesichtspunkten:

a) interne Differenzierung einer Handlungsrolle (etwa: Unternehmensleitung ---> Produktionsleitung, Verkaufsleitung, Marketing);

b) Koordination von mehreren qualitativ unterschiedlichen Handlungsrollen (etwa: Verkauf ---> Verkauf & Service & Werbung & Public Relations & Marktforschung etc.).

Es handelt sich hier um zwei komplementäre Erscheinungen: Ihr Unterschied besteht hauptsächlich darin, daß im ersteren Fall die pragmatischen (technischen) Regeln, die Verlauf und Zielorientierung einer Handlungsrolle bestimmen, eine interne Ausgestaltung erfahren, während hingegen im zweiten Fall neben den rein pragmatischen Regeln eine *Wertaura* geschaffen wird, welche die schon öfters erwähnte Basis einer Unternehmenskultur bildet und sich in Identifikationsschemen wie "Standesbewußtsein", "Teamgeist" oder "Zusammengehörigkeitsgefühl" ausdrückt.

Wie schon festgestellt wurde, kann der Akteur als eine *Organisation* oder als ein *System* aufgefaßt werden, das eine integrative Einheit mit mehr oder weniger stabilen internen Gleichgewichtsfunktionen zwischen verschiedenen Handlungsrollen bildet. Diese Auffassungsweise behandelt demzufolge soziale und kulturelle Erscheinungsformen wie "Unternehmen", "Institution", "Gruppe", "Verein" etc. als struktural homologe Handlungs- und Verhaltensformen. Die hervorstechendsten Homologien zwischen den genannten Erscheinungsformen bestehen darin, daß sie alle auf (impliziten oder expliziten) *Konventionen* basieren, welche die *Integration*, *Strukturation* und *funktionelle Hierarchisierung* von Handlungsrollen mit den ihnen eigenen Kompetenzen und Ressourcen in Hinblick auf die *Erfüllung* oder *Aufrechterhaltung* von (vorher festgelegten oder sukzessive ausgearbeiteten) Zielvorstellungen erlauben.

Insofern stellt aber auch der *individuelle Akteur* - das "Individuum in der Gruppe" - eine Organisationsform dar, die denselben Prinzipien folgt, die dem Handeln und Verhalten kollektiver Akteure zugrundeliegen. Der individuelle Akteur besteht ja nicht nur aus einer einzigen, wohldefinierten Handlungsrolle (der "Verkäufer", der "Techniker", der "Vorarbeiter", ...), sondern stellt selbst wieder ein autonomes, intern geregeltes Verhaltenssystem dar, das adaptiv und selbstreferentiell "arbeitet". Die Beziehungen zwischen einem individuellen Akteur und einem kollektiven Akteur sind durch *implizite* (gewohnheitsmäßige, traditionelle, ...) oder *explizite* (vertragliche)

Konventionen geregelt, die eine besondere (Klasse von) Handlungsrolle(n) des individuellen Akteurs als *relevant* und somit *verwendbar* für die Erfüllung oder Aufrechterhaltung von Zielvorstellungen des kollektiven Akteurs unterstreichen. Die Verkaufsabteilung eines Unternehmens verpflichtet einen individuellen Akteur in Hinblick auf seine Kompetenzen - auf seine "Kapazität" - als Verkäufer und nicht etwa auf die, die er auch noch als Pianist, Koch oder Bergsteiger besitzen kann (es ist klar, daß die "Zielpolitik" eines kollektiven Akteurs entweder mehr oder weniger *explizit* oder mehr oder weniger *restriktiv* in Hinblick auf die einsetzbaren Mittel definiert sein kann: Entsprechend diesen beiden Variablen wird auch die "Verhandlungspolitik" zwischen individuellem und kollektivem Akteur ablaufen). In diesem Sinn kann sich ein kollektiver Akteur - wie etwa eine Verkaufsabteilung - aus einer Reihe von individuellen Akteuren zusammensetzen, die untereinander, abgesehen von einer einzigen gemeinsam geteilten Handlungsqualifikation - hier die des "Verkäufers" - nichts gemein haben: Der erste Verkäufer kann sich auch noch als Pianist betätigen, der zweite als Politiker, der dritte als Fotograf etc. Andererseits integrieren sich die individuellen Akteure in (institutionelle oder nicht-institutionelle) kollektive Akteure, die ihrerseits wieder nichts gemein haben: Der Verkäufer-Pianist zählt sich zum kollektiven Akteur der "praktizierenden Musikliebhaber", der Verkäufer-Politiker zählt sich zum kollektiven Akteur "politische Gesinnungsgemeinschaft" etc.

Es handelt sich hier um das *grundlegende Netzwerk*, das die sozialen Interaktionen zwischen Individuen, Individuen und Gruppen sowie zwischen Gruppen aufbaut und strukturiert. Bezieht man dasselbe auf das Problem von Macht als Funktion der Kontrolle, welche die Handlungsquelle über das Handlungsziel besitzt, sowie auf die durch Konventionen geregelte Legitimierung derselben, kommt man zu einigen interessanten Konsequenzen:

a) Zuerst einmal kann man gut zwischen *spezifischen* und *allgemeinen* Konventionen sowie zwischen spezifischen und allgemeinen Legitimierungsverfahren unterscheiden. Spezifische Konventionen und Legitimierungsverfahren beziehen sich auf *eine bestimmte Handlungsquelle* (der "Verkäufer", der "Politiker", der "Pianist" etc.) und bilden die für dieselben grundlegenden (aber immer veränderbaren!) *Werte* (= Konventionen) und *Bewertungen* (= Legitimierungen) aus. Allgemeine Konventionen und Legitimierungsverfahren beziehen sich auf zwei oder mehrere Handlungsquellen (der "Verkäufer - Politiker", der "Verkäufer - Pianist", ...), indem sie diesen gemeinsame Werte bzw. eine gemeinsame *Wertaura* sowie Bewertungsverfahren zugrunde legen. Ein Akteur, der im Normalfall über mehrere Handlungsrollen verfügt, besitzt demzufolge neben spezifischen Werten, die sich auf eine einzige Handlungsrolle beziehen, auch allgemeine Werte, die sich auf das *System* der Handlungsrollen beziehen: In diesem Sinn kann man zwischen "Fachhabitus" - einer Deontologie - und einem allgemeinen sozialen, kulturellen Habitus unterscheiden. Die "Allgemeinheit" allgemeiner Konventionen oder Werte läßt sich u.a. durch die *relative Nähe* der verschiedenen Handlungsrollen untereinander bestimmen. So sind die beiden Makro-Rollen "Produktion" und "Verkauf"

sehr viel leichter in einem übergreifenden Handlungsschema unterzubringen als die beiden Rollen "Verkauf" und "Musizieren". Konventionen oder Werte aber, die sehr heterogene Handlungsrollen durch einen übergreifenden Rahmen fixieren sollen, verlieren an *Distinktivität* (= Unterscheidbarkeit zu anderen, "fremden" Konventionen und Werten) und *pragmatischer Selektivität* (= Auswahl solcher Konventionen und Werte, die zur Durchführung einer Zielvorstellung angebracht sind). Je allgemeiner also Konventionen und Werte werden, desto mehr nähern sie sich generellen Wertprinzipien, die als solche die Rahmenbedingungen für die *kulturelle Wahrnehmung* und *Interpretation* darstellen. Das ist einer der großen Unterschiede zwischen individuellen Akteuren und kollektiven Akteuren wie Unternehmen, Parteien oder auch Freizeitklubs.
b) Aus diesem Grund ist es auch klar, daß eine primäre Interaktion zwischen einem individuellen Akteur und einem kollektiven Akteur (etwa einer Verkaufsabteilung) auf der Grundlage spezifischer Konventionen und Legitimierungsverfahren abläuft. Die Leitung der Verkaufsabteilung stellt einen neuen Verkäufer aufgrund ihres internen Bedarfs und der Qualifikationen, die ein Arbeitssuchender für diese Rolle aufbringt, ein; das bedeutet, daß die Verkaufsabteilung ihre Entscheidung zweimal legitimiert: das eine Mal in Hinblick auf die ihr eigene Zielpolitik bezüglich Verkauf, das andere Mal in Hinblick auf die Kapazität oder Kompetenz des neuen Verkäufers, zur Realisierung dieser Zielpolitik beizutragen. Der arbeitssuchende Verkäufer wieder legitimiert seine Entscheidung für diese Verkaufsabteilung zu arbeiten, dadurch, daß er durch diese Arbeit für seinen Unterhalt, seine Familie, seine Musikinteressen etc. aufkommen kann. Die Konventionen und Legitimierungsverfahren, die hier im Spiel sind, *regeln* (im konstitutiven und normativen Sinn) eine "Interessengemeinschaft" zwischen dem individuellen und dem kollektiven Akteur in Hinblick auf *eine Handlungsrolle* (die des Verkäufers).
c) Neben der erwähnten primären Interaktion zwischen individuellem und kollektivem Akteur müssen aber auch die Interaktionsformen berücksichtigt werden, welche die gemeinsame Interessengemeinschaft in Hinblick auf eine bestimmte Handlungsrolle übersteigen. Gerade hier aber beginnen die allgemeineren Werte oder Konventionen, die den sozialen und kulturellen Habitus eines Akteurs bilden, ihre Funktion auszuüben. In diesem Sinn können aber auch innerhalb des kollektiven Akteurs "Verkaufsabteilung" Interessengemeinschaften entstehen, die einerseits - notwendigerweise - durch die Handlungsrolle "Verkäufer" abgedeckt sind, andererseits aber Werte und Legitimierungsverfahren einfließen lassen können, die mit der genannten Rolle nichts mehr zu tun haben. So können pragmatische bzw. rollenspezifische Interessengemeinschaften (wie etwa: Bekleidungsverkäufer versus Möbelverkäufer) genausogut entstehen wie Interessengemeinschaften zwischen "musikliebhabenden Verkäufern", "politisch gleichgesinnten Verkäufern" etc. Während jedoch die erste Gruppe von Interessengemeinschaften bloß auf den Umstand verweist, daß die Rolle "Verkäufer" in verschiedene Unterrollen mit besonderen Kompetenzen und "Deontologien" zerfällt, verweist die zweite Gruppe darauf, daß individuelle Akteure, die einen kollektiven Akteur bilden, selbst wieder zu kollektiven Formen werden können, die nur *bedingt* mit dem ursprünglich von ihnen gebildeten kollektiven Akteur etwas zu tun haben.

d) Nun ist es aber so, daß Interessengemeinschaften mit einer gemeinsamen Wertbasis und gemeinsamen Legitimierungsverfahren nicht nur passive soziale Gebilde sind, sondern besondere Zielvorstellungen verfolgen können. Solche Zielvorstellungen können sich entweder direkt aus einem fachspezifischen Habitus ("Möbel", "Textilien", ...) oder aus dem allgemeinen sozialen und kulturellen Habitus ("bessere Aufstiegschancen", "mehr betriebsinterne Demokratie", "gutes Arbeitsklima" etc.) ableiten. Die Durchsetzung dieser und ähnlicher Zielvorstellungen hängt aber nun von der *Kontrolle*, die ein Akteur über den *für ihn relevanten* Akteur besitzt, ab. So steht man wieder vor dem Problem der *Macht*, das diesmal jedoch unter einem sehr viel komplexeren Aspekt auftritt. Bis jetzt wurde die Macht entweder als eine Kontrollbeziehung zwischen einer Handlungsquelle und einem Handlungsziel oder als konstitutiver, durch Konventionen geregelter Rahmen beschrieben. In diesem Sinn wurde das Phänomen "Macht" in bezug auf eine besondere Handlungsquelle festgemacht (zum Beispiel: die "Macht" des Verkäufers, gesehen einerseits als *Kapazität*, potentielle Käufer zum Kauf eines bestimmten Produktes zu veranlassen, andererseits als *Status* im Rahmen des kollektiven Akteurs "Verkaufsabteilung"). Individuelle und kollektive Akteure als auch "Interessengemeinschaften", die sich innerhalb eines kollektiven Akteurs ergeben können, verfügen aber über mehrere Handlungsrollen und somit auch potentiell über viel größere Möglichkeiten, Macht auszuüben. "Potentiell" deshalb, da nicht *alle* Handlungsrollen in einem gegebenen Kontext (hier: die Verkaufsabteilung) von Relevanz sind: So bedarf es schon einer sehr spezifischen Situation, damit die "musikliebenden Verkäufer" aufgrund ihres *Status* oder ihrer *Kapazität* als Musikliebhaber in einer Verkaufsabteilung ihre Zielvorstellungen durchsetzen können. Wichtiger ist aber der Umstand, daß die *Macht des Akteurs* Funktion einerseits seines gesamten Handlungssystems, andererseits der gegebenen Handlungssituation ist, d.h., daß eine "lokale" Machtlosigkeit des Akteurs nicht notwendigerweise auf eine globale Machtlosigkeit verweisen muß. Noch einmal kurz auf die erwähnten (möglichen) Interessengemeinschaften, die sich innerhalb des kollektiven Akteurs "Verkaufsabteilung" bilden können, zurückkommend, sei festgehalten, daß dieselben die Durchsetzungsversuche zur Befriedigung ihrer Zielvorstellungen verschiedenen *Legitimierungsverfahren* unterwerfen können:
- fachspezifische Legitimierung fachspezifischer Ziele (etwa: das Ziel, die Verkaufsintensität zu steigern, wird legitimiert durch verkaufspolitische Gründe);
- fachspezifische Legitimierung fachübergreifender Ziele (etwa: das Ziel, die Autorität der Verkaufsabteilung, des Unternehmens selbst oder einer bestimmten Interessengemeinschaft von Verkäufern zu steigern, wird legitimiert durch verkaufspolitische Gründe);
- fachübergreifende Legitimierung fachspezifischer Ziele (etwa: das Ziel, die Verkaufsintensität zu steigern, wird legitimiert durch die soziale oder kulturelle Autorität der Verkaufsabteilung, des Unternehmens selbst oder einer Interessengemeinschaft der Verkäufer);
- fachübergreifende Legitimierung fachübergreifender Ziele (etwa: das Ziel, die soziale Autorität der Verkaufsabteilung, des Unternehmens selbst oder einer

Interessengemeinschaft von Verkäufern zu steigern, wird legitimiert durch sozialpolitische oder psychologische Gründe).

Es ist klar, daß diese verschiedenen Legitimierungsverfahren unterschiedliche Interaktions- und Kommunikationsstrategien nach sich ziehen, und so das besondere "Profil" einer Interessengemeinschaft sowie eines individuellen Akteurs in Verhandlungen, Kooperationen und Konflikten, Kontrollansprüchen und Widerständen durchscheinen lassen.

3.2 Die Komponente "Handlung"

Die zentrale Funktion des Graphenmodells einer prototypischen Handlungssituation, die der *Handlung*, unterscheidet sich in proprіozeptive und perzeptive Handlungen (= die ethologische Verhaltensdimension des Menschen), in emotionale und Erwartungshandlungen (= die zentrale regulative Verhaltensdimension des Menschen) sowie in pragmatisch-technische und kognitive Handlungen (= die zweck- oder bedürfnisbefriedigende und kreative Verhaltensdimension des Menschen). Es handelt sich hier keineswegs um eine definitive Klassifizierung von Handlungs- und Verhaltensdimensionen. Sie ist aber zur Zeit eine der wenigen, die durch die neuro-linguistischen, kognitiven und semiotischen Forschungen einen relativ hohen Grad theoretischer Plausibilität und deskriptiver Relevanz erreicht haben.

Ohne hier besonders ins Detail zu gehen, sollen dennoch einige kurze Erläuterungen zu den angeführten Handlungstypen angebracht werden. Die beiden Typen 'proprіozeptive' und 'perzeptive' Handlungen besitzen als charakteristisches Merkmal die Lokalisierung und Orientierung des Menschen im Raum und in der Zeit. Zu ihnen zählt man hauptsächlich die Lokomotion, den Transport von Dingen und Menschen sowie die Besitzergreifung und die Verteidigung eines Territoriums. Der Typ 'technische' und 'pragmatische' Handlungen umfaßt die Veränderungen, die der Mensch in seiner natürlichen und sozialen Umwelt vornimmt. Der Typ 'kognitive' Handlungen unterteilt sich in die intentionalen, antizipatorischen und teleonomischen Akte des Menschen, seine Erinnerungs- und Lernakte etc. Was den Typ "Erwartungs-" und "emotionelle" Handlungen betrifft, so sind sie entweder subjektbezogen (d.h. selbstreferentiell), objektbezogen oder intersubjektiver Natur.

Die Erstellung von Handlungstypologien müßte eigentlich eines der zentralen Anliegen organisationstheoretischer Arbeiten sein, da erst sie einen systematischen Einblick in die Struktur und Vernetzung von Handlungsrollen und deren Abläufe gestatten. Ein kurzer Blick auf die organisationstheoretische Literatur zeigt darüberhinaus, daß sich diese hauptsächlich dadurch in verschiedene Paradigmen unterscheiden läßt, weil sie zumindest implizit diesem oder jenem großen Handlungstyp ihr hauptsächliches Interesse geschenkt hat: Der traditionellen Metapher "Hand = Technik", "Herz = Gefühl", "Kopf = Denken" folgend, hat sich etwa die klassische Managementlehre dem Aufbau und Verlauf von technischen und pragmatischen Handlungen gewidmet, haben

sich Arbeiten des "Human - Relations" Ansatzes den emotionalen Handlungen zugewandt, haben schließlich die kognitionspsychologischen und formallogischen Forschungen zur Rationalität von Akteuren die kognitiven Handlungen bearbeitet. Ohne hier diesen oder jenen Ansatz kritisieren zu wollen, sei nur darauf hingewiesen, daß jeder einzelne von ihnen auf einen besonderen Aspekt sozialer Handlungen und Interaktionen verweist. Das Problem jedoch, das ein systemischer bzw. strukturaler Ansatz zu lösen versucht, läßt sich zusammengefaßt durch folgende Punkte charakterisieren:
1) wie bauen sich die einzelnen Handlungstypen auf und in welche Handlungsetappen lassen sie sich unterscheiden? (hier geht es hauptsächlich darum, festzustellen, welche Plan- und Kontrollstrategien für diesen oder jenen Handlungstyp ausschlaggebend sind);
2) wie koordinieren bzw. "beeinflussen" sich verschiedene Handlungstypen in Hinblick auf die Erfüllung oder Aufrechterhaltung besonderer Zielvorstellungen gegenseitig? (hier geht es hauptsächlich darum, festzustellen, an welchen Plan- und Kontrollstrategien sich ein ganzes Handlungssystem orientiert).

Wie schon im Abschnitt über die Handlungsquelle/das Handlungsziel am Beispiel der Interaktion zwischen individuellem und kollektivem Akteur dargestellt, ist die Lösung dieser beiden Punkte sehr wichtig, um einen präziseren Einblick zu erhalten in das Zusammenspiel von spezifischen und allgemeinen Werten und Konventionen sowie Legitimierungsverfahren, die sich in konkreten Situationen, in denen eine "Interessengemeinschaft" gegen eine andere ihre Ziele durchzusetzen versucht, ergeben. Gerade die "Kontrollstrategien" verweisen wieder auf das schon öfters erwähnte Beispiel von Macht im Sinne einer "Kontrollbeziehung": Die Kontrollstrategien, die einem Handlungstyp spezifisch sind, beziehen sich auf die *Kompetenz* oder die *Kapazität* einer Handlungsquelle, seine Rolle auszuüben und sich so in bezug auf die für diesen Handlungstyp geltenden Werte oder Konventionen zu legitimieren (der Handlungstyp >Verkauf< besitzt eine spezifische und allgemeine *Wertaura*, die von einer Kultur zur anderen, ja sogar von einem Unternehmen zum anderen, verschieden sein kann, die aber als solche die "Güte" einer Handlungsquelle in der Rolle >Verkäufer< evaluiert und sanktioniert); die Kontrollstrategien wieder, die ein ganzes Handlungssystem umfassen, beziehen sich auf die Fähigkeit eines Akteurs - individueller oder kollektiver Natur -, einem anderen Akteur gegenüber in einem bestimmten Handlungskontext mit Hilfe seiner verschiedenen Rollen und Kompetenzen seine Zielvorstellungen durchzusetzen (so kann etwa ein in Hinblick auf den >Verkauf< ausgesprochen gut legitimierter Verkäufer gegenüber einem anderen, weniger gut legitimierten Verkäufer "den Kürzeren ziehen", falls der erste über Ressourcen - sprich Kompetenzen und Rollen - verfügt, über die der zweite nicht nur nicht verfügt, sondern die ihn darüber hinaus auch noch in seiner Rolle als >Verkäufer< hemmen oder schädigen!)

3.3 Die Komponente "Handlungsplan"

Die Komponente des *Handlungsplans* funktionalisiert und orientiert eine bestimmte (propriozeptive, kognitive, ...) Handlung. Die Einsichten in Aufbau, Struktur und Verlauf von Handlungsplänen sind im Detail noch nicht sehr weit gediehen. Grosso modo ist man aber bereits imstande, die Grobstruktur der wichtigsten Pläne des alltäglichen und institutionellen Lebens zu erfassen. Neben der Planifizierung technischpragmatischer Handlungen, die, wie A. Leroi-Gouhan (Leroi-Gourhan, 1975) dargestellt hat, dem Zyklus "Fabrikation - Transport - Akquisition (Erwerb) - Konsumation" zugeordnet werden können, spielen im kommunikativen und intersubjektiven Bereich folgende vier Planstrategien eine besonders wichtige und determinierende Rolle:
- die *teleonomische Planung der Handlungskonzeption und -realisation*: [Ausgangsbestimmungen] ---> [Motivierung] ---> [Plan] ---> [Ausführung] ---> [Resultat];
- der *intentionelle Verlauf der Perzeption/Rezeption einer Handlung*: [Disposition] ---> [Stimulierung] ---> [Perzeption] ---> [Erwartung] ---> [Verarbeitung: Interpretation/Memorisierung] ---> [Reaktion] ---> [Resultat];
- der *intersubjektive Plan der Kooperation*: [Ausgangsbestimmungen für A und B] ---> [Motivation von A/Motivation von B] ---> [Angebot von A] ---> [Verhandlungen zwischen A und B] ---> [Annahme durch B] ---> [Übereinkommen von A und B] ---> [Ausführung] ---> [Resultat];
- der *hierarchische Plan der Manipulation/Sanktion*: [Ausgangsbestimmungen für A und B] ---> [Stimulierung von B durch A] ---> [Motivation von B] ---> "teleonomischer Plan (von B) einer Handlungskonzeption und Realisation" ---> [Beurteilung von B durch A] ---> [Resultat].

Diese vier Planstrategien sind voneinander nicht unabhängig, sondern bilden vielmehr einen komplexen Regulierungsmechanismus, der die globale Situation kommunikativer und intersubjektiver Beziehungen - sei es im alltäglichen, sei es im institutionellen Leben - erfaßbar macht. Das (sehr vereinfachte) Modell dieses Regulierungsmechanismus ist in Abb. 2. zu sehen.

Die verschiedenen erwähnten Pläne stellen noch sehr grob gemusterte, einfache begriffliche Modelle von besonderen alltäglichen oder institutionellen Interaktionen dar, die an sich eine sehr viel höhere Komplexität besitzen. Allein wenn man das Stadium der "Verhandlung" im Kooperationsplan betrachtet, sieht man, daß dieses bloß eine komplexe Erscheinung des sozialen Lebens *benennt*, aber noch keineswegs repräsentiert oder abbildet. Anders ausgedrückt: Der Begriff "Verhandlung" umfaßt selbst wieder verschiedene Stadien wie "Ausgangsbedingungen", "Vorschläge", "Gegenvorschläge", "Entscheidungen" usw., die besonderen Regeln und Konventionen unterworfen sind, von einem einzigen oder mehreren Handlungsträger(n) erfüllt werden können und zeitlichen Einschränkungen entsprechen müssen.

Dennoch spielen Planstrukturen in der Analyse gerade solcher Phänomene, wie sie in diesem Band diskutiert werden, eine nicht zu unterschätzende Rolle, da sie eine *funktionelle* Beschreibung und Erklärung derselben erlauben. Geht man wieder von dem bereits bekannten Beispiel "Macht als Kontrollbeziehung" bzw. "Macht als konventionalisierter Status" aus und verbindet es mit dem Plan der Kooperation, so wird schnell klar, daß die Positionen eines "machthabenden" Akteurs von Etappe zu Etappe sich verändern können (aber nicht müssen!). So kann in der ersten Etappe [Ausgangsbedingungen] der eine Akteur (etwa der Verkaufsdirektor) ein ungleich höheres *statu-*

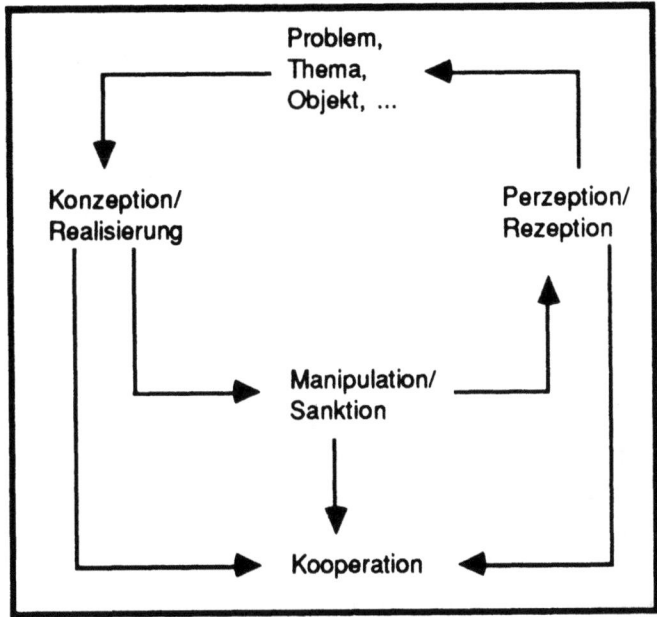

Abb. 2: Planstrategien und Regulierungsmechanismen

täres Machtkapital als der andere Akteur (etwa der Möbelverkäufer) haben. Es sei nun angenommen, daß das *Thema* (oder das *Objekt*) der zu etablierenden Kooperation zwischen Verkaufsdirektor und Möbelverkäufer die möglichen Optimierungen von Techniken des Büromöbelverkaufs darstellt, und daß in diesem Bereich der Möbelverkäufer aufgrund seiner Qualifikationen und Erfahrungen eine hohe Legitimität in seiner Rolle als Verkäufer besitzt. Diese Tatsache kann sich in den Motivationen von Akteur A und B wie folgt ausdrücken:
- [(direkte) Motivation des Verkaufsdirektors]: Optimierung der Verkaufstechniken;
- [Motivation des Möbelverkäufers]: Gehaltserhöhung.

In der Tat stehen die Chancen für den Möbelverkäufer nicht schlecht, sein Ziel zu erreichen, da er in der Etappe [Verhandlung zwischen A und B] seine Qualifikationen und Erfahrungen in Form von "Macht als technisches Wissen" als Ressource gegenüber dem Verkaufsdirektor einsetzen kann, um seinen statutären Machtmangel wettzumachen und eine Gehaltserhöhung zu erreichen. Natürlich sind seine Chancen von den Intentionen des anderen Akteurs, des Verkaufsdirektors, abhängig, der seinen Mangel an "Macht als technisches Wissen" entweder durch sein statutäres Machtkapital oder durch andere Ressourcen wettmachen kann, die dem Möbelverkäufer nicht zur Verfügung stehen. Die Partie ist hier aber relativ offen und im Normalfall müßte der Verkaufsdirektor, um seine (direkte) Motivation befriedigen zu können, dem Möbelverkäufer ein [Angebot] machen, das zu einer [Übereinkunft] zwischen den beiden führt.

Dieses Beispiel ist als solches sehr einfach. Es sollte nur zeigen, daß Machtverhältnisse zwischen Akteuren nicht nur Funktion von mehr oder weniger diversifizierten Handlungsrollen sind, sondern auch von Handlungssituationen, die das "Spiel" mit der einen oder anderen Handlungsrolle fördern oder verhindern. Es sei schließlich darauf hingewiesen, daß gerade die juridische Literatur zur Vertragsbildung und -ausführung ausgesprochen reichhaltige Modellfälle von solchen gerade besprochenen Interaktionen anzubieten imstande ist.

3.4 Die Komponente "Kontrolle"

Die Komponente der *Kontrolle* muß als eine graduelle Kategorie, d.h. als ein Kontinuum aufgefaßt werden: Die Kontrolle kann de facto bestehen, was bedeutet, daß die Quelle eine adäquate Handlungskompetenz besitzt; sie kann aber auch bloß intendiert sein. Die Kontrolle im Sinne einer adäquaten Handlungskompetenz läßt sich einerseits als ein "Wissen wie" bzw. "Wissen über" (= epistemische Kompetenz), andererseits als ein "Können" oder "Vermögen" (= potestive Kompetenz) charakterisieren.

Setzt man nun die Handlungskontrolle im potentiellen Sinn (als Intention, Projekt etc.) und im engen Sinn (als epistemische oder potestive Kompetenz) mit den besprochenen Handlungs- und Verhaltensdimensionen sowie mit den verschiedenen Handlungsplänen in Verbindung, so erhält man ein bereits recht differenziertes Bild von strukturellen Vorgängen, die in kommunikativen und intersubjektiven Handlungssituationen auftreten können. Hervorzuheben ist hier besonders die determinierende Bedeutung der Handlungskontrolle für den Verlauf von Planstrategien, denn es ist gerade sie, die es der Handlungsquelle erlaubt, ihre Zielorientierung und das damit verbundene Verhalten bei unvorhergesehenen Schwierigkeiten aufrechtzuerhalten. Anders ausgedrückt ist es gerade die Komponente der Handlungskontrolle, welche die seit der Kybernetik und der Systemtheorie bekannten Prozesse des feed-backs, der Steuerung, der Adaption und schließlich der Selbstorganisation (Varela, 1979) auslöst.

Noch ein Wort zum Verhältnis zwischen Handlungskontrolle und Handlungssituation. Wie bereits festgestellt, lassen sich die emotionellen und Erwartungshandlungen entweder als *subjektbezogen* (selbstreferentiell), *objektbezogen* oder *intersubjektiv* charakterisieren (von daher auch der Ausdruck der "zentralen Regulierungsdimension" für diesen Handlungstyp). Als solche gestattet diese aber dieselbe Dreiteilung, zwischen drei elementaren *Handlungsorientierungen* zu unterscheiden, nämlich zwischen der *reflexiven*, der *transitiven* und der *reziproken*. Verbindet man nun die Handlungskontrolle mit diesen drei elementaren Orientierungen, dann sieht man, daß die reflexiven Akte typisch für Lernsituationen, die transitiven Akte typisch für die Kontrolle und/oder den gezielten Eingriff in die natürliche und soziale Umwelt und die reziproken Akte typisch für die aushandelbaren oder ausgehandelten kooperativen oder konflikthaften Situationen sind. Wie schon oben ausgeführt, kann die Handlungskontrolle auf eine Handlungsrolle oder auf das Handlungssystem eines individuellen oder kollektiven Akteurs bezogen werden: Im ersten Fall verweist die Kontrolle auf einen besonderen Handlungstyp ("Verkauf", "Produktion", ...); im zweiten Fall verweist sie auf mehrere Handlungstypen sowie auf deren Koordination. Demzufolge setzt sich die Handlungsrolle eines individuellen oder kollektiven Akteurs aus verschiedenen spezifischen Handlungskontrollen zusammen, deren *Einsatz* einerseits von den Zielen des Akteurs und andererseits von der besonderen Struktur des Handlungskontexts (d.h. von der Umwelt, in der der Akteur existiert und handelt) abhängt.

In Hinblick nun auf das Phänomen "Macht" als Kontrollbeziehung zwischen Handlungsquelle und Handlungsziel (bzw. in komplexeren Fällen zwischen einem Akteur X und einem Akteur Y) sowie als konventionalisierter Status erhebt sich nun die Frage, welche Beziehung dieses Phänomen mit der Komponente *Kontrolle* unterhält. Den beiden, in diesem Beitrag vorgeschlagenen Definitonen von "Macht" folgend, kann dazu festgestellt werden:

a) Die *Handlungskontrolle* repräsentiert selbst bloß die *Kompetenz* oder das *Vermögen* einer Handlungsquelle/eines Akteurs, einen besonderen Handlungstyp zu verstehen und ihn zu beherrschen (in diesem Sinn spricht man von der "Kompetenz" des Verkäufers, von der "Kompetenz" des Technikers, ...).

b) Die Kompetenz oder das Vermögen einer Handlungsquelle/eines Akteurs kann evaluiert werden in Hinblick auf die dem Handlungstyp konstitutiven Handlungsregeln, ohne die ersteres gar nicht möglich wäre (z.B.: die technische Handlung der Fabrikation von Schraubenziehern unterliegt sowohl logisch notwendigen als auch solchen Regeln, die sich aus der "Natur" des herzustellenden Gegenstandes ergeben: In bezug auf solche Regeln kann von der *"Güte"* bzw. von der mehr oder weniger hohen *Qualifikation* einer *Kompetenz* oder eines *Vermögens* gesprochen werden).

c) Obwohl die *Kompetenz* oder das *Vermögen* einer Handlungsquelle/eines Akteurs noch nichts über seine Macht im Sinne einer Kontrolle über das Verhalten des Handlungszieles aussagt (ein kompetenter Techniker ist nicht automatisch ein "machthabender"), kann die Kompetenz oder das Vermögen als *Mittel* oder *Instrument* (als "Ressource") für Machtansprüche eingesetzt werden.

d) Daraus folgt, daß die Kompetenz/das Vermögen eines Akteurs als *spezifisches Legitimierungsverfahren* gehandelt wird, um spezifische oder allgemeine ("fachübergreifende") Ziele gegenüber einem anderen Akteur durchzusetzen (z.B. ein hochqualifizierter Möbelverkäufer macht dem Verkaufsdirektor seinen Posten streitig unter Einsatz seiner legitimen Verkaufskompetenz).

e) Ein Sonderfall ist der, wo Handlungskompetenz und Handlungsmacht im Sinne einer Kontrollbeziehung zwischen Handlungsquelle und Handlungsziel eng zusammenrücken. Es handelt sich hierbei um solche Handlungen, deren Resultat selbst die Veränderung des Verhaltens des Handlungsziels im Sinne der Handlungsquelle ist (man denke hier besonders an die sog. "performativen Handlungen" wie Befehle, Gesetzgebungen, Amtseinsetzungen etc.). Das Vermögen, eine derartige Handlung auszuführen, hängt aber sehr eng mit dem konventionalisierten Status der Handlungsquelle zusammen, d.h: Auch wenn jemand "weiß", Befehle zu geben bzw. neue Gesetze oder Regeln zu schaffen, muß er noch lange nicht dazu legitimiert sein (so kann etwa ein Arbeiter X, der von einem Arbeiter Y einen Befehl erhält, die Legitimität dieser Handlung in Frage stellen und "Schutz" bei einem dritten Akteur - etwa dem Vorarbeiter - suchen, der für ihn den legitimen Machtstatus besitzt, Befehle zu erteilen).

f) Ein anderer Sonderfall wird durch solche Handlungen gebildet, deren *Beherrschung* (= Kontrolle) eine Macht der Handlungsquelle über das Handlungsziel nahe legt, *ohne daß dadurch die Legitimierung durch einen konventionalisierten Status notwendig erfolgen muß*: Es handelt sich um sog. Manipulationshandlungen (die "Überredungskunst", die "Stimulation", die "Motivation" etc.). Aus theoretischen Gründen muß aber auch hier zwischen der *Kompetenz* eines Akteurs, über Manipulationshandlungen verfügen zu können, und dem Einsatz derselben in Hinblick auf die Beeinflussung des Verhaltens eines anderen Akteurs unterschieden werden (so kann etwa ein Verkaufsdirektor, der ein guter Rhetoriker ist, seine Überredungskunst bei Verhandlungen in seiner Abteilung oder mit der Unternehmensleitung nur dort einsetzen, wo seine fachspezifische Kompetenz und sein Status nicht mehr genügend Ressourcen darstellen, um seine Zielvorstellungen durchzusetzen).

3.5 Die Komponente "Thema" oder "Objekt"

Die Komponente des *Themas* bzw. des *Objekts* einer Handlung kann sich in verschiedenster Weise ausdrücken. Festgehalten sei hier die in der Semiotik (Greimas, 1983) gebräuchliche Unterscheidung zwischen der primären und der sekundären Wertdimension eines Objekts. Die primäre Wertdimension identifiziert eine Sache, ein Ding, ein Problem, unter Umständen sogar eine Handlung als zu einem bestimmten Handlungstyp gehörig. So unterscheidet man zwischen inhärenten perzeptiven, emotionalen, intentionalen oder auch pragmatisch-technischen Objekten; letztere wiederum werden in Fabrikations-, Erwerbs-, Transport- und Konsumgüter gegliedert. Die sekundäre Wertdimension entspricht, grosso modo, den Werten im herkömmlichen Sinne (die ästhetischer, ethischer, emotionaler, doxastischer etc. Natur sein können). Diese Dimension hat ihren Ursprung in der *Wertaura* des Handlungshintergrunds. In diesem Sinn sind ein Auto oder ein Motorrad nicht nur Transportmittel, ein Parfüm oder ein Möbelstück nicht nur Konsumgüter, sondern auch Wertobjekte, die emotionale und kulturelle Bedeutung haben. Es ist eine bereits allgemein bekannte Tatsache, daß diese sekundäre Dimension sowohl in der Werbung als auch in der industriellen Kommunikation im allgemeinen immer mehr zum Angelpunkt einer erfolgreichen Marktpolitik wird - dies nicht nur, weil der qualitative Unterschied in großen Bereichen industriell erzeugter Güter für den Standardkonsumenten immer schwieriger zu erfassen wird, sondern auch, weil Erwerb und Konsum solcher Güter *zwangsläufig* einen symbolischen, d.h. kulturellen und emotionellen Akt darstellen.

Man kann sich nun die Frage stellen, inwiefern die Komponente des Themas oder des Objekts zu einem besseren Verständnis von Phänomenen wie Macht oder Legitimität beiträgt. Es gibt in der Tat verschiedene Aspekte, die durch diese Komponente beleuchtet werden können, wie etwa die folgenden:
- das Thema/Objekt *der* Macht;
- die Macht *als* Objekt/Thema;
- die Macht *des* Themas/Objekts;
- die Macht *mit Hilfe* des Themas/Objekts.

Das Thema/Objekt *der* Macht kann als der konkrete oder abstrakte Gegenstand bezeichnet werden, durch den sich die *Macht als Kontrollbeziehung* zwischen einer Handlungsquelle und einem Handlungsziel bzw. als *konventionalisierter Status* ausdrückt: Das ist die Macht als "Durchsetzungskompetenz" (z.B. die "Durchsetzungskompetenz" des Verkäufers gegenüber potentiellen Käufern) und als "Durchsetzungsnorm" (z.B. die "Durchsetzungsnorm", durch die der Verkaufsdirektor von den Verkäufern eine bestimmte Mindestquantität verkaufter Produkte einzuhalten verlangt).

Macht *als* Thema oder Objekt behandelt den Umstand, daß eine bestimmte Form von Macht als Kontrollfunktion oder als konventionalisierter Status *selbst* Gegenstand von sozialen Interaktionen zwischen individuellem und kollektivem Akteur sein kann. Hier geht es besonders um die Evaluierung von Macht und um ihre Besitzergreifung (eine bekannte, oft beobachtete Strategie ist etwa die der *De-Legitimierung* eines konventionalisierten Machtstatus mittels spezifischer Werte - "die Verkaufsdirektion ist inkompetent" - oder allgemeiner Werte - "die Verkaufsdirektion besitzt keine Autorität" - und die anschließende *Re-Legitimierung* eines solchen Machtstatus - "die Verkaufsdirektion soll diese oder jene Funktion haben").

Die Macht *des* Themas oder Objekts verweist auf primäre oder sekundäre Werte eines Themas oder Objekts, die als solche für einen individuellen oder kollektiven Akteur *statutären* oder *kontrollierenden* Machtcharakter haben (als Beispiel sei hier die *Kontrolle*, die das Thema "Verkauf" bei der Produktionsplanung spielen kann, angeführt).

Die Macht schließlich *mit Hilfe* des Themas oder Objekts beleuchtet den Aspekt, daß ein "Gegenstand" als Mittel zur Erreichung eines anderen eingesetzt werden kann (das Thema "Verkauf von Tiefkühltruhen" als Mittel etwa zur Erlangung einer besseren Position in der Verkaufsabteilung).

3.6 Die Komponenten "Raum" und "Zeit"

Die Komponenten *Raum* und *Zeit* lokalisieren nicht nur eine Handlung bzw. einen Handlungsplan, sondern stellen auch die - wie E. Goffman (Goffman, 1974) es audrückt - Schaubühne mit ihren Kulissen und ihren Dekorationen dar, auf der Kommunikation und Interaktion stattfinden. Das Unternehmen als begrenz- und lokalisierbarer Raum besitzt, wie jede vom Menschen angefertigte Wohn- und Arbeitsstelle, eine topographische Struktur, die sich nicht nur durch eine ökologische und utilitär-technische Dimension, sondern auch durch eine soziale und kulturelle Dimension auszeichnet. Die räumliche Anordnung eines Unternehmens in Etagen, Säle, Werkstätten, ihre räumliche Verbindung durch Gänge, Aufzüge oder Treppen, die Ausstattung der Räume mit Maschinen, Werkzeugen, Möbeln und anderen funktionellen sowie dekorativen Gegenständen prägen die verschiedenen Verhaltens- und Interaktionsregionen, geben den sozialen und kulturellen Unterschieden, die im institutionellen Leben am Werk sind, ihren sichtbaren Rahmen.

Wie schon am Ende des zweiten Kapitels ausgeführt, stellen die einzelnen "Orte" oder "Plätze" in der Topographie eines Unternehmens unterschiedliche Einflußgebiete - unterschiedliche "Territorien" im Sinne Goffmans - dar, die den angemessenen Einsatz von Ressourcen und Kompetenzen in Hinblick auf die Kontrolle, die ein Akteur über einen anderen auszuüben gedenkt, zumindest mitbestimmen. So ist es intuitiv klar, daß die Interaktionsstrategien zur Durchsetzung besonderer Ziele an einem Ort wie dem der "Verkaufsdirektion" eine andere Gestalt im Vergleich zu denen besitzen, die an einem Ort wie der "Werkskantine" zur Durchsetzung der gleichen Ziele eingesetzt werden (man kann sich dementsprechend vorstellen, daß die Festlegung einer besonderen Absatzpolitik und ihre Durchsetzung durch den Verkaufsdirektor in der Verkaufsdirektion mittels verkaufslogischer Argumente legitimiert wird, während dieselbe in der Werkskantine eher durch allgemeine Argumente sozio-psychologischer Natur ("Karriere", "Dynamik", ...) unterstützt wird. Wichtig ist hier der Umstand, daß Machtbeziehungen zwischen Akteuren und die Legitimierung solcher Prozesse nicht unabhängig sind von der Struktur und Funktion der Orte, an denen sich diese abspielen.

Keine konkrete Analyse sozialer Organisationen wird daher umhin können, die Bedeutung der verschiedenen "Orte" oder "Plätze", auf die individuelle oder kollektive Akteure Anspruch haben oder erheben, zu beschreiben, will sie ein realistisches Bild von (formellen oder informellen) Gruppenbildungen, Selbst- und Fremdeinschätzungen, Machtverhalten, Herrschaftsansprüchen usw. in Institutionen zeichnen.

3.7 Die Komponente der "Handlungsregeln"

Eine ausgesprochen wichtige Komponente schließlich stellen die *Handlungsregeln* dar, da sie, wie schon festgestellt, der Handlung bzw. dem Handlungsplan eine besondere Form verleihen und so auch den Status der verschiedenen bis jetzt besprochenen Komponenten des Handlungsgraphen mitbestimmen.

Es handelt sich hier also gewissermaßen um eine Meta-Komponente, ohne die ein System- oder Organisationsprinzip gar nicht denkbar wäre. Neben logischen und formellen sowie physischen (ökologischen) Bedingungen, auf die hier nicht eingegangen werden kann, sind besonders die konventionellen, d.h. die von zumindest zwei Handlungsträgern geteilten Regeln sozio-kultureller und pragmatischer Natur zur Bestimmung von Handlungen und ihren Verläufen von Interesse. Konventionen sind in der Sprachphilosophie und in der Kommunikationswissenschaft Gegenstand zahlreicher Untersuchungen gewesen. In einer etwas anders lautenden Terminologie bilden Konventionen die Werte aus, die den Hintergrund von Handlungsmaximen und -strategien darstellen.

Gewöhnlich unterscheidet man einerseits zwischen einigen grundlegenden Wertkategorien und andererseits zwischen elementaren Wertbeziehungen. Die elementaren Wertbeziehungen legen die drei schon bekannten subjektiven (selbstreferentiellen), intersubjektiven und objektbezogenen Werte fest. Grundlegende Wertkategorien sind vor allem sinnliche und abstrakte Gefühlswerte, ästhetische, moralisch-ethische, doxastische und pragmatische Werte. Unter Einbeziehung der elementaren Wertbeziehungen kann man demzufolge etwa zwischen subjektiven, intersubjektiven und objektorientierten Emotionen oder Leidenschaften, moralischen Urteilen, Glaubenshaltungen etc. unterscheiden.

Die zentrale Bedeutung von Konventionen bzw. Werten liegt in ihrer Gleichgewichts- oder Regulierungsfunktion: Sie konstituieren eine soziale oder kulturelle Grammatik (ein 'pattern'), die sich in einer Berufsethik, in einer bestimmten Form politischer Herrschaft, in einer besonderen Sitte, in Etiketten und Umgangsformen etc. ausdrückt. Zugleich besitzen aber die genannten Gleichgewichtsformen, die das alltägliche und institutionelle Leben prägen, eine *normative Funktion*, die von ihrer regulativen Funktion scharf getrennt werden muß. Zum Beispiel bedeutet eine politische Herrschaft (gleichgültig ob sie dem modernen Demokratieverständnis entspricht oder nicht) in ihrer regulativen Funktion bloß die Existenz einer (zumeist doxastischen und ethischen) Wertkategorie, durch welche die Beziehungen der Bedürfnisse und Interessen zwischen kollektiven Akteuren definiert und damit auch intelligibel werden; in ihrer normativen Funktion wird dieselbe Form politischer Herrschaft zu einem *Standard* erhoben, in bezug auf den ein in seinen Bereich fallendes Verhalten beurteilt bzw. sanktioniert und legitimiert wird. Die regulative und normative Funktion von Konventionen bilden die beiden Seiten einer Medaille.

Abgesehen vom deskriptiven Wert dieser Unterscheidung hat uns etwa die Normenlogik in den Rechtswissenschaften ihren explikativen Wert vor Augen geführt. Es ist besonders das Verdienst von G.H. von Wright (von Wright, 1983), gezeigt zu haben, daß die Existenz eines Gesetzes niemals durch ein rein normatives Argument erklärt werden kann. Es zeigt vielmehr von der prinzipiellen Notwendigkeit der Bestimmung von Verhaltensformen subjektiver oder intersubjektiver Natur in Hinblick auf die Befriedigung von gegebenen oder angenommenen Bedürfnissen ("Bedürfnis" hier im Marxschen Sinne). Ein Gesetz etabliert demzufolge eine gewisse Regularität, ein gewisses Gleichgewicht und erst dadurch kann es zu einem normativen Instrument werden. In diesem Sinn behauptet auch der Sprachphilosoph D. Lewis (Lewis, 1975), daß eine Konvention nichts anderes als ein *Gleichgewicht*, als die (endgültige oder bloß vorübergehende) Lösung eines Koordinationsproblems zwischen verschiedenen Akteuren, als auch eine *Norm* ist, von der man voraussetzen kann, daß ihr gefolgt werden soll.

Verschiedenste kulturanthropologische und -soziologische, aber auch psychologische Arbeiten (Piaget, 1932; Lévi-Strauss, 1968) haben uns mit der Erkenntnis vertraut gemacht, daß die einzelnen Wertkategorien (z.B. ethische, doxastische, ästhetische) idealtypisch eine undifferenzierte Ganzheit bilden können, von der ausgehend sich sukzessive mehr oder weniger autonome Wertdispositiva entwickeln. Ein undifferenziertes Wertdispositiv verweist auf mythische oder zumindest universalistische Kultur- und Weltbilder, die ihre Rechtfertigung in der Tradition, in der Autorität, in der Transzendenz oder auch in der Natur besitzen. Die typische Eigenschaft dieser Welt- oder Kulturbilder besteht in ihrer *heteronomen* Fundierung. Die Ausdifferenzierung einiger oder aller Wertkategorien schiebt einerseits den Prozeß ihrer *Autonomisierung* und damit ihrer *Aushandelbarkeit*, andererseits den ihrer *Spezifizierung* auf eine besondere Handlungspraxis in den Vordergrund. In diesem Sinn kann man von besonderen Wert- oder Zweckrationalitäten, von besonderen beruflichen Deontologien, von besonderen (ästhetischen) Stilen etc. sprechen. Verbunden mit der Autonomisierung und Spezifizierung von Wertkategorien sind das Problem ihrer *Koordination* (ihres Gleichgewichts) und das der *Präferenz* (der "Gewichtung") einer Kategorie gegenüber einer anderen - zwei Probleme, die im alltäglichen und institutionellen Leben der Situation des (konfliktuellen oder kooperativen) Aushandelns von konformen oder kollidierenden Interessen eine ganz besondere Bedeutung verleihen.

Es ist offenkundig, daß hier auf einer handlungs- und kommunikationstheoretischen Ebene die soziologischen Einsichten von M. Weber (Weber, 1923), N. Elias (Elias, 1981) und anderen hinsichtlich der systeminternen Komplexitätszunahme von Gesellschaften bzw. gesellschaftlichen Praktiken angesprochen werden. Zum Unterschied jedoch zu diesen Arbeiten, die eher historisch-genetisch angelegt sind, wird hier eine strukturale Vorgangsweise vorgezogen, die die Autonomisierung und Spezifizierung von Wertkategorien sowie ihre Koordination und Gewichtung als von historischen Kontingenzen unabhängige Möglichkeiten der Benützung von Konventionen im Sinne von regulativen oder normativen Bedingungen des subjektiven und intersubjektiven Handelns betrachtet (Piaget, 1932).

4 Abschließende Bemerkungen

Soziale Interaktionen stellen - wie jedem bekannt ist - ausgesprochen komplexe Gebilde dar, deren Aufbau und Verlauf nur sehr schwer in den Griff zu bekommen sind.

Eines der Probleme in der Behandlung sozialer Interaktionen besteht im Mangel an Begriffen bzw. begrifflichen Modellen, durch die Teile oder Aspekte derselben beschrieben und erklärt werden können.

Ein anderes Problem ist eher epistemologischer und methodologischer Natur: Es ist erkenntnistheoretisch weder möglich noch von Interesse, soziale Interaktionen extensiv in ihrer ganzen Komplexität beschreiben zu wollen. Möglich und von Interesse jedoch ist, soziale Interaktionen in Hinblick auf ein *bestimmtes Problem* zu "befragen", d.h. zu "untersuchen". Anders ausgedrückt: Die Erforschung sozialer Interaktionen hat nur dann einen Sinn, wenn man sie als *relevant* in bezug auf ein zu lösendes Problem behandelt. In einem gewissen Sinn kann man die Analyse sozialer Interaktionen mit der Analyse von Texten - Romane, Erzählungen, Zeitungsartikel, Kochbücher, ... - vergleichen: Eine extensive Textanalyse würde bloß eine metasprachliche Paraphrase des untersuchten Textes darstellen; eine Textanalyse aber, die von einem bestimmten Problem ausgeht, behandelt den Text *nur* unter diesem Aspekt und versucht zu ergründen, wie das gestellte Problem durch den Text behandelt bzw. repräsentiert wird. Analog dazu kann man sagen, daß eine Analyse, welche die sozialen Interaktionen als solche in einem Unternehmen zu beschreiben trachtet, kaum durchführbar und höchstwahrscheinlich auch ohne Interesse ist: Erst die Einführung eines *Problems*, d.h einer *Frage*, auf die man Antwort sucht, macht eine solche Analyse interessant.

Nun gibt es aber neben *mehr oder weniger expliziten* und *im vorhinein gestellten* oder *sukzessive erarbeiteten* Problemstellungen noch solche, die entweder *theoretischer* oder *praktischer* Natur sind. Man nehme etwa das Phänomen "Macht" und gebe ihm den Status eines "Erkenntnisproblems": Als *theoretisches* Problem verweist es auf seine begriffliche Bestimmung, auf seine Definition, weiters auf die Ergründung seiner konstitutiven Merkmale und Regeln und schließlich auf seinen Platz in einem übergreifenden theoretischen Modell (hier: in einem Handlungsmodell); als *praktisches* Problem verweist es auf die Beschreibung seiner Bedeutung, seiner Funktion, seiner Rolle etc. in sozialen Interaktionen. Schließlich kann es auch sein, daß das Phänomen "Macht" als theoretisches und praktisches Problem im Laufe der Forschungsarbeit verschieden interpretiert, d.h. verstanden wird: Dies verweist auf den Umstand, daß eine Problemstellung nicht im vorhinein fixiert sein muß, sondern allmählich erarbeitet wird.

Wieder zurückkommend auf das erste Problem - auf das der Erarbeitung adäquater Begriffe und begrifflicher Modelle - ist es sowohl logisch als auch psychologisch klar, daß ein solcher kognitiver Problemlösungsprozeß, wie es die Erkenntnisgewinnung ist, ohne begriffliche Kategoriensysteme nicht auskommt. Der in diesem Beitrag vorgestellte handlungstheoretische Ansatz stellt in diesem Sinn einen Versuch dar, einen solchen begrifflichen Rahmen in Hinblick auf die Beschreibung der verschiedenen Aspekte sozialer Interaktionen sowohl "auf dem Papier" (als Text) als auch "in der Wirklichkeit" (in Institutionen, im alltäglichen Leben) anzubieten.

Literatur

Ahonen, P.: Semiotics of Politics. Helsinki 1988 (unveröff. Manuskript)
Bourdieu, P.: Le Sens Pratique. Paris 1980
Crozier, M./Friedberg, E.: L'Acteur et le Système. Paris 1977
Elias, N.: Über den Prozeß der Zivilisation, Bd. I und II. Frankfurt/Main 1981
Goffman, E.: Frame Analysis. Harmondsworth 1974
Greimas, A.J.: Sémiotique et Sciences Sociales. Paris 1976
Greimas, A.J.: Du Sens II. Paris 1983
Leroi-Gourhan, A.: Milieu et Technique. Paris 1975
Lévi-Strauss, C.: Das wilde Denken. Frankfurt/Main 1968
Lewis, D.: Konventionen. Berlin/New York 1975
Mauss, M.: Soziologie und Anthropologie, Bd. I und II. Frankfurt/Main 1978
Morazé, C.: Les Origines Sacrées des Sciences Modernes. Paris 1986
Piaget, J.: Le Jugement Moral chez l'Enfant. Paris 1932
Rehbein, J.: Komplexes Handeln. Stuttgart 1977
Rousseau, J.J.: Du Contract Social. Paris 1966
Schütz, A./Luckmann, Th.: Strukturen der Lebenswelt. Frankfurt/Main 1984
Sowa, J.: Conceptual Structures. Reading Mass. 1984
Stockinger, P.: L'Actant Collectif et l'Univers Actoriel. In: Actes Sémiotiques-Bulletin VIII/34, 1984, S. 30 - 41
Varela, F.: Principles of Biological Autonomy. New York 1979
Weber, M.: Wirtschaftsgeschichte. Berlin 1923
von Wright, G.H.: Norm and Action. London 1963
von Wright, G.H.: Philosophical Papers I. Oxford 1983, S. 67 - 82

Zur Gehorsamsbereitschaft in Organisationen

Alois Kehrer

1 Problemstellung

In diesem Beitrag werden die unterschiedlichen Grundlagen aufgezeigt, aus denen sich organisatorische und politische Macht ergeben, noch bevor sie institutionalisiert werden: Sanktionsgewalt und Autorität. Dabei wird davon ausgegangen, daß in hierarchischen Großorganisationen die Kontrolle des Verhaltens einzelner Mitglieder nicht mehr ständig von äußeren Instanzen durchgeführt werden kann. Für das Funktionieren komplexer sozialer Systeme ergibt sich somit die Notwendigkeit einer verinnerlichten Kontrolle, die sich in der Bereitschaft konkretisiert, sich an Autoritäten zu orientieren. Am Beispiel von Variationen der Experimente von Stanley Milgram soll schließlich erläutert werden, zu welchen Manipulationsmöglichkeiten das Wissen um die Macht von Autoritäten und die Bedeutung struktureller Zusammenhänge führen kann. Durch gezielte Gestaltung können damit die Chancen einer Autorität immens vergrößert werden, für ihre Anweisungen Gehorsam zu finden und andere Menschen zu manipulieren, also Macht zu mißbrauchen.

2 Hierarchie

Kennzeichen einer hierarchischen Struktur ist, daß zeitlich einigermaßen stabil mindestens drei unterscheidbare organisatorische Ebenen in Form einer "Befehlskette" festgestellt werden können. Dabei verfügen - unabhängig von etwaigen anderen wechselseitigen Verpflichtungen - die übergeordneten Stellen über die nachgelagerten über eine Anweisungs-(Befehls-)befugnis, und umgekehrt akzeptieren die nachgelagerten ihre Folge-(Gehorsams-)verpflichtung. Als weiteres konstitutives Merkmal der Hierarchie ist noch die zumindest teilweise Trennung von planend-anweisenden ("dispositiven") und ausführenden ("exekutierenden") Tätigkeiten zu nennen, wobei die Planung bei den hierarchisch oberen und die Ausführung bei den unteren Stellen angesiedelt ist.

Hierarchische Strukturen, die durch Trennung von Planung und Ausführung gekennzeichnet sind, konnten sich im Laufe der Menschheitsgeschichte erst spät entwickeln. Erst nachdem es im Zuge der Seßhaftwerdung und durch die Einführung arbeitsteiliger Kooperation gelungen war, mehr Güter zu produzieren, als zur Deckung der jeweils eigenen, unmittelbaren Lebensbedürfnisse notwendig waren, und Vorräte zu speichern, konnten sie entstehen. Was jedoch ursprünglich Folge arbeitsteiliger Kooperation und Ausdruck eines immensen Kulturfortschritts gewesen sein mag, wurde rasch zum

Kennzeichen sozialer Über- und Unterordnung, ja, wie z.B. Augustinus meinte, zum Grundprinzip aller Ordnung überhaupt!

Das hierarchische Modell brachte zumindest in zwei Bereichen ungeheure Fortschritte: bei der Steigerung wirtschaftlicher Produktivität und bei der Regelung sozialer Konflikte. In dieser Bewährung und in der Tatsache, daß damit auch psychischen Bedürfnissen von Menschen nach Überlegenheit und Macht über andere zumindest vordergründig entsprochen werden konnte, sind die Gründe für die rasche Ausbreitung von einem ursprünglichen Organisationsmodell noch weitgehend überschaubarer Gruppen zum Strukturmodell riesiger Sozialsysteme zu sehen. (Zur Frage nach psychischen Bedürfnissen, die das Streben nach hierarchisch übergeordneten Positionen erklären können, vgl. das Macht- oder Überlegenheitsstreben im Sinne Adlers oder die Sublimierung präödipaler Aggression im Sinne der psychoanalytischen Narzißmusforschung. Eine kurzgefaßte Darstellung der Gedanken Adlers findet sich bei Kehrer, 1982:23 ff., eine solche der psychoanalytischen Narzißmuskonzepte bei Strotzka, 1985: 63 ff.).

Der Erfolg des hierarchischen Organisationsmodells ist jedoch daran geknüpft, daß alle Beteiligten die ihnen zugedachten Funktionen der Disposition und Anordnung bzw. der Ausführung und des Gehorsams ausfüllen. Dies wird dort noch problemlos funktionieren, wo den Beteiligten einsichtig ist, daß eben diese Form der Arbeitsteilung für die Lösung des anstehenden Problems funktionell ist. Unter diesen Bedingungen werden sie bereit sein, einem Mechanismus, der die Initiativen und Antriebe der Einzelelemente reguliert, unterdrückt und auf eine im hierarchischen System höherrangige Komponente überträgt, zuzustimmen. Ein einzelner Pilot einer kleinen Sportmaschine wird beim Landeanflug die Kontrollherrschaft an den Fluglotsen im Tower abgeben und gegenüber größeren Maschinen bestimmte Regeln einhalten, damit alle Einheiten in ein koordiniertes Landesystem eingeordnet werden können; bei einem komplizierten medizinischen Eingriff treten die beteiligten medizinischen Fachkräfte die Herrschaft an eine Autorität ab, um die Einheitlichkeit der Aktion zu sichern.

Soll aber die Trennung von Anordnung und Ausführung prinzipiell und auf Dauer unabhängig von den anfallenden Problemen festgelegt und zwischen Personen aufgeteilt werden, und sollte womöglich die anordnende Funktion darüberhinaus zu einer im sozialen Wertsystem höheren Stellung führen und/oder mit sonstigen Privilegien verbunden sein, dann kann nicht mehr automatisch und auf Dauer mit der für den Fortbestand dieser Struktur unbedingt notwendigen Gehorsamsbereitschaft gerechnet werden. Es ergibt sich nun die Frage, wie Befehlen oder Kontrollmaßnahmen, die von oben ausgehen, im Gesamtsystem Gültigkeit verschafft werden. Wie wird die hierarchische Befehlskette zur *Architektur von Macht* (Sennett, 1980:209)?

"Hierarchische Strukturen können nur im Zusammenhang funktionieren, und Zusammenhang läßt sich nur durch Unterdrückung von lokaler Herrschaft herstellen" (Milgram, 1974:154). In großen, komplexen Organisationen kann diese Unterdrückung lokaler Herrschaft nicht in jedem Einzelfall durch äußere Anleitung, Überwachung und Kontrolle sichergestellt werden. Es ist vielmehr notwendig, daß wesentliche Voraussetzungen für das Funktionieren solcher Organisationen von den Organisationsmitgliedern internalisiert und sodann "von sich aus", gleichsam automatisch, befolgt werden. Wir sehen einen solchen inngesteuerten Automatismus in der Suche nach und der Orientierung an Autoritäten. Voraussetzung dafür sind Denken sowie Wahrnehmung und Interpretation der Umwelt nach hierarchischen Mustern.

3 Macht, Herrschaft, Gewalt

Die Begriffe Macht, Herrschaft, Gewalt und Autorität werden in der sozialwissenschaftlichen Literatur mit unterschiedlicher Bedeutung verwendet. Selbst Max Weber, der Meister definitorischer Formulierungen, verwendet diese Begriffe uneinheitlich (Hennen/Prigge, 1977:6), dennoch sollen seine, mittlerweile klassisch gewordenen, Definitionen hier zuerst angeführt werden:

- *Macht* ist für Weber generell die "Möglichkeit, den eigenen Willen dem Verhalten anderer aufzuzwingen" (1972:542), wobei "alle denkbaren Qualitäten eines Menschen und alle denkbaren Konstellationen" (1972:28) dafür ausschlaggebend sein können, daß jemand in einer gegebenen Situation seinen Willen durchzusetzen vermag. An anderer Stelle spricht er von Macht als der "Chance, innerhalb einer sozialen Beziehung den eigenen Willen auch gegen Widerstreben durchzusetzen, gleichviel worauf diese Chance beruht" (1972:28).

- *Herrschaft* ist für Weber ein "Sonderfall von Macht", nämlich jener, der durch ein Verhältnis von Befehl und Gehorsam gekennzeichnet ist, wobei sich die Befehlsgewalt auf anerkannte, geltende Normen gründet und daher bei angebbaren Personen mit Gehorsam gerechnet werden kann. "Jede Herrschaft äußert sich und funktioniert als Verwaltung" (1972:545). Herrschaft kann somit als Folge institutionalisierter Macht begriffen werden.

- *Gewalt* ist schließlich gekennzeichnet durch physischen Zwang, ausgeübt durch Einschränkung der Bewegungsfreiheit, körperliche Verletzung und physische Vernichtung (Bader et al., 1976:427).

Zwei Kritikpunkte sind es, die Webers Auffassungen für die weitere Diskussion des Gehorsamsphänomens unzureichend erscheinen lassen:

1. Weber stellt mit seinen Definitionen auf Kausalbeziehungen ab. D.h. er sieht z.B. im Phänomen der Macht einer Person A den Grund für das Verhalten der Person B. Weber ahnt wohl auch die Wechselwirkung, die mit dem dialektischen Denken vertraute Personen in der Beziehung zwischen Machthaber und Machtunterworfenem erkennen, wenn er die Frage stellt, wer bei der Bestellung von einem Paar Stiefeln über wen herrsche, der Schuster über den Kunden oder dieser über jenen (1972:545), aber er verfolgt diese Frage zugunsten einer präzisen (= kausalen) Begrifflichkeit nicht weiter. Bereits Hegel hatte in seiner Phänomenologie des Geistes in der Beschäftigung mit Herrschaft und Knechtschaft aber auf die wesentliche Bedeutung der gegenseitigen Anerkennung und Abhängigkeit hingewiesen, wenn er ausführt, daß nur derjenige Herr sein kann, der jemanden findet, der ihm Knecht ist, und nur der Knecht, der jemanden als Herrn an-

erkennt. Eine bloß kausale Sichtweise ohne Beachtung der spezifischen Relationen zwischen Machtausübenden und Machtunterlegenen (Sandner, 1986:287 f.) wird den Phänomenen des Gehorsamsverhaltens nicht gerecht und daher für die beabsichtigten Untersuchungen nicht ausreichen.

2. Der nächste Vorwurf ist von noch weiter reichender Bedeutung: Weber konzentriert sich - wie andere positivistisch orientierte Sozialwissenschaftler auch - nur auf den Bereich des direkt beobachtbaren Entscheidungshandelns. Dies erschwert, ja macht den so orientierten Forschern den Zugang zu einem Phänomen unmöglich, das Teil der innerpsychischen Wirklichkeit ist und das aber für das Verständnis der Gehorsamsbereitschaft von Menschen von zusätzlicher ausschlaggebender Bedeutung ist: *Autorität*. Dabei handelt es sich nämlich um das Ergebnis eines zumindest zum Teil nicht einseitig kausal ablaufenden Prozesses, der sich darüberhinaus weitgehend der direkten Beobachtung entzieht, da er von emotionalen Vorgängen getragen wird.

Bei der Erarbeitung des Autoritätsbegriffes soll mit Weber von Macht als der Möglichkeit ausgegangen werden, den eigenen Willen gegenüber anderen Individuen durchzusetzen und somit deren Verhalten in einer bestimmten sozialen Situation zu beeinflussen. Es soll dabei der Frage nachgegangen werden, wie und aufgrund welcher "denkbaren Konstellationen" es zu einer solchen Verhaltensbeeinflussung kommen kann. Im Zuge dieser Untersuchung sollen zwei Bereiche unterschieden werden, aus denen Macht resultiert. Einer dieser Bereiche liegt außerhalb der machtunterworfenen Person, der andere in ihr.

4 Sanktionsgewalt und Autorität

Menschen werden einmal dann in der Lage sein, das Verhalten anderer Personen zu beeinflussen, wenn sie Gewalt oder sonstige Ressourcen gegenüber diesen als Sanktionsmittel einzusetzen in der Lage sind. Wer in einer spezifischen Situation dazu in der Lage ist, kann andere Personen zwingen, sich nach seinem Willen zu verhalten. Beispiele für diese Form der Machtausübung reichen vom Einsatz überlegener Muskelstärke eines Mannes gegenüber einer Frau bis zum Bankräuber, der mit vorgehaltener Pistole den Kassier zur Herausgabe der Tageslosung zwingt. Eltern, die ihrem Kind mit dem Entzug von Liebe drohen, können - da die Kinder von dieser Liebe existentiell abhängig sind - ebenso als Beispiel genannt werden, wie ein Chef, der einen Untergebenen unter Androhung der Kündigung oder nachteiliger Arbeitsbedingungen zu bestimmten Verhaltensweisen zwingt. Auf bestimmte gesetzlich abgesicherte Sanktionsmöglichkeiten können schließlich auch ein Offizier oder ein Polizist zurückgreifen, die das Verhalten von Rekruten oder von Verkehrsteilnehmern beeinflussen wollen.

Diese erste und wohl universell anzutreffende Form der Machtausübung stützt sich auf offensichtlichen, zumeist physisch spürbaren und äußerlich sichtbaren Zwang, der sich aus dem Einsatz von Ressourcen ergibt, die außerhalb der machtunterworfenen Person liegen und von dieser weder kontrolliert noch negiert werden (können). Sie ist bereits dem Römischen Recht als "potestas" ("Zwangsgewalt") vertraut (Hillmann, 1982:58) und wird hier als *Machtausübung aufgrund von Sanktionsgewalt* bezeichnet.

Macht kann sich allerdings neben und/oder zusätzlich zur Sanktionsgewalt auf *Autorität* stützen. Autorität entspringt nicht bestimmten objektiven Gegebenheiten, sondern ist vielmehr die Folge eines subjektiven Versuches, soziale Machtverhältnisse zu interpretieren (Sennett, 1985:24). Im Verlauf dieses Prozesses werden - auf eine beidseitig realisierte Weise - einer Person Vorstellungen von Stärke und/oder Kompetenz zugeschrieben. Gerade die Forderung nach der wechselseitigen Realisierung der Autoritätsbeziehung erscheint im Lichte der handlungstheoretischen Forschung für wichtig, sie sagt aber noch nichts darüber aus, daß Autoritäten die Reichweite dieses sozialen Prozesses allzuoft gewaltig unterschätzen.

Autorität kann als Folge einer bestimmten *zugesprochenen* "Anmutungsqualität der Gesamtperson" (Haseloff, 1987:103), z.B. Ausstrahlung, Charisma, Würde, Persönlichkeit..., oder durch eine bestimmte Rollen*zuschreibung*, eingegrenzt auf die Ausübung einer oder weniger bestimmter, in der Situation benötigter Funktionen, z.B. Experte, Führer, Schiedsrichter, Diskussionsleiter..., in Erscheinung treten. Wie auch immer, es gilt allgemein, was Max Weber über die charismatische Autorität sagt: "...darauf allein, wie sie tatsächlich von den ... Beherrschten, den 'Anhängern', bewertet wird, kommt es an" (1972:140). Das Römische Recht kannte auch bereits diese Form der Machtausübung und bezeichnete sie mit "auctoritas", worunter "Herrschaft aufgrund von Einsicht und Vertrauen der Beherrschten in die Rechtsdienlichkeit und Sachkompetenz eines Herrschers" (Hillmann, 1982:58) verstanden wurde.

Im Falle der Sanktionsgewalt ist es so, daß jemand, der nach Macht strebt, von sich aus entsprechende Schritte unternehmen kann, um im sozialen Umfeld die Kontrolle über Ressourcen zu erlangen, die von anderen benötigt werden (Ausbildung, Berufswahl, Heirat, Einsatz finanzieller Mittel...). Eine andere Möglichkeit besteht darin, unmittelbare Gewalt einzusetzen (Krafttraining, Beschaffung einer Waffe...). Natürlich endet auch die "Macht" eines Gewalttäters dort, wo einem anderen Menschen sein Leben nicht mehr wichtig ist. Wer Macht aufgrund von Sanktionsgewalt ausübt, kann auf seine Sanktionsmöglichkeiten auch wieder von sich aus verzichten. (Austritt aus der Organisation, Verschenken des Geldes, Ablegen einer Waffe...). Allerdings ist es nicht notwendigerweise so, daß jemand, der aufgrund von Sanktionsgewalt Macht über andere Menschen ausübt, von diesen auch als Autorität anerkannt wird.

Zur Autorität kann man sich keinesfalls selbst machen oder ernennen. Darin besteht ein erster Unterschied zur Sanktionsgewalt: Sanktionsgewalt kann man sich (innerhalb bestimmter Grenzen) selber besorgen, Autorität ist man nur, wenn und solange man diese zugesprochen erhält. Es ist dabei nicht entscheidend, ob die Autorität objektiv über das zugesprochene Wissen oder die zugesprochenen Eigenschaften verfügt, ganz abgesehen davon, daß eine solche Kontrolle den Personen, die jemanden als Autorität anerkennen, in den meisten Fällen im voraus auch nicht möglich ist. "Es ist also nicht nötig, daß ein Fürst alle aufgezählten Tugenden besitzt, wohl aber, daß er sie zu besitzen scheint" (Machiavelli, 1961:105).

Es ist schon schwer, Machtausübung aufgrund von Sanktionsgewalt als bloßen Kausalprozeß im Sinne Webers zu verstehen, in der Tatsache also, daß eine Person X über Sanktionsmittel verfügt, den Grund für das Verhalten der machtunterworfenen Person Y zu sehen, ohne deren Bedürftigkeit und Dependenz mit zu berücksichtigen. Gänzlich unmöglich wird diese Sichtweise jedoch bei der Betrachtung der Machtausübung aufgrund von Autorität. Hier wird klar, daß es sich um einen simultan ablaufenden, dialektischen Prozeß der wechselseitigen Beeinflussung zwischen den Machtunterworfenen und der Autorität handelt, der nur stark vereinfacht ausgedrückt als Phasenprozeß beschrieben werden kann:

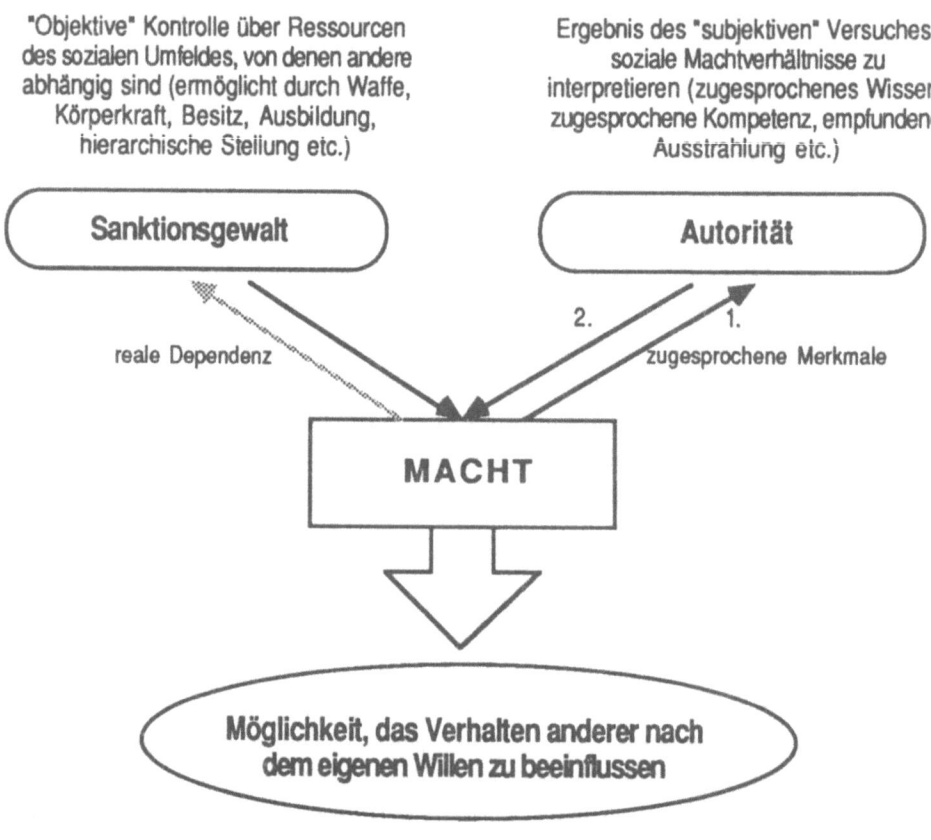

Abb. 1: Machtgrundlagen

Zuerst wird von den Personen, deren Verhalten schlußendlich durch die Autorität beeinflußt werden wird, einer anderen Person im Zuge des Versuches, soziale Machtverhältnisse zu interpretieren, aufgrund tatsächlich vorhandener oder vermeintlich zugeschriebener "Persönlichkeitsmerkmale" überlegenes Wissen, Kompetenz oder Vorbildwirkung etc. zugesprochen (Phase 1 in Abb. 1). D.h. die erfolgte Anerkennung als Autorität ist Voraussetzung dafür, daß in einem folgenden Schritt sich dann die Autorität, die diesen Prozeß realisiert, in der Lage befindet, Macht auszuüben (Phase 2).

Die Wirkmöglichkeit der Autorität beruht darauf, daß die Machtuntergebenen der Meinung sind, daß es "richtig", ja "Pflicht" ist, sich in ihrem Verhalten an eben dieser Autorität zu orientieren. Autorität wirkt unsichtbar, ist einer direkten Beobachtung nicht zugänglich und zielt auf das emotionelle Empfinden der Menschen: Sie ist in der Lage, bei den Machtuntergebenen im Falle der Gehorsamsverweigerung Schuldgefühle und Beschämung hervorzurufen. Während für den Gehorsam aufgrund von Sanktionsgewalt Einflüsse der "äußeren Wirklichkeit" verantwortlich sind, ist die Gehorsamsbereitschaft der Autorität gegenüber durch die "innere Realität" der jeweiligen Personen bestimmt.

Mit der Unterscheidung zwischen "äußerer Wirklichkeit" und "innerer Realität" ist der zweite wesentliche Unterschied zwischen Machtausübung aufgrund von Sanktionsgewalt und Machtausübung als Autorität angesprochen: Die Autoritätszuschreibung ist das Ergebnis eines *innerpsychischen* Prozesses bei jenen Personen, über die in der Folge Macht ausgeübt wird. Es läßt sich dabei unmöglich präzise angeben, wann dieser Prozeß beginnt, ja es stellt sich, wie noch gezeigt werden wird, sogar die Frage, ob nicht jede einzelne Autoritätsbeziehung vor dem Hintergrund der frühkindlichen Sozialisation diskutiert werden müßte? Dennoch dürfen auch hier die Gegebenheiten der "äußeren Wirklichkeit", des sozialen Umfeldes, durch die ein Prozeß der Autoritätszuschreibung mit stimuliert werden kann (z.B. der gezielte Einsatz von Statussymbolen), nicht unterschätzt werden.

Aus der Analyse des Zustandekommens von Autorität wird deutlich, daß Autorität auch nicht willentlich etwa durch eine entsprechende Anweisung von der damit ausgestatteten Person zu einem dieser beliebigen Zeitpunkt einseitig abgelegt werden kann. Die Forderung einer Autorität: *"Hör auf, dich an mir zu orientieren!"* ist ähnlich wie das *"Sei spontan!"*-Paradoxon nicht erfüllbar! Zwar kann eventuell bestimmten Verhaltenserwartungen der Machtuntergebenen nicht mehr entsprochen werden, was bei ihnen zu erheblicher Frustration führen wird, aber die Autorität bleibt solange erhalten, solange sie noch weiter zugesprochen wird. Allerdings steht man vor der paradoxen Situation, daß die einseitige Beendigung einer Autoritätsbeziehung durch die machtuntergebene Person sehr wohl möglich erscheint - indem diese nämlich aufhört, sich an der Autorität zu orientieren! Praktisch ist ein solcher Schritt aber nur als Folge eines intensiven Selbsterfahrungsprozesses und einer intensiven Auseinandersetzung mit der eigenen Emotionalität vorstellbar.

Ist eine Autoritätsbeziehung einmal "eingerastet", hält sie sich erstaunlich lange, wie verschiedene Experimente, auf die z.T. in der Folge noch eingegangen wird, ebenso beweisen wie geschichtliche Ereignisse und auch Alltagserfahrungen. Das Spektrum von im Namen des Gehorsams einer Autorität gegenüber begangenen Taten reicht von Massenmorden bis zur Selbstvernichtung. "Wenn man sich die lange und düstere Geschichte der Menschheit ansieht, entdeckt man, daß mehr scheußliche Verbrechen im Namen des Gehorsams begangen worden sind als jemals im Namen der Rebellion..."

(Snow, 1961:24). Der Gehorsam der Autorität gegenüber ist oft der höhere Wert, als menschliches Mitempfinden und Solidarität.

5 Zur Sicherung organisatorischer Macht

Macht ist, wenn sie bezweifelt wird, in ihrem Bestand gefährdet. Solange es Interessenkollisionen zwischen den Mächtigen und den Machtuntergebenen gibt, bedarf es Anstrengungen, die Macht abzusichern. Wird der Gehorsam mittels Sanktionsgewalt erzwungen, besteht erstens die Gefahr, daß die Untergebenen eines Tages Mittel und Wege finden, sich der Wirkung der angedrohten Sanktionen zu entziehen. Zweitens gibt es - und damit ist wieder die Verbindung zum Problem der hierarchischen Organisation in den modernen Betrieben hergestellt - "viele Arten von Arbeit, die nicht richtig ausgeführt werden können, wenn nur die nackte Angst dem Gehorsam zugrunde liegt" (Fromm, 1982:15). Drittens hat sich oft gezeigt, daß Macht, die sich auf Autorität stützen kann - Fromm spricht in diesem Zusammenhang von *Gehorsam, der von Herzen kommt* - sich der Machtausübung aufgrund von Sanktionsgewalt als überlegen erwiesen hat und somit stets eine mögliche Gefährdung der letztgenannten Machtbasis darstellt.

Die ideale Absicherung der Macht - so vermuten viele, die ausziehen, um in hierarchischen Organisationen Karriere zu machen - bestehe in der Verbindung beider Machtgrundlagen: Autorität und Sanktionsgewalt. Hitler oder Khomeni mögen als Beispiele für politische Führer angeführt sein, die ursprünglich ohne Sanktionsgewalt antraten. Sie kamen allerdings deshalb zu gesellschaftlicher Macht, weil es Menschen gab - sei es in den Münchner Bierkellern oder in persischen Dörfern -, die der Meinung waren, eben sie verstünden etwas von der Lösung der anstehenden Probleme und es wäre daher richtig, ihnen zu gehorchen. Viele gaben sich auch der Hoffnung hin, durch Gehorsam persönlichen Anteil an jener Macht miterwerben zu können, um die sich diese Politiker bemühten. Hätten Menschen in dieser Phase nicht gehorcht, wären sie noch nicht - wie kurze Zeit später sehr wohl - von Sanktionen bedroht gewesen und die Geschichte wäre anders verlaufen. Aber nachdem sie - Hitler wie Khomeni - als Autoritäten zu gesellschaftlicher Macht gelangt waren, hatten beide nichts eiliger zu tun, als sich um die Möglichkeit zu bemühen, auch (staatliche) Gewalt als Sanktionsmittel einsetzen zu können. Nun hatten sie beides: Macht als Autorität, und jenen gegenüber, die sie eventuell nicht als Autorität anerkennen wollten, die Sanktionsgewalt. Die Macht schien nun optimal abgesichert...

Das Beispiel der beiden Politiker läßt unschwer Analogien zu Personen zu, die als Experten in einer Abteilung einer Unternehmung begonnen hatten. Sie mögen anfangs über sonst nichts verfügt haben, als ihre anerkannte Kompetenz, auf Grund dieser stiegen sie dann die betriebliche Karriereleiter empor und stießen dabei in Bereiche vor, wo sie sich nicht mehr auf ihr Wissen und die erlebte Anerkennung als Grundlage ihrer Macht verlassen wollten und konnten. Sie brauchten dies aber auch nicht mehr, da ihnen nun auch die an höhere hierarchische Stellen gebundenen Sanktionsmöglichkeiten zur

Verfügung standen. Je unsicherer sie sich fühlten, desto wichtiger wurden alle Symbole, die ihre Stellung im hierarchischen System anzeigen sollten, desto wichtiger wurde für sie auch die Möglichkeit, auf Sanktionsmittel verweisen zu können.

In den hierarchischen Organisationen trifft man also auf Personen, die beides in sich vereinigen: Autorität und Sanktionsgewalt. Autorität dann, wenn sie zumindest in Teilbereichen als fachlich und/oder menschlich kompetent eingeschätzt werden, wenn Menschen es als richtig erachten, ihnen zu gehorchen. Daneben verfügen die Inhaber übergeordneter Stellen aber auch über die Möglichkeiten, Sanktionen zu setzen, die nicht selten eine existentielle Gefährdung der Untergebenen bedeuten können.

Macht wird von Führungskräften in hierarchischen Organisationen bevorzugt als Autorität ausgeübt. Autoritäten beeinflussen das Verhalten oft vieler Menschen und werden dafür noch verehrt und geschätzt, da sie ja den Erwartungen der Machtuntergebenen entsprechen oder zumindest zu entsprechen scheinen. Nur für den Fall, daß die Autorität nicht ausreichen sollte - daß Menschen nicht von sich aus tun, was die Autorität möchte, daß sie tun - für diesen Fall hätte man halt doch auch gerne Sanktionsmöglichkeiten. Der Hinweis auf die Rute im Fenster wird dann wohl genügen...

Es gab im Laufe der Geschichte allerdings immer wieder Personen, die auch über große Macht als Autorität verfügten, diese aber nicht dazu gebrauchten, die Freiheit anderer einzuschränken, und die auf die Verbindung zu Sanktionsgewalt verzichteten. In der Parabel vom Großinquisitor in den Brüdern Karamasow, einer der tiefsinnigsten Auseinandersetzungen mit den Fragen von Autorität und Freiheit der gesamten Weltliteratur, läßt Dostojewski den Großinquisitor im 16. Jahrhundert noch mit Jesus zürnen, daß er diese Möglichkeiten ausgelassen habe: "'Du' hast den einzigen Weg verschmäht, auf dem es möglich war, das Glück der Menschen zu gründen; zum Glück hast 'Du' aber, als du weggingst, die Sache uns (den Hütern der Kirche A.K.) übergeben... Und wir werden ihnen sagen, daß sie Dir gehorchen, und werden in deinem Namen herrschen über sie... Du aber hättest bereits damals das Schwert Cäsars ergreifen können! Warum hast du es nicht getan? Hättest du den letzten Rat des mächtigen Geistes befolgt, so wäre doch alles erfüllt worden, was der Mensch auf Erden sucht: der Mensch würde wissen, vor wem er sich beugen soll, wem er sein Gewissen anzuvertrauen hat, und wie endlich alle Menschen sich zu vereinigen vermöchten zu einem großen einträchtigen Ameisenhaufen."

Die Tatsache, daß Autoritäten - weil ihnen von Herzen kommende Gehorsamsbereitschaft und Eigenschaftszuschreibungen entgegengebracht werden - Verehrung und Bewunderung erleben, führt dazu, daß diese Form der Machtausübung für viele neurotisch gestörte Menschen, die sonst am Erleben echter partnerschaftlicher Beziehungen und zwischenmenschlicher Wertschätzung gehindert sind, besonders erstrebenswert wird. Sie können als Autorität ihre Macht spüren, Nähe und Distanz zu anderen Menschen regulieren und dort in der Illusion leben, geliebt zu werden, wo ihnen Abhängigkeitsgefühle und Übertragungen (Emotionen als Projektionen früherer Beziehungen, meist zu den Eltern) entgegengebracht werden.

Gehorsamsbereitschaft ist für das Funktionieren jeder hierarchischen Organisation unabdingbar. Sie wird äußerlich sichtbar durch Gesetze und Satzungen sowie durch allgemein anerkannte tradierte Werte abgesichert, die alle neuen Organisationsmitglieder kennen und beachten lernen müssen.

Die Gehorsamspflicht wird in der Arbeitswelt mit jedem Arbeitsvertrag begründet und ist für den Öffentlichen Dienst sogar in der Bundesverfassung (Art. 20/1) verankert. Das Beamtendienstrecht kennt analoge Regelungen, wonach der Untergebene die von seinem Vorgesetzten erlassenen Anordnungen auszuführen hat - widrigenfalls er mit Sanktionen bedroht wird. Die Machtausübung von Menschen über Menschen verschwindet hier hinter der mit Strafe drohenden Herrschaft von Gesetzen, Stellenbeschreibungen und Regeln. Da Menschen unter solchen Bedingungen nicht mehr sichtbar von anderen Menschen gezwungen werden, zu gehorchen, können sie sich der Illusion hingeben, freiwillig und/oder zumindest vernünftig zu handeln, weil sie sich an legal zustandegekommenen Vorschriften orientieren.

Die Verschleierung von Macht hinter anonymen Strukturen wird mit der fortschreitenden Bürokratisierung und Computerisierung der Gesellschaft enorm zunehmen. Johan Galtung hat bereits 1975 auf die aus dieser Entwicklung resultierenden Konsequenzen einer notwendigen differenzierteren Betrachtung des Machtphänomens hingewiesen: Er unterscheidet strikt zwischen personaler oder direkter und struktureller oder indirekter Gewalt (power). Letztere begreift er bereits als unabhängig von bestimmten Personen existierend: Nach Galtung ist z.B. "in einer Gesellschaft, in der die Lebenserwartung der Oberschicht doppelt so hoch ist wie die der Unterschicht, Gewalt manifest, auch wenn keine konkreten Akteure sichtbar sind, die direkt gegen andere vorgehen, wie etwa im Falle der Tötung eines Menschen durch einen anderen" (1975:13).

Wenn Menschen immer wieder an ihre Gehorsamspflicht erinnert werden, werden sie lernen, gewohnheitsmäßig zu gehorchen: *"Gehorsam, der zur Gewohnheit geworden ist, heißt Disziplin"* (Sennett, 1985:109). Die besondere Bedeutung der frühen Sozialisationsinstitutionen Familie und Schule in diesem Zusammenhang ist evident. Eine in Österreich im Jahre 1984 durchgeführte Umfrage ergab, daß 65 Prozent der Befragten der im Fragebogen enthaltenen Aussage: "Das Wichtigste, was Kinder lernen müssen, ist Gehorsam" voll zustimmten (Schurz, 1985:24).

Gesetze und Regeln, die zudem relativ rasch veränderbar sind, reichen aber ebensowenig aus, das Phänomen der Gehorsamsbereitschaft hinlänglich zu erklären, wie Gewohnheit oder äußere Erziehungsmaßnahmen. Es ist vielmehr notwendig zu untersuchen, welche bereits frühzeitig geprägten seelischen Dispositionen die innere Voraussetzung zum Gehorsamsverhalten bilden. Gestützt auf Erkenntnisse der Tiefenpsychologie sollen zwei Bereiche in diese Untersuchung einbezogen werden, die miteinander auch in einer gewissen Wechselwirkung stehen: Über-Ich - Steuerung und frühkindliche Grunderfahrungen.

6 Tiefenpsychologische Theorie der Gehorsamsbereitschaft

6.1 Über-Ich - Steuerung

Unter Über-Ich wird in der tiefenpsychologischen Literatur jener Teil der Persönlichkeit verstanden, der die Gesamtheit der verinnerlichten Werte, Normen, moralischen Forderungen etc. repräsentiert. Das Gewissen ist Teil des Über-Ichs. Wenn es nun gelingt, in dieser Steuerinstanz des menschlichen Verhaltens Werthaltungen zu verankern, die bewirken, daß Gehorsam "von innen heraus "("*von Herzen*" - Fromm) gelebt wird, so kann damit erreicht werden, daß der Mensch - in der Illusion von Freiheit - von sich aus gehorchen will, in sich das Bedürfnis zum Gehorsam verspürt. "Der Mensch muß gehorchen wollen, ja das Bedürfnis dazu spüren, anstatt nur Angst vor dem Ungehorsam zu haben. Um das zu erreichen, muß die Macht die Qualitäten des Allgütigen, Allweisen und Allwissenden annehmen. Wenn das geschieht, kann die Macht verkünden, daß Ungehorsam Sünde und Gehorsam Tugend sei. Sobald dies einmal verkündet wird, können die Vielen den Gehorsam akzeptieren, weil er etwas Gutes ist, und den Ungehorsam verabscheuen, weil er etwas Schlechtes ist..." (Fromm, 1982:15). Ist nicht dieser von Fromm beschriebene Prozeß einer, den unzählige Menschen unserer Kultur in ihrer Kindheit durchleben?

6.2 Frühkindliche Grunderfahrungen

Ein Kind, das in diese Welt hineingeboren wird, ist existentiell darauf angewiesen, jemanden vorzufinden, der weiß, was ihm gut tut. Das Kind "braucht ausreichende körperliche Pflege und Nahrung, um überleben und weiter ausreifen zu können, es braucht liebevolle Zuwendung, um Sicherheit, Geborgenheit und jederzeit Befreiung von unerträglichen Spannungen zu haben, und es braucht Stimulierung, damit seine kognitive Entwicklung die erforderlichen Impulse empfängt" (Lidz, 1974:232). Nur wenn jemand diese totale Abhängigkeit respektiert und die unbedingt notwendigen Funktionen wahrnimmt, kann das Kind überleben. Aber es wäre ein großer Irrtum, in der Sorge von Eltern für den Säugling einen bloß einseitig befriedigend ablaufenden Prozeß zu vermuten. Die Existenz des Kindes, die befriedigten Reaktionen auf erfolgte Fürsorge geben umgekehrt auch den Eltern in ihrer Existenz Sinn, Wichtigkeit und sind somit Quelle hoher Befriedigung.

Eine Person, die totale Macht, nämlich gleichsam die Funktionen der absoluten Autorität wie die Möglichkeiten zur totalen Sanktionierung ausübt, steht am Beginn der menschlichen Entwicklung: Die Mutter oder jene Person, die ihre Funktionen wahrnimmt. Eine menschliche Ur-Erfahrung besteht somit darin, darauf angewiesen zu sein, daß jemand da ist, der weiß, was für einen gut und richtig ist. Wenn hier von "Ur-" gesprochen wird, soll damit ausgedrückt werden, daß damit nicht ein bewußter Vorgang beschrieben wird, sondern ein die Gesamtpersönlichkeit prägender Prozeß. Es ist genaugenommen hier noch nicht korrekt, von Autorität zu sprechen, da der Säugling noch nicht in der Lage ist, zwischen ihm und den wichtigen Personen der Außenwelt zu unterscheiden, er kann daher auch noch nicht einem anderen Menschen Autorität zusprechen.

Das heranwachsende Kleinkind beginnt erst etwa ab der zweiten Hälfte des zweiten Lebensjahres der totalen Pflege und Umsorgung durch die mütterliche Bezugsperson und dem damit verbundenen symbioseartigen Dasein mit ihr zu entwachsen. "In diesem Lebensabschnitt kommt es entscheidend darauf an, daß ein grundlegendes *Vertrauen in das Selbst* sowie ein *Sinn für Initiative* begründet werden, wobei das Kind allmählich zwischen sich und seiner Mutter Grenzen aufrichten muß, sowohl physische Grenzen als auch das Gefühl dafür, daß es als von der Mutter unabhängiges Individuum handeln und für sich selbst sorgen, daß es sich selbst und seine Umwelt beherrschen und meistern kann"(Lidz, 1974:235). Das "Nein" des Kindes in dieser Phase ist Voraussetzung dafür, daß der eigene Wille als solcher erlebt werden kann. Ab jetzt kann zwischen dem Kind und der äußeren Welt unterschieden und begonnen werden, die Umwelt zu interpretieren, erst jetzt können erste Autoritätszuschreibungen erfolgen. Diese Zuschreibungen werden ab nun zunächst gegenüber jenen Personen getätigt, die als omnipotent in ihren Möglichkeiten (auch ihren Sanktionsmöglichkeiten) erlebt werden: den Eltern. Sie werden als die besten, klügsten, liebevollsten, kompetentesten der ganzen Welt angesehen. Diese Grunderfahrung gibt den Boden ab, auf dem sich die spätere Autoritätsorientierung entwickelt. In der Begegnung mit der elterlichen Macht, die sich auf beide Machtgrundlagen - Sanktionsgewalt und Autorität - stützt, erfolgt ein Prozeß der Konditionierung, der die Erklärung dafür abgibt, daß Menschen viel später in ihrem Leben, automatisch gleichsam wie Pawlows Hund, selbst dann noch mit Angst vor Strafe auf Verstöße gegen im Gewissen repräsentierte Elternforderungen reagieren, wenn die Eltern vielleicht schon längst tot sind und das erwogene Verhalten der realen Situation durchaus angepaßt wäre.

Sind Eltern den Anforderungen dieser kindlichen Entwicklungsphase nicht gewachsen, können sie beim Kind Gefühle von Scham, Zweifel und Unsicherheit in so starkem Maße auslösen, daß die weitere Entwicklung von Autonomie, Selbstwertgefühl und Selbstvertrauen behindert wird (Erikson, 1966). Angst vor Liebesverlust, Gefühle der Beschämung und später Schuldgefühle beginnen sich ab nun zu entwickeln. Es sind dies jene Gefühle, die später wesentlich für die Gehorsamsbereitschaft gegenüber Autoritäten sein werden.

6.3 Schuldgefühle

Wie kommt es nun zu Schuldgefühlen? "Ein ursprüngliches, sozusagen natürliches Unterscheidungsvermögen für Gut und Böse darf man ablehnen. Das Böse ist oft gar nicht das dem Ich Schädliche oder Gefährliche, im Gegenteil auch etwas, was ihm erwünscht ist, ihm Vergnügen bereitet. Darin zeigt sich also fremder Einfluß; dieser bestimmt, was Gut und Böse heißen soll. Da eigene Empfindung den Menschen nicht auf denselben Weg geführt hätte, muß er ein Motiv haben, sich diesem fremden Einfluß zu unterwerfen. Es ist in seiner Hilflosigkeit und Abhängigkeit von anderen leicht zu entdecken, kann am besten als Angst vor dem Liebesverlust bezeichnet werden. Verliert er die Liebe des anderen, von dem er abhängig ist, so büßt er auch den Schutz vor mancherlei Gefahren ein, setzt sich vor allem der Gefahr aus, daß dieser Übermächtige ihm in der Form der Bestrafung seine Überlegenheit beweist. Das Böse ist also anfänglich dasjenige, wofür man mit Liebesverlust bedroht wird; aus Angst vor diesem Verlust muß man es vermeiden" (Freud, 1930:111 f.). In dieser frühen Phase macht es noch wenig aus, ob man das Böse bereits getan hat, oder es erst tun will; in beiden Fällen tritt die Gefahr der Sanktion erst ein, wenn dies von der elterlichen Autoritätsperson entdeckt wird.

Noch kann nicht von einem "schlechten Gewissen" gesprochen werden, da das Über-Ich, die Gewissensinstanz noch nicht entwickelt ist. Normen und Vorschriften sind noch personal durch die Eltern repräsentiert; verlassen die Eltern z.B. einen Raum, verschwinden mit ihnen auch die durch sie repräsentierten Ge- und Verbote. Freud weist noch auf eine bei vielen Erwachsenen anzutreffende Entsprechung zu diesem kleinkindlichen Verhalten hin, wenn sie gegen Forderungen der größeren menschlichen Gemeinschaft verstoßen: Sie gestatten sich, "das Böse, das ihnen Annehmlichkeiten verspricht, auszuführen, wenn sie nur sicher sind, daß die Autorität nichts davon erfährt... und ihre Angst gilt ganz allein der Entdeckung. Mit diesem Zustand hat die Gesellschaft unserer Tage im allgemeinen zu rechnen" (Freud, 1930:112).

Mit dem Ende des dritten Lebensjahres, dem Ende des Kleinkindalters und dem Beginn des Vorschulalters, beginnt für das Kind die entscheidende Phase auf dem Weg zu wirklicher personaler Eigenständigkeit und Autonomie. Ohne gelingende Realitätsprüfung ist Selbstbestimmung nicht möglich. Das Kind muß die dazu notwendigen Voraussetzungen erwerben: "Hierzu gehören nicht nur die Erweiterung der kognitiven Fähigkeiten und Leistungen, sondern auch die Entwicklung eines fundamentalen Vertrauens in Wert und Nutzen der verbalen Kommunikation. Die Ich-Funktionen des Kindes - seine Fähigkeit, das eigene Leben über den Augenblick hinaus in die Zukunft zu bestimmen - werden sich in der nun folgenden Zeit, gestützt auf die Fähigkeit, Gebote und Anordnungen anderer zu internalisieren, d.h. gestützt auf das Über-Ich, nachhaltig entwickeln, so daß das Kind am Ende dieser Periode die ersten Lektionen sozialer Einordnung beherrscht..." (Lidz, 1974:275 f.).

Freud erachtet es für sinnvoll, erst dann von Gewissen und Schuldgefühlen zu sprechen, sobald die Autorität durch die Aufrichtung eines Über-Ichs verinnerlicht worden ist, was etwa um das Alter von 5 Jahren herum der Fall ist. "Um diese Zeit hat sich eine wichtige Veränderung vollzogen. Ein Stück der Außenwelt ist als Objekt, wenigstens partiell, aufgegeben und dafür (durch Identifizierung) ins Ich aufgenommen, also ein Bestandteil der Innenwelt geworden. Diese neue psychische Instanz setzt die Funktionen fort, die jene Personen der Außenwelt ausgeübt hatten, sie beobachtet das Ich, gibt ihm Befehle, richtet es und droht ihm mit Strafen, ganz wie die Eltern, deren Stelle es eingenommen hat. Wir heißen diese Instanz das Über-Ich, empfinden sie in ihren richterlichen Funktionen als unser Gewissen" (Freud, 1938:59 f.). Die Strenge des

Über-Ichs, die sich in Gewissensforderungen äußert, "setzt einfach die Strenge der äußeren Autorität, die von ihr abgelöst und teilweise ersetzt wird, fort" (Freud, 1930:114). Das Über-Ich ist aber mehr als die bloße Fortsetzung des Wirkens und des Wesens der Eltern, in ihm spiegelt sich auch alles, was bestimmend auf die Eltern selbst gewirkt hat, vor allem die Anforderungen der sozialen Strukturen und sonstigen Lebensbedingungen. Zu diesen Anforderungen sind eindeutig auch jene Erfahrungen und Forderungen zu zählen, die sich aus den Lebensbedingungen in hierarchischen Organisationen ergeben.

Schuldgefühle ergeben sich sodann aus Spannungen zwischen Über-Ich-Forderungen und dem Ich. Diese Spannungen können - um sie wieder abzubauen - zu einer Bereitschaft führen, gewisse Formen von Bestrafung auf sich zu nehmen. War früher für das Entstehen von Angst und Gehorsamsbereitschaft die körperliche Anwesenheit einer *äußeren* Person notwendig, die in der Lage war, Sanktionen anzudrohen, so wird diese Drohung jetzt von einer *innerpsychischen* Instanz übernommen.

7   Reifer Umgang mit Autorität

Alle Kinder sprechen ihren Eltern Autorität zu. Diesen Prozeß verhindern zu wollen, war der große Irrtum bestimmter Versuche "antiautoritärer" Erziehung. Die Orientierung des Kindes an einer Autorität ist hilfreich, entwicklungsnotwendig und solange nicht problematisch, solange es nicht grundsätzliche Interessensgegensätze zwischen beiden gibt. Beispiele für Beziehungen, bei denen die Interessen der Beteiligten im Idealfall in die gleiche Richtung gehen, wären die Eltern - Kind - oder die Lehrer - Schüler - Beziehung. Im Idealfall freuen sich die Eltern, wenn sich das Kind zu einer autonomen, eigenständigen Persönlichkeit entwickelt, der Lehrer ist befriedigt, wenn es ihm gelingt, den Schüler zu fördern. Andere Beispiele für die positive, erwünschte Funktion der Autorität wären die Hilfestellung des fachlich kompetenteren Vorgesetzten, die einem Mitarbeiter die Erledigung einer anstehenden Aufgabe erleichtert, die Anweisung eines erfahrenen Bergführers in einer bedrohlichen Bergsituation oder die Verordnung eines bestimmten Heilbehelfes durch den kundigen Arzt. Solange jedoch die Orientierung und Abhängigkeit von der Autorität besteht, auch wenn sie als noch so angenehm und hilfreich empfunden wird, herrscht Fremdbestimmung.

Die "normale" Ent-Wicklung geht so vor sich, daß die Abhängigen, Bedürftigen sich ursprünglich mit einer Vorbild - Figur identifizieren, sie verinnerlichen, sie zu schätzen beginnen und sie und ihre Forderungen sich zu eigen machen. Später werden sie dann aber irgendwann "in einem sehr schmerzhaften und nie ohne Narben gelingenden Prozeß erfahren, daß der Vater, die Vaterfigur (das verehrte Vorbild - A.K.) dem Ich-Ideal, das sie von ihm gelernt haben, nicht entspricht, dadurch sich davon ablösen und erst auf diese Weise zum mündigen Menschen werden. *Das Moment der Autorität ist... als ein genetisches Moment von dem Prozeß der Mündigwerdung vorausgesetzt.*"

(Adorno, 1971:140, Hervorhebung A.K.). Das Schicksal der Autorität im Idealfall ist es, komplementär zum Reifeprozeß der Untergebenen zugrundezugehen!

Wenn jedoch ein Interessensgegensatz zwischen Autorität und der machtuntergebenen Person besteht, wird diese ausgebeutet und in ihren Entwicklungsmöglichkeiten und Handlungsalternativen behindert. In diesem Fall wird von einem *autoritären* Verhalten gesprochen (Schwarz, 1974:123 f.). Eine solche Autorität erhebt den Anspruch, das Verhalten anderer Menschen in Bereichen zu beeinflussen, wo diese dazu von sich aus alleine und auf ihre besondere Art in der Lage wären, oder in eine Richtung, die deren Intentionen widerspricht. Die Befreiung von der Macht solcher Autorität kann nur durch einen konfliktbehafteten sozialen Prozeß der Autonomiefindung erfolgen: den Akt des Ungehorsams. "Ein Mensch kann durch den Akt des Ungehorsams, dadurch daß er einer Macht gegenüber nein sagen lernt, frei werden; aber die Fähigkeit zum Ungehorsam ist nicht nur die Voraussetzung für Freiheit - Freiheit ist auch die Voraussetzung für Ungehorsam. Wenn ich vor der Freiheit Angst habe, kann ich nicht wagen, nein zu sagen, kann ich nicht den Mut aufbringen, ungehorsam zu sein. Tatsächlich sind Freiheit und die Fähigkeit zum Ungehorsam nicht voneinander zu trennen. Daher kann auch kein gesellschaftliches, politisches oder religiöses System, das Freiheit proklamiert und Ungehorsam verteufelt, die Wahrheit sprechen" (Fromm, 1982:14). Die Orientierung an der Autorität ist - so wird spätestens hier wieder deutlich - primär ein innerpsychisches Problem der Machtuntergebenen. Autoritätsabhängigkeit ist - um ein Bild Alfred Adlers vom Neurotiker abzuwandeln - vergleichbar der Gefangenschaft in einer Zelle - aber der Schlüssel zu diesem Gefängnis steckt innen!

Ein Problem menschlicher Freiheit besteht nun auch gegenüber jenen Forderungen, die ursprünglich von Autoritäten getragen waren, die ins Über-Ich introjiziert wurden und die sich später als Gewissensforderung melden. Sie werden normalerweise nicht mehr als das erkannt werden, was sie sind: als Ausdrucksformen der internalisierten Autorität. Hier handelt es sich aber noch immer um Gehorsam gegenüber einer fremden Macht. Die Formulierung "meinem Gewissen gehorchen" verweist zumeist auf einen Gehorsam in Wahrheit einer Macht außerhalb uns selbst gegenüber (Fromm, 1982:12). Jeder Gehorsam gegenüber einer anderen Person oder einer Institution (Fromm spricht in diesem Zusammenhang von *heteronomem Gehorsam*), wie auch verinnerlichten Über-Ich-Forderungen gegenüber ist Unterwerfung; "er impliziert, daß ich auf meine Autonomie verzichte und einen fremden Willen oder eine fremde Entscheidung anstelle meiner eigenen akzeptiere. Wenn ich dagegen meiner eigenen Vernunft oder Überzeugung gehorche, (*autonomer Gehorsam*), so ist das kein Akt der Unterwerfung, sondern ein Akt der Bejahung. Meine Überzeugung und mein Urteil sind - soferne sie wirklich die meinen sind - ein Teil von mir. Wenn ich diesen und nicht dem Urteil anderer folge, bin ich wirklich ich selbst" (Fromm, 1982:12). Paul Watzlawick wird der Aphorismus zugeschrieben, wonach sich Erwachsensein darin zeige, daß man tut, was man für richtig hält - auch dann, wenn die Eltern wollen, daß man es tue.

7.1 Sehnsucht nach Autorität als modernes Tabu

Das Leben mit einer Autorität ist eine Ur-Erfahrung eines jeden Menschen. In der frühen Zeit der Kindheit bestand ein vielleicht kurze Zeit paradiesischer, bald aber ambivalenter Zustand darin, in Harmonie und Abhängigkeit mit der Autorität zu leben, die - wie Gott seinerzeit gegenüber Adam und Eva im Paradies - die totale Macht verkörperte. Es stellt sich nun die Frage, inwieweit nicht in jedem erwachsenen Menschen auch noch die Sehnsucht nach dem paradiesischen Anteil dieses Zustands nachwirkt. Daneben ist jener Entwicklungsprozeß des Kindes hin zur autonomen Persönlichkeit, wie er oben beschrieben wurde - geleitet von Autoritäten, zu denen keine Interessensgegensätze bestehen - leider nur sehr selten in der idealtypisch beschriebenen Weise Wirklichkeit.

Stimmt Erich Fromms Vorstellung vom möglichen *autonomen Gehorsam*, der uns in Freiheit entscheiden läßt, oder handelt es sich bei dieser Freiheitsvorstellung wiederum um eine Ideologie? Haben wir diese Möglichkeit, frei zu entscheiden, oder besteht unsere Freiheit nicht in der bewußt gestalteten Bewegung innerhalb von Grenzen, also konkret darin, daß wir nicht von Autoritäten loskommen, wohl aber entscheiden können, an welchen wir uns orientieren? Tragen wir nicht auch als Erwachsene zumeist eine latente, ungestillte Sehnsucht nach der Orientierung an Autoritäten in uns, die wir uns aber nicht einzugestehen trauen? Und sind wir nicht gerade dadurch in einem ungeheuren Ausmaß insoferne verletzbar und politisch instrumentalisierbar, als wir von Autoritäten, die unsere Bedürftigkeiten erkennen, mißbraucht und manipuliert werden können? Kann darin nicht eine Erklärung für die irrational erscheinende Anhänglichkeit so vieler moderner Menschen an Sektengründer, Gurus, Idole, aber auch politische "Führer" liegen?

Richard Sennett sieht einen gesellschaftlichen Prozeß, durch den Autorität als Ziel von Wünschen als aus sich heraus gefährlich definiert und dadurch zu einem modernen Tabu wird: "Die moderne Vorstellung von Autorität gleicht dem Sexualtabu des 19. Jahrhunderts; das Verlangen nach Autorität scheint die Möglichkeit eines Sturzes in die freiwillige Sklaverei zu eröffnen - so wie die Viktorianer einst glaubten, die Menschen würden auf den Weg des sittlichen Verfalls geraten, wenn sie sich ihr Bedürfnis nach sinnlicher Lust eingeständen"(1985:13 f.). Der Vergleich kann fortgeführt werden: Die Viktorianer, die ihre Bedürfnisse verdrängten, versuchten ihr Phantasieleben durch neue Verhaltensweisen zu kanalisieren. Ihre Bedürfnisse konnten jedoch nicht verändert werden und fanden oft in stark deformierter Weise ihre Befriedigung, über die aber nicht gesprochen wurde.

Solange das Bedürfnis nach Autorität nicht als eine reale, dem Erwachsenen nicht fremde Haltung akzeptiert wird, kann nicht über Anforderungen an Autoritäten und deren Kontrolle und Bestätigung gesprochen werden. Es bleibt die Macht jener erhalten, die in der jeweiligen Kultur erkannt haben, durch welche Formen des Auftretens und des Umgangs mit Symbolen die Wahrscheinlichkeit erhöht wird, daß ihnen Autorität zugesprochen wird. Sie können andere Menschen dadurch manipulieren, daß sie deren "Pflichtbewußtsein" und deren Schuldgefühle aktivieren. Besonders gefährlich werden

Autoritäten dann, wenn sie es verstehen, organisatorische Strukturen so zu gestalten, daß dadurch das Gehorsamsverhalten zusätzlich erleichtert wird. In diesem Fall eröffnen sich erschreckende Möglichkeiten der Instrumentalisierung anderer Menschen, wie an den Beispielen der folgenden Experimente gezeigt werden soll.

8 Milgrams Experimente zur Gehorsamsbereitschaft gegenüber Autorität

Im Jahre 1961 veröffentlichte der Amerikaner Stanley Milgram erstmals Berichte über ein von ihm entworfenes und durchgeführtes Experiment, mit dem er das "Gehorsamkeitsverhalten" von Menschen untersuchte. Das Experiment wurde von ihm später unter geänderten Versuchsbedingungen wiederholt, wobei er eine unterschiedliche Gehorsamsbereitschaft seiner Versuchspersonen feststellte. Unter jeweils wiederum geänderten Rekrutierungsbedingungen wurde das Experiment auch in Princeton, München, Rom, Südafrika und Australien wiederholt; ein analoges Experiment wurde von Grete Schurz 1984 auch in Graz durchgeführt.

Da die Variationen der Versuchsdurchführung sehr gut dokumentiert sind, geben sie eine aufschlußreiche Grundlage dafür ab, nicht nur generelle Fragen der Gehorsamsbereitschaft gegenüber Autorität zu diskutieren, sondern auch der Frage nach dem Zusammenhang zwischen Struktur und (Gehorsams-)Verhalten nachzugehen.

8.1 Die Versuchsanordnung

Milgram wollte überprüfen, wie weit die Gehorsamsbereitschaft einer Autorität gegenüber gehe. Dazu entwickelte er eine Versuchsanordnung, bei der eine Autorität eingeführt wurde, die in der amerikanischen Öffentlichkeit über ein hohes Sozialprestige verfügt: ein Wissenschaftler. Durch die Präsentation eines Professors, noch dazu auf prestigeträchtigem akademischen Boden, wurde jener Prozeß in den Personen, die fortan der Autorität gehorchen sollten, provoziert, der für das Funktionieren einer Autoritätsbeziehung unabdingbar ist: Die Autorität wird als wissend und kompetent, der Gehorsam ihr gegenüber als gehörig, als richtig, als "Pflicht" erlebt. Dabei wird von den Versuchspersonen gänzlich außer Acht gelassen, daß ein eventueller Ungehorsam durch keine wie auch immer gearteten äußeren Sanktionen bedroht ist.

Milgram führte sein Experiment zuerst in den Räumen eines eleganten Laboratoriums an der Yale-Universität durch. Unter dem Vorwand, an einem wissenschaftlichen Experiment teilzunehmen, das sich mit dem menschlichen Lernen beschäftige, wurden Versuchspersonen aus allen Berufssparten durch Inserate in einer Lokalzeitung angeworben. Eine andere Gruppe von Personen, deren Adresse dem Telefonbuch von New Haven entnommen worden war, wurde direkt angeschrieben und zur Teilnahme eingeladen. Es wurde eine Bezahlung von 4 Dollar pro geleisteter Arbeitsstunde und 50 Cents Fahrtkosten angeboten.

Eine so ausgewählte "naive" Versuchsperson, wurde zu einem festgelegten Zeitpunkt ins Labor gebeten, wo sie mit zwei weiteren Personen zusammentraf: eben jenem Professor, der sich als Leiter des Experiments und wissenschaftlicher Experte vorstellte und einem zweiten Mann, der sich auch als Teilnehmer am Experiment ausgab und wie ein solcher behandelt wurde, der aber in Wirklichkeit ein Helfer des Versuchsleiters war. Diese Tatsache blieb der naiven Versuchsperson verborgen.

Der Professor erklärt beiden, daß sie eingeladen wurden, um an einem Experiment teilzunehmen, bei dem die Auswirkungen von Bestrafungen auf das menschliche Lernen und Gedächtnis untersucht werden sollen. Dabei möge eine der anwesenden beiden Versuchspersonen die Rolle eines Lehrers und die andere die eines Schülers übernehmen. Durch eine manipulierte Auslosung wird zwischen diesen beiden Personen eine Rollenverteilung derart getroffen, daß die naive Versuchsperson im bevorstehenden Experiment die Rolle des Lehrers, die zweite Person, der Helfer, die Rolle des Schülers zugeteilt erhalten.

Sofort nach der Verlosung werden Lehrer und Schüler vom Versuchsleiter in einen Nebenraum gebeten, wo der Schüler - unter Mithilfe des Lehrers - vom Versuchsleiter an einem "elektrischen Stuhl" festgeschnallt wird. Am Handgelenk des Schülers wird zunächst "Elektrodensalbe" aufgetragen, "um Blasen und Verbrennungen zu vermeiden" (Milgram, 1974:35). Hernach werden dort Elektroden befestigt, die mit einem Schockgenerator im Nebenraum verbunden sind. Dem Schüler wird sodann gesagt, daß der Lehrer in der Folge eine bestimmte Anzahl von Wortpaaren vorlesen werde. Es sei seine Aufgabe als Schüler, sich diese Wortpaare genau einzuprägen. Der Lehrer würde sodann sein Gedächtnis in der Form testen, daß er das erste Wort eines Wortpaares nennen und sodann vier Wahlwörter vorlesen werde. Der Schüler solle durch Drücken eines von vier Knöpfen auf einem Antwortkasten, der ihm unter eine Hand geschoben wurde, bekanntgeben, welches der vier Wahlwörter ursprünglich mit dem ersten Wort gemeinsam vorgelesen wurde.

Der Versuchsleiter führt den naiven Lehrer daraufhin in einen dritten Raum, in dem ein "Schockgenerator" und ein Anzeigegerät für die Antworten stehen. Nachdem der Versuchsleiter die Funktionsweise der Maschine kurz erklärt hat, gibt er dem Lehrer, damit er einen Eindruck davon habe, welche Schockstärke der Lernende bekomme, einen Probeschock. Der Lehrer wird aufgefordert, die Stärke des Probeschocks abzuschätzen und sich dabei an den Bezeichnungen, die über und unter den Schalthebeln angebracht sind, zu orientieren. Es gibt 30 Hebel, die einzeln durchnumeriert sind und weiters mit jeweils einer Voltbezeichnung, beginnend mit 15V, 30V, 45V ... und endend mit 420V, 435V, 450V versehen sind. Zusätzlich zur Bezeichnung mit den Voltangaben sind jeweils eine Gruppe von vier Schaltern von links nach rechts gesehen, mit folgenden verbalen Bezeichnungen versehen: "Leichter Schock", "mäßiger Schock", "mittlerer Schock", "kräftiger Schock", "schwerer Schock", "Gefahr: Bedrohlicher Schock!". Die letzten beiden Schalter tragen schließlich nur noch die Markierung: "XXX". Der Lehrer wird darüber aufgeklärt, daß er einen Probeschock von 45 Volt, also Hebel 3, erhalten habe.

Der Lehrer soll nun beginnen, die Liste mit den Wortpaaren vorzulesen und anschließend die Testfragen mit den vier Antwortmöglichkeiten zu stellen. Die Antworten des Schülers aus dem Nebenraum werden im Antwortkasten angezeigt. Wenn der Schüler richtig antwortet, soll der Lehrer "richtig" sagen und zur nächsten Frage weitergehen. Wird jedoch eine falsche Antwort angezeigt, so soll er "falsch" sagen, die nunmehr fällige Volthöhe angeben und dem Schüler eine Strafe dadurch verabreichen, daß der nächste Schalthebel betätigt wird. Anschließend soll die richtige Antwort verlesen und zur nächsten Frage weitergegangen werden. Jeder Fehler des Schülers soll also mit einem Elektroschock von ständig steigender Intensität, beginnend mit 15 Volt und endend schließlich bei Schalter 30 mit 450 Volt bestraft werden. Ist die Versuchsperson bei der 30. Schockstufe (=450 V) angelangt, so wird sie angewiesen, unter Anwendung dieser Maximalspannung mit den Aufgaben fortzufahren. Nach zwei weiteren Versuchen bricht der Leiter sodann das Experiment ab.

Im Verlauf des Experiments, wenn der Lehrer gehorchte, die Worte wie verlangt vorlas und Fehler mit zunehmend stärkeren Schocks bestrafte, waren folgende Reaktionen des Schülers wahrzunehmen: Ab der Betätigung des fünften Schalters (75V) wurde über einen Lautsprecher aus dem Nebenzimmer eine erste Unmutsäußerung, ein Stöhnen des Schülers, übertragen. Ähnliche, jedoch jeweils etwas stärkere Reaktionen folgten auf die Betätigung der nächsten Schalthebel. Bei 120 Volt rief der Schüler, der offensichtlich ein Opfer war, dem Versuchsleiter zu, daß die Schocks schmerzhaft würden. Die Intensität der Rückmeldungen steigerte sich weiter über überraschte und schmerzvolle Ausrufe zu wütenden Protesten und einem schmerzlichen, heulenden Flehen und Gebrüll im Bereich von 300 Volt. Danach wurden das Schluchzen und Flehen den Versuch abzubrechen ("Bitte, bitte holt mich hier raus!") noch intensiver, bis nach 330 Volt schließlich keine Antworten mehr gegeben wurden. Der Lehrer wurde daraufhin aufgefordert, Schweigen nach 10 Sekunden als falsche Antwort zu werten und weiter zu bestrafen. - Der Schüler wurde nicht wirklich gequält, sondern die Reaktionen von einem Tonband eingespielt!

Wenn die eigentlichen Versuchspersonen - die naiven Lehrer! - im Laufe des Experiments zögerten, fortzufahren oder sich fragend an die wissenschaftliche Autorität, den Versuchsleiter, wandten, reagierte dieser mit einigen wenigen Bemerkungen in folgender Reihenfolge, um die Versuchsperson weiterhin willfährig zu machen:

"Bitte, fahren Sie fort!", " Bitte, machen Sie weiter!",
"Das Experiment erfordert, daß Sie weitermachen!",
"Sie müssen unbedingt weitermachen!",
"Sie haben keine Wahl, Sie müssen weitermachen!"

Wenn sich die Versuchsperson nach der letzten Aufforderung weigerte, zu gehorchen, war das Experiment beendet.

Gegen die Durchführung dieses Experiments wurden zu Recht schwere wissenschaftsethische Bedenken vorgebracht (Galtung, 1978:100; Fromm, 1974:42 ff.; Baumrind, 1964; Richter, 1974:87 f.). Es erscheint jedoch auf den ersten Anblick geeignet, die Macht einer Person zu überprüfen, die sich nicht auf Sanktionsgewalt, wohl aber auf zugesprochene Autorität stützen kann. Dem Versuchsleiter standen keine Druckmittel oder äußere Sanktionen zur Verfügung, die in irgend einer Form die Gesundheit der Versuchsperson, ihre Sicherheit oder die Sicherheit ihrer Familie, ihre Arbeits- oder Prestigebeziehungen, hätten stören können oder sonstige materiell spürbare Nachteile mit sich gebracht hätten.

Wieviele der naiven Versuchspersonen würden sich den Forderungen der Autorität unterwerfen und auf deren Geheiß hin fremde, unschuldige Personen mit Elektroschocks bestrafen, sie quälen und nicht mit den Bestrafungen aufhören, wenn auch längst keine Reaktion mehr aus dem Nebenraum zurückkommt? Es waren 62,5 Prozent oder anders ausgedrückt 25 von 40 Personen, die an dieser Form des Experiments teilnahmen, die alle Hebel bis zum Schluß gehorsam drückten. Der von allen Versuchsteilnehmern durchschnittlich gegebene Maximalschock lag knapp unter 370 Volt!

Was besagt nun dieses Ergebnis, was kann man daraus lernen? Darf man den Schlußfolgerungen David M. Mantells, eines Mitarbeiters von Milgram, der dieses Experiment an einer Forschungsstelle der Münchner Max Planck Gesellschaft wiederholte, wobei eine noch höhere Gehorsamsbereitschaft festgestellt wurde, zustimmen, "daß fast jeder willens ist, aggressive Handlungen gegen andere Menschen auszuführen" und daß es "die sekundäre Art der Manipulation - in Instruktion, relativem Druck, im Verhalten des Versuchsleiters (ist), die entscheidet, wie weit sie (die Versuchspersonen) zu gehen bereit sind." Beweist dieses Experiment wirklich bereits, "daß die banalste und oberflächlichste Begründung ausreicht, um destruktives Verhalten hervorzubringen" (1971: 256)? Ist es nicht vielleicht vielmehr ein Beispiel dafür, daß Forscher den (Erkenntnis-) Schatz selbst nicht genügend zu würdigen wissen, den sie gehoben haben, indem sie nämlich Belege darüber liefern, wie durch unterschiedliche Strukturgestaltung menschliches Verhalten beeinflußt werden kann?

Es ist sehr wohl anzunehmen, daß die Gehorsamsbereitschaft der Versuchspersonen auch - aber nicht hauptsächlich - vom Verhalten des Versuchsleiters und auch - aber ebenfalls nicht hauptsächlich - von mitgebrachten Persönlichkeitsdispositionen der Versuchspersonen abhängt. (Katholiken waren gehorsamer als Protestanten oder Juden, Menschen mit höherer Bildung waren weniger gehorsam als solche mit niederer, Menschen aus sozialen Berufen wie Medizin, Erziehung oder Rechtswesen verweigerten den Gehorsam eher als Techniker und Naturwissenschaftler; je länger jemand beim Militär war, desto höher war die Gehorsamsbereitschaft - ausgenommen Offiziere.) Entscheidend scheint vielmehr das Zusammentreffen mit bestimmten strukturellen Bedingungen, den Variationen der Versuchsanordnung, unter denen das Experiment ablief, zu sein. Der Versuchsanordnung kommt mit die größte Erklärungswirksamkeit im Hinblick auf das Verhalten der Versuchspersonen zu! Es sind mindestens 20 verschiedene Variationen des Experiments bekannt, die von Milgram selbst oder seinen Mitarbeitern durchgeführt wurden. Einige Versuche, aus denen besonders deutliche Rückschlüsse auf die Zusammenhänge von Strukturen und Verhalten gezogen werden können, sollen hier vorgestellt werden.

8.2 Varianten des Experiments

8.2.1 Distanz zwischen Handlung und Folge

Milgram führte vier Experimente durch, in denen er die Distanz zwischen Lehrer und Opfer veränderte - alle mit unterschiedlichen Ergebnissen! Abweichend von dem bisher beschriebenen Experiment führte er eines durch ("Fernraumexperiment"), bei dem vom Opfer keine mündlichen Beschwerden zu vernehmen waren. Der Schüler wurde in einem anderen Raum untergebracht, der Lehrer konnte ihn weder sehen noch seine Stimme hören; die Antworten wurden nur auf dem Signalkasten angezeigt. Eine Rückmeldung bestand jedoch darin, daß der Schüler begann, gegen die Wände des Labors zu hämmern, so heftig, daß sie bei 300 Volt dröhnten. Ab 315 Volt erfolgten keine Antworten mehr und das Hämmern hörte auf.

Das zweite Experiment war das vorhin ausführlich geschilderte, bei dem die Reaktionen des Schülers über Lautsprecher zu hören waren ("akustische Rückkoppelung").

Das dritte Experiment ("Raumnähe") wurde so durchgeführt, daß Lehrer und Schüler im gleichen Raum saßen, nur wenige Meter voneinander entfernt. Das Opfer wurde von einem entsprechend instruierten Schauspieler gespielt, und wenn der Lehrer den Kopf bewegte, bestand Sichtkontakt. Alle akustischen Regungen des Opfers waren deutlich zu vernehmen.

Im vierten Experiment wurde noch eine zusätzliche Änderung insoferne eingeführt, als das Opfer nur dann einen Schock erhielt, wenn seine Hand eine entsprechende Kontaktplatte berührte ("Berührungsnähe"). Da sich das Opfer ab 150 Volt weigerte, die Hand auf diese Platte zu legen, wurde dem Lehrer der Auftrag gegeben, die Hand zu ergreifen und diese mit Gewalt auf die Schockplatte hinzudrücken.

Die durchschnittlich gegebenen Maximalschocks sanken von 405 Volt beim Fernraumexperiment über etwa 370 Volt beim Experiment mit akustischer Rückkoppelung auf etwa 310 Volt in Raumnähe und betrugen weniger als 270 Volt im Fall der Berührungsnähe. Auch die Zahl der gehorsamen Personen sank von 65 Prozent beim Fernraumexperiment über 62,5 Prozent bei akustischer Rückkoppelung auf 40 Prozent in Raumnähe und auf 30 Prozent im Experiment mit Berührungsnähe. Ein deutliches Ergebnis also: Je geringer die Distanz zum Schüler, desto geringer war die Gehorsamsbereitschaft.

Wenn eine Autorität erkennt, daß den machtunterworfenen Personen der Gehorsam umso leichter fällt, je größer die Distanz zwischen der geforderten Handlung und den etwaigen Konsequenzen ist, so können Anweisungssituationen so gestaltet werden, daß solche Distanzen bestehen. Milgram hat in seinen Experimenten nur die Auswirkungen von räumlicher Nähe und Distanz untersucht. Es ist aber anzunehmen, daß analoge Zusammenhänge auch für zeitliche Nähe und Distanz gelten.

Die eben gewonnenen Erkenntnisse finden in der Hierarchie ihre Entsprechung: Für die riesigen, vielfach gegliederten hierarchischen Systeme der Gegenwart sind große Distanzen zwischen Entscheidung, Handlung und Konsequenz typisch. Es wird dadurch leichter, beispielsweise an der Spitze eines großen, hierarchisch aufgebauten Unternehmens, die Entscheidung zu treffen, daß in einem räumlich weit entfernten Zweigwerk 500 Arbeitsplätze "abgebaut" werden müssen. Ungleich schwieriger kann es sein, als Betriebsleiter oder Meister eben dieses Werkes zu einer einzigen unmittelbar betroffenen Person hinzugehen, dieser mitzuteilen, daß sie von der Kündigung betroffen ist und ihr das Kündigungsschreiben zu überreichen - noch dazu, wenn man vielleicht weiß, daß der betroffene Arbeitnehmer vor kurzer Zeit begonnen hat, ein Eigenheim zu bauen und daher stark verschuldet ist.

Auf das Problem der zeitlichen Nähe und Distanz umgelegt bedeuten analoge Schlußfolgerungen, daß es leichter ist - und die Chance Gehorsam zu finden daher größer sein wird - wenn heute eine Handlung gesetzt werden soll, deren Auswirkung erst zu einem wesentlich späteren Zeitpunkt spürbar wird, als eine solche, die unmittelbare Konsequenzen mit sich bringt. (Beispiel: Besonders in der Vorweihnachtszeit werden Ratengeschäfte nach dem Motto angeboten: Kaufe jetzt, zahle in drei Monaten...)

Ein anderes Beispiel erwähnt Milgram (1974:183) selbst: Es ist der psychisch bei weitem schwierigere Akt, einen Menschen zu töten, indem man mit einem Stein auf ihn einschlägt, als einen Auslöseknopf zu betätigen, mit dem ein Artilleriegeschoß oder eine Rakete in eine ferne Stadt gefeuert werden, wo sie voraussichtlich detonieren und eine große Anzahl von Menschen in Stücke reißen werden.

8.2.2 Aufgabenteilung, Zeitdruck und manipulierte Informationen

Noch etwas erleichtert den Gehorsam in Hierarchien: die Zerlegung einer Gesamtaufgabe in viele kleine Bestandteile. Wenn zum Beispiel einem diensthabenden Richter ein Verstoß gegen ein bestehendes Gesetz gemeldet wird und er daraufhin einen Haftbefehl ausstellt, wenn ein Polizist aufgrund eines rechtsgültigen Haftbefehls eine Verhaftung zu nächtlicher Stunde durchführt, wenn ein Chauffeur aufgrund eines korrekten Fahrauftrages einen Personentransport von einem Wohnhaus zum Bahnhof durchführt, wenn Lokomotivführer und Eisenbahnbedienstete einen Zug in eine andere Stadt führen, wenn dort wieder ein Chauffeur einen ordnungsgemäß beantragten Transport vom Bahnhof zu einem bestimmten Gebäudekomplex durchführt, wenn die Tore dieses Komplexes von korrekten Wächtern bewacht sind, die nur dazu legitimierte Fahrzeuge passieren lassen, so hat keine der bisher handelnden Personen für sich etwas Unrechtes getan. Jede hat nur ihre Pflicht erfüllt und dies genau und mit großer Kompetenz. Jede der beteiligten Personen kann mit ruhigem Gewissen schlafen gehen. Und dennoch kann die soeben beschriebene Handlungsabfolge die nächtliche Verhaftung eines Menschen in dessen Wohnhaus und die Einlieferung in ein Konzentrationslager bedeuten.

Milgram stellte in einem anderen seiner Experimente fest, daß Versuchspersonen, die nicht selbst die Hebel drücken mußten, sondern nur Hilfstätigkeiten zum Gelingen des Experiments leisteten, dabei aber alle Schmerzensreaktionen miterlebten, eine Gehorsamsbereitschaft von 92,5 Prozent zeigten! "Tatsächlich ist es ein typisches Kennzeichen der modernen Bürokratie - selbst wenn sie nicht destruktiven Zwecken dient -, daß die meisten, die zu ihrer Organisation gehören, keineswegs direkt irgendwelche destruktiven Aktionen durchführen. Sie wälzen Akten oder verladen Munition, oder erledigen irgend eine andere Tätigkeit, die - obgleich sie zu der endgültigen destruktiven Wirkung beiträgt - in den Augen und im Gewissen des Funktionärs weit davon entfernt ist" (Milgram, 1974:143).

Vom Idealtypus der Hierarchie ist es nicht notwendig, ja nicht einmal erwünscht und vorgesehen, daß die Glieder von Befehlsketten horizontal miteinander kommunizieren. Die Kommunikation hat vielmehr "auf dem Dienstweg" über die jeweiligen Vorgesetzten hergestellt zu werden und über diese zu verlaufen. Solange also ausführende Personen, jede für sich, als Spezialisten, als Experten, als Erfüller genau vorgegebener Stellenbeschreibungen, tätig werden und nur einen kleinen Teil einer Gesamtaufgabe erledigen, bestehen für eine Anweisungen gebende Autorität viel größere Chancen für ihre Befehle Gehorsam zu finden, als wenn alle Vollzieher an den Enden der Befehlsketten über die Gesamtzusammenhänge Bescheid wüßten.

Auch das Milgram-Experiment wäre sofort zum Scheitern verurteilt, wenn von dieser, für den Bestand von Hierarchien und des gesamten Gesellschaftssystems wichtigen, Grundvoraussetzung abgewichen würde: Der Trennung von Wissenden und Unwissenden, von Subjekten und Objekten, von Forschern und eben naiven Versuchspersonen, die unter einem Vorwand ins Labor geholt werden und denen bewußt falsche Informationen gegeben werden, um dann ihr Verhalten besser studieren zu können. So betrachtet liefern diese Experimente neben Erkenntnissen über das Gehorsamsverhalten von Menschen gegenüber wissenschaftlichen Autoritäten unter bestimmten strukturellen Bedingungen auch entlarvende Erkenntnisse über die Gesellschaft, in der solche Experimente möglich sind.

8.2.3 Isolation und Gruppendruck

In den von Milgram durchgeführten Experimenten begegnete die naive Versuchsperson dem Versuchsleiter und dem Schüler zum ersten und mit großer Wahrscheinlichkeit auch einzigen Mal in ihrem Leben. Nach der kurzen unpersönlichen Einführung begann sogleich das Experiment, noch ehe man dazu gekommen wäre, irgendwelche persönliche Gespräche zu führen. Der Versuchsleiter, der während der meisten Experimente wohl im selben Raum anwesend war, beschränkte sich auf sachlich distanzierte Anweisungen und ließ sich auf keine Gespräche ein, die die Emotionen des Lehrers betrafen. Die naive Versuchsperson war mit ihren Gefühlen und inneren Konflikten in einer für sie gänzlich neuen Umgebung, vollkommen auf sich alleine gestellt. In dieser unmenschlichen - weil den Bedürfnissen und Sehnsüchten von Menschen nicht entsprechenden und daher große Ängste auslösenden - Situation der sozialen Isolierung ist ebenfalls ein Grund für das Gehorsamsverhalten im Experiment und ein weiterer Ansatzpunkt zur Manipulation menschlichen Verhaltens durch Autoritäten zu sehen. Ergebnisse der Deprivationsforschung zeigen als Folge von Isolationserfahrungen eine enorm rasche Gefährdung des psychischen Gleichgewichts und als Folge davon Symptome, die über den Grad aller bekannten neurotischen Veränderungen hinausgehen: Halluzinationen, veränderte Wahrnehmung des eigenen Körpers, Veränderung des Zeiterlebens, Denkstörungen und die Suche nach Reizsituationen... (Richter, 1976:38).

Eine isolierte Einzelperson hat wenig Chancen, sich gegen eine Autorität zu behaupten, die um die strukturellen Bedingungen Bescheid weiß, die das Gehorsamsverhalten erleichtern. Mit einem Experiment, bei dem die naive Versuchsperson in eine kleine Gruppe eingebunden war, konnte Milgram zeigen, daß die Auflehnung gegen eine manipulierende Autorität am wirksamsten durch eine kollektive Aktion möglich wurde, nicht durch eine individuelle.

Ausgegangen wurde wiederum vom Basisexperiment, jedoch nahmen außer dem Versuchsleiter und der naiven Versuchsperson noch drei weitere Helfer des Versuchsleiters am Experiment teil. Einer von den dreien wurde wieder als Schüler ausgelost, die beiden anderen nahmen als zusätzliche Lehrer links und rechts von der naiven Versuchsperson vor dem Schockgenerator Platz. Der erste Lehrer (Helfer 1) wurde aufgefordert, die Wortpaare und die Abfrage zu verlesen, der zweite Lehrer (Helfer 2) sollte kontrollieren und bekanntgeben, ob die Antwort richtig oder falsch war, und die naive Versuchsperson hatte die Bestrafung zu vollziehen. Die Versuchspersonen waren wieder instruiert, den Schock bei jedem Fehler um eine Stufe zu erhöhen.

Das Experiment beginnt, und die Lehrer folgen den Anweisungen der Autorität, bis nach der Betätigung des 10. Schalters (150 V) der Schüler erstmals heftig gegen die Fortsetzung des Experiments protestiert. An dieser Stelle erklärt der erste Lehrer, daß er nicht mehr weiter am Experiment mitmachen möchte, da der Schüler offensichtlich leide. Obwohl ihn der Versuchsleiter auffordert, fortzufahren, läßt er sich nicht umstimmen, er erhebt sich vielmehr von seinem Platz und setzt sich auf einen Stuhl in einem anderen Teil des Raumes. Der Versuchsleiter beauftragt nun die beiden verbliebenen Lehrer mit dem Experiment fortzufahren, wobei die naive Versuchsperson nun auch das Verlesen der Wortpaare übernehmen soll. Nach dem Verabreichen der Schockstufe 14 (210 V) erklärt auch der zweite Lehrer seine Besorgnis und auch er weigert sich, weiter mitzumachen. Die Frage ist nun, wie sich die eigentliche Versuchsperson verhalten wird, die nun alleine vor dem Schockgenerator sitzt?
Der naive Lehrer hat bislang erlebt, daß die beiden anderen Teilnehmer am Experiment offensichtlich ähnlich wie er empfinden und daß es darüber hinaus möglich ist, in der Situation Widerstand und Verweigerung zu leisten. Der Versuchsleiter befiehlt der naiven Versuchsperson nun weiterzumachen und erklärt, daß es wesentlich sei, daß das Experiment vollständig zu Ende geführt werde.

Die Ergebnisse dieses Experiments machen Mut: Bei dieser Versuchsvariante widersetzen sich 36 von 40 Versuchspersonen (zur Erinnerung, ohne Gruppendruck waren es nur 14!) den Forderungen der Autorität. "Die Wirkung der Auflehnung von Gleichrangigen auf die Beschneidung der Autorität des Versuchsleiters ist sehr eindrucksvoll. In der ganzen Reihe von Variationen ... gab es keine, in der die Autorität des Versuchsleiters wirksamer eingeschränkt wurde, als in der hier dargestellten Anordnung" (Milgram, 1974:139 f.). Milgram kommt zum Schluß: "Will eine Person sich in Opposition zur Autorität stellen, dann ist es am besten, wenn sie sich die Unterstützung anderer in ihrer Gruppe für ihre Position sucht. *Der gegenseitige Halt, den Menschen einander bieten, ist das stärkste Bollwerk gegen Auswüchse der Autorität, das wir besitzen"* (1974:143 - Hervorhebung A.K.).

Versuch	Durchschnittl. Maximalschock	Prozentsatz gehorsamer Vpn.
Vpn. als Helfer beim Experiment	430 V	92,5 %
Fernraum	405 V	65 %
Akustische Rückkoppelung	368 V	62,5 %
Raumnähe	312 V	40 %
Berührungsnähe	268 V	30 %
Auflehnung v. Gruppenmitgliedern	97 V	10 %
Widersprechende Autoritäten	150 V	0 %

Abb. 2: Zusammenfassung der Ergebnisse ausgewählter Variationen des Milgram-Experimentes

So wie viele Erkenntnisse von Wissenschaften zum Segen der Menschen wie zu deren Unterdrückung eingesetzt werden können, ist es auch hier: Die Wirkung gruppendynamischer Prozesse kann von wissenden oder intuitiv verstehenden Autoritäten auch eingesetzt werden, um eine besonders hohe Gehorsamsbereitschaft zu erreichen. Man stelle sich bloß vor, welch zusätzlicher Druck und dadurch noch höhere Gehorsamsbereitschaft im Experiment bei den naiven Versuchspersonen ausgelöst worden wäre, hätten die beiden Helfer des Versuchsleiters nicht Widerstandsverhalten gezeigt, sondern im Gegenteil die Forderungen der Autorität unterstützt und den naiven Lehrer bei aufkommenden Zweifeln auch ihrerseits zusätzlich gedrängt und angespornt, weiterzumachen. Zur Verdeutlichung dieser Möglichkeiten sei an die eindrucksvollen Experimente von S. E. Asch (1951, 1956) erinnert, in denen er einen Teil seiner naiven Versuchspersonen durch künstlich erzeugten Gruppendruck dazu brachte, eindeutige optische Wahrnehmungen zu verkennen.

8.2.4 Abwesenheit von Widersprüchen

Im Zuge einer weiteren Variante des Experiments brach das Gehorsamsverhalten der naiven Versuchspersonen gänzlich zusammen: In dem Fall, als das Experiment von zwei Versuchsleitern im Arbeitsmantel geleitet wurde. Beide gaben anfänglich abwechselnd ihre Instruktionen und schienen gemeinsam das Experiment zu überwachen. Als der Schüler nach dem Erteilen des 150 Volt-Schocks den ersten heftigen Protest äußerte, erteilte einer der Versuchsleiter den üblichen Befehl mit dem Experiment fortzufahren, während der zweite die Versuchsperson aufforderte, den Versuch abzubrechen. Die naiven Versuchspersonen waren nun mit zwei einander widersprechenden Forderungen von Autoritäten konfrontiert. Die Nichtübereinstimmung der beiden Autoritäten lähmte die Aktion völlig. Keine einzige Versuchsperson folgte bei dieser Variante den Forderungen weiterzumachen bis zum Schluß.

Milgram weist noch auf ein interessantes Phänomen hin, das sich bei einigen Versuchspersonen ergab: Diese waren nämlich, bevor sie den Versuch abbrachen, bemüht, wieder eine sinnvolle Hierarchie herzustellen. Sie versuchten herauszufinden, welcher von den beiden Versuchsleitern die höhere Stellung im hierarchischen Gefüge einnahm. Diesem hätten sie die größere Autorität zugesprochen. Da ihnen dies mit dem Hinweis, daß beide gleichberechtigt wären, aber nicht ermöglicht wurde, weigerten sie sich weiterzumachen und taten, was ihrem persönlichen Empfinden und Verständnis entsprach: Sie brachen das Experiment ab!

In einer Hierarchie ist für solche Fälle, die die Handlungsfähigkeit des Gesamtsystems lähmen könnten, vorgesorgt. Da jedes Mitglied eine genau festgelegte Stelle einnimmt, ist im Konfliktfall auch feststellbar, wer weiter oben steht, und auftretende Konflikte werden nach dem Prinzip gelöst, wonach sich die Meinung des hierarchisch höher stehenden Mitgliedes durchzusetzen habe. Nur wenn es an der Spitze eines hierarchischen Systems etwa eine kollegiale Führung gibt oder Vertreter unterschiedlicher hierarchischer Systeme (Wissenschaft - Politik) aufeinandertreffen und diese Personen, denen Autorität zugesprochen wird, mit widersprüchlichen Meinungen hervortreten, kann dies zur Lähmung des Gehorsamsverhaltens der machtunterworfenen Personen führen. Solch eine Situation stellt dann auch eine sehr ernste Gefährdung der Machtverhältnisse in bestehenden Sozialsystemen dar.

Als Einzelperson, die vor dem Problem steht, sich vor der Manipulation durch Autoritäten bestmöglich zu schützen, wird man aus diesen Erkenntnissen wohl den Schluß ziehen dürfen, daß man dann optimale Chancen hat, wenn man es vermeidet, sich einseitig an einer Meinung, an einer einzigen Autorität zu orientieren. Der wahrgenommene Widerspruch zwischen Autoritäten wirft einen auf die eigenen Möglichkeiten, Urteilsfähigkeit und Empfindungen zurück. Das mag vielleicht anstrengend und daher unbequem sein, stellt aber den Preis dafür dar, innerhalb bestimmter Grenzen die eigene Freiheit zu verwirklichen. Man hat, wenn man sich auf die eigene Vernunft und Urteilsfähigkeit verläßt - nachdem man sich mit den Meinungen und Forderungen mehrerer Autoritäten auseinandergesetzt hat - sicher keine Garantie, nicht zu irren - aber man hat auch keine bessere Chance sich selbst zu bejahen und sich zu verwirklichen.

9 Zusammenfassung

In diesem Beitrag wurde zwischen der vorwiegend im sozialen Umfeld basierenden Machtgrundlage der Sanktionsgewalt und der vorwiegend innerpsychisch verankerten Machtgrundlage der zugesprochenen Autorität unterschieden. Beide sind für das Funktionieren hierarchischer Systeme unverzichtbar. Besonderes Augenmerk wurde auf die Möglichkeiten der Machtausübung aufgrund von Autorität gelegt. Die Bereitschaft eines Menschen, sich an Autoritäten zu orientieren, wurde als Ergebnis frühkindlicher Erfahrungen, Prägungen und Stellungnahmen begriffen, das mit Hilfe tiefenpsychologischer und entwicklungspsychologischer Erkenntnisse verstanden werden kann. Da die Sehnsucht, sich an Autoritäten orientieren zu können, auch dem erwachsenen Menschen nicht fremd ist, sollte der Gefahr einer Tabuisierung dieser Sehnsucht entgegengewirkt werden und eine offene Diskussion von Anforderungen an Autoritäten, über Erfahrungen sowie von Kontrollmöglichkeiten geführt werden.

Ausgehend von der Erkenntnis, daß sich Macht stets in einem bestimmten strukturellen Kontext konkretisiert, wurde anhand von Ergebnissen der Milgram-Experimente untersucht, unter welchen strukturellen Bedingungen die Macht von Autoritäten besonders groß ist. Ergänzend dazu wurden Überlegungen angestellt, unter welchen strukturellen Bedingungen einzelne Menschen die besten Chancen haben, Machtausübung von Autoritäten zu erkennen, sich vor Machtmißbrauch zu schützen und eigenständige Entscheidungen zu treffen: Dann nämlich, wenn sie mit anderen Menschen kooperieren und wenn die Erfahrung von Widersprüchen nicht gemieden wird.

Literatur

Adorno, Th. W.: Erziehung zur Mündigkeit. Frankfurt 1971
Allabauer, H.: Das Entstehen hierarchischer Organisationen. Arbeitsunterlage d. PGM-Universitätslehrganges der Wirtschaftsuniversität. Wien 1982
Asch, S. E.: Effects of Group Pressure on the Modification of Judgments. In: Guetzkow, H. (Hrsg.): Groups, Leadership and Men. Pittsburgh 1951
Asch, S. E.: Studies of Independence and Conformity. A Minority of One against an Unanimous Majority. Psychological Monographs 70. Jg (1956), 9, Whole No. 416
Bader,V.M./ Berger, J./ Ganßmann, H./ v.d. Knesebeck, J.: Einführung in die Gesellschaftstheorie. Gesellschaft, Wirtschaft und Staat bei Marx und Weber. Frankfurt/ New York 1976
Baumrind, D.: Some Thoughts on Ethics of Research: After Reading Milgram's "Behavioral Study of Obedience". In: American Psychologist 19, 1964, S. 421 - 423

Dostojewski, F. M.: Die Brüder Karamasow. Frankfurt 1986
Erikson, E.: Wachstum und Krisen der gesunden Persönlichkeit. In: Identität und Lebenszyklus. Frankfurt 1966
Freud, S.: Das Unbehagen in der Kultur (1930). In: Abriß der Psychoanalyse. Das Unbehagen in der Kultur, S. 63 - 129. Frankfurt 1976
Freud, S.: Abriß der Psychoanalyse (1938). In: Abriß der Psychoanalyse. Das Unbehagen in der Kultur, S. 7 - 61. Frankfurt 1976
Fromm, E.: Über den Ungehorsam. Stuttgart 1982
Fromm, E.: Anatomie der menschlichen Destruktivität. Stuttgart 1974
Galtung, J.: Strukturelle Gewalt. Beiträge zur Friedens- und Konfliktforschung. Reinbek 1975
Galtung, J.: Methode und Ideologie. Frankfurt 1978
Haseloff, O.W.: Autorität. In: Management Wissen 6 (1987), S. 103 - 104
Hennen, M./ Prigge, W.-U.: Autorität und Herrschaft, Darmstadt 1977
Hillmann, K.H.: Wörterbuch der Soziologie. Stuttgart 1982
Horkheimer, M.: Studien über Autorität und Familie. Paris 1936
Horkheimer, M.: Autorität und Familie. In: Horkheimer, M.: Kritische Theorie I. Frankfurt 1968
Kehrer A.: Das Führungsverständnis tiefenpsychologischer Schulen. In Krczal, A./ Kehrer, A./ Kasper, H./ Sandner, K.: Sozialpsychologische Aspekte der Führungsforschung, S. 11 - 33. Wien 1982
Lidz, Th.: Das menschliche Leben. Frankfurt 1974
Machiavelli, N.: Der Fürst (1513). Stuttgart 1961
Mantell, D.M.: Das Potential zur Gewalt in Deutschland. Eine Replikation und Erweiterung des Milgramschen Experiments. In: Der Nervenarzt 5 (1971), S 252 - 257
Milgram, St.: Das Milgram Experiment. Zur Gehorsamsbereitschaft gegenüber Autorität. Reinbek 1974
Richter: Flüchten oder Standhalten. Reinbek 1976
Rosenstiel, L.v./ Molt, W./ Rüttinger, B.: Organisationspsychologie. Stuttgart 1977
Sandner, K.: Ressourcen, Relation und Dependenz. Ansätze zur Erklärung der Macht im Unternehmen. In: management forum 6 (1986), S. 283 - 297
Schwarz, G.: Die Problematik der Gruppe. In: Heintel, P. (Hrsg.): Das ist Gruppendynamik, S. 60 - 128. München 1974
Schwarz, G.: Die heilige Ordnung der Männer. Patriarchalische Hierarchie und Gruppendynamik. Opladen 1987
Schurz, G.: Die innere Stimme der Unterwerfung. In: Psychologie heute, 11 (1985), S. 20 - 27
Sennett, R.: Autorität. Frankfurt 1985
Snow, C.P.: Either-Or. In: Progressive, Febr. 1961, Zit. n. Milgram (1974:17)
Strotzka, H.: Macht. Ein psychoanalytischer Essay. Wien/Hamburg 1985
Weber, M.: Gesammelte politische Schriften. Tübingen 1958
Weber, M.: Wirtschaft und Gesellschaft. Tübingen 1972 (5. rev. Aufl.)

Die Steuerung komplexer Organisationen

Ein Reformulierungsversuch der Führungsproblematik aus systemischer Sicht

Rudolf Wimmer

1 Einleitung

Die Frage nach den Steuerungsmöglichkeiten sozialer Systeme ist so alt wie das systematische Nachdenken über gesellschaftliche Zusammenhänge insgesamt. Die verschiedenen, im Lauf der Geschichte beobachtbaren Vorstellungen, wie gesellschaftliche Prozesse gezielt von Menschen beeinflußt werden können, stehen in engem Zusammenhang mit dem jeweiligen Stand der gesellschaftlichen Entwicklung, mit den politischen und ökonomischen Verhältnissen, mit den herrschenden Weltbildern und Deutungsmustern, die dem Handeln der Menschen einer bestimmten Epoche Orientierung und Sinn verliehen. Sie sind und waren in hohem Maße von der kollektiven Definition, d.h. von der herrschenden Sicht jener historischen Probleme abhängig, zu deren Bewältigung diese Vorstellungen jeweils einen Beitrag leisten wollten. Die für eine bestimmte Zeit charakteristischen Steuerungsvorstellungen können deshalb als Antwortstrategien, als Problemlösungsversuche einer Gesellschaft angesehen werden, wobei diese Antworten, und die ihnen korrespondierenden institutionellen Vorkehrungen die Art und Weise widerspiegeln, wie gesellschaftliche Probleme in dieser Zeit allgemein wahrgenommen und gedeutet wurden. Der strukturelle Entwicklungsstand eines Gesellschaftssystems, die dominierenden Sichtweisen der anstehenden Probleme sowie die handlungsrelevanten Steuerungsvorstellungen sind verschiedene Momente *eines* gesellschaftlichen Prozesses, die sich wechselseitig beeinflussen, bestätigen und verändern. Das im Zuge der gesellschaftlichen Evolution sich wandelnde Denken über die Steuerungsmöglichkeiten sozialen Geschehens ist folglich selbst ein Moment dieses Geschehens und trägt zu dessen Konstituierung in erheblichem Ausmaße bei.

Dieser grundlegende Zusammenhang zwischen dem eigenen inneren Entwurf von der Steuerbarkeit sozialer Systeme und dem, was man für sich als die diesbezügliche gesellschaftliche Wirklichkeit beschreibt, dieser Zusammenhang, dem sich auch Wissenschafter nicht entziehen können, ist mitzudenken, wenn im folgenden aktuelle Steuerungsprobleme komplexer Organisationen diskutiert werden. Der vorliegende Beitrag unterwirft sich demnach nicht dem Anspruch, beobachterunabhängige und somit "objektiv richtige" Aussagen über die Steuerungsmöglichkeiten von Organisationen in hochentwickelten Industriegesellschaften zu erarbeiten. Die wissenschaftliche Theorieentwicklung versteht sich hier als Teil gesamtgesellschaftlicher Veränderungsprozesse, in denen die wissenschaftliche Reflexion sozialer Steuerung sowohl als gesellschaftlich "bewirkt" als auch als gesellschaftlicher Einflußfaktor angesehen werden kann. Wenn es also nicht um Objektivität im herkömmlichen Sprachgebrauch geht, was ist dann das Ziel der vorgelegten Überlegungen? Sie wollen der Frage nachgehen, welche Sicht von der Steuerbarkeit sozialer Systeme dem gegenwärtigen Niveau organisierter Komplexität in modernen Industriegesellschaften angemessen ist und welche Steuerungsphilosophie für diese Probleme passen könnte. Letztlich also ein durchaus pragmatisches Anliegen, dessen Verfolgung allerdings auch einige theoretische Anstrengungen notwendig macht.

2   Das politische System und sein Steuerungspotential: Gesellschafts- und systemtheoretische Ausgangsüberlegungen

In der Grobeinschätzung des Zustandes und der dominanten Entwicklungstendenzen hochentwickelter Industriegesellschaften herrscht zwischen vielen zeitgenössischen Sozialwissenschaftern weitgehend Übereinstimmung (Mackensen, 1988:9). Als markante Momente dieser Gegenwartsdiagnose lassen sich hervorheben:

- Die zurückliegenden Jahrzehnte sind durch eine bislang ungekannte Verdichtung globaler, weltweiter Wirkungszusammenhänge gekennzeichnet. Unter anderem wird dies gegenwärtig auf ökonomischem Gebiet besonders augenfällig. So sieht etwa Scharpf die momentane Situation vor allem durch die Tatsache bestimmt, "daß die in den siebziger Jahren ökonomisch und institutionell vollendete Weltmarktintegration die Spielräume einer nationalen makroökonomischen Wirtschaftspolitik grundsätzlich und dauerhaft beschränkt hat. Die institutionellen Veränderungen ..... scheinen irreversibel" (Scharpf, 1987:317). Mit dem heutigen Integrationsniveau des Weltmarktes haben sich die Rahmenbedingungen für die wirtschaftspolitische Steuerung nationaler Gesellschaften nachhaltig verändert.
- Die Existenzform hochentwickelter Industriegesellschaften zeitigt in der natürlichen Umwelt zerstörerische Auswirkungen, deren Rückwirkungen auf die Gesellschaften und die Lebensbedingungen der Menschen heute in deren Bewußtsein langsam eine spürbare Resonanz finden. Inwieweit das vorhandene gesellschaftliche Steuerungspotential geeignet ist, den selbstproduzierten Gefährdungslagen Rechnung zu tragen, kann mit gutem Grund bezweifelt werden (Luhmann, 1986). Die nationale wie internationale Dimension solcher Gefährdungslagen sowie ihre geringe Kalkulierbarkeit haben Beck dazu veranlaßt, moderne Gesellschaften als "Risikogesellschaften" zu bezeichnen (Beck, 1986). Mit diesem Begriff soll zum Ausdruck gebracht werden, daß sich wichtige Grundpfeiler der traditionellen Industriegesellschaft gegenwärtig in Auflösung befinden. Beck meint wohl nicht zu unrecht, daß unsere Gesellschaft auf der Suche nach neuen Sozialstrukturen sei, deren Konturen sich bereits abzeichnen.
- Weltweite Überkapazitäten sowie die technologiebedingten Veränderungen in der Produktion werden zu einer Schrumpfung des gesamtgesellschaftlich zur Verfügung

stehenden Volumens an Erwerbsarbeit führen. Hohe Arbeitslosigkeit ist deshalb auch in der industrialisierten Welt zu einem gesellschaftlichen Dauerproblem geworden. Welche sozialen und politischen Konsequenzen werden mittel-und längerfristig daraus resultieren? Welche Reichweite besitzen die bislang entwickelten politischen Steuerungsinstrumente auf diesem Gebiet?
- Die industriegesellschaftlichen Lebensformen in Familie, Erwerbsarbeit und Politik unterliegen einem tiefgreifenden Wandel. Die gesellschaftsstrukturell vordefinierten Bedingungen individueller Lebensführung haben sich einschneidend verändert (Stichwort "Individualisierungsschub"). Diese Veränderungen eröffnen heute vielen Menschen neue persönliche Gestaltungschancen, die überkommene geschlechts- und schichtspezifische Zuweisungsmechanismen von Lebensmöglichkeiten spürbar relativieren. Diese Individualisierungstendenz impliziert aber auch qualitativ neue, individuell zu verarbeitende Belastungen. Fortgeschrittene Gesellschaften - darin sind sich die meisten Beobachter einig - unterliegen deshalb einer Tendenz zur Pluralisierung ihrer Lebensstile. Traditionelle schicht-, klassen- und geschlechtsspezifische Zuordnungen reichen offensichtlich nicht mehr aus, um diese Phänomene zutreffend zu beschreiben (Beck, 1986:121 f.). Es ist anzunehmen, daß von diesen Entwicklungen vor allem die gewachsenen Strukturen des politischen Systems (Parteiloyalitäten, Lagerzugehörigkeit etc.) nachhaltig berührt werden. Der soziale Strukturwandel seit dem Ende der Wiederaufbauphase hat in einem schrittweisen Erosionsprozeß so manchen gesellschaftlichen Plausibilitäten (etwa der starren Orientierung an den Klassengegensätzen, am ökonomischen Wachstumsziel, am technologischen Fortschrittsglauben) ihre soziostrukturellen Grundlagen entzogen.
- Eine neue Unübersichtlichkeit sowie die ständige Erfahrung (zu) hoher Komplexität sind Phänomene, die zum festen Bestandteil von Entscheidungsträgern in allen gesellschaftlichen Bereichen geworden sind. Die schwer faßbare Verdichtung globaler Zusammenhänge, die weitgehende Verselbständigung gesellschaftlicher Subsysteme innerhalb nationaler Gesellschaften sowie die Ausprägung und Perfektionierung des modernen Wohlfahrtsstaates haben uns heute mit einer neuen Stufe organisierter sozialer Komplexität konfrontiert (Willke, 1983:11). Solche Erfahrungen führen uns täglich die bestehenden Grenzen unserer Verarbeitungsmöglichkeiten von hoher Komplexität drastisch vor Augen (Dörner, 1981).

Angesichts solcher Befunde trifft die Frage nach dem Steuerungspotential unserer Gesellschaften nicht mehr nur ein theoretisches Problem. Es hängt an diesem Fragenkomplex die praktische Bewältigung ernsthafter Überlebensprobleme der Gegenwartsgesellschaft. Wie läßt sich ihr momentanes Steuerungspotential einschätzen? Die heute nach wie vor gängige gesellschaftliche Steuerungsphilosophie besitzt ihre Wurzeln in jenen Jahrhunderten, in denen sich eine primär am Markt orientierte Wirtschaftsweise gesellschaftsweit durchsetzte, und in denen parallel dazu der moderne, neuzeitliche Staat seine bis heute prägende Gestalt erhielt. Die in dieser Phase historisch relevant gewordenen Vorstellungen über die Steuerungsmöglichkeiten gesellschaftlicher Prozesse und Strukturen spiegeln die Probleme des Etablierungsprozesses einer starken staatlichen

Zentralgewalt wider. Vor allem in der kontinentaleuropäischen Tradition des Denkens über gesamtgesellschaftliche Zusammenhänge nimmt die Idee vom Staat als zentraler Steuerungsinstanz des gesellschaftlichen Ganzen einen prominenten Platz ein. Das Steuerungszentrum der Gesamtgesellschaft bildet ein starker Staat und ein dem Staat und seinen Repräsentanten in besonderer Weise verpflichtetes Berufsbeamtentum. Zur wissenschaftlichen Hochblüte kam diese Denkweise in der allgemeinen Staatslehre des staatsrechtlichen Positivismus, der stets scharf zwischen der übergeordneten Sphäre des Staates und jener der Gesellschaft trennte (Ermacora, 1971). In dieser, in der Jurisprudenz bis heute heraufreichenden Tradition wird der Gesellschaft die Kompetenz zur Selbstorganisation abgesprochen. Der Staat fungiert als alleiniger Garant der Ordnung und als Repräsentant des Ganzen im Verhältnis zu den gesellschaftlichen Teilbereichen; er stellt sich letztlich "als einheitlicher, auf Über- und Unterordnung aufgebauter Verband dar" (v. Oertzen, 1974:64).

Die Steuerungsphilosophie der allgemeinen Staatslehre ist im 20. Jahrhundert vielfach diskutiert, kritisiert und verfeinert worden. Im Kern blieb jedoch folgendes Denkmuster bis heute vorherrschend: die hauptsächliche gesamtgesellschaftliche Steuerungsverantwortung obliegt dem politischen System in Verbindung mit dem administrativen Apparat des Staates. Diesem Denkmuster sind im Grunde genommen auch die marxistisch orientierten Analytiker des modernen Staates verpflichtet, nur nimmt dort mit umgekehrten Vorzeichen die Logik des Kapitals die Zentrumsposition ein, unter die alle gesellschaftlichen Prozesse subsumiert werden (vgl. beispielhaft Ebinghausen, 1976).

Die gesellschaftliche Entwicklung der letzten beiden Jahrzehnte hat diese Steuerungsvorstellungen, denen ja ein ganzes Institutionengefüge mit seinem charakteristischen Interventionsinstrumentarium korrespondiert, sichtlich an ihre Grenzen herangeführt. Das wachsende Mißverhältnis zwischen der historisch gewachsenen Eingriffslogik des politischen Systems und den Bedingungen, unter denen angesichts der Eigenlogik der zu regulierenden gesellschaftlichen Problemfelder überhaupt sinnvoll eingegriffen werden kann, ist heute hinlänglich bekannt. Dem politischen System gelingt es zusehends seltener, "die realen Interdependenzen der Problemzusammenhänge in der sozioökonomischen Umwelt durch entsprechende Verknüpfungsmuster der politisch-administrativen Problemverarbeitung zu reproduzieren" (Willke, 1983:10; vgl. auch Scharpf, 1979). Die meisten der heute anstehenden Probleme gesellschaftlicher Steuerung fügen sich nicht den gewohnten Mechanismen politischer bzw. staatlich-bürokratischer Problemwahrnehmung sowie den historisch entwickelten Antwortstrategien, ein Umstand, der zur permanenten Produktion von Folgeproblemen führt, die ihrerseits ein weiteres zur Überforderung des politischen Systems beitragen. Von "Staatsversagen" (Jänicke, 1987) und "Politikverdrossenheit" ist deshalb in den letzten Jahren viel die Rede. Die wachsende Diskussion um die Grenzen rechtlicher Steuerung - eine Kerndomäne des Staates - weist auf ein weiteres Problem veränderter Eingriffsmöglichkeiten des politischen Systems in hochentwickelten Industriegesellschaften hin. (Teubner, 1985; Traxler/Vobruba, 1987). Es dürfte die alte, aber immer wieder neu entflammbare Kontroverse zwischen "mehr Staat" oder "weniger Staat" keine brauchbaren Antworten auf die am Ende des 20. Jahrhunderts neu entstandenen gesamtgesellschaftlichen Steuerungsprobleme bieten. Dringend notwendig erscheint ein gründliches Überdenken der tradierten Steuerungsvorstellungen selbst.

Es ist die Frage, ob die zu staatlichen und politischen Institutionen geronnenen Konstruktionsprinzipien sozialer und gesellschaftlicher Wirklichkeit, wie sie als historisch bedingte Antworten auf die Probleme des ausgehenden 19. Jahrhunderts verstanden werden können, ob diese Prinzipien angesichts des Problemdruckes der Gegenwartsgesellschaft und angesichts des heute beschreibbaren gesellschaftlichen Strukturwandels noch angemessen sind. Das gegenwärtige Niveau gesellschaftlicher Arbeitsteilung und der damit zusammenhängende Grad an funktionaler Ausdifferenzierung entwickelter Industriegesellschaften legen es nahe, das gesellschaftliche Ganze als in verschiedene, miteinander in komplexer Weise verwobene Funktionssysteme gegliedert zu beschreiben (Wirtschaft, Politik, Verwaltung, Religion, Erziehung, Wissenschaft). Dieses Ganze verfügt über kein Zentrum mehr, von dem aus alles überblickt und gesteuert werden könnte (Luhmann,1981a:22). Die einzelnen Funktionssysteme besitzen ihre spezifische Eigenlogik und Rationalität und haben sich gerade durch den beschleunigten Spezialisierungsprozeß von den anderen gesellschaftlichen Bereichen deutlich abgegrenzt. Wie kann unter diesen Bedingungen das gesellschaftliche Ganze sinnvoll zum Ausdruck kommen? "Wenn die wichtigsten Subsysteme der Gesellschaft anhand von Funktionen ausdifferenziert sind, und das Gesellschaftssystem selbst sich auf funktionale Differenzierung einzustellen beginnt, entfallen die Voraussetzungen für eine Repräsentation der Gesellschaft. Es gibt dafür keine konkurrenzfreien Positionen mehr: Weder die Politik noch die Erziehung, weder die Wirtschaft noch die Wissenschaft können in Anspruch nehmen, mehr als andere für die Gesellschaft zuständig zu sein. Jede dieser Funktionen ist unentbehrlich, jede limitiert die Möglichkeiten der anderen, aber keine kann sich selbst an die Stelle der anderen setzen" (Luhmann, 1988a:60).

Hierarchische Konzeptualisierungen des Verhältnisses von Teilen und Ganzem, wie sie für das traditionelle Gesellschaftsverständnis prägend sind, greifen für das Erfassen der gesellschaftsstrukturellen Steuerungsbedingungen der Gegenwartsgesellschaft ganz offensichtlich zu kurz. Gerade die wesentlich ausgeprägtere funktionale Differenzierung innerhalb und zwischen den einzelnen gesellschaftlichen Subsystemen steigert die wechselseitige Abhängigkeit, weil ja jedes Funktionssystem voraussetzen muß, daß andere Funktionen woanders erfüllt werden. Damit steigt der gesellschaftsinterne Koordinations- und Abstimmungsbedarf in bislang nicht gekanntem Ausmaß. Die eigentliche Schwierigkeit der Analyse komplexer Gesellschaften liegt demnach darin, "das paradoxe Verhältnis einer gleichzeitigen Steigerung von Differenzierung und Interdependenz der Teilbereiche von Gesellschaft nachzuvollziehen und dies im Hinblick auf die Frage des Zusammenhangs von Gesellschaft insgesamt zu reflektieren" (Willke, 1987b:289).

Die auf dem Komplexitätsniveau hochentwickelter Industriegesellschaften erzeugten Probleme legen zu ihrer Bearbeitung entsprechend elaborierte gesellschaftliche

Strukturen und teilsystemübergreifende Kooperationsformen nahe. Für die Entwicklung dieser Strukturen bietet insbesondere das Organisationsgefüge des politischen Systems und der staatlichen Verwaltung momentan keine günstige Ausgangsbasis, weil die gegenwärtige Kooperationspraxis zwischen den einzelnen Bereichen in der Regel lediglich auf eine negative Koordination hinausläuft. Die Überalterung der Binnenverhältnisse dieses gesellschaftlichen Subsystems inklusive der sie stützenden konventionellen Begrifflichkeit und Denkmuster läßt nicht erwarten, daß die Problembearbeitungskapazität von Politik und Verwaltung in absehbarer Zeit deutlich gesteigert werden kann (Wimmer, 1988). Der Modernisierungsrückstand der im politischen System hauptsächlich agierenden Organisationen (Parteien, Verbände, die einzelnen Organisationseinheiten der staatlichen Verwaltung) ist in engem Zusammenhang mit dem Festhalten am tradierten Steuerungsverständnis dieses Bereiches zu sehen.

Wie läßt sich gesellschaftliche Steuerung demgegenüber in primär funktional differenzierten Gesellschaften denken? Dadurch, daß in solchen Gesellschaften soziale Systeme funktional auf die Probleme anderer bezogen sind, und weil auf Grund der wechselseitigen Abhängigkeit und des hohen Vernetzungsgrades der Problemstellungen keine einseitig hierarchischen Bestimmungsverhältnisse mehr denkbar sind, werden solche Organisationen in einer ganz neuen Weise umweltempfindlich. Es ist anzunehmen, daß bei einer Fortdauer der hier angedeuteten gesamtgesellschaftlichen Entwicklung die einzelnen Funktionssysteme in verstärktem Maße gezwungen werden, die Auswirkungen des eigenen Handelns auf andere und die Rückwirkungen derselben auf sich selbst ständig mitzureflektieren. Diese neue Empfindlichkeit hätte ein "wechselseitiges Hineinpressen von Limitierungen", eine "wechselseitige Beschränkung von Freiheitsgraden" zur Folge (Luhmann, 1988a:61). Die Verdichtung der Kooperationsbeziehungen, die der Prozeß gesellschaftlicher Ausdifferenzierung auf seinem gegenwärtigen Niveau mehr und mehr erzwingt, verstärkt für alle beteiligten Systeme die intern zu beantwortende Frage, unter welchen Bedingungen sie für andere eine brauchbare Umwelt darstellen, also anschlußfähig sind. Damit steigt - so die Annahme der systemtheoretischen Fassung dieses Grundproblems gesellschaftlicher Steuerung - die Übernahme von Eigenverantwortung der Subsysteme für das Gesamtsystem. Gesamtgesellschaftliche Steuerungsprozesse erfolgen auf diese Weise nicht mehr von einem Punkt aus, von dem aus man gleichsam das Ganze überschaut und im Griff hat. Steuerung meint hier in erster Linie eine Steigerung der Selbststeuerungskapazitäten der einzelnen Funktionssysteme und erst in zweiter Linie einen komplizierten wechselseitigen Beeinflussungsprozeß über die Systemgrenzen hinweg, wobei dabei die Vorstellung von der Möglichkeit einer einseitigen Kontrolle des Ganzen durch eines der Subsysteme als eine in der Vergangenheit vielleicht nützliche Illusion aufzugeben ist.

3 Funktionsbedingungen komplexer Organisationen

Als ein wesentliches Strukturmerkmal moderner Gesellschaften kann der Umstand angesehen werden, daß die innere Dynamik solcher Gesellschaften von einem komplizierten Mit- und Gegeneinander sozialer Systeme mit hoher Eigenkomplexität bestimmt wird. Während es in der Durchsetzungsphase des neuzeitlichen Staates um die Ausschaltung mediatisierender feudaler Strukturen ging, mit dem Ziel, einen einheitlichen Untertanenverband zustande zu bringen, während dann bis in die zweite Hälfte unseres Jahrhunderts um eine tragfähige Demokratisierung dieser obrigkeitsstaatlichen Verhältnisse gerungen wurde, so hat heute die unmittelbare, direkte Beziehung des einzelnen Staatsbürgers zu "seinem" Staat, zum politischen System, vergleichsweise an Bedeutung verloren. In funktional differenzierten Gesellschaften "agieren" innerhalb und zwischen den einzelnen Funktionssystemen auf bestimmte Aufgaben und Interessen spezialisierte Organisationen. Man spricht deshalb mit einigem Recht von einer "society of organizations" (Willke, 1983:45). Kompliziert vernetzte soziale Systeme finden in ihrer Umwelt in vermehrtem Maße wiederum ein kompliziertes Netzwerk von sozialen Systemen vor; nicht selten sind es machtvolle Großorganisationen, mit denen zum Zweck des eigenen Fortbestandes bestimmte Verkehrs- und Austauschformen entwickelt werden (müssen).

An dieser Stelle der Argumentation ist der Umstieg von der gesamtgesellschaftlichen Analyseebene auf die Perspektive von Organisationen angebracht, geht es in diesem Beitrag doch primär darum, Überlegungen zu den Steuerungsproblemen komplexer sozialer Einheiten anzustellen. Ich beschränke mich dabei in erster Linie auf Wirtschaftsorganisationen, weil in diesen seit Jahren große Anstrengungen und Investitionen hinsichtlich der geeigneten Führungs- und Steuerungsstrukturen erfolgen. Welche Konsequenzen können aus der vorangegangenen Grobskizze gesamtgesellschaftlicher Entwicklungstendenzen für das Verständnis der Steuerung komplexer Wirtschaftsorganisationen gezogen werden? Oder anders gefragt: Unter welchen Umweltbedingungen müssen solche Systeme in Hinkunft operieren?

Verlängert man die weltweiten Veränderungen der wirtschaftlichen und politischen Rahmenbedingungen in den siebziger und achtziger Jahren unseres Jahrhunderts in die nächste Zukunft, so lassen sich mit einiger Plausibilität folgende Erwartungen formulieren:

- Gleichzeitig mit der fortschreitenden internationalen Verflechtung bleiben die globalen Rahmenbedingungen wirtschaftlichen Handelns (z.B. die Währungssituation) ausgesprochen unsicher und labil (Scharpf, 1987). Das erreichte Integrationsniveau des Weltmarktes erhöht jedoch ungeachtet dieser Labilität den Druck auf die Unternehmungen, sich weltweit zu engagieren und sich diesen unsicheren Bedingungen auszusetzen.
- Auch auf nationaler Ebene zeichnen sich gegenüber früher keine neuen, Stabilität verbürgenden, gesellschaftlichen Strukturen ab, obwohl eine Reihe neokorporativer Steuerungsmuster solche Defizite zu kompensieren versuchen (Traxler, 1986).

- Es kann nicht überraschen, daß auch die Entwicklung der einzelnen Märkte aus der Sicht der handelnden Unternehmungen viel schwerer kalkulierbar geworden ist; der Sättigungsgrad der meisten Märkte ist erreicht; ein hoher Wettbewerbsdruck ist die Folge; die Anforderungen an die produzierte Qualität und an die interne Kostensituation sind entsprechend hoch, schon ganz geringe Marktverschiebungen können für die Unternehmungen große Folgen haben, mit überraschenden Turbulenzen muß deshalb ständig gerechnet werden.
- Die rasante technologische und wissenschaftliche Entwicklung stiftet neue Abhängigkeiten (wer hat Zugang zu welchen Ressourcen?); die Verwertungsdauer entsprechender Investitionen wird kürzer; vorhandene Innovationsvorsprünge schrumpfen rascher als früher; der Lebenszyklus der meisten Technologien weist heute einen sichtlich veränderten Charakter auf.
- Letztlich bedeutet dies für die meisten Unternehmungen ein Operieren mit gestiegenen Risken sowie das Auskommen mit wesentlich geschrumpfteren Planungshorizonten. Die für soziale Systeme in diesem Bereich relevanten Umwelten sind insgesamt deutlich schwerer kalkulierbar geworden (dies gilt auch für die Frage, mit welchen Qualifikationen und persönlichen Einstellungen der Mitarbeiter in Hinkunft gerechnet werden kann und muß). Unternehmungen sollten deshalb über ein ausgefeiltes Instrumentarium verfügen, um eine günstige Risikostreuung für zukunftsrelevante Entscheidungen zustande zu bringen.

Welches Konzept von Steuerung, welches Verständnis von Führung kann mithelfen, daß Unternehmungen mit dieser empfindlich erhöhten Umweltkomplexität angemessen umgehen lernen? Angemessenheit meint hier den Aufbau einer systeminternen Problemlösungskapazität, die ein Unternehmen in die Lage versetzt, auch unter turbulenten Bedingungen erfolgreich handeln zu können. Auf diese Frage lassen sich unterschiedliche Antworten finden.

Es ist eines der Verdienste der älteren Systemtheorie, daß sie die Bedeutung der Beziehungen eines Systems zu seiner Umwelt für das Verständnis der systeminternen Verhältnisse desselben hervorgehoben hat (vgl. etwa v. Bertalanffy, 1971). In dieser Denktradition basiert die Reproduktion von sozialen Systemen auf einem wechselseitigen, systemübergreifenden Austausch von Leistungen oder Materialien. Die Konzeptualisierung systeminterner Prozesse und Strukturen erfolgt hier primär auf die Erfordernisse dieses Austausches hin (Luhmann, 1984a:22 f.).Der innere Zustand eines Systems wird in diesem Verständnis als relativ direkte Resonanz seiner relevanten Austauschbeziehungen mit anderen Systemen angesehen.

Wichtige Einsichten der jüngsten systemtheoretischen Diskussion, die bekanntlich zur Zeit in sehr unterschiedlichen Wissenschaftsdisziplinen geführt wird, haben dazu beigetragen, das System/Umweltverhältnis in einem neuen Licht zu sehen. Was ist nun der Kern dieser veränderten Sichtweise? Ursprünglich, um das biologische Phänomen zu beschreiben, wie lebende Systeme ihr Leben reproduzieren, wurde der Begriff "Autopoiesis" geprägt (Maturana, 1982; Maturana/Varela, 1987). In der Zwischenzeit wurde der dahinterliegende Grundgedanke der Selbstreferentialität zu einer Leitidee der allgemeinen Systemtheorie (Luhmann, 1984a). Die Denkfigur der Autopoiesis beschreibt, um ein einfaches Beispiel zu nennen, das grundlegende Phänomen, daß sich eine lebende Zelle durch die Elemente, aus denen sie besteht, immer wieder selbst reproduziert. Oder allgemeiner formuliert: Autopoietische Systeme sind operativ geschlossene Systeme, die sich in einer "basalen Zirkularität" selbst reproduzieren, indem sie in einer bestimmten räumlichen Einheit die Elemente, aus denen sie bestehen, in einem Reproduktionsnetzwerk wiederum mit Hilfe der Elemente herstellen, aus denen sie bestehen (Maturana, 1982:158 f.). Ein lebendes System reagiert in diesem Systemverständnis primär auf eigene, selbsthervorgebrachte Systemzustände, ohne von außen direkt und linear beeinflußt werden zu können. Ohne einen solchen grenzziehenden, autopoietischen Prozeß kann ein System die Differenzierung zwischen sich und seiner Umwelt für seine Eigenproduktion gar nicht fruchtbar machen.

Das Entscheidende des Autopoiesis-Konzeptes ist demnach, daß in diesem Verständnis Systeme als durch die eigene Struktur determinierte, "selbststeuernde Systeme von Umweltereignissen nur zu eigenen Operationen angeregt oder angestoßen, nicht aber determiniert werden können" (Willke, 1987a:336). Diese, die systemtheoretischen Auseinandersetzungen gegenwärtig sehr befruchtende Neufassung der System/ Umweltrelation stellt gegenüber der einseitigen Betonung der Umweltabhängigkeit von Systemen, wie dies bei der älteren Systemtheorie der Fall war, deren interne Strukturdeterminiertheit bzw. deren operationale Geschlossenheit in den Vordergrund. "Damit kommt ins Blickfeld, daß Systeme zunächst und vor allem ihre eigene Kontinuierung organisieren müssen, um als Systeme in Beziehung zu ihrer Umwelt treten zu können" (Willke, 1987a:335). Durch diese Verschiebung des Aufmerksamkeitsschwerpunktes wird deutlich, daß selbst noch die Art möglicher Umweltkontakte von den systemintern aufgebauten Potenzen für solche Kontakte abhängt. Damit konzentriert sich der Blick des Beobachters auf die Binnenverhältnisse eines Systems, auf deren Eigenlogik sowie auf die Bedingungen ihrer Reproduktion. Er versucht folglich, aus dem Innenhorizont heraus die aktuellen Möglichkeiten und Grenzen von System/Umweltbeziehungen zu verstehen. Gerade für die Entwicklung eines adäquaten Steuerungsverständnisses ist es wichtig, zu begreifen, daß autopoietische Systeme durch ihre internen Strukturen, durch ihre einmal entwickelten Handlungsmuster und Kommunikationsabläufe vorgeben, innerhalb welcher Spannweite sie von ihrer Umwelt angesprochen werden können. Außeneinflüsse, die sich nicht in dieser Spannweite bewegen, müssen auf Abwehr oder Ignoranz stoßen, oder sie zerstören das System.

Damit sollte auch deutlich werden, was mit dem Begriff der "operationalen Geschlossenheit" eines Systems gemeint ist. Diese Sichtweise liegt für viele so quer zu ihrem Alltagsverständnis, daß häufig Irritationen die Folge sind. Autopoietische Systeme (und sinnverarbeitende Systeme können dazu gezählt werden) verfügen zwar über eine rekursiv-geschlossene Operationsweise, sie sind deswegen aber "weder umweltlose Systeme", noch können sie ihrerseits "ohne Einwirkung durch und auf diese Umwelt operieren" (Luhmann, 1985a:15). Im Kontext eines autopoietischen Systemverständnisses "wirkt die Umwelt als Irritation, als Störung, als Rauschen und sie wird für das System erst sinnvoll, wenn sie auf die Entscheidungszusammenhänge des Systems bezogen werden kann. Das ist nur der Fall, wenn das System erkennen kann, welchen Unterschied es für seine Entscheidungstätigkeit ausmacht, wenn die Umwelt sich in der einen oder anderen Hinsicht ändert oder nicht ändert. Eine solche für das System in der Umwelt liegende Differenz, die für das System eine eigene Differenz, nämlich eine verschiedene Entscheidung bedeuten kann, wollen wir im Anschluß an Gregory Bateson Information nennen. Als 'difference that makes the difference' ist Information immer ein Eigenprodukt des Systems, ein Moment des Prozessierens von Entscheidungen und nicht ein Faktum in der Umwelt, das unabhängig von Beobachtung und Auswertung existiert. Andererseits steht es nicht im Belieben des Systems, dies Eigenprodukt Information zu erzeugen oder es zu lassen" (Luhmann, 1985a:15 f.).

Vor dem Hintergrund solcher Überlegungen lassen sich auch die Begriffe Abhängigkeit und Unabhängigkeit eines sozialen Systems näher umschreiben. Ein System ist unabhängig von seiner Umwelt hinsichtlich seines spezifischen Modus der Selbststeuerung, also hinsichtlich seiner eigenen Autopoiesis. Es ist abhängig hinsichtlich jener geschichtlich eingegangenen Koppelungen und aktuellen Umweltereignisse, aus denen es jene Informationen und Bedeutungen gewinnen kann, die für die Aufrechterhaltung und Weiterentwicklung der eigenen Identität unerläßlich sind. Identität entsteht ja aus der ständigen systeminternen Verarbeitung der Differenz zum Nichtidentischen. Kombiniert man das hier skizzierte Systemverständnis mit der Beschreibung der heutigen Umweltsituation von Unternehmungen, so lassen sich die aktuellen Entwicklungsprobleme solcher Organisationen in ihrem Kernbereich folgendermaßen formulieren:

- Die funktionale Bezogenheit von Unternehmungen auf die Probleme anderer Systeme, für die ja das intern Produzierte eine Problemlösung darstellen soll, zwingt diese eigentlich zur ständigen Auseinandersetzung mit Umweltveränderungen. Es handelt sich hier wirklich um einen Zwang; denn so ohne weiteres sind Organisationen für diese Auseinandersetzung nicht gerüstet. Es geht also um die prinzipielle Frage, ob Organisationen so gebaut sind, daß sie die für ihr eigenes Überleben wichtigen Umweltveränderungen systemintern in entscheidungsrelevante Informationen umwandeln können. Verfügen Unternehmungen über ausreichende "Sensoren", um bedeutsame Ereignisse und Entwicklungen in der Umwelt rechtzeitig zu registrieren und dem internen Informationsverarbeitungsprozeß zuzuleiten? Reicht die einem System zur Verfügung stehende Informationsverarbeitungskapazität aus, um dieses Mehr an Komplexität sinnvoll zu bewältigen? Genügt die vorhandene Problembearbeitungskapazität, um der gestiegenen Umweltempfindlichkeit gerecht zu werden?
- Unternehmungen benötigen interne Strukturen und Verfahrensweisen zur Absorption jener deutlich gestiegenen Unsicherheiten, die heute vor allem durch eine turbulente Marktsituation bedingt sind. Wie können diese Unsicherheiten in einem permanenten Prozeß unternehmensintern in kalkulierbare Risiken übergeführt werden? Dieses

Problem wird gegenwärtig durch eine geeignete strategische Planung zu bewältigen versucht.
- Auf Grund des unvermeidlichen Komplexitätsgefälles zwischen Umwelt und System ist in diese Beziehung gerade für Unternehmungen ein ständiger Lerndruck eingebaut. Welche Kompetenzen erfordert das "Lernen" von sozialen Systemen? Es geht einerseits darum, den eigenen Zustand immer wieder angemessen evaluieren und beschreiben zu können, um auf dieser Basis in der Lage zu sein, sich eine differenzierte Sicht der jeweils aktuellen Probleme zu erarbeiten. Solche Möglichkeiten der Selbst-Erkenntnis sozialer Systeme setzen die Fähigkeit zur regelmäßigen Selbstthematisierung voraus, um mit Hilfe solcher Reflexionsprozesse zu einer identitätsverbürgenden Selbstbeschreibung zu gelangen (corporate identity). Es sind diese Möglichkeiten in der Praxis keineswegs häufig anzutreffen. Erst auf einer solchen Grundlage kann überhaupt sinnvoll entschieden werden, ob systembezogene Veränderungen notwendig sind oder nicht. Andererseits müssen soziale Systeme, um lernfähig zu bleiben, auch über ein Minimum an Selbstveränderungspotential verfügen. Das gezielte Einleiten und Steuern eines Organisationsentwicklungsprozesses zählt wohl zu den schwierigsten Managementaufgaben ebenso wie das Lebendighalten einer dementsprechenden Lernkultur, ohne die ein solcher "Wandel zweiter Ordnung" sicher nicht möglich ist (Ashby, 1952).
- Es ist ein wesentliches Kennzeichen komplexer sozialer Systeme, daß sie für widersprüchliche Anforderungen, sei es, daß diese von außen kommen, sei es, daß sie durch die systemspezifische Eigendynamik produziert werden, systemintern adäquate Optimierungsprozesse bereitstellen müssen. Sie haben unvermeidliche Widersprüche (Aporien) ständig zu synthetisieren (hohe Qualität versus vertretbare Kosten; Erfüllung der besonderen Kundenwünsche versus standardisierbare Produktionsverfahren etc.). Verfügen Organisatonen über ein solches internes Konfliktmanagement? (Schwarz, 1985). Sind die Strukturen für das Aushandeln solch unvermeidlicher Konflikte vorhanden oder werden diese eher vermieden? Besitzen die beteiligten Rollenträger die notwendige Konflikttoleranz?

Angenommen, man teilt die hier nur sehr allgemein vorgetragenen Einschätzungen der künftigen Entwicklungsaufgaben von Unternehmungen - welche Schlußfolgerungen ergeben sich daraus für die Steuerungskonzeption solcher Systeme? Dieser Frage sind die abschließenden Überlegungen dieses Beitrags gewidmet.

4   Was heißt "Führen" in komplexen Organisationen?

Unter Führung wird hier das Wahrnehmen ganz bestimmter Funktionen innerhalb eines sozialen Systems verstanden. Mit der wachsenden Einsicht in die eigenständige Bedeutung dieses Aufgabenbereiches haben in den letzten beiden Jahrzehnten auch die diesbezüglichen Professionalisierungsbemühungen sprunghaft zugenommen. Im Kontext der vorliegenden Arbeit ist mit "Führen" das gezielte Gestalten von sozialen Situationen innerhalb eines größeren sinnstiftenden sozialen Ganzen gemeint; es handelt sich also um Spezialfunktionen, die das Ziel verfolgen, die Aufgabenerfüllung bzw. die Sinnrealisation eines Systems oder eines seiner Subsysteme durch das bewußte Eingreifen in Strukturen und Prozesse zu fördern. Angesichts des höheren Komplexitätsgrades, mit dem heute Wirtschaftsunternehmungen ganz generell fertig werden müssen, und angesichts des dementsprechend gestiegenen Steuerungsbedarfes ist es nicht verwunderlich, daß sich in Theorie und Praxis die Bemühungen vervielfacht haben, ein adäquates Steuerungswissen zu produzieren. Auf einer sehr allgemeinen Ebene lassen sich diese Bemühungen zwei grundsätzlich verschiedenen Konzeptualisierungsformen des zugrundeliegenden Steuerungsproblems zuordnen.

4.1 Die Steuerung sozialer Systeme nach dem Modell der Trivialmaschine

Heinz von Foerster prägte zur Veranschaulichung seiner Beobachtung, daß im Umgang mit sozialen Systemen zwei grundverschiedene Herangehensweisen anzutreffen sind, das Bild von der trivialen bzw. der nichttrivialen Maschine (v. Foerster, 1985 und 1988). Er

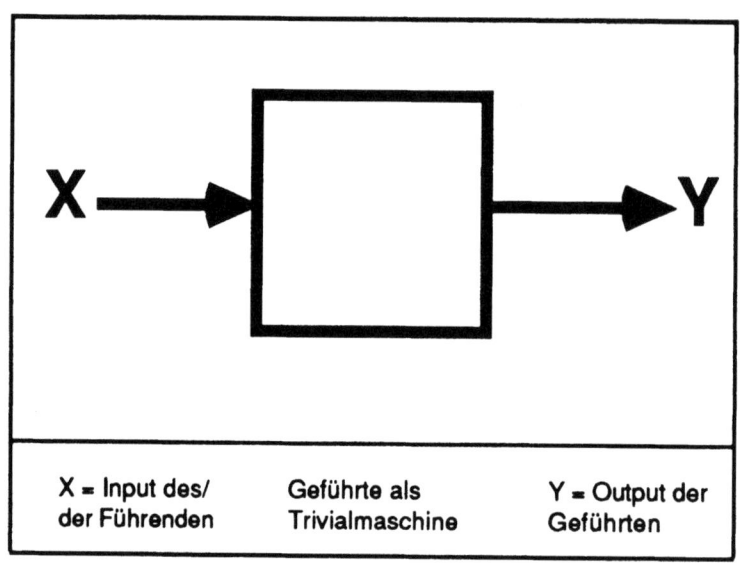

Abb. 1: Das Modell der Trivialmaschine

beschreibt mit diesem Bild nicht Maschinen im herkömmlichen Sinne "als eine Summe von ineinandergreifenden mechanischen oder elektronischen Teilen", sondern "eine begriffliche Struktur", das heißt eine ganz bestimmte Denkweise, eine das eigene Handeln orientierende Wirklichkeitsauffassung (v. Foerster, 1988:20). Faßt man soziale Systeme nach dem Typ einer trivialen Maschine auf, dann heißt Führung etwas ganz Bestimmtes: Der "Führende" definiert sich im Verhältnis zu den "Geführten" als Außenstehender, der in das ihm gegenüber befindliche System (eine Person oder eine soziale Einheit) lenkend eingreift. Er setzt einen "Input" und geht davon aus, damit den erwarteten "Output" zu bewirken (s. Abb. 1).

In dieser Denkhaltung ist $y = f(x)$. Der Aufbau eines brauchbaren Steuerungswissens zentriert sich hier auf die Frage: Wie kann ich die Rahmenbedingungen meines Führungshandelns möglichst so gestalten bzw. meine Aktionen im einzelnen so anlegen, daß bei den Geführten ohne viel Störungsaufwand das herauskommt, was ich will? Zur Beantwortung dieser Frage wurden im Laufe der Zeit sehr unterschiedliche Theorien entwickelt, denen bei aller Gegensätzlichkeit jedoch eines gemeinsam ist: Sie versuchen glaubhaft zu machen, daß Führung im Sinne einer Trivialisierung sozialer Systeme erfolgreich möglich ist. Die meisten der für Praktiker gedachten modernen Führungsmodelle versprechen "Techniken", deren Beherrschung die jeweilige Führungskraft zum reibungslosen Steuern seines Verantwortungsbereiches befähigen soll (Neuberger, 1985). Solche Angebote finden in Theorie und Praxis noch immer große Resonanz, weil sich viele in ihrem eigenen Führungsselbstverständnis und in ihren Einflußhoffnungen angesprochen und bestätigt fühlen. Diese weitverbreitete Steuerungsphilosophie korrespondiert im wesentlichen der klassischen Hierarchie als Organisationsprinzip und dem Rollenkonzept, das sie für ihre Vorgesetzten bereit hält. In ihr geht es ja bekanntlich darum, räumlich und sachlich weitreichende Machtketten zu bilden, die an einer gemeinsamen Spitze zusammenlaufen. Dieses ordnende Aufeinanderbeziehen von arbeitsteilig vorgehenden Subsystemen erfolgt durch eine einheitsstiftende, zentrale Befehlsgewalt. Die Hierarchie fußt im Prinzip auf der Annahme, soziale Systeme könnten nach dem Modell der Trivialmaschine gesteuert und kontrolliert werden.

Es handelt sich hier offensichtlich um vereinfachende Konstruktionsprinzipien der Organisationswirklichkeit, die nur unter ganz bestimmten Voraussetzungen brauchbare Steuerungsergebnisse zeitigen. Eine der Bedingungen ist eine Aufgabenstruktur, die eine arbeitsteilige Erledigung durch vereinzelt agierende Rollenträger zuläßt und wenig horizontale Kooperation braucht, weil die Steuerung durch eine entsprechend entwickelte Technologie erfolgt. Diese Technologie ermöglicht zumeist eindeutige Entscheidungssituationen. Traditionell-hierarchische Organisationsstrukturen legen üblicherweise bestimmte Differenzschemata fest (richtig/falsch, fleißig/faul, gut/schlecht), die klare Orientierungen vermitteln. Eine dritte Möglichkeit wird gleichsam auf eine natürliche Weise abgestoßen. "Solange sich der Ausschluß dritter Möglichkeiten von selbst versteht, funktionieren religiöse bzw. hierarchische Lösungen eines Problems" (Luhmann, 1988a:62). Dementsprechend schwindet aber in komplexen Organisationsformen, denen diese Vereinfachungsstrategien nicht angemessen sind, die selbstverständliche Akzeptanz für solche Problemdefinitionen. Das unverminderte Festhalten an tradierten Steuerungsformen auch unter veränderten Organisationsverhältnissen schafft nicht wenige jener Probleme, zu deren Lösung eben diese Steuerungspraxis immer wieder von neuem antritt. Deshalb führt eine Perfektionierung dieser Praxis, ein Mehr von demselben, nicht unbedingt zur angestrebten Reduktion von Komplexität.

Eine andere Voraussetzung für das Funktionieren trivialisierender Steuerungsprinzipien ist eine relativ stabile Umwelt, deren Entwicklungen berechenbar sind und deshalb unschwer in routinisierte interne Abläufe übersetzbar sind. Die "Intelligenz" (im Sinne der Umweltempfindlichkeit) eines traditionell geführten Unternehmens bzw. einer hierarchisch-bürokratischen Organisation ist formell im großen und ganzen auf die Informationsverarbeitungskapazität der Spitze beschränkt. Jene Umweltereignisse, die diesen Wahrnehmungsfilter passieren, haben eine Chance, systemintern entscheidungsrelevant zu werden. Entscheidungen, soweit sie überhaupt zustande kommen, werden dann von oben nach unten implementiert. Die organisationsintern auf den verschiedenen Hierarchieebenen ausgeübten Führungsaufgaben dienen diesem Zweck. Das trivialisierende Steuerungsverständnis setzt damit der Problembearbeitungskapazität eines Systems vergleichsweise enge Grenzen.

Schließlich fußt die Trivialisierungsmöglichkeit eines sozialen Systems auch auf einer ganz speziellen Organisationskultur und korrespondierenden Bewußtseinsformen der Organisationsmitglieder. "Im Sinne von Funktionalisierung und Vereinzelung werden Menschen zunächst zu Werkzeugen gemacht, zu Rädchen in einer Gesamtmaschine". In der Vervollkommnung hierarchischer Organisationsformen heißt dies "nicht mehr und nicht weniger, als daß man bis hin zum Taylorismus den Versuch machte, aus einzelnen Menschen eine 'Gesamtmaschine' zu erzeugen" (Heintel, 1988:155). Solche Ordnungsprinzipien verzichten auf das eigenständige Mitdenken der Organisationsmitglieder, sie sind auf die Übernahme von Eigenverantwortung und Eigenkontrolle nicht angewiesen. Denn die notwendige "Kooperationsbereitschaft" kann durch die Zwangsverhältnisse des Produktionsprozesses sichergestellt werden. "Wo aber Geist, Erkenntnis und Verantwortung eine intensive Rolle spielen, vom Menschen in seiner Arbeit ein Mehr als das bloße Instrument verlangt wird ", dort schafft die Trivialisierung auch für die Funktionstüchtigkeit der Organisation erhebliche Folgekosten, die unter Umständen existenzgefährdend werden können (Heintel, 1988:159).

In Anbetracht der gesellschaftlichen Rahmenbedingungen, unter denen Organisationen in entwickelten Gesellschaften operieren müssen, schwinden die Erfolgschancen klassisch-hierarchischer Organisationsprinzipien sowie der korrespondierenden Führungsvorstellungen (wie verfeinert diese im einzelnen auch immer sein mögen). "Um genau zu sein, muß man sogar viel schärfer formulieren und sagen, daß ein funktional differenziertes komplexes System eine eigenständige innere Ordnung ausbilden muß, die dem Ordnungsprinzip der Hierarchie klar widerspricht" (Willke, 1987b:292). Trotzdem leben hierarchische Ordnungsvorstellungen in vielen Organisationen munter weiter. Die Zählebigkeit dieser Strukturen und Bewußtseinsformen zwingt nicht selten zu einer charakteristischen Ungleichzeitigkeit zwischen dem, was offiziell "gilt" und dem, was zur Bewältigung der anstehenden Probleme tatsächlich getan wird. Die herkömmliche Hierarchie hat systemintern konkurrenzfreie Positionen zur Verfügung gestellt, die wie oben angeführt die Handhabung asymmetrisierender Unterscheidungen und damit die

Regelung von Konflikten erleichtern. Haben Organisationen komplexere Arbeits - und Entscheidungsstrukturen praktisch entwickelt, so sind solche Positionen nicht mehr anzutreffen (auch wenn sie vielleicht noch im formellen Organigramm eingezeichnet sind). Niemand repräsentiert mehr unbestritten den Besitz der absoluten Wahrheit. Jede Kontrolle unterliegt unvermeidlich der Gegenkontrolle. Kein einzelner Entscheidungsträger kann seine spezifische Rationalität und seine Sicht der Wirklichkeit verallgemeinern und gleichsam für alle verbindlich erklären. Wenn dies trotzdem geschieht, dann immer auf Kosten der Problemlösungskapazität des Ganzen. Für die Führungskonzeption in komplexeren Organisationen ist deshalb folgende Einsicht aller Beteiligten von entscheidender Bedeutung: "Es gibt in differenzierten Systemen keinen privilegierten Platz (etwa eine allwissende Zentrale), von dem aus das ganze System unter Einschluß der Zentrale selbst durchschaut werden könnte" (Luhmann, 1981a:50). Genau auf dieser Durchschaubarkeitsannahme und den entsprechenden Kontrollvorstellungen basiert jedoch das Steuerungsmodell der Trivialmaschine. Mit dem Steuerungsdefizit der klassischen Hierarchie wird gegenwärtig in den verschiedenen gesellschaftlichen Funktionssystemen sehr unterschiedlich umgegangen. Viele Organisationen, vor allem in der Wirtschaft, gewinnen einen aktiven Umgang mit diesem Problem und realisieren gezielte Weiterentwicklungsprogramme. Andere halten formell an den tradierten Formen fest und prägen kompensatorische Verhältnisse aus, was längerfristig gesehen zu sehr schwer handhabbaren Organisationszuständen führt (Wimmer, 1988:18 f.). Wir beobachten heute in vielen Großorganisationen, die in den letzten Jahrzehnten auf eine entsprechende Modernisierung ihrer Strukturen verzichtet haben, eine wachsende Diskrepanz zwischen dem durch die anfallenden Probleme erzeugten Steuerungsbedarf und der vorhandenen Steuerungskapazität. Gerade die Einführung der neuen Informations - und Kommunikationstechnologien und ihre organisationsbezogenen Folgewirkungen bieten für die angesprochene Problematik ein weites Beobachtungsfeld; denn die sinnvolle Nutzung dieser Technologie würde in der Regel wesentlich mehr horizontale Vernetzung erfordern als von den gewachsenen Organisationsstrukturen ermöglicht bzw. zugelassen wird.

Die Trivialisierung von Organisationen muß gesellschaftlich in die Irre führen und schwerwiegende Folgeprobleme nach sich ziehen, wenn die Logik gesellschaftlicher Evolution nicht die Logik von Maschinen ist, sondern die Logik lebender Systeme (Simon, 1988). Was kann demgegenüber Führung in einem nichttrivialen Systemverständnis heißen?

4.2 Führung in einem nichttrivialen Systemverständnis

Um sich von der Funktionsweise lebender Systeme, ebenso wie psychischer und sozialer Systeme brauchbare Vorstellungen zu machen, beschreibt Heinz von Foerster solche Systeme als nichttriviale Maschinen (v. Foerster, 1985:12). Er möchte damit das Augenmerk auf den Umstand lenken, der weiter oben schon hervorgehoben worden ist, daß autopoietische Systeme prinzipiell strukturdeterminiert operieren. Die Situation im

Inneren bestimmt die Möglichkeit eines Systems, bezogen auf Eingriffe von außen, einen bestimmten Output zu produzieren (v. Foerster, 1988:26 f.). Nichttriviale Maschinen verfügen über systemspezifische Ordnungsleistungen, die jeweils eine von außen nicht monokausal steuerbare Verknüpfung von Input und Output "bewirken". Es ist in der Tat die Eigenlogik eines Systems, es sind seine spezifischen Strukturen, die dafür verantwortlich zeichnen, wie Inputs intern selegiert und zu Informationen verarbeitet, und wie aus diesem Material bestimmte Ergebnisse produziert werden (Willke, 1983:26). Mit diesem Merkmal der Strukturdeterminiertheit hängt eine weitere Eigenart nichttrivialer Maschinen zusammen: ihre Geschichtsabhängigkeit. Im Prozeß der Selbstreproduktion ändern solche Systeme ihre inneren Zustände so, daß ein Input zum Zeitpunkt t_1 mit einer anderen internen Verarbeitung rechnen muß als derselbe Input zum Zeitpunkt t_2 (Systeme dieser Art "lernen" im Zeitverlauf, ob sie wollen oder nicht). Die Folge dieser beiden Merkmale ist die prinzipielle Unvorhersagbarkeit der Verarbeitungsprozesse nichttrivialer Maschinen. Das heißt, sie sind weder von außen noch für einzelne Teile im Inneren vollständig berechenbar.

Eine der vertrauten Antworten auf diesen Umstand ist der Versuch der Trivialisierung, wie er allen hierarchiegestützten Steuerungsvorstellungen als erfolgversprechende Möglichkeit vorschwebt. Eine andere Strategie wäre es, eine innere Einstellung der Funktionsträger, ein Welt- und Menschenbild zu entwickeln sowie darauf aufbauend sich ein Verhaltensrepertoire anzueignen, das der Nichttrivialität von Personen und sozialen Systemen bewußt Rechnung trägt. Im Zusammenhang von Führung bedeutet dies:

- Derjenige, der Führungsfunktionen wahrnimmt, muß sich unweigerlich als Teil des von ihm beeinflußten Systems begreifen. Er kann sich sinnvollerweise nicht außerhalb desselben positionieren, wie dies bei einem trivialisierenden Führungsverständnis möglich ist.
- Dies bedeutet ferner, daß das, was der Führende durch seine Maßnahme auslöst, einerseits mit der Geschichte, die er in und mit dem System aufweist, zusammenhängt, andererseits aber auch mit der aktuellen Dynamik und den sie prägenden Strukturen, in die der Führende miteingebunden ist.
- Ein lineares Denken in direkten Ursache/Wirkungszusammenhängen greift hier offensichtlich zu kurz. Jede Maßnahme bewirkt nicht nur etwas, das letztlich nicht vorhersagbar ist, sie kann selbst als durch die Situation, auf die sie sich bezieht, bewirkt angesehen werden. Führung ist in ganz bestimmte systeminterne Regelkreise eingebunden, zu deren Verständnis eine zirkuläre Denkweise nützlich ist.
- Führung impliziert daher stets auch den Aspekt der "Selbstführung", weil jeder Steuerungsversuch aus einer bestimmten Positionierung innerhalb eines Beziehungsgeflechtes heraus erfolgt und als Resultat der Rückwirkungen vorangegangener Steuerungsversuche angesehen werden kann. Denkt man den Gedanken der Selbstreferentialität von Führung konsequent weiter, so kann man Führung in diesem nichttrivialen Sinn als gezieltes Fördern des Selbststeuerungspotentials eines Systems begreifen.

Die strikte Trennung in Führende und Geführte ist eine Vereinfachungsstrategie, die dazu verhilft, die wechselseitige Abhängigkeit, die Unvermeidlichkeit des sich wechselseitig Beeinflussens ignorieren zu können. Sie unterstützt außerdem die Tendenz des Führenden, sich in die Analyse der Situation nicht miteinzubeziehen, also von sich selbst zu abstrahieren, ein Umstand, der einseitige Schuldzuschreibungen wesentlich erleichtert. Eine solche Selbstdefinition übersieht, daß Führung die grundlegende Schwierigkeit jeder absichtsvollen und etwas bewirken wollenden Kommunikation teilt. Sie muß sich in ihren Wirkungen von einem autonomen (d.h. nicht erzwingbaren) Prozeß des Verstehens seitens der Geführten abhängig machen. Die grundsätzliche Akzeptanz dieser Abhängigkeit und der souveräne Umgang damit bilden den Kern der modernen Führungsproblematik. Alle professionellen "Beeinflusser" leiden darunter (vor allem, wenn sie mit einer Trivialisierungsstrategie an Probleme herangehen), daß sie in ihren Einflußchancen von der Operationsweise des zu steuernden Systems abhängig sind. "Einer durch die Theorie selbstreferentieller Systeme informierten Sichtweise erscheint diese Schwierigkeit als ebenso unvermeidlich wie angemessen" (Willke, 1987a:348).

Ein Sich-Einlassen auf die Funktionsweise autopoietischer Systeme macht klar, daß Führung nicht heißen kann, nach möglichst effizienten Durchsetzungsstrategien eines Teiles gegenüber anderen Teilen innerhalb eines Systemganzen zu fragen. Die Konzeptualisierung von Führung in komplexen sozialen Systemen steht demgegenüber vor dem Problem, wie es möglich ist, "in einem grundsätzlich nicht beherrschbaren Feld kalkulierbare Wirkungen zu erzielen" (Willke, 1987a:351). Es ist dies eine ausgesprochen schwierige Frage, um deren Beantwortung gegenwärtig primär systemisch ausgerichtete Professionalisierungsbemühungen ringen. Wodurch unterscheidet sich ein mehr trivialisierendes Führungsselbstverständnis von einem in diesem Sinne professionellen Vorgehen? Der Unterschied ist durch eine individuell wie kollektiv zu erbringende Anstrengung zu beschreiben, die wir "verstehen" nennen.

Wenn die gewünschte Wirkung einer bestimmten Führungsmaßnahme letztlich nicht erzwingbar ist und auch durch noch so ausgefeilte Manipulationsstrategien nicht hundertprozentig sichergestellt werden kann, dann kommt es darauf an, das, was je und je ausgelöst wird, als Rückkopplung bewußt zu registrieren, ohne Abweichungen von vornherein als Störung abzutun. Auf der Basis der daraus gewonnenen Informationen läßt sich in der Folge eine angemessene Situationseinschätzung erarbeiten, welche die Grundlage für weitere Maßnahmen bilden kann. Es ist dies ein iteratives Vorgehen nach dem Prinzip von Versuch und Irrtum. Jene Operation, die in diesem prozeßhaften Umgang mit Führung an erster Stelle steht, heißt Beobachten. Unter Beobachtung wird im systemtheoretischen Kontext das Handhaben von Unterschieden, von Differenzschemata verstanden (etwa normal/anormal, erfolgreich/nicht erfolgreich, angepaßt/nicht angepaßt, Innen/Außen etc.). Man spricht demnach von Beobachten immer dann, "wenn eine Operation eine Unterscheidung verwendet, um innerhalb dieser Unterscheidung die eine oder andere Seite bezeichnen zu können" (Luhmann, 1985b:407). Auf diese Weise entstehen Informationen über das Beobachtete. Für den Führenden bedeutet dies, daß er ständig überprüfen muß, ob die von ihm verwendeten Differenzschemata zur Produktion einer angemessenen Problemsicht und Situationseinschätzung geeignet sind oder ob er hier selbst zu Verzerrungen beiträgt. Da Führung ein unvermeidlich selbstreferentieller Vorgang ist, impliziert der Gegenstand der Beobachtung auch das eigene Eingebundensein des Führenden in die Prozesse und Strukturen, die er zu gestalten versucht. Es geht folglich um die Möglichkeiten gelingender Selbstbeobachtung als unerläßliche Vorbedingung für das Erzielen nicht zufälliger Steuerungserfolge. Sich selbst in einem sozialen Geschehen, in das man häufig recht intensiv involviert ist, zu beobachten, ist eine sehr voraussetzungsvolle Aufgabe. Sie benötigt tragfähige Distanzierungshilfen und die oft schmerzliche Einsicht, daß keine noch so intensive Selbstbeobachtung einen umfassenden Zugang zu sich selbst zu schaffen vermag. Das Beobachtungsergebnis stellt in jedem Fall eine Selektion dar. Gegenstand der Selbstbeobachtung ist demnach auch der Umstand, daß ich nicht sehen kann, was ich nicht sehen kann (v. Foerster, 1985:26). Dies schafft das Bewußtsein der eigenen und fremden Intransparenz, der Unvermeidlichkeit eines systemspezifischen blinden Flecks. Ein solches Bewußtsein relativiert das eigene Bild von sich selbst, sowie die eigenen Vorstellungen, die man sich zur jeweiligen Orientierung von der Wirklichkeit macht.

Die innere Akzeptanz dieser fundamentalen Relativierung ist unabdingbare Voraussetzung für die produktive Verarbeitung jener Daten, die aus den genannten Selbstbeobachtungsprozessen des Führenden immer wieder gewonnen werden können. Die Akzeptanz der Differenz von Selbstbild und System ist eine unverzichtbare Bedingung für gelingende Selbstreflexion. "Denn nur aus dieser Differenz können Informationen über den Grad der eigenen Intransparenz abgeleitet werden. Und erst eine Verarbeitung dieser Informationen über Bedingtheit und Begrenzung der eigenen Selbstbeschreibung kann dazu führen, daß ein System sich selbst versteht" (Willke, 1987a:343). Ein solcher Verstehensprozeß im Zusammenhang von Führung bedingt deshalb die selbstreflexive Verarbeitung von Rückkopplungen auf die getätigten Führungsmaßnahmen hin und das Begreifen des tieferen Sinnes der beobachteten Phänomene. Es ist dies der Kern dessen, was wir unter sozialem Lernen verstehen. Im Anschluß an Willke (1987a:357) läßt sich ein sinnvoller Umgang mit den Steuerungsproblemen nichttrivialer Systeme auf folgende vereinfachende Formel bringen:

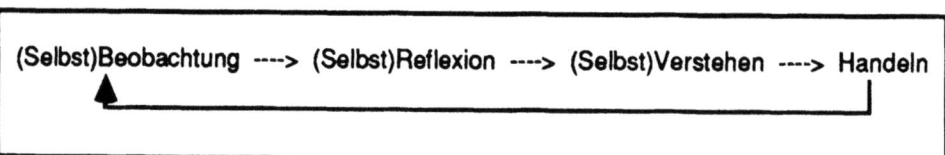

Abb. 2.: Steuerung in nichttrivialen Maschinen

Wir begreifen die begleitende Selbstreflexion als einen Operationsmodus, der den Steuerungsbedingungen nichttrivialer Maschinen angemessener ist als die beschriebenen

Trivialisierungsversuche. Denn Selbstreflexion bildet jenen Modus der Systemsteuerung, der gleichsam automatisch für den Einbau von Lernfähigkeit in komplexe soziale Systeme sorgt. Die Möglichkeit eines Systems bzw. der Handelnden in ihm, sich selbst realitätsgerecht zu verstehen, begründet jenen Handlungsspielraum, der für steuernde Eingriffe in Strukturen und Prozesse die Voraussetzung bildet. Erst die Anfertigung einer Selbstbeschreibung (im Sinne einer Selbstdiagnose) bzw. die begründete Auseinandersetzung mit einer schon existierenden schafft die erforderliche reflexive Distanz zu einer bestimmten, festgelegten Ausprägung derselben. Mit dieser immer wieder neu notwendigen Identitätsauseinandersetzung entsteht die Möglichkeit, sich aus der Differenz möglicher Selbstbeschreibungen die Informationsgrundlage für neue Optionen zu erarbeiten. Dieser Grundsatz gilt für das Verhältnis des Gesamtsystems zu seiner Umwelt ebenso wie für das Verhältnis von Teilen zu anderen Teilen innerhalb eines Systems. Die Labilisierung der Erfolgsbedingungen komplexer Organisationen reizt, ja zwingt diese Systeme zur regelmäßigen Selbstbeobachtung, zur Evaluation des eigenen Zustandes, vor allem auch zur Überprüfung, ob die bei dieser Prüfung zur Anwendung kommenden Kriterien noch angemessen sind. Versteht man Führung als die Beförderung der Selbststeuerung eines autopoietischen Systems, dann wird die Bereitstellung von Selbstreflexionsmöglichkeiten in diesem eine zentrale Systemleistung. Dieser Grundsatz bedeutet neben der Entwicklung individueller Kompetenzen auf diesem Gebiet den strukturellen Einbau periodischer Verzögerungsmechanismen in das System, die den ständigen, internen Handlungs- und Entscheidungsdruck etwas mildern. Auf diese Weise können gezielt neue Freiheitsgrade produziert werden, die dem System eine begründete Auswahl aus kontingenten Optionen eröffnen. Es würde den Rahmen dieser Arbeit bei weitem sprengen, solche Verzögerungsmechanismen und ihre systeminterne Implementation im einzelnen zu diskutieren. Ein entsprechend konzipiertes Projektmanagement kann beispielsweise als eine Organisationsform verstanden werden, die dem System gleichsam bei laufendem Motor ein neues Reflexionspotential schafft (Heintel/Krainz, 1988). Für die Beurteilung des Entwicklungsgrades komplexer Organisationen wird in Hinkunft ohne Zweifel das systeminterne Verfügenkönnen über ein angemessenes Selbstreflexionsvermögen ein wichtiger Gradmesser sein.

4.3 Einige praktische Konsequenzen eines nichttrivialen Führungsverständnisses

Es entspricht der Eigenart autopoietischer Systeme, daß rezepthafte Steuerungsvorschläge, die sich situationsunabhängig umsetzen ließen, wenig Sinn machen. Wenn es zutrifft, daß in Hinkunft die vorhandene Reflexionskapazität eines Systems der entscheidende Gradmesser für das Problemlösungsvermögen desselben sein wird, dann kommt es in erster Linie darauf an, Gelegenheiten zu schaffen, in denen diese Kapazität sowohl auf seiten der einzelnen Rollenträger als auch auf seiten der Organisation und ihrer Subeinheiten entwickelt werden kann. Für die beteiligten Personen verlangt dies Lernprozesse, in denen sie eine angemessene innere Haltung gegenüber ihren

Führungsaufgaben aufbauen können. Zu dieser inneren Haltung zählt das Aufgebenkönnen der Vorstellung einer möglichst vollständigen Kontrollierbarkeit von sozialen Prozessen. Wir alle sind in einem sozialen Kontext aufgewachsen, in dem wir lernten, die Verantwortlichkeit für eine soziale Situation sehr in Verbindung mit einer direkten Kontrolle derselben zu sehen. Dieses enge Aneinanderketten von Verantwortung und äußerer Kontrolle stellt für die Entwicklung eines nichttrivialen Führungsverständnisses ein zentrales Hindernis dar. In komplexen Organisationen muß sich unweigerlich das Schwergewicht von der Fremd- zur Eigenkontrolle verlagern. Verantwortliche Führung schafft deshalb Situationen, die die Übernahme von Eigenverantwortung fördern.

Ein anderer Aspekt dieser inneren Haltung ist die Bereitschaft, die Selektionsprinzipien der eigenen Wahrnehmung ständig zu überprüfen. Wie nehme ich als Führungskraft die Probleme in meinem Bereich wahr? Welche Differenzschemata kommen da zur Anwendung? Welche Informationsqualität resultiert daraus und reicht diese aus, um für das weitere Vorgehen eine angemessene Situationseinschätzung zu haben? Letztlich impliziert die beschriebene Haltung auch einen tiefen Respekt vor der Autonomie und Eigenlogik des zu steuernden Bereiches. Dieser Respekt schützt mich als Führungskraft davor, Unmögliches erzwingen zu wollen und animiert zur Suche nach passenderen Alternativen. Dadurch fließen die Energien weniger in permanente Machtkämpfe, sie werden frei für die eigentliche Aufgabenbewältigung.

Mit der Umstellung auf ein nichttriviales Führungsverständnis steigen zweifelsohne die Qualitätsanforderungen an Führungskräfte. Die auf dem Niveau hochkomplexer Organisationen erzeugten Probleme legen zu ihrer Lösung entsprechend elaborierte Strukturen und Kooperationsformen in und zwischen Subsystemen nahe. Diese können sich jedoch nur bilden, wenn systemintern entsprechend komplexe Persönlichkeitsstrukturen zur Verfügung stehen. Die persönliche Seite wie die Organisationsseite sind deshalb in einem ständigen, koevolutiven Selbstentwicklungsprozeß zu halten. Vor diesem Hintergrund wird es verständlich und rechtfertigbar, daß Unternehmen heute in die Entwicklung der Problemlösungskapazität ihrer Führungskräfte in verstärktem Ausmaße investieren.

Abschließend sollen einige Dimensionen des Führungsalltages in Organisationen exemplarisch genannt werden, an denen sich eine Umstellung auf Nichttrivialisierung praktisch bewähren kann.

4.3.1 Führen ist eine Spezialform von Kommunikation

Unsere Alltagserfahrung suggeriert ein relativ problemfreies Gelingen von Kommunikation. Es bedarf daher eigener Anstrengungen, "um die prekären Bedingungen ihrer Möglichkeiten hervortreten zu lassen" (Willke, 1987a:333). Was für Kommunikation ganz allgemein gilt, besitzt für das Wahrnehmen von Führungsfunktionen seine besondere Relevanz. Denn in Abwandlung einer These von Watzlawick läßt sich feststellen: Man kann als Führungskraft nicht nicht führen. Alles was die Führungskraft tut, wird von ihrer beruflichen Umgebung auch im Kontext von Führung interpretiert.

Ob sie jemanden grüßt oder nicht grüßt, ob sie freundlich gestimmt ist oder mißmutig, ob und mit wem sie Kontakt sucht und mit wem nicht, alles löst bestimmte Wirkungen aus. Aus diesem Grunde ist eine Steigerung der eigenen Kommunikationskompetenz auf jeden Fall sinnvoll. Denn wenn jedes Tun und Unterlassen steuernde Wirkungen zeitigt, wenn sich also Führung in der Rolle als Führungskraft nicht vermeiden läßt, dann sollte man sich in die Lage versetzen, Kommunikationssituationen bewußt zu gestalten und als Steuerungsmöglichkeit zu nützen. Das Verfügenkönnen über metakommunikative Reflexionsmöglichkeiten ist für das Ausschöpfen dieser Steuerungschancen allerdings eine unerläßliche Vorbedingung. Solche metakommunikativen Reflexionsgelegenheiten kann man sich situativ schaffen, sie lassen sich aber auch als spezielle Steuerungsform institutionalisieren (etwa als jährliches Mitarbeitergespräch, als periodische Klausur der Führungsmannschaft, als Qualitätszirkel etc.).

4.3.2 Steuerung durch systeminterne Vernetzung

In jedem komplexen System gehen die Möglichkeiten der Verknüpfung von Rollenträgern und Subsystemen weit über das hinaus, was faktisch realisiert werden kann. Die jeweils sinnvolle Selektion der praktisch zu realisierenden Verknüpfungsmöglichkeiten stellt deshalb einen entscheidenden Steuerungsbereich in Organisationen dar. Ein Großteil dieser Steuerungsaufgaben wird dem Einzelnen in der Regel durch feste Strukturen und eingespielte Kooperationsmuster abgenommen. Strukturen eines sozialen Systems können als allgemein akzeptierte, als selbstverständlich wirkende Verhaltenserwartungen beschrieben werden. Sie selektieren aus der Fülle möglichen Verhaltens die systemrelevanten Handlungsweisen aus. Sie stiften auf diese Weise Zusammenhänge zwischen Ereignissen, mit deren Hilfe sich das System intern stabilisieren und gegenüber seiner Umwelt abgrenzen kann.

Strukturen fungieren als Selbstfestlegungen eines Systems mit einem ganz spezifischen Selektionscharakter. Unter Steuerungsgesichtspunkten stellt sich die Frage, welchen Variationsspielraum sie dem einzelnen Entscheidungsträger lassen, situativ erforderliche Kooperationsbeziehungen herzustellen. Denn es macht einen bedeutenden Unterschied, ob die zur Lösung eines anstehenden Problems notwendigen Leute in einen gelingenden Kooperationszusammenhang gebracht werden können oder nicht. Auch die Wahl der Vernetzungsart stellt ein wichtiges Steuerungsinstrument dar (ob primär dyadisch oder durch den Aufbau von arbeitsfähigen Teamstrukturen).

Kooperationsmuster, die sich im Laufe der Geschichte einer Organisation herausbilden und verfestigen, können jeweils nur für eine begrenzte Lebensdauer funktional sein. Dieser Umstand erfordert periodische Reorientierung, also eine Selbstevaluation des Systems, ob die beobachtbaren Strukturen formeller und informeller Natur noch zu einer angemessenen Aufgabenerfüllung befähigen. Ergibt sich auf diesem Gebiet ein Veränderungsdruck, so entsteht aus einer solchen Situation für jede Organisation ein ganz spezieller Steuerungsbedarf. Handelt es sich bei Strukturen um generalisierte Verhaltenserwartungen, also um Erwartungen, die es ermöglichen, sich aufeinander verlassen zu können, dann bedeutet Strukturänderung veränderte Erwartungen aneinander, es ändern sich die handlungsleitenden Regeln und Standards. Strukturänderungen in diesem Sinne implizieren stets Phasen der Verunsicherung aller Beteiligten, sie verlangen den Verzicht auf liebgewonnene Sicherheiten sowohl auf der Ebene der Aufgaben als auch auf der Ebene der Beziehungen. Struktureller Wandel bedeutet demnach auch das Aushandeln neuer Beziehungsdefinitionen zwischen den betroffenen Rollenträgern. Veränderungen der Beziehungsdefinitionen sind häufig mit krisenhaften Umstrukturierungsprozessen verbunden, in deren Verlauf sich nicht nur die Regeln der arbeitsbezogenen Kommunikation, sondern oft auch die Selbstbilder aller Beteiligten verändern müssen. Weil einerseits einschneidende Strukturänderungen jedes soziale System vor schwerwiegende Probleme stellen und auf der anderen Seite aber die Fähigkeiten zu strukturellem Wandel gerade für Wirtschaftsorganisationen auf Grund einer erhöhten Umweltempfindlichkeit zu einer Überlebensfrage geworden sind, aus diesen Gründen ist das diesbezügliche Steuerungs-knowhow in den vergangenen Jahren zu einem attraktiven Spezialwissen geworden.

4.3.3 Steuerung von Entscheidungsprozessen

Aus der Art und Weise, wie in Unternehmungen Entscheidungen zustande kommen, läßt sich für die Diagnose des jeweiligen Organisationszustandes viel gewinnen (vgl. Titscher/Königswieser, 1985). Auf welcher Ebene fallen welche Entscheidungen und warum? Wer ist am Entscheidungsfindungsprozeß formell und informell beteiligt? Auf welcher Informationsqualität basieren Entscheidungen? Warum werden manche Entscheidungen nicht gefällt? Welche Funktion besitzen diese Nichtentscheidungen? Der Steuerung von Entscheidungsprozessen kommt in komplexen Organisationen ein prominenter Platz zu. In solchen Systemen wird die Verdichtung von Entscheidungszusammenhängen gewöhnlich durch verschiedene Formen der Bündelung, der Setzung von Entscheidungsprämissen geleistet. In der Regel stellen Organisationen Entscheidungsprogramme auf, mit deren Hilfe sich die Angemessenheit anderer Entscheidungen beurteilen läßt. Es sind dies entweder bestimmte Zielvorgaben (z.B. Kostensenkung, Ertragsorientierung, Wachstumsziele etc.) oder Konditionalprogramme (Wenn - Dann - Festlegungen, also generell-abstrakte Regelungen) (Luhmann, 1985a).

Neben der Möglichkeit, Entscheidungen über Entscheidungsprämissen zu bündeln, gibt es eine zweite. Sie besteht in der Festlegung von Kommunikationswegen, in denen entscheidungsrelevante Informationen gewonnen werden. Wer ist systemintern an welchem Entscheidungsproblem in welchem Ausmaß und zu welchem Zeitpunkt zu beteiligen? Man kann durch das Steuern der Beteiligung an Entscheidungsprozessen eine Art Rahmensicherheit für die sachliche Qualität bzw. für die soziale Akzeptanz einer Entscheidung einrichten. Solche Beteiligungsstrategien (wie etwa Teamentscheidungen) wird man vor allem dann wählen, wenn es sich um zukunftsoffene, nur interdisziplinär zu lösende Problemstellungen handelt oder wenn die Implementation einer Entscheidung einen breiten Konsens der Organisationsmitglieder erfordert.

Die Darstellung praktischer Dimensionen eines nichttrivialen Führungsverständnisses könnte zweifelsohne noch fortgesetzt werden. Für den Zweck des vorliegenden Beitrags genügen diese exemplarischen Andeutungen. Sie reichen aus, um die These zu erhärten, daß in komplexen Organisationen die indirekten Steuerungsformen (also jene, die den Kontext von Handlungen berühren, die somit die Strukturen treffen, seien es nun Ziele, Kommunikationsmuster und Regeln oder verschiedene Vernetzungsformen) gegenüber den direkten, imperativen Einflußnahmen immer wichtiger werden. Die Umstellung des eigenen Denkens auf die Nichttrivialität von Personen und sozialen Systemen bildet für solche Neuorientierungen des eigenen Führungsverständnisses eine wichtige Voraussetzung.

Literatur

Aldrich, H.: Organizations and Environments. Englewood Cliffs/New York 1979

Ashby, W.R.: Design for a Brain. London 1952

Baecker, D.: Die Freiheit des Gegenstandes: von der Identität zur Differenz. Perspektivenwechsel in den Wissenschaften. In: Delphin V 1985, S. 76 - 88

Baecker, D.: Das Gedächtnis der Wirtschaft. In: Baecker, D. et al. (Hrsg.): Theorie als Passion. Frankfurt/Main 1987, S. 519 - 546

Bateson, G.: Ökologie des Geistes. Frankfurt 1983 (5. Aufl.)

Beck, U.: Risikogesellschaft. Auf dem Weg in eine andere Moderne. Frankfurt/Main 1986

Berger, J. (Hrsg.): Moderne oder Postmoderne. Soziale Welt, Sonderband 4. Göttingen 1986

Bertalanffy, L.v.: General System Theory: Foundations, Development, Applications. London 1971

Dörner, D.: Über die Schwierigkeiten menschlichen Umgangs mit Komplexität. In: Psychologische Rundschau 31. Jg (1981), S. 163 - 179

Dörner, D. (Hrsg): Lohhausen - Vom Umgang mit Unbestimmtheit und Komplexität. Bern 1983

Ebbighausen, R. (Hrsg.): Bürgerlicher Staat und politische Legitimation. Frankfurt/Main 1976

Ermacora, F.: Allgemeine Staatslehre, 2 Bde. Berlin 1971

Foerster, H.v.: Erkenntnistheorien und Selbstorganisation. In: Delphin IV 1984, S. 6 - 19

Foerster, H.v.: Sicht und Einsicht. Braunschweig 1985

Foerster, H.v.: Abbau und Aufbau. In: Simon, F. (Hrsg.): Lebende Systeme. Berlin/Heidelberg 1988, S. 19 - 33

Gomez, P./Probst, G.J.B.: Organisationelle Geschlossenheit im Management sozialer Institutionen - ein komplementäres Konzept zu den Kontingenzansätzen. In: Delphin V 1985, S. 22 - 29

Gomez, P./Probst, G. J. B.: Vernetztes Denken im Management. In: Die Orientierung Nr. 89. Bern 1987

Habermas, J.: Die neue Unübersichtlichkeit. Frankfurt 1985

Haferkamp, H./Schmid, M. (Hrsg.): Sinn, Kommunikation und soziale Differenzierung. Beiträge zu Luhmanns Theorie sozialer Systeme. Frankfurt 1987

Heintel, P.: Menschenbild und Arbeitsorganisation. In: Meyer - Dohm, P. et al. (Hrsg.) : Der Mensch im Unternehmen. Bern/Stuttgart 1988, S. 141 - 167

Heintel, P/Krainz, E.: Projektmanagement. Eine Antwort auf die Hierarchiekrise? Wiesbaden 1988

Heintel, P./Krainz, E.: Über Entscheidung. In: Gruppendynamik 17. Jg (1986), S. 117 - 133

Jänike, M.: Staatsversagen. Die Ohnmacht der Politik in der Industriegesellschaft. München/Zürich 1987 (2. Aufl.)

Joas, H.: Das Risiko der Gegenwartsdiagnose. In: Soziale Revue, 1988, Heft 1, S. 1 - 6

Kasper, H.: Widersprüche und Konflikte beim Innovationsmanagement. In: Zeitschrift für Organisation, 55. Jg (1986), S. 115 - 123

Kasper, H.: Organisationskultur. Über den Stand der Forschung. Wien 1987

Kieser, A. et al. (Hrsg): Handwörterbuch der Führung. Stuttgart 1987

Kudera, S.: Organisationsstrukturen und Gesellschaftsstrukturen: Thesen zu einer gesellschaftsbezogenen Reorientierung der Organisationssoziologie. In: Soziale Welt, 28. Jg (1977), S. 17 - 38

Luhmann, N.: Politische Theorie im Wohlfahrtsstaat. München 1981a

Luhmann, N.: Organisation und Entscheidung. In: Luhmann, N.: Soziologische Aufklärung 3. Opladen 1981b, S. 335 - 389

Luhmann, N.: Organisationen im Wirtschaftssystem. In: ders.: Soziologische Aufklärung 3. Opladen 1981c, S. 390 - 414

Luhmann, N.: Soziale Systeme. Frankfurt 1984a

Luhmann, N.: Die Wirtschaft der Gesellschaft als autopoietisches System. In: Zeitschrift für Soziologie, 13. Jg (1984b), S. 308 - 327

Luhmann, N.: Organisation. Unveröffentlichtes Manuskript. Bielefeld 1985a

Luhmann, N.: Die Autopoiesis des Bewußtseins. In: Soziale Welt, 36. Jg (1985b), S. 402 - 446 (auch erschienen in: Hahn, A./Kapp, V. (Hrsg.): Selbstthematisierung und Selbstzeugnis: Bekenntnis und Geständnis. Frankfurt 1987, S. 25 - 94)

Luhmann, N.: Ökologische Kommunikation. Opladen 1986

Luhmann, N.: Autopoiesis als soziologischer Begriff. In: Haferkamp, H/Schmid, M. (Hrsg): Sinn, Kommunikation und soziale Differenzierung. Beiträge zu Luhmanns Theorie sozialer Systeme. Frankfurt 1987, S. 307 - 324

Luhmann, N.: Frauen, Männer und Georg Spencer Brown. In: Zeitschrift für Soziologie, 17 Jg (1988a), S. 47 - 71

Luhmann, N.: Die Wirtschaft der Gesellschaft. Frankfurt 1988b

Mackensen, R.: Die Postmoderne als negative Utopie. In: Soziale Revue, 1988, Heft 1, S. 6 - 12

Malik, F.: Strategie des Managements komplexer Systeme. Ein Beitrag zur Managementkybernetik evolutionärer Systeme . Bern/Stuttgart 1986 (2. Aufl.)

Maturana, H. R.: Erkennen: Die Organisation und Verkörperung von Wirklichkeit. Braunschweig 1982

Maturana, H. R.: Information - Mißverständnisse ohne Ende. In: Delphin VII 1986, S. 24 - 27

Maturana, H. R./Varela, F. J.: Der Baum der Erkenntnis. Wie wir die Welt durch unsere Wahrnehmung erschaffen - die biologischen Wurzeln des menschlichen Erkennens. Bern/München/Wien 1987

Neuberger, O.: Führung. Stuttgart 1985 (2. Aufl.)

Oertzen, P.v.: Die soziale Funktion des staatsrechtlichen Positivismus. Frankfurt/Main 1974

Offe, C.: Arbeitsgesellschaft: Strukturprobleme und Zukunftsperspektiven. Frankfurt/Main/New York 1984

Probst, G.J.B.: Selbstorganisation. Ordnungsprozesse in sozialen Systemen aus ganzheitlicher Sicht. Berlin/Hamburg 1987

Rieckmann, H.: Organisationsentwicklung - oder: Das Problem der Organisation von Lernen in Organisationen, die lernen wollen (sollen)........ In: Agogik, 1983, Heft 4, S. 30 - 48

Sandner, K.: Strukturen der Führung von Mitarbeitern. Steuerung und Kontrolle beruflicher Arbeit. In: Hofmann, M./Rosenstiel, L.v. (Hrsg.): Funktionale Managementlehre. Heidelberg/New York 1988, S. 38 - 58

Scharpf, F. W.: Die Rolle des Staates im westlichen Wirtschaftssystem: Zwischen Krise und Neuorientierung. In: Staat und Wirtschaft - Schriften des Vereins für Sozialpolitik, NF, Band 102. Berlin 1979, S. 15 - 44

Scharpf, F. W.: Sozialdemokratische Krisenpolitik in Europa. Frankfurt/New York 1987

Schmid, S. (Hrsg.): Der Diskurs des Radikalen Konstruktivismus. Frankfurt 1987

Schwarz, G.: Die "heilige Ordnung" der Männer. Patriarchalische Hierarchie und Gruppendynamik. Opladen 1985

Simon, F./Stierlin, H.: Schizophrenie und Familie. In: Spektrum der Wissenschaft, 1987, Mai, S. 38 - 48

Simon, F. (Hrsg.): Lebende Systeme. Heidelberg/New York 1988

Teubner, G./Willke, H.: Kontext und Autonomie: Gesellschaftliche Steuerung durch reflexives Recht. In: Zeitschrift für Rechtssoziologie 1984

Teubner, G.: Gesellschaftsordnung durch Gesetzgebungslärm? EUI - Working Paper Nr. 86/207. Florenz 1985

Titscher, St./Königswieser, R.: Entscheidungen in Unternehmungen. Wien 1985

Trappel, R. (Hrsg.): Power, Autonomy, Utopia. New Approaches toward Complex Systems. New York/London 1986

Traxler, F.: Interessenverbände der Unternehmer. Konstitutionsbedingungen und Steuerungskapazitäten, analysiert am Beispiel Österreichs. Frankfurt/Main/New York 1986

Traxler, F./Vobruba, G.: Selbststeuerung als funktionales Äquivalent zum Recht. In: Zeitschrift für Soziologie, 16. Jg (1987), S. 3 - 15

Ulrich, H./Probst, G.J. (Hrsg.): Self - Organization of Social Systems. Berlin 1984

Watzlawick, P. (Hrsg.): Die erfundene Wirklichkeit. München/Zürich 1985 (2. Aufl.)

Willke, H.: Entzauberung des Staates. Überlegungen zu einer gesellschaftlichen Steuerungstheorie. Königstein/Ts. 1983

Willke, H.: Zum Problem der Intervention in selbstreferentiellen Systeme. In: Zeitschrift für systemische Therapie (1984), S. 191 - 200

Willke, H.: Gesellschaftssteuerung. In: Glagow, M. (Hrsg.): Gesellschaftssteuerung zwischen Korporatismus und Subsidiarität. Bielefeld 1984, S. 29 - 53

Willke, H.: Societal Guidance through Law. In: Teubner, G. (Hrsg.): Autopoiesis in Law and Society. Berlin 1986

Willke, H.: Strategien der Intervention in autonome Systeme. In: Baecker, D. et al. (Hrsg.): Theorie als Passion. Frankfurt/Main 1987a, S. 333 - 361

Willke, H.: Entzauberung des Staates. Grundlinien einer systemtheoretischen Argumentation. In: Jahrbuch zur Staats- und Verwaltungswissenschaft 1987b, S. 285 - 308

Willke, H.: Observation, Diagnosis, Guidance. A Systems Theoretical View on Intervention. In: Hurrelmann, K. et al. (Hrsg.): Social Intervention: Potential and Constraints. Berlin/New York 1987c, S. 21 - 35

Wimmer, R.: Was können selbstreflexive Lernformen in der öffentlichen Verwaltung bewirken? In: Gruppendynamik, 19. Jg (1988), S. 7 - 27

Wunderer, R./Grunwald, W.: Führungslehre, 2 Bde. Berlin/New York 1980

Zeleny, A. (Hrsg.): Autopoiesis: A Theory of Living Organization. New York 1981

'Kulturmanagement': Läßt sich Unternehmenskultur 'machen'?

Sonja Sackmann

1 Das Interesse an Unternehmenskultur

Kultur hat Einzug ins Management, in die Organisations- und Betriebswirtschaftslehre gehalten. Die seit Anfang der achtziger Jahre wachsende Publikationswelle im deutschen wie im englischen Sprachraum ist bestes Beispiel dafür. "Softies" wie "Hardies" unter den Praktikern, Wissenschaftern und Wissenschaftstheoretikern nehmen den Begriff Unternehmens-, Organisations- oder Firmenkultur gleichermaßen in Anspruch - trotz unterschiedlicher theoretischer und praktischer Orientierungen, trotz unterschiedlicher Forschungs- und Praxisschwerpunkte und trotz unterschiedlicher Interessen (z.B. Allaire/Firsirotu, 1984; Bleicher, 1984; 1986; Calas/Smircich, 1987; Davis, 1984; Deal/Kennedy, 1982; Ebers, 1985; Hartfelder, 1985; Heinen, 1985; 1987; Kobi/Wüthrich, 1987; Kurmann, 1986; Neuberger/Kompa, 1987; Sackmann, 1983; Sandner, 1987; Scheuplein, 1987; Schein, 1985; Scholz, 1987; Shrivastava, 1985; Smircich, 1983; Staerkle, 1985; Weinhold-Stünzi 1985).

Das Verwendungsspektrum des Begriffs Unternehmenskultur ist entsprechend breit und die damit verbundenen Hoffnungen sind groß. Während sich einige Wissenschafter u.a. eine Revitalisierung der Organisationstheorie versprechen (Calas/Smircich, 1987; Heinen, 1987; Morgan, 1980; 1986; Morey/Luthans, 1985; Smircich, 1983; Smircich/Morgan 1982), ein neues Forschungsprogramm und Paradigma propagieren (Calas/Smircich, 1987; Pettigrew, 1979; Pondy/Mitroff, 1979), seine paradigmatische Bedeutung jedoch auch relativieren (Bleicher, 1983; Ebers, 1985), warnen andere gleichzeitig vor Mißbrauch und Sinnentleerung des Konzepts (Calas/Smircich, 1987; Hartfelder, 1985; Seidel, 1987).

Im Vordergrund des betriebswirtschaftlichen Interesses steht die Frage nach der Machbarkeit von Unternehmenskultur, da "die Betriebswirtschaftslehre vielmehr auch einen unmittelbaren Beitrag zur Bewältigung von Problemen der Praxis leisten muß, wenn sie den Ansprüchen der Gesellschaft an die Wissenschaften hinreichend gerecht werden will" (Heinen, 1987:20). Versteht man politische Prozesse in Organisationen im Sinne von Interessensrealisierung und Herrschaftsausübung (siehe dazu Sandner in diesem Band), dann ist die Frage nach der Machbarkeit von Unternehmenskultur eine eminent politische Problematik.

So postuliert denn auch eine Vielzahl von Autoren die Bedeutung der Unternehmenskultur für den Unternehmenserfolg (Baker, 1980; Barney, 1986; Deal/Kennedy, 1982; Kobi/Wüthrich, 1985; Peters/Waterman, 1982; Riley, 1983; Scheuplein, 1987; Tichy, 1983). "The impact of corporate culture on the design and management of organizations is a constant theme in contemporary writing about American business"

(Denison, 1984:5). Diese Aussage läßt sich auf Europa ausdehnen. Unternehmenskultur wird u.a. als "unternehmerische Erfolgsformel" betrachtet (Jäggi, 1985), "die über den Erfolg oder Mißerfolg eines Unternehmens entscheidet" (Business Week, 1980). Eine "richtige" Kultur verspricht u.a. hohe Produktivität (Akin/Hopelain, 1986), die nach Denison (1984:4) im Vergleich zu weniger effizienten Unternehmenskulturen durchschnittlich eine zweimal so hohe Gesamtkapitalrendite erzielen kann. Auch langandauernden Wettbewerbsvorteil erhofft man sich von der "richtigen" Unternehmenskultur (Barney, 1986), die auch als "stark" (Bleicher, 1984:495; Denison, 1984:5), "reich" (Deal und Kennedy, 1982:14; Kieser, 1987:2), "gesund, blühend" (Ulrich, 1984:313), "einheitlich" (Hinterhuber, 1986) oder "partizipativ" (Denison, 1984:7) umschrieben wird.

Dementsprechend sind die Erwartungen der Praktiker, die konsequenterweise wissen wollen, wie man Unternehmenskultur so zur "richtigen" hin beeinflussen oder "managen" kann, damit solche positive Ergebnisse tatsächlich erzielt werden. Die Liste der "how to" Angebote ist vielversprechend. Sie reichen von "cultural audit" (Wilkins, 1983), einer Anpassung von Unternehmenskultur und Unternehmensstrategie (Deshpandé/Parasuraman, 1986; Kobi/Wüthrich, 1987; Scheuplein, 1987; Schwarz/ Davis, 1981; Tichy, 1983), dem Management von Unternehmenskultur (Baker, 1980; Davis, 1984; Siehl, 1985) bis hin zu Empfehlungen verschiedenster Art, wie man Unternehmenskultur verändern kann (Allen, 1985; Krefting/ Frost, 1985; Kobi/ Wüthrich, 1987; Neuberger/Kompa, 1987; Sathe, 1983; 1985; Silverzweig/Allen, 1976; Trice/Beyer, 1985) oder "in den Griff" bekommt (Kilmann et al., 1985).

Demgegenüber stehen - zum Teil warnend, zum Teil ergänzend - kritische Aussagen bezüglich theoretischer Unausgereiftheit des Konzepts (Calas/Smircich, 1987; Sackmann, 1985; Sandner, 1988). Auch den Möglichkeiten einer gezielten Einflußnahme und Machbarkeit von Unternehmenskultur stehen einige Autoren kritisch gegenüber (Heinen, 1987; Meyerson und Martin, 1986; Nord, 1985; Sackmann, 1986; Ulrich, 1984; Wilkins/Patterson, 1985).

Ist man prinzipiell an einem Kulturmanagement interessiert, so müssen zunächst einige wesentliche Fragen geklärt werden. Welche Kulturauffassungen existieren in der Organisations- und Managementliteratur, und welche Annahmen sind damit verbunden? Welche Konsequenzen, Möglichkeiten und Ansatzpunkte bieten sie für ein Kulturmanagement? Welche Probleme sind damit verbunden, und wo liegen die Grenzen?

Ziel dieses Beitrags ist es, diese Fragen zu klären. Es werden im folgenden drei verschiedene Kulturkonzepte mit ihren zugrundeliegenden Annahmen, den Konsequenzen für ein Kulturmanagement und den damit verbundenen Möglichkeiten und Problemen diskutiert.

2   Kulturmanagement als semantisches Problem

Konsultiert man die Kulturanthropologie, aus welcher der Begriff Kultur entlehnt ist, finden sich keine Hinweise für ein Kulturmanagement, obwohl sich die Kulturautoren in der Organisations- und Managementliteratur nicht nur implizit sondern meist sogar explizit auf diese Wurzeln beziehen. Das anthropologische Kulturinteresse beschränkt sich auf ein Beschreiben, Erklären und Verstehen von kulturellen Phänomenen und nicht auf deren gezielte Gestaltung, Veränderung oder gar Manipulation (vgl. z.B. Hatch, 1973; Langness, 1979). Dieser Unterschied wird von den Kulturmanagement-Protagonisten wenig berücksichtigt. Ebensowenig werden die den anthropologischen Kulturkonzepten zugrunde liegenden Annahmen bei ihrer Anwendung auf Organisationen bezüglich ihrer Angemessenheit überprüft (Morey/Luthans, 1985; Sackmann, 1985).

So täuscht die Verwendung des Begriffs Kultur in bezug auf Unternehmen oder Organisationen darüber hinweg, daß es so etwas wie ein gemeinsames Kulturverständnis gibt, dessen Existenz allerdings angenommen wird (Phillips, 1984). Die Vielzahl von anthropologischen Kulturkonzepten findet sich daher auch in der Organisations- und Managementliteratur wieder - allerdings simplifiziert und ungewollt vermischt - mit jeweils unterschiedlichen Implikationen für ein Kulurmanagement. So beklagen Calas/Smircich (1987:9), daß die Organisationskulturliteratur wie auch die Kulturliteratur-Rezensionen voll von im Wettbewerb zueinander stehenden und oft miteinander nicht zu vereinbarenden Auffassungen sind. In Burrell/Morgans Terminologie existiert ein Paradigma-Krieg, da die Organisationskulturliteratur aus funktionalistischen, interpretativen und kritischen Stimmen besteht, die alle zur gleichen Zeit Geltung beanspruchen. Die Möglichkeiten eines Kulturmanagements lassen sich daher nicht unabhängig von dem zugrunde liegenden Kulturverständnissen diskutieren.

Der Begriff Kultur wurde der Kulturanthropologie entlehnt, wo selbst ein Jahrhundert der Forschung zu keinem einheitlichen Verständnis geführt hat. Es existiert daher eine Vielzahl von Definitionen und Konzepten nebeneinander (Kroeber/Kluckhohn, 1952). Diese Begriffsvielfalt findet sich in der Organisations- und Managementliteratur wieder, wie Smircich (1983) systematisch aufzeigt. *Trotzdem* wird im praktischen Gebrauch des Begriffs irrtümlicherweise ein Konsens über das Verständnis von dem, was Unternehmenskultur sei, angenommen (Phillips, 1984). Allerdings hat sich die Vielfalt der anthropologischen Kulturkonzepte nur stark vereinfacht in der Organisations- und Managementliteratur niedergeschlagen.

Während Kroeber/Kluckhohn (1952) deskriptive, historische, normative, psychologische, strukturalistische und genetische Perspektiven unterscheiden, Allaire/Firsirotu (1984) noch ein weiter ausdifferenziertes Klassifikationsschema anbieten, um existierende Organisationstheorien und -ansätze anthropologischen Kulturkonzepten zuzuordnen, kommen in der Organisations- und Managementliteratur nur drei wesentliche Kulturkonzepte zum Tragen. Das eine ist ein *ideelles*, bei dem Kultur als Metapher für Organisationen gesehen wird. Das Unternehmen wird hier in seiner *Ge-*

samtheit als Kultur betrachtet. Das andere ist ein *dingliches*, bei dem Kultur als eine Variable betrachtet wird, also etwas, was eine Organisation hat. Zusätzlich läßt sich noch ein drittes, weniger verbreitetes Kulturkonzept unterscheiden, bei dem Kultur als ein *dynamisches Konstrukt* gesehen wird, das vorwiegend aus Ideellem besteht, aber durchaus auch Manifestationen hat. Es kann als eine Synthese und Weiterentwicklung der beiden anderen Kulturkonzepte verstanden werden. Alle drei Kulturkonzepte gehen von unterschiedlichen Annahmen aus und haben daher auch verschiedene Implikationen für ein Kulturmanagement, wie nachfolgend aufgezeigt wird.

3 Unternehmenskultur als Variable

3.1 Annahmen

Die Verwendung von Kultur als Variable geht von drei wesentlichen Annahmen aus:

1. Unternehmenskultur ist *eine* von mehreren organisatorischen Variablen.
2. Diese Variable besteht aus Teilprodukten, die sich zu einem homogenen Ganzen integrieren und sich in sichtbarer Weise in Form von Artefakten und tradierten, kollektiven Verhaltensweisen manifestieren.
3. Unternehmenskultur erfüllt mehrere wichtige Funktionen, die für die Zielerreichung und damit den Erfolg eines Unternehmens eine bedeutende Rolle spielen.

Unternehmen haben also bzw. entwickeln hier neben anderen Produkten das Produkt Kultur, das sich aus Teilprodukten zusammensetzt wie z.B. Gegenstände/ Artefakte sowie kollektive verbale und non-verbale Verhaltensweisen (z.B. Deal/ Kennedy, 1982; Ouchi/ Wilkins, 1985; Peters/Waterman, 1982; Scheuplein, 1987; Dill/Hügler, 1987). Eine häufig anzutreffende Kulturdefinition aus dieser Perspektive ist "the way we do things here". Etwas ausführlicher läßt sich diese Kulturauffassung repräsentativ mit den Worten Shrivastavas (1985:103) umschreiben: "Organisationskultur besteht aus einer Reihe von konkreten Produkten, die das (Bedeutungs-) System (eines Unternehmens) stabilisieren und aufrechterhalten. Diese Produkte enthalten Mythen, Sagen, Sprachsysteme, Metaphern, Symbole, Zeremonien, Rituale, Wertsysteme und Verhaltensnormen".

Beispiele für kulturelle Artefakte sind das Logo einer Firma, die Architektur des Firmengebäudes, verwendete Technologien und Arbeitsmittel, die Raumgestaltung, vorhandene Dokumente, hergestellte Produkte, das Organigramm, die typische Kleidung der Mitarbeiter oder vorhandene Statussymbole wie Firmenwagen, eigener Parkplatz oder Möbel (s. z.B. Neuberger/Kompa, 1987). Verbale Verhaltensweisen sind Sprache im allgemeinen und speziell Reden, Jargon, Humor, Geschichten, Sagen, Legenden oder Mythen (Clark, 1972; Martin, 1982; Martin et al., 1983; Vinton, 1983; Wilkins, 1978; Wilkins/Martin, 1979). Beispiele für non-verbale Verhaltensweisen sind generell die Art des Umgangs miteinander, d.h. typische Interaktionsmuster, welche die Formen und Funktionen von Riten, Ritualen oder Zeremonien angenommen haben (Trice/Beyer, 1985).

Diese "Teil"-Produkte bilden zusammen das Gesamtprodukt Unternehmenskultur, deren wesentliche Bedeutung in ihren zugeschriebenen Funktionen gesehen wird. So nimmt man an, daß das Gesamtprodukt Unternehmenskultur vor allem zwei wichtige Funktionen erfüllt und so zum Unternehmenserfolg beiträgt - oder diesen verhindert, nämlich interne Integration und Koordination (Dill/Hügler, 1987; Ouchi/Wilkins, 1985; Sackmann, 1983).

Die gemeinsamen Werte und Normen, welche kollektiv in einem Unternehmen geteilt werden, ermöglichen innerbetriebliche Integration zwischen einzelnen Mitarbeitern unterschiedlicher Abteilungen und Hierarchiestufen. Sie stellen den "sozialen Klebstoff" dar, der ein "Wir-Gefühl" fördert und einer Systemdifferenzierung entgegenwirkt, die sich zwangsläufig aus der Strukturierung eines Unternehmens ergibt (Albert/ Silverman, 1984).

Damit zusammenhängend dient Unternehmenskultur der innerbetrieblichen Koordination, d.h. einer wechselseitigen Abstimmung zwischen Organisationsmitgliedern. Diese ist für zielorientiertes Arbeiten notwendig, damit unterschiedliche Interessen und Erfahrungen nicht zur Verfolgung unterschiedlicher Ziele führen. Unternehmenskultur liefert also ein gemeinsames Zeichen- bzw. Kommunikationssystem, das die Grundlage für eine Verständigung ist und somit einem gemeinsamen Verständnis dient. Werden diese zwei wichtigen Funktionen nicht zufriedenstellend erfüllt, kann Unternehmenskultur auch die Effektivität eines Unternehmens signifikant reduzieren (Barney, 1986; Riley, 1983; Tichy, 1983).

Dabei liegt die Betonung auf der Integrationsfunktion von Kultur, ihrer Konsistenz und dem allgemeinen Konsens. So ist eine "gute" Kultur einheitlich, ihre Produkte/Komponenten werden von allen Organisationsmitgliedern geteilt und sie verleiht dem Unternehmen etwas Einzigartiges, das es von anderen Unternehmen differenziert. Geschaffen wird solch eine Kultur vorwiegend von Führungskräften, welche diese auch beeinflussen, prägen oder verändern - d.h. managen können (Clark 1972; Deal/Kennedy, 1982; Peters/Waterman, 1982; Schein, 1985; Selznick, 1957; Trice/Beyer, 1985).

Will man wissen, wie die Kultur eines Unternehmens aussieht, muß man folglich ihre Manifestationen sammeln. Vertreter dieses Kulturansatzes nehmen nämlich an, daß die sichtbaren Kulturmanifestationen *direkte* Rückschlüsse auf zugrunde liegende Verhaltensnormen und Werte erlauben. So sind nach Beyer/Trice Riten, Rituale, Mythen, Sagen, Legenden, Geschichten, Symbole, Sprache, Gestik, Architektur und andere Artefakte alles Kulturformen, die zugrunde liegende und unausgesprochene Annahmen, Werte und Normen der Kultur sichtbar und greifbar machen (Beyer/Trice, 1986:6).

Diese Kulturauffassung läßt sich bildlich in Form eines Eisberges darstellen, dessen Umfang, Lage und Konsistenz bekannt sind. Seine sichtbaren Manifestationen sind fest mit den entsprechenden, weniger sichtbaren (unter Wasser liegenden) Komponenten verbunden, die man durch die direkte Beziehung "herausfischen" kann und die quasi ein Spiegelbild darstellen.

3.2 Konsequenzen für das Management von Kultur

Aus dieser Variablensichtweise ist das Management von Unternehmenskultur wenig problematisch. Unternehmenskultur läßt sich machen. Es gilt nur, die vorhandene Ist-Kultur, d.h. die existierenden Kulturprodukte zu identifizieren und in Richtung der gewünschten Soll-Kultur zu verändern bzw. das "Culture Gap" zu überwinden. Die Formulierung der Soll-Kultur orientiert sich dabei an der antizipierten Strategie (Bourgeois/Jemison, 1984; Kobi/Wüthrich, 1986; Pümpin, 1984; Scholz, 1988; Schwartz/Davis, 1981). Ihre Ableitung aus den Bedürfnissen und Wünschen der Mitarbeiter (Kilmann/Saxton, 1983) ist eher selten.

Ziel des strategieorientierten Ansatzes ist es, in kontingenter Weise Strategie und Kultur optimal aufeinander abzustimmen. Damit soll zum einen verhindert werden, daß die existierende Kultur die Umsetzung der geplanten Strategie blockiert und zum anderen die zukünftige Strategie zu weit weg von der vorhandenen Kultur formuliert wird. Eine sogenannte Kultur-Risiko-Analyse (Schwartz/Davis, 1981) hilft dabei, die Erfolgswahrscheinlichkeit bei der Umsetzung einer geplanten Strategie in bezug auf die vorhandene Kultur zu bestimmen. Maßgebliche Orientierungsgröße ist also die geplante Strategie.

Deshpandé/Parasuraman (1986) schlagen ein weniger strategielastiges Kontingenzmodell der "strategischen Kulturplanung" vor. Dies soll Unternehmen vor einer Kulturdiskrepanz und dem damit verbundenen Mißerfolg schützen, wenn sie Strategieveränderungen vornehmen oder in eine neue Lebensphase treten. Dabei integrieren die Autoren das strategische Marketing-Planungsmodell der Boston Consulting Group mit einem Produkt- bzw. Business-Lebenszyklus-Modell und Deal/Kennedys Kulturtypologie (Deal/Kennedy, 1982). Eine "Tough Guy/Macho" Kultur sollte demnach bei einer Produkteinführung vorhanden sein, wenn das Produkt noch keinen nennenswerten Ertrag abwirft. Eine "Bet Your Company" Kultur sei für die Marktwachstumsphase am geeignetsten, wenn das eingeführte Produkt zum Star wird. Eine "Work Hard/Play Hard" Kultur ist dann angezeigt, wenn das Produkt zur Cash Cow wird, der Marktanteil groß ist, jedoch kaum noch wächst. Eine "Prozeß"-Kultur wird bei geringem Marktanteil und Marktwachstum empfohlen, wenn das Produkt sich als Fehlinvestition erweist.

Während bei einem solchen präskriptiven Vorgehen der richtige Kulturtyp von Außenstehenden im Sinne eines "etic" Ansatzes vorgeschrieben wird (Evered/Louis, 1981), beschreiben Bourgeois/Jemison (1984) ein Verfahren, bei dem zunächst die Unternehmensmitglieder die vorhandene Kultur aus ihrer Sicht charakterisieren müssen. Die nachfolgende Umweltanalyse dient zur Identifikation von übereinstimmenden sowie diskrepanten Kulturelementen. Hier wird die Kulturanalyse Bestandteil der Strategiebeurteilung und der Suche nach realistischen Umsetzungsmöglichkeiten.

Um die Ist-Kultur benennen zu können, werden sonst vorwiegend Typologien (Deal/Kennedy, 1982; Handy, 1979; Harrison, 1972; Heinen, 1987) oder Profile bzw. relevante Dimensionen vorgeschlagen (Kobi/Wüthrich, 1986; Pümpin, 1983; Schein, 1985). So unterscheidet Heinen (1987:28 f.) z.B. sechzehn idealtypische Unternehmenskulturen "in Abhängigkeit von der relativen Funktionalität formaler Steuerungsinstrumente". Im Vordergrund steht ein Kontingenzansatz und zwar zwischen Kulturtypus und System, der auch von Dill/Hügler (1987) vertreten wird.

Relevante Kulturdimensionen, die eine bestimmte Kulturprägung bewirken, werden von Kobi/Wüthrich (1986), Pümpin (1984) sowie Schein (1985) vorgeschlagen. Dem allgemeineren, deskriptiven Ansatz von Schein bzw. von Kluckhohn/Strodbeck (1961) steht der strategie- und präskriptionsorientierte Ansatz von Pümpin und Kobi/Wüthrich gegenüber. So hat Schein die fünf grundlegenden kulturellen Annahmen, die Kluckhohn/Strodbeck aufgrund ihrer Untersuchungen entwickelten, auf Organisationen übertragen. Diese sind kollektive Annahmen über die Beziehung des Unternehmens zur Umwelt, Annahmen über die Auffassung von Wirklichkeit, Zeit und Raum, über die Natur des Menschen, über zwischenmenschliche Beziehungen und über menschliches Handeln. Pümpin sowie Kobi/Wüthrich unterscheiden acht prägende Grundorientierungen: Kunden-, Mitarbeiter-, Leistungs- oder Resultatsorientierung, Innovations-, Kosten-, Kommunikations-, Unternehmens- und Technologieorientierung. Anhand dieser Dimensionen werden Ist- und Soll-(=strategiekonforme) Kultur in Form von Profilen erstellt, die Hinweise für notwendige Kulturgestaltungsmaßnahmen geben.

Sind Ist- und Soll-Kultur identifiziert, dann stellt sich die Frage nach dem konkreten Vorgehen einer Kulturgestaltung. Wie wird die Ist-Kultur der Soll-Kultur im einzelnen angepaßt? Welche Kulturteilprodukte werden verändert und wie? Prinzipiell können sämtliche Teilprodukte in den Kulturmanagementprozeß einbezogen und für den Veränderungsprozeß benutzt werden. Welche der Artefakte der verbalen und non-verbalen Verhaltensweisen konkret herangezogen werden, scheint von den Interessen des jeweiligen Autors abzuhängen.

Kobi/Wüthrich geben hier die umfassendsten, systematischsten und pragmatischsten Richtlinien. Ist die Ist-Kultur diagnostiziert und die Soll-Kultur bestimmt, dann sind auch die speziell vorhandene und die gewünschte "Kulturprägung" bekannt und damit die diskrepanten Kulturprodukte. Diese gilt es nun, durch direkte und indirekte Mittel der gewünschten Soll-Kultur anzupassen. Zu den direkten Mitteln werden Strategien bzw. Planung, Strukturen und Prozesse, Führungsinstrumente und Aktionen gezählt, zu den indirekten Mitteln symbolische Handlungen, Führung und Kommunikation, Personelles sowie Standards. Checklisten bzw. eine Reihe von Beispielen illustrieren die konkreten Möglichkeiten jedes Gestaltungsmittels innerhalb jeder Kulturdimension (siehe S. 186 ff.).

Ein ähnliches Vorgehen für ein Kulturmanagement wird von Scholz (1988) empfohlen, der ein auf den Einzelfall abgestimmtes Gesamtpaket verschiedener Maßnahmen betont. Der Umsetzungsprozeß wird in Anlehnung an die Aktionsforschung mit Lewins Drei-Phasen-Modell (Auftauen-Verändern-Einfrieren) skizziert, ohne jedoch auf notwendige Zeitspannen sowie ohne auf zirkuläre oder spirale Entwicklungen hinzuweisen.

Neuberger/Kompa (1987) übertragen Türks (1981) Prozesse und Medien sozialer Kontrolle auf eine kulturelle Einflußnahme und betonen vor allem personenbezogene Aktionen wie Personalwerbung, -auswahl, -verteilung, die Einführung neuer Mitarbeiter, deren Sozialisation, Aus- und Weiterbildung sowie personenbezogene Organisationsentwicklung. Außerdem diskutieren die Autoren auch Technologie, organisatorische Regelungen und Aufgabenbündelungen als mögliche Ansatzpunkte für ein Kulturmanagement. Für die konkrete Umsetzung nennen auch sie Lewins Drei-Phasen-Modell sowie Lundbergs Zehn-Phasen-Modell (Lundberg, 1985).

Allen (1985) empfiehlt einen vierstufigen Veränderungsprozeß normativer Systeme für ein mögliches Kulturmanagement, wobei normative Systeme mit Kultur gleichgesetzt werden. In einer ersten "Analyse"-Phase sollen das Engagement des Top Managements gewonnen oder initiiert werden, Ziele gesetzt und das spezifische "Kulturmanagementprogramm" entwickelt werden. In der zweiten Phase werden einführende Workshops abgehalten sowie ein Top Management Seminar. In der dritten Phase werden dann Entwicklungsprozesse auf vier verschiedenen Ebenen (Individuum, Intragruppe, Intergruppen, Gesamtorganisation) eingeleitet. Eine Evaluation der verschiedenen Aktionen, eine Weiterführung des Programms sowie Anpassungen erfolgen in Phase vier. Dabei stehen in jeder der vier Phasen neun inhaltliche Schwerpunkte im Vordergrund: Belohnungsformen, Rollenmodellverhalten, Informations- und Kommunikationssysteme, zwischenmenschliche Beziehungen, Management- und Führungsfähigkeiten, Organisationsstrukturen, Prozesse, Training, Orientierung und die Zuteilung von Ressourcen (Allen, 1985:341 f.)

Dill/Hügler (1987) beschreiben ein weniger umfassendes und detailliertes Vorgehen. Im Mittelpunkt steht hier die Explizierung der gewünschten Kultur in Form einer schriftlichen Niederlegung. Diese enthält Unternehmensgrundsätze und Unternehmensleitbilder, die zur "Kodifizierung" erwünschter Verhaltensweisen wie auch zu positiver und negativer Sanktionierung benutzt werden können. Eine weitere Reduktion solch eines Kulturmanagements innerhalb des Variablenansatzes wird von Scheuplein (1987) vorgenommen, der die persönliche Weiterentwicklung als ausschlaggebende Kulturgestaltungsmaßnahme bezeichnet.

Über die Resultate von Kulturmanagementbemühungen innerhalb des Variablenansatzes liegen bis auf wenige deskriptive Fallstudien (Davis, 1984; Tunstall, 1985) oder Impressionen am Rande (McKinney, 1987) derzeit wenig Informationen vor. Daher können auch keine Aussagen über die Effektivität der einzelnen Vorgehensweisen gemacht werden. Allerdings drängen sich aus theoretischer und praktischer Sicht einige kritische Fragen auf, die ein Kulturmanagement aus der Variablenperspektive generell in Frage stellen.

3.3 Probleme des Kulturmanagements im Variablenansatz

Kulturmanagement im Variablenansatz ist mit zwei grundsätzlichen Problemen behaftet, die sich aus den zugrunde liegenden Annahmen ergeben. Die Gleichsetzung von Kultur mit einer von mehreren organisatorischen Variablen resultiert zum einen in der Annahme einer unproblematischen Machbarkeit von Unternehmenskultur. Dabei bleibt allerdings unklar, welches die *relevanten* Dimensionen von Unternehmenskultur sind. Weiters wird angenommen, daß Kulturmanagement von der Führungsspitze mit dem Grundgedanken eines Zusammenhalts ausgeübt wird. Man propagiert ein "cultural (value) engineering", nach dem ein bestimmtes, in sich homogenes Wertemuster von der Unternehmensspitze oder vom "leader" vorgeschrieben und sanktioniert wird und werden kann. Damit verbundene ethische und politische Probleme werden nicht angesprochen.

Die Konzentration auf das Top Management als Quelle für unternehmenskulturelle Werte, als "Dompteure" für deren Einführung und als "Polizisten" bei deren Einhaltung hat alte historische und praktische Wurzeln. So beschreibt schon Selznick (1957), daß die für ein Unternehmen typische Kultur bzw. der Unternehmens-"Charakter" dann entsteht, wenn die Führungsspitze sie mit Werten "infusioniert". Er sieht die wichtigste Funktion einer Führungskraft im Vorleben und der Pflege der bestehenden (zuvor "infusionierten") Werte. Dieser "top-down" und auf die Führungsspitze konzentrierte Ansatz ist bei Vertretern des Variablenansatzes weit verbreitet (z.B. Deal/ Kennedy, 1982; Kobi/Wüthrich, 1986; Peters/Waterman, 1982; Van de Ven, 1983). Er macht eine Veränderung problemlos, da diese von der Spitze initiiert und kontrolliert wird. Die in einem Unternehmen bestehenden Machtverhältnisse verändern sich also nicht und werden auch nicht problematisiert. Der übliche Zugang eines Beraters zu einem Unternehmen über die Unternehmensspitze dürfte eine weitere Rolle für diese Sichtweise spielen.

Empirische Untersuchungen und theoretische Diskussionen zeigen allerdings, daß Unternehmenskultur durchaus von Mitarbeitern mitgeprägt werden kann (Gregory, 1983; Martin/Sitkin/Boehm, 1983; Phillips, 1984). Dadurch wird auch die Homogenitätsannahme einer "guten" Kultur in Frage gestellt, da Mitarbeiter potentielle Quellen für kulturelle Differenzierungen darstellen. Diese können zum einen im Sinne von Innovationen oder Weiterentwicklungen förderlich sein, bei zu starker Differenzierung in Subkulturen aber auch hinderlich (Van Maanen/Barley, 1983). Solche Prägungseinflüsse können zu politischen Prozessen und neuen Machtverhältnissen z.B. in Form einer "Counter Culture" führen, indem sich eine konkurrierende dominante Koalition entwickelt (Martin/Siehl, 1983).

Der "Macheransatz" des Kulturmanagements aus der Variablenperspektive ist in der rational-mechanistischen Organisationstheorie verankert (Scott, 1981), in der die Existenz kausaler Zusammenhänge und die Gültigkeit bestimmter Gesetzmäßigkeiten angenommen werden. Es können also bezüglich kultureller Veränderungsmaßnahmen und deren Wirkungen klare Wenn-Dann-Aussagen getroffen werden. Einige

Organisationstheoretiker bezweifeln allerdings die Existenz solcher Kausalitätsbeziehungen in humanen Systemen. So bewegen sich nach Buckley (1967) rational-mechanistische Organisationstheorien höchstens auf der dritten oder vierten Stufe seines siebenstufigen Modells. Menschliche Systeme im Sinne von Buckleys "multi-cerebralen" Systemen befinden sich aber auf der siebten Stufe und sind u.a. vor allem durch multiple, reziproke und probabilistische Verknüpfungen charakterisiert. Neuberger (1984) kritisiert daher Unternehmensgrundsätze und -leitbilder nicht unbegründet als einen von oben erlassenen und den "Bediensteten" aufoktroyierten Verhaltenskodex.

Die Warnungen einiger Kulturmachbarkeitsvertreter vor genau diesem Machbarkeitsgedanken verdeutlichen die Probleme dieses Ansatzes. Zudem weisen sie auf die Schwierigkeiten hin, die mit dem Transfer einer Metapher in eine andere Disziplin verbunden sind (siehe dazu Morey/Luthans, 1985). So werden Potentiale einer fachfremden Metapher nicht voll realisiert, sie wird simplifiziert und eventuell sogar mit unangemessenen Annahmen versehen, wenn beim Transferprozeß die Stufen der Interpretation, Korrektur und konkreten Bedeutungexplikation im neuen Kontext nicht vollständig und rigoros durchgeführt werden (Schon, 1963).

Der unvollständige Transferprozeß dieser fachfremden Metapher kann bei der Umsetzung von Kulturmanagementempfehlungen zu unliebsamen Überraschungen in der Praxis führen. So hat z.B. der Anwendungsversuch von Peters/ Watermans Erfolgsrezepten (1982) auf das National Forest Management in Kalifornien zu einigen kritischen Stimmen sowohl bei den Rangern als auch bei den Besuchern geführt. In "Normen- und Werte-Workshops" sollten die Werte des Forest Service geklärt werden. Ein neuer Benutzungsplan, nach den Spitzenleistungs- und strategischen Managementprinzipien von Peters/Waterman (1982) entworfen, enthielt z.B. eine Reihe von Empfehlungen für das "Management der Wildnis" (McKinney, 1986:18). Mitarbeiter des Forest Service wollten allerdings lieber grundsätzlich darüber diskutieren, ob Wildnis überhaupt "gemanaged" werden sollte, da ihrer Meinung nach der neue Plan das "Wilde" aus der Wildnis nahm. Nicht nur die Ranger staunten über die neue Sprache, in der Bäche zu "fließenden Gewässerzonen" wurden und Forellen zu "Erntespezien". Besucher mußten unter den "Erklärungen" nachsehen, wenn sie die Benutzungsregeln lesen und verstehen wollten.

Ein weiteres Beispiel für die Grenzen einer so verstandenen Kulturmachbarkeit findet sich in einer unveröffentlichten Studie der Brigham Young University. So versuchte eine schnell wachsende Computerfirma gemäß den Empfehlungen von Deal/ Kennedy (1982) einen Helden unter ihren Mitarbeitern zu identifizieren, der die gewünschten Werte durch sein Verhalten vorlebte. Als solch eine Person gefunden war und unbefragt als Held propagiert wurde, wehrte sie sich gegen diese neue Ehre. Denn genau das Verhalten, das ihr zu ihrem Heldentum verholfen hatte, hätte sie - im Rampenlicht stehend - nicht mehr praktizieren können. Auch dies zeigt deutlich, daß Kultur nicht einfach von oben verschrieben werden kann.

Kultur als Variable gibt zwar eindeutige Richtlinien für ein Kulturmanagement, seine Umsetzbarkeit ist jedoch mit einer Reihe von Problemen behaftet, die sich aus der

Mischung der fachfremden Metapher mit tradierten organisationstheoretischen Annahmen ergeben. Menschliche Systeme sind keine "trivialen Maschinen", d.h. mechanistische Systeme mit gesetzmäßigen Kausalverknüpfungen, sondern "nicht-triviale Maschinen", die im Sinne von Wahrscheinlichkeiten operieren (von Foerster, 1984, 1986). Zudem werden politische Prozesse total negiert. Die Chancen, die mit dem Konzept der Kultur verbunden sind, werden zwar propagiert, doch innerhalb dieses Ansatzes nicht in ihrer letzten Konsequenz angewendet.

4 Unternehmenskultur als Metapher (ideelles System)

4.1 Annahmen

Bei diesem Ansatz wird Kultur als eine Metapher für Organisationen benutzt. Eine Unternehmen *ist* also eine Kultur und sollte als solche betrachtet werden. Daraus ergeben sich drei wesentliche Annahmen, die miteinander verknüpft sind:

1. Unternehmenskultur ist keine Variable sondern eine *Perspektive*, die dem Verständnis von Organisationen dient.
2. Unternehmenskultur ist eine soziale (kollektive) Konstruktion organisatorischer Wirklichkeit.
3. Unternehmenskultur besteht aus Orientierungshilfen für Wahrnehmung, Denken, Fühlen und Handeln.

Im Gegensatz zur Variablenperspektive interessieren hier nicht der *Gegenstand* Kultur bzw. seine Teilprodukte, sondern die *Prozesse*, die diese organisatorische (= kulturelle) Wirklichkeit charakterisieren und ausmachen. So werden bei diesem Ansatz zwar auch verbales und nonverbales Verhalten wie Sprache, Geschichten, Legenden, Mythen, Riten, Rituale oder Zeremonien thematisiert, doch ist die Intention eine ganz andere. Von Interesse sind die ihnen zugeschriebenen und zugrundeliegenden *Bedeutungsinhalte*, also die speziellen Interpretationen, die ihnen in einem spezifischen organisatorischen Kontext gegeben werden (Louis, 1983; Morgan, Frost und Pondy, 1983; Smircich, 1983). Eine repräsentative Definition von Kultur in diesem Ansatz ist "die kollektive Programmierung des menschlichen Verstandes" (Hofstede, 1978:25) oder "eine Reihe von Annahmen, die gemeinsam von einer Gruppe von Organisationsmitgliedern gehalten werden" (Phillips, 1984:6).

Dieser Kulturansatz, bei dem man "kulturell denkt" und nicht "über Kultur denkt" (Calas/Smircich, 1987:11), hat sozialkonstruktivistische Wurzeln (Berger/Luckmann, 1977; Weick, 1979; Weik/Borgon, 1986) und organisationstheoretische Vorreiter in Burrel/Morgan (1979), Morgan (1980); Morgan/Smircich (1980), Pondy/Boje (1976) oder Pondy/Mitroff (1979). Kultur als Perspektive soll neue Möglichkeiten der Erkenntnis über Organisationen eröffnen. So werden Organisationsmitglieder als aktive Bedeutungsgestalter ihrer organisatorischen Welt gesehen, die ständiger Interpretation bedarf. Kultur ist das *Medium*, in dem sich diese Prozesse der Bedeutungszuschreibung, der Interpretation von und des Verhandelns über Bedeutungen vollziehen. Diese Prozesse können zu Wirklichkeitsdifferenzierungen und somit zur Subkulturbildung führen. Im Gegensatz zum Variablenansatz wird Unternehmenskultur daher nicht notwendigerweise als etwas Einheitliches und Konsistentes gesehen. Vielmehr ist es eine sich ständig im Fluß befindende, lose Verbindung phänomenaler Wirklichkeiten (Lipp, 1979).

Topmanager bzw. Führungskräfte spielen in diesem Ansatz eine untergeordnete Rolle, da eine *Reihe* von inner- und außerbetrieblichen Faktoren zur Entstehung und zur Gestaltung spezieller Kulturinhalte beitragen. Jedes Organisationsmitglied wird zum Gestalter und Träger von Kultur, die zudem umliegende Kultureinflüsse widerspiegelt. So argumentiert Gregory (1983) aufgrund ihrer empirischen Forschung im Silicon Valley, daß Organisationen rein zufällige Begrenzungen einer Ansammlung von Subkulturen darstellen. Diese Subkulturen können aufgrund von Nationalität, professioneller oder ethnischer Gruppierungen zustande kommen. Regionale Kultureinflüsse auf Unternehmen werden von Weiss/Delbeque (1987) berichtet, während Phillips (1987) industriespezifische differenziert. Solche möglichen Subkulturbildungen tragen zum Gesamtbild der kulturellen Wirklichkeit eines Unternehmens bei, das daher keineswegs homogen und konsistent sein muß.

Bildlich läßt sich dieser Ansatz mit dem Medium Wasser vergleichen, in dem sich verschiedene Lebewesen befinden und dessen Ausdehnung, Konsistenz, Zusammensetzung etc. man nicht genau kennt. Man versucht nun, dieses Medium unter verschiedenen Bedingungen besser kennenzulernen und die jeweiligen Einflüsse auf die vorhandenen Lebewesen zu spezifizieren.

4.2 Konsequenzen für das Management von Kultur

Vertreter dieses Ansatzes interessiert weniger die Umsatzsteigerung mit Hilfe von Kultur, sondern ein besseres Verständnis von Organisationen *durch* die kulturelle Perspektive. Mit diesem deskriptiven und erkenntnistheoretischen Interesse stehen sie den Anthropologen näher als den Unternehmenskultur-Variablen-Vertretern. Ein Kulturmanagement wird daher gar nicht diskutiert - eine solche Fragestellung paßt nicht zu diesem Ansatz. Was interessiert, ist ein Verständnis der historisch evolutionären Entwicklung und Veränderung von Kultur mit allen beteiligten Prozessen.

Das Äquivalent eines Kulturmanagements innerhalb dieses Ansatzes könnte man eventuell in einem kulturell bewußten oder kulturell sensibilisierten Management sehen. Dieses Management wäre allerdings nicht nur den Führungskräften überlassen, sondern jedes einzelne Organisationsmitglied hätte potentiell das gleiche Ausmaß an kulturgestaltender Verantwortung. Denn Organisationsmitglieder aller Hierarchiestufen agieren und wirken im gleichen "Medium", sie interpretieren ständig Ereignisse in ihrer relevanten Umwelt und schreiben diesen kulturentsprechende Bedeutungen zu. Diese

Bedeutungszuschreibungen erfolgen zum einen mit Hilfe der vorhandenen kulturellen Kategorien und deren Verknüpfungen, die sich jedoch in diesem Anwendungsprozeß evolutionär weiterentwickeln. Bezüglich politischer Prozesse interessieren vor allem die Art der verschiedenen Einflüsse, welche auf die dominanten Interpretationsmuster und deren Bedeutungsinhalte ausgeübt werden sowie die dominanten Akteure.

Bei geeigneter Fragestellung könnten detaillierte Fallstudien Aufschluß über verschiedene Aspekte dieser evolutionären Weiterentwicklungsprozesse geben, einschließlich der Implikationen für politische Prozesse. Eine Analyse mehrerer Fallstudien und die Reflexion ihrer Ergebnisse auf höherer Ebene könnten zu wichtigen Erkenntnissen für ein kulturell bewußtes Management führen, die über den spezifischen Einzelfall hinausgehen. Doch der derzeitige Stand der Theorieentwicklung und Forschung innerhalb dieses Ansatzes ist noch nicht so weit fortgeschritten.

5 Unternehmenskultur als dynamisches Konstrukt

5.1 Annahmen

In dieser Sichtweise ist Kultur etwas, das ein Unternehmen entwickelt; die sich entwickelnde Kultur wird dann zur organisatorischen Wirklichkeit. Unternehmen *haben* also kulturelle Aspekte und *sind* zugleich Kultur. Dies mag zunächst wie eine Kombination der beiden oberen Ansätze aussehen, doch geht diese Sichtweise mit ihren Annahmen im Sinne einer Synthese einen Schritt weiter. Gedankliche Ansätze finden sich hierfür bei Calas/Smircich (1987); Meyerson/Martin (1986); Sackmann (1985) und Schein (1985).

Die wichtigsten Annahmen, die diesem Ansatz zugrundeliegen, sind:

1. Unternehmenskultur ist ein multiples, dynamisches Konstrukt, das aus verschiedenen Facetten besteht und sich durch menschliche Aktionen und Interaktionen entwickelt.
2. Einzelne Facetten dieses Konstrukts sind sichtbar, andere nur durch ihren Einfluß "spürbar", den sie auf Wahrnehmung, Denken, Fühlen und Handeln haben.
3. Die verschiedenen Facetten sind miteinander in nicht-kausaler, dynamischer Weise verknüpft.
4. Jedes Unternehmen hat Kultur, die für sich genommen weder gut noch schlecht ist. Durch ihre Existenz erfüllt sie automatisch gewisse Funktionen, während andere durch ihr entsprechendes "Sein" (Art, Form, Gestalt, Ausprägung, Subkulturbildung) in einem Unternehmen wahrgenommen werden können, doch nicht müssen.

In der ersten Annahme werden ideelle und dingliche wie auch strukturelle und prozessuale Aspekte mitberücksichtigt. Kultur besteht zum einen aus Kognitivem wie grundlegende Annahmen, konnotativem Wissen, Wissen über "richtige" (= erwartete) bzw. "falsche" Verhaltensweisen in dem speziellen kulturellen Kontext. Diese lenken Wahrnehmung und Denken in bestimmte Richtungen und machen somit das Auftreten bestimmter Handlungen wahrscheinlicher.

Dieses Gedankenspektrum wird zum Teil von den Organisationsmitgliedern von außen in ein Unternehmen hineingetragen, zum Teil entstehen sie in der Auseinandersetzung mit Problemen (Sackmann, 1985; Schein, 1985). Gemäß lerntheoretischen Überlegungen werden erfolgreiche Lösungen eher wiederholt und nicht erfolgreiche Lösungen gemieden. Damit sammeln sich im Laufe der Zeit Erfolgs- und Mißerfolgsrezepte in Form von kulturellem Wissen an, das an neue Organisationsmitglieder vorwiegend unbewußt weitergegeben wird, indem diese ihre Umwelt interpretieren und sich an dem sichtbaren Verhalten anderer sowie an den praktizierten Sanktionierungsmechanismen orientieren (Martin/Sitkin/Boehm, 1985; Zucker, 1977). Auf diese Weise übernehmen Organisationsmitglieder meist unmerklich mehr und mehr von der entsprechenden Kulturperspektive eines Unternehmens, Abteilung oder Gruppe und werden so zu deren Kulturträgern aber auch zu Kulturmitgestaltern. Dabei kann es in einem Unternehmen mehrere Kulturperspektiven oder Subkulturen geben, die sich ergänzen, widersprechen oder voneinander unabhängig sein können (Gregory, 1983; Louis, 1983). Je nach betriebsinterner Problemstellung können unterschiedliche Kulturperspektiven populär sein, was für deren "Anhänger" eine stärkere Machtposition impliziert.

Bei einer Differenzierung des ideellen Kulturansatzes in Form von verschiedenen Arten kulturellen Wissens kann sich auch innerhalb eines Unternehmens eine Kombination von übergreifenden und differenzierenden Aspekten ergeben. So unterscheidet Sackmann (1985) vier Arten von kulturellem Wissen: lexikalisches, handlungsbezogenes, axiomatisches und Rezeptwissen. Die Ergebnisse ihrer empirischen Untersuchung zeigen, daß bei drei verschiedenen Geschäftseinheiten eines Unternehmens gleichzeitig konsistentes *und* differenzierendes kulturelles Wissen existieren kann. So unterscheidet sich das lexikalische Wissen (was in einem Unternehmen überhaupt beachtet wird und deren Prioritäten) von einer Geschäftseinheit zur anderen, während das handlungsbezogene kulturelle Wissen in jeder der drei untersuchten Geschäftseinheiten das gleiche ist, *obwohl* diese in unterschiedlichen Geschäftsfeldern tätig sind.

Unternehmenskultur als dynamisches Konstrukt enthält auch inhärent funktionale Seiten, die *sowohl* förderlich als auch hinderlich sein können - je nach kulturellem Interpretationsmuster. So fungiert kulturelles Wissen als Selektions- und Interpretationsfilter. Dieser Filter ist nolens volens ein Mittel zur Komplexitätsreduktion. Durch die spezielle Kulturperspektive werden aus den potentiellen Interpretationsmöglichkeiten von Tatbeständen und Ereignissen nur ganz bestimmte herausgefiltert und entsprechend den vorhandenen Kategorien interpretiert und miteinander verknüpft. Verschiedene Kulturperspektiven können so zu unterschiedlichen Interpretationen ein und desselben Ereignisses führen und somit zur Entwicklung unterschiedlicher Strategien und Aktionen, wie Sapienza (1985) in ihrer empirischen Untersuchung feststellen konnte. In dieser Untersuchung interpretierte das Topmanagement einer Organisation eine

Gesetzesänderung als "Box", die sie in ihren Strategien und Handlungen beengen würde, während das Topmanagement einer anderen vergleichbaren Organisation genau diese Gesetzesänderung als Chance betrachtete und ganz andere Strategien und Handlungskonsequenzen entwickelte.

Eine zusätzliche Funktion, die Unternehmenskultur als dynamisches Konstrukt wahrnehmen kann, aber nicht muß, ist Motivation. Je nachdem, welcher Ausschnitt der Realität durch eine bestimmte Kultur definiert wird, kann sie für Mitarbeiter Sinn vermitteln. Durch die entsprechenden Interpretationsmuster vermittelt sie Ziele, Perspektiven oder sogar eine "Vision", die Engagement um ihrer selbst erzeugen können. Diese Identifikation stellt eine Form intrinsischer Motivation dar (Frankl, 1985), bei der zielorientierte Handlungen durch persönliche Einsicht und Wollen erfolgen. Sie unterscheidet sich darin grundlegend von einer extrinsischen "Zuckerbrot und Peitsche" - Auffassung, die auf Skinnerschen Verstärkungsprinzipien beruht. Es bestimmt aber der spezifische Realitätsausschnitt, ob Unternehmenskultur für einen Mitarbeiter Motivationscharakter hat oder nicht.

Der Fokus innerhalb dieses Kulturansatzes liegt zwar auf dem Ideellen, doch werden auch Artefakte und kollektive Verhaltensweisen in Form von Riten, Ritualen oder Zeremonien berücksichtigt. Sie werden als Kulturmanifestationen betrachtet, die allerdings im Gegensatz zum Variablenansatz nur bedingt Rückschlüsse auf die derzeit existierende(n) kulturelle(n) Perspektive(n) eines Unternehmens geben, da sie Relikte aus vergangenen Zeiten sein könnten und aus reiner Gewohnheit weiterhin praktiziert werden könnten. Fragt man nach ihrer konkreten Bedeutung, so ist diese oft nicht mehr klar. Sie können durch unvollständige Weitergabe an neue Mitarbeiter zu inhaltsleeren Hülsen werden, die nur noch aufgrund von unreflektierten Gewohnheiten existieren (Sackmann, 1987a).

Politische Prozesse interessieren also auf der ideellen wie auch auf der manifesten Ebene. Auf der ideellen Ebene stellen sich Fragen nach den Personen und der Art der Einflußnahmen auf die bestehenden Interpretationsmuster, nach der Zahl existierender Kulturperspektiven, deren tolerierten Unterschieden und nach dem Umgang verschiedener Kulturperspektivenanhänger miteinander. Politische Prozesse könnten in Form von "Bedeutungskoalitionen" dargestellt werden, deren Protagonisten Interesse an ganz bestimmten Interpretationen haben. Auf der manifesten Ebene können politische Prozesse vor allem in bezug auf knappe Ressourcen entstehen. Auch die Ausübung bzw. Nichtausübung bestimmter Zeremonien, Riten oder Rituale kann zu politischen Prozessen führen bzw. diese manifestieren.

Bildlich läßt sich diese Kulturauffassung in Form eines Eisberges darstellen, von dem man allerdings nur einen kleinen Teil sieht und dessen Ausmaße, Konsistenz und Zusammensetzung unter Wasser wenig bekannt sind. Die sichtbaren Komponenten lassen nur Wahrscheinlichkeitsaussagen bezüglich der tiefer unter Wasser liegenden oder schwimmenden Teile zu, deren Übergang zum Medium Wasser fließend ist .

5.2 Konsequenzen für das Management von Kultur

Vertreter der Sichtweise von Kultur als dynamisches Konstrukt sind sowohl an einem besseren Verständnis von Organisationen als auch an einer bewußten Gestaltung von Unternehmenskultur interessiert. Das Erkenntnisinteresse der Metaphervertreter wird folglich mit dem pragmatischen Interesse der Variablenvertreter verknüpft. Zum einen wird Kultur wie bei den Metaphervertretern als eine Perspektive für Organisationen benutzt, die durch diesen Analogieschluß zu neuen Erkenntnissen führen kann - auch in bezug auf ein Kulturmanagement. Kulturmanagement bedeutet hier jedoch nicht wie im Variablenansatz die Manipulation von Kulturteilprodukten, um das Ideal der vorher bestimmten Soll- Kultur zu erreichen, sondern eine *bewußte Gestaltung von Organisationen als Kultursysteme*. Dabei sind politische Prozesse Gestaltungsfaktoren des jeweiligen Kultursystems.

Das Augenmerk wird beim Vergleich einer Organisation mit "Kultur" auf andere Schwerpunkte gelenkt, als wenn Metaphern wie "Maschine", "politische Arena" oder "offenes System" benutzt werden (Morgan, 1986; Sackmann, 1986, 1987b). Hierin liegt die Chance dieser fachfremden Metapher, die vor allem die evolutionäre Entwicklung menschlicher Systeme betont. Die spezifischen Charakteristika menschlicher Systeme (Buckley, 1967) werden in diesem Ansatz weit besser ausgeschöpft als im Variablenansatz. Kultur als dynamisches Konstrukt enthält evolutionäre und netzartig verknüpfte "multi- cerebrale" Aspekte, die zu einer sich ständig im Fluß befindenden Gestalt führen. Diese ergibt sich zum einen aus konkreten Erfahrungen, zum anderen kann sie aber auch Mutationen und Differenzierungen reflektieren. Die Beziehungen zwischen selbständig denkenden und agierenden Systemmitgliedern sind nicht kausaldeterministisch, sondern haben Netzwerkcharakter. Dies bedeutet, daß Veränderungen in einer Systemkomponente zu Veränderungen in anderen Bereichen führen, die allerdings nicht vorhersagbar sind.

Die Konsequenzen, die sich hieraus für das Vorgehen eines Kulturmanagements ergeben, sind prägnant in dem Satz von Wilkins/Patterson (1985) zusammengefaßt: "You can't get there from here". Um ein angestrebtes Ziel ("there") zu erreichen, müssen zuerst eine Reihe von Voraussetzungen geschaffen werden, wie z.B. ein fundamentales Umdenken, wodurch sich auch der Ausgangspunkt ("here") mitverändert. Allein schon der Schritt, Organisationen als Kultur(en) zu betrachten, eröffnet neue Sichtweisen und damit neue Möglichkeiten für das Management einer Organisation. Das gewohnte Territorium, die habitualisierten Denkraster werden im Sinne einer Wahrnehmungsveränderung erweitert oder gar verlassen. Dies schafft die Basis, um kollektive Erfahrungen einer Organisation, d.h. ihr kulturelles Wissen, überhaupt kritisch zu reflektieren - ein notwendiger Schritt in einem bewußten Kulturgestaltungsprozeß. So hat die Untersuchung von Nystrom/ Starbuck (1984) gezeigt, daß die meisten Krisen in Organisationen dadurch zustande kommen, daß Manager nicht aus ihren gewohnten Denk-, Wahrnehmungs- und Handlungsmustern ausbrechen können.

Eine kritische Reflexion, die auf einer Bestandsaufnahme des vorhandenen kulturellen Wissens basiert, kann in einer "kulturellen Landkarte" des Unternehmens resultieren. Diese enthält das spezifische kulturelle Wissen bezüglich existierender Wahrnehmungs- und Benennungskategorien (lexikalisches Wissen), Handlungsmuster (Handlungswissen), Verbesserungsvorschläge (Rezeptwissen), deren jeweiliger Wichtigkeit sowie zugrundeliegender Annahmen. Die kulturelle Landkarte zeigt also kulturelle Kompetenzen und Schwächen in einer Organisation auf, ihre "Schätze" und ihre Mängel. Diese gilt es nun, im Sinne eines Assetmanagements einzusetzen bzw. nicht zum Tragen kommen zu lassen, zu fördern oder zu entwickeln. Kulturmanagement wird somit zum kulturbewußten Management, das seine Kulturkompetenzen wie ein Gärtner pflegt, fördert, weiterentwickelt und Wildwuchs vermeidet (Sackmann, 1986; Wilkins/Patterson, 1985).

Ein wichtiges Mittel der Kulturpflege ist das sogenannte *symbolische Management*, bei dem Bedeutungsinhalte, d.h. Sinn geschaffen, interpretiert, ausgehandelt und vermittelt wird (Dyllick, 1983; Neuberger/Kompa, 1987; Pfeffer, 1981). Das Spektrum möglicher Interpretationen von Ereignissen und Handlungsalternativen wird bewußt auf einen spezifischen Ausschnitt reduziert und immer wieder in vielfältiger Weise betont. Dafür kann jegliche Art von Kommunikationsmöglichkeit aus dem alltäglichen Verhalten im Betrieb in Anspruch genommen werden - verbale, nonverbale oder Artefakte. Beispiele hierfür sind die Begrüßung von Mitarbeitern, die Art, Qualität und Häufigkeit des Informationsaustausches, die Art der Zugänglichkeit von Führungskräften, der Umgang mit Mitarbeitern, Kunden, Lieferanten, (neuen) Technologien, Problemen, Zeit, Produkten, Informationen, Räumlichkeiten etc. So ist einem nicht freigestellt, *was* man kommuniziert, sondern nur *wie* man auf das, was man kommuniziert, *Einfluß nimmt* (Schein, 1986). Bedeutungskonsistenz über unterschiedliches verbales und nonverbales Verhalten hinweg kann die Wahrscheinlichkeit erhöhen, daß Mitarbeiter mit unterschiedlichen (Lern-) Erfahrungen innerhalb eines Unternehmens wichtige Aspekte ihrer organisatorischen Wirklichkeit ähnlich wahrnehmen und entsprechend handeln, trotz unterschiedlicher Arbeitsbereiche, Hierarchiestufen, Regionen oder Nationen.

Weitere Möglichkeiten eines kulturbewußten Managements liegen im gesamten Bereich des Personalmanagements. Welche Mitarbeiter mit welchen Qualifikationen sollen fürs Unternehmen gewonnen werden? Wie werden diese eingeführt? Welche Akzente werden in der Aus- und Weiterbildung, in Lohn- und Gehaltssystemen, in der Leistungsbeurteilung und bei Beförderungen gesetzt? All diese Aktivitäten dienen Mitarbeitern als Orientierungshilfen und vermitteln ganz bestimmte Bedeutungsinhalte. Ein kulturbewußtes Management überläßt diese Interpretationen nicht dem Zufall, sondern steuert sie bewußt in die intendierte Richtung, die immer wieder in vielfältiger Weise kommuniziert wird. Dabei werden auf der Basis von ständigen Bestandsaufnahmen Anpassungen gemacht werden müssen, um "Wildwuchs" zu vermeiden - auch bezüglich politischer Prozesse. Denn eine bewußte Steuerung in einem kulturellen System ist keine Garantie für die hundertprozentige Realisierung der Intentionen.

Für die Soll-Ausrichtung fehlt bei diesem Ansatz die Faszination der Kulturvariablenvertreter für die "richtige" Kultur im Sinne von "gut", "stark", "reich" oder "blühend". Präskriptionen finden sich nur indirekt in Empfehlungen, sich der vorhandenen kulturellen Kompetenzen und der damit verbundenen Chancen und Gefahren bewußt zu werden und diese gezielter einzusetzen bzw. abzubauen. Dies kann eine intensivere Auseinandersetzung mit der als relevant betrachteten Umwelt (Markt, Wettbewerb, Kunden, Lieferanten, Geldgeber, politische Gruppierungen etc) zur Folge haben, aber auch zu einer Ausweitung oder Verschiebung der bisher als relevant betrachteten Umwelt führen. Ein kulturbewußtes Management betreibt eine Art ökologisches Nischenmanagement, bei dem Aktionen ständig evaluiert werden und reflektiert wird, ob die vorhandenen Kulturkompetenzen und die relevanten Umweltaspekte zueinander passen. Dabei wird auch die Bedeutung von "relevant" immer wieder hinterfragt.

Beispiele für ein solches kulturbewußtes Management finden sich bei Pacanowsky (1987) und in Ansätzen bei Kurmann (1986) und Sackmann (1986). Weitere detaillierte Fallstudien sind jedoch notwendig, um fundierte und differenzierte Aussagen über die Praxis eines kulturbewußten Managements machen zu können. Dabei sollten auch förderliche und erschwerende Bedingungen für ein solches kulturbewußtes Management spezifiziert werden.

6   Abschließende Betrachtungen

Die obigen Ausführungen zeigen, daß Kultur nicht gleich Kultur ist und damit auch Kulturmanagement nicht gleich Kulturmanagement sein kann. Wird der Begriff in Zusammenhang mit Unternehmen benutzt, so heißt das noch lange nicht, daß vom selben gesprochen oder dasselbe gemacht wird. Drei wesentliche Kulturauffassungen wurden hier dargestellt, die von unterschiedlichen Annahmen bezüglich des Begriffs Kultur ausgehen, die teils unterschiedliche Interessen verfolgen und aus denen sich unterschiedliche Konsequenzen für das Management von Kultur ergeben. Alle drei Kulturauffassungen haben mit ihren Empfehlungen für das Management von Kultur innerhalb ihres Annahmengefüges ihre Berechtigung. Jede repräsentiert für sich gesehen eine "Kultur-Weltanschauung", die sich innerhalb eines spezifischen - und für die drei Ansätze unterschiedlichen - Paradigmas bewegt (Burrell/Morgan, 1979; Kuhn, 1976; Ritzer, 1975).

Eine Diskussion der Frage nach dem "besseren" Ansatz erübrigt sich, wenn man *innerhalb* des jeweiligen Annahmengefüges bleibt. Erst eine kritische Überprüfung der zugrunde liegenden Annahmen erlaubt Aussagen über deren Angemessenheit im Kontext von Organisationen und damit auch der Angemessenheit dieser Kulturauffassung und des entsprechenden Kulturmanagements. Abb. 1 zeigt im Überblick die

	Variablenansatz	Metapheransatz	dynam. Konstrukt
Annahmen	Kultur = Variable in sich homogene Teilprodukte kausal-determ. Verknüpfungen zw. Teilprodukten funktional (wichtig für Erfolg)	Kultur = Metapher heterogen (soz. Konstruktion) Orientierungsrahmen	Kultur = multiples dynamisches Konstrukt nur z.T. sichtbar non-kausale Verknüpfungen zw. Komponenten Orientierungsrahmen und daher funktional
Paradigma	social factist/ funktional (rational-mechanistisch)	interpretativ	pluralistisch
Funktionen	innerbetriebliche Koordination und Integration (notw. für Erfolg)	Komplexitätsreduktion und Sinngebung	Komplexitätsreduktion und Sinngebung förderlich oder hinderlich
Quelle für Kultur	Führungsspitze/ leader	jedes Organisationsmitglied	jedes Organisationsmitglied/ Umwelt
normativer Anspruch	es gibt die richtige/gute bzw. schlechte Kultur gut = stark, reich, homogen, einheitlich, konsistent	-----	(auf Kulturkompetenzen konzentrieren)
Quelle für Veränderung/ Anpassung	"leader" (obere) Führungskraft	jedes Organisationsmitglied	jedes Organisationsmitglied/ evolutionäre Entwicklung/ Umwelt
Veränderungsstrategien	Veränderung der Teilprodukte durch direkte und indirekte Mittel	Anbieten neuer Interpretationsmuster	Kulturpflege und -entwicklung durch kulturbewußtes Management Symbolisches Management

Abb. 1: vergleichende Gegenüberstellung

wesentlichen Annahmen, die den drei Kulturansätzen zugrundeliegen, die Paradigmen, denen sie sich zuordnen lassen, die der Kultur zugeschriebenen Funktionen, die Quellen für Entstehung, Anpassung und Veränderung von Kultur sowie die wesentlichen Kulturmanagementstrategien.

Am problemlosesten ist Kulturmanagement im *Variablenansatz*. Als eine von mehreren organisatorischen Variablen läßt sie sich von der Führungsspitze durch direkte und indirekte Manipulation ihrer Teilprodukte in Richtung Soll-Kultur verändern. Diese orientiert sich an der antizipierten Strategie, ist homogen-integrativ, "stark", "reich" oder "partizipativ" - je nach Vorstellungen des Autors - und fördert den Unternehmenserfolg. Politische Prozesse werden nicht thematisiert, da mit einer Kulturveränderung keine Veränderung der Machtverhältnisse impliziert wird. Leider gibt es noch keine fundierten empirischen Forschungsergebnisse, die diese Aussagen belegen könnten.

Analysiert man die dem Variablenansatz zugrundeliegenden Annahmen, kommen eher Zweifel auf, ob das überhaupt so funktionieren kann. Erstens sind menschliche Systeme keine nach bestimmten Gesetzmäßigkeiten operierende Maschinen. Zweitens sind Führungskräfte nicht allmächtig. Sie mögen zwar im Glauben handeln, daß sie ihre Mitarbeiter an einer mehr oder weniger langen Leine führen, doch ist diese Leine nicht immer dort befestigt, wo sie meinen. Mit anderen Worten lassen sich Werte oder Normen nicht aufzwingen, und die Ergebnisse von Handlungen können nicht hundertprozentig vorherbestimmt werden. Drittens lassen kulturelle Manifestationen keine eindeutigen Rückschlüsse auf zugrundeliegende Annahmen oder Denkmuster zu. Und viertens weiß man nicht so recht, welches nun *die* relevanten Kulturdimensionen sind, die "gemanaged" werden sollen. Überspitzt könnte man beim Variablenansatz auch fragen, weshalb man Kultur überhaupt braucht. Das, wofür der Begriff benutzt wird, könnte vielfach anderen Konzepten zugeordnet werden, wie z.B. dem Organisationsklima oder der "Werteanalyse" einiger Strategiekonzeptionen. Die Chancen, die das Konzept Kultur bietet, werden nicht voll ausgenützt oder gar nicht erkannt.

Anders ist es beim *Metapheransatz*. Hier wird das Konzept Kultur gezielt dafür benutzt, die erkenntnistheoretischen Probleme einer rational-mechanistischen Sichtweise von Organisation zu überwinden. Das "social factist" (Ritzer, 1975) oder funktionalistische Paradigma wird durch ein interpretatives ersetzt (Burrell/Morgan, 1979), das menschlichen Systemen eher entspricht. Doch auch dieser Ansatz birgt einige Probleme in sich. Vielfach befinden sich deren Vertreter in Opposition zu den Variablenvertretern. Sie haben die Tendenz, sich eher auf eine Verteidigungshaltung zu konzentrieren als weiterführende Alternativen im Sinne einer "post-modernist position of 'resistance'" zu entwickeln (Calas/Smircich, 1987:3). Die Möglichkeiten eines Kulturmanagements werden kaum diskutiert, da sie nicht in den Ansatz "passen".

In dieser Hinsicht wird das Spielfeld einer anwendungsbezogenen Wissenschaft negiert, auf dem man sich eigentlich befindet. So könnte man sich durchaus konstruktive Ansatzpunkte eines Kulturmanagements aus der Metapher-Sichtweise heraus vorstellen und zwar im Sinne einer bewußten Kulturpflege. Zudem hätte der Metapheransatz bei einer Akzeptanz der Zielausrichtung von Organisationen das Potential, die Unterschiede im Anwendungskontext von Anthropologie und Organisationstheorie herauszuarbeiten. Doch sind noch weitere Differenzierungen und Perspektiverweiterungen innerhalb dieses Ansatzes notwendig (z.B. in Richtung "dynamisches Konstrukt"), die langfristig mit empirischen Untersuchungen dokumentiert werden sollten.

Unternehmenskultur als dynamisches Konstrukt dagegen verbindet Aspekte des Variablenansatzes mit Aspekten des Metapheransatzes in Form einer Synthese. Die mit den Annahmen des Variablenansatzes verbundenen Probleme werden hier überwunden, da man sich vorwiegend an den Annahmen des Metapheransatzes orientiert. Diese werden mit einer pragmatischen Seite gekoppelt, die dem Variablenansatz nahe steht. In diesem "pluralistischen" Ansatz werden Organisationen als kulturelle Systeme betrachtet, die zwar eine Eigendynamik annehmen, doch durchaus noch beeinflußt werden können. Die Ergebnisse solcher Beeinflussungen sind allerdings nicht deterministischer, sondern probabilistischer Natur. Kulturmanagement wird hier zum kulturbewußten Management. Die Besonderheiten des Mediums Kultur sind mit seinen Stärken und Schwächen bekannt. In ständigen Vergleichsprozessen von Innenwelt und Außenwelt werden Chancen in der Umwelt mit kulturellen Kompetenzen in der Innenwelt gekoppelt.

Man konzentriert sich also auf seine kulturellen Stärken und/oder versucht, neue zu entwickeln und zu fördern. Dabei spielt symbolisches Management, die ständige, konsistente Kommunikation und Interpretation von Aktionen und Ereignissen im Sinne der Kulturperspektive(n) eine wichtige Rolle. Auch werden nicht nur Führungskräfte als potentielle Quelle der Kulturpflege bzw. -anpassung und -weiterentwicklung gesehen, sondern jeder Mitarbeiter. Allerdings ist auch dieser Ansatz derzeit noch zu wenig ausgereift und benötigt weitere theoretische Ausdifferenzierungen wie auch empirische Fundamente.

Empirische Forschung stellt ein generelles Problem der gegenwärtigen Unternehmenskulturdiskussion dar. Seit Anfang der achtziger Jahre haben theoretische oder impressionistische Publikationen in diesem Bereich enorm zugenommen, ohne jedoch ein entsprechendes Pendant in der empirischen Forschung zu finden. Um über die Phase der Spekulationen hinauszukommen, was unter Unternehmenskultur zu verstehen ist und wie diese beeinflußt werden kann, werden jedoch empirisch fundierte Informationen benötigt. Anzustreben wäre eine Taxonomie, in der die Ergebnisse detaillierter Fallstudien eingeordnet würden mit Informationen über Entstehung, Entwicklung, Anpassung, Veränderung, Pflege kultureller Aspekte in Verbindung mit konkreten internen und externen Kontextbeschreibungen.

Literatur

Albert, U./Silverman, M.: Making Management Philosophy a Cultural Reality; Part 1: Get Started. In: Personnel 61. Jg (1984), Jan./Feb., Nr. 1, S. 12 - 21

Allen, R.F.: Four Phases for Bringing About Cultural Change. In: Kilmann, R.H./Saxton, M.J./Serpa, R. (Hrsg.): Gaining Control of the Corporate Culture. San Francisco 1985, S. 332 - 350

Akin, G./Hopelain, D.: Finding the Culture of Productivity. In: Organizational Dynamics 15. Jg (1986), S. 19 - 32

Allaire, Y./Firsirotu, M.E.: Theories of Organizational Culture. In: Organization Studies 5. Jg (1984), S. 193 - 226

Baker, E.L.: Managing Organizational Culture. In: Management Review (1980), Juli, S. 8 - 13

Barney, J.B.: Organizational Culture: Can it be a Sustained Source of Competitive Advantage? In: Academy of Management Review 11. Jg (1986), S. 656 - 665

Berger, P.L./Luckmann, T.L.: Die gesellschaftliche Konstruktion der Wirklichkeit. Frankfurt 1977

Beyer, J.M./Trice, H.M.: How an Organization's Rites Reveal Its Culture. In: Organizational Dynamics 15. Jg (1986), S. 5-24.

Beyer, J.M./Trice, H.M.: Studying Organizational Cultures Through Rites and Ceremonials. In: Academy of Management Review 9. Jg (1984), S. 653 - 669

Bleicher, K.: Organisationskulturen und Führungsphilosophien im Wettbewerb. In: Zeitschrift für betriebswirtschaftliche Forschung 35. Jg (1983), S. 147 - 158

Bleicher, K.: Unternehmungspolitik und Unternehmungskultur: Auf dem Wege zu einer Kulturpolitik der Unternehmung. In: Zeitschrift für Organisation 53. Jg (1984), S. 494 - 500

Bleicher, K.: Unternehmungskultur und strategische Unternehmungsführung. In: Hahn, D/Taylor, T. (Hrsg.): Strategische Unternehmensführung. Stand und Entwicklungstendenz. Heidelberg 1986 (4. erw. Aufl.), S. 757 - 797

Bourgeois, L.J./Jemison, D.B.: Die Analyse der Unternehmens-Kultur. In: gdi-impuls (1984), 1, S. 55 - 62

Buckley, W.: Sociology and Modern Systems Theory. Englewood Cliffs 1967

Business Week: Values - The hard-to-change values that spell success or failure. 1983, October 25, S. 148 - 159

Burrell, F./Morgan, F.: Sociological Paradigms and Organizational Analysis. London 1979.

Calas, M.B./Smircich, L.: Post-Culture: Is the Organizational Culture Literature dominant but dead? Manuskript vorgetragen anläßlich der Third International Conferenc on Organizational Symbolism and Corporate Culture, Mailand, Juni 1987

Clark, B.R.: The Organizational Saga in Higher Education. In: Administrative Science Quarterly 17. Jg (1972), S. 178 - 184

Davis, S.M.: Managing Corporate Cultures. Cambridge, Mass. 1984

Deal, T./Kennedy, A.: Corporate Cultures. Reading, Mass. 1982

Denison, D.R.: Bringing Corporate Culture to the Bottom Line. In: Organizational Dynamics 13. Jg (1984), Winter, S. 5 - 22

Deshpandé, R./Parasuraman, A.: Linking Corporate Culture to Strategic Planning. In: Business Horizons 3. Jg (1986), May/June, S. 28 - 37

Dill, P./Hügler, G.: Unternehmenskultur und Führung betriebswirtschaftlicher Organisationen - Ansatzpunkte für ein kulturbewußtes Management. In: Heinen, E. (Hrsg.): Unternehmenskultur. Oldenburg 1987, S. 141 - 210

Dyllick, T.: Management als Sinnvermittlung. In: gdi-impuls (1983), Nr. 3, S. 3 - 12

Ebers, M.: Organisationskultur: Ein neues Forschungsprogramm? Wiesbaden 1985.
Evered, R./Louis, M.R.: Alternative Perspectives in the Organizational Sciences: "Inquiries from the Inside" and "Inquiries from the Outside". In: Academy of Management Review 3. Jg (1981), S. 385 - 389
v. Foerster, H.: Das Konstruieren einer Wirklichkeit. In: Watzlawick, P. (Hrsg.): Die erfundene Wirklichkeit. München 1984, S. 39 - 60
v. Foerster, H.: Trivial and Non-Trivial Machines. Vortrag auf dem Kongress "Organizational Transformation". Hernstein, 26. - 28. Jänner 1987
Frankl, V.E.: Der Mensch vor der Frage nach dem Sinn. München 1985 (Neuausgabe)
Gregory, K.L.: Native-View Paradigms: Multiple Cultures and Culture Conflicts in Organizations. In: Administrative Science Quarterly 28. Jg (1983), S. 359 - 376
Hartfelder, D.: Man wollte doch den "harten Führungsstil" abbauen... In: io Management-Zeitschrift 54. Jg (1984), S. 459 - 461
Handy, C.B.: Zur Entwicklung der Organisationskultur durch Management Development Methoden. In: Zeitschrift für Organisation, 7. Jg (1978), S. 404 - 410
Harrison, R.: Understanding your Organizational Character. In: Harvard Business Review (1972), May/June, S. 119 - 128
Hatch, E.: Theories of Man and Culture. New York 1974
Heinen, E.: Entscheidungsorientierte Betriebswirtschaftslehre und Unternehmenskultur. In: ZfB 55. Jg (1985), S. 980 - 991
Heinen, E.: Unternehmenskultur als Gegenstand der Betriebswirtschaftslehre. In: Heinen, E. (Hrsg.): Unternehmenskultur. München 1987, S. 1 - 48
Hinterhuber, H.H.: Strategie, Innovation und Unternehmenskultur. In: Blick durch die Wirtschaft, 20.10.1986
Hofstede, G.: Culture and Organization - A Literature Review. In: Journal of Enterprise Management 1. Jg (1978), S. 127 -135
Jäggi, D.: Corporate Identity als unternehmerische Erfolgsformel. Vortrag gehalten anläßlich der 2. WEMAR-Tagung vom 1./2. November 1985
Kieser, A.: Von der Morgensprache zum "gemeinsamen HP-Frühstück". Zur Funktion von Werten, Mythen, Ritualen und Symbolen - "Organisationskulturen" - in der Zunft und im modernen Unternehmen. Arbeitspapier des Instituts für Allgemeine Betriebswirtschaftslehre und Organisation der Universität Mannheim. Mannheim 1987
Kilmann, R.H./Saxton, M.J.: The Culture Gap Survey. Organizational Design Consultants Incorporated. Pittsburgh 1983
Kilmann, R.H./Saxton, M.J./Serpa, R.: Gaining Control of the Corporate Culture. San Francisco 1985.
Kluckhohn, F.R./Strodbeck, F.L.: Variations in Value Orientations. New York 1961
Kobi, J.-M./Wüthrich, H.A.: Unternehmenskultur verstehen, erfassen und gestalten. Landsberg/Lech 1986
Krefting, L.A./Frost, P.J.: Untangling Webs, Surfing Waves, and Wildcatting: A Multiple-Metaphor Perspective on Managing Organizational Culture. In: Frost, P.J./Moore, L.F./Louis, M.R./ Lundberg, C.G./Martin, J. (Hrsg.): Organizational Culture. Beverly Hills 1985, S. 155 - 168

Kroeber, A.L./Kluckhohn, C.K.: Culture: A Critical Review of Concepts and Definitions. Harvard University Peabody Museum of Archeology and Ethnology Papers, Vol. 47, 1952

Kuhn, T.S.: Die Struktur wissenschaftlicher Revolution. Frankfurt 1976 (2. rev. Aufl.)

Kurmann, B.: Firmenkultur am Beispiel der Sarna. Bern 1986

Langness, L.L.: The Study of Culture. San Francisco 1979

Lipp, W.: Kulturtypen, kulturelle Symbole, Handlungswelt. Zur Plurivalenz von Kultur. In: Kölner Zeitschrift für Soziologie und Sozialpsychologie 31. Jg (1979), S. 450 - 484

Louis, M.R.: Organizations as Culture-Bearing Milieux. In: Pondy, L.R. u.a. (Hrsg.): Organizational Symbolism. Greenwich, Conn./London 1983, S. 39 - 54

Lundberg, C.C.: On the Feasibility of Cultural Intervention in Organizations. In: Frost, P.J./Moore, L.F./Louis, M.R./ Lundberg, C.G./Martin, J. (Hrsg.): Organizational Culture. Beverly Hills 1985, S. 169 - 186

Martin, J.: Stories and Scripts in Organizational Settings. In Hastorf, A./Isen, A. (Hrsg.): Cognitive Social Psychology. New York 1982

Martin, J./Siehl, C.: Organizational Culture and Counterculture: An Uneasy Symbiosis. In: Organizational Dynamics 12. Jg (1983) No. 2, S. 52 - 64

Martin, J./Sitkin, S./Boehm, M.: Wild-Eyed Guys and Old Salts: The Emergence and Disappearance of Organizational Subcultures. Working Paper. Graduate School of Business, Stanford University 1983

McKinney, J.: Brave New Forest. In: Los Angeles Times Magazine, Oktober 1986, S. 13 - 19

Meyerson, D./Martin, J.: Questioning the Assumptions of Value Engineering: Alternative Views of the Cultural Change Process. Graduate School of Business, Stanford University, May 1986, Research Paper No. 885

Morey, N.C./Luthans, F.: Refining the Displacement of Culture and the Use of Scenes and Themes in Organizational Studies. In: Academy of Management Review 10. Jg (1985), S. 219 - 229

Morgan, G.: Paradigms, Metaphors, and Puzzle Solving in Organization Theory. In: Administrative Science Quarterly 25. Jg (1980), S. 605 - 622

Morgan, G.: Images of Organization. Beverly Hills 1986

Morgan, G./Frost, P.J./Pondy,L.R.: Organizational Symbolism. In: Pondy, L.R. u.a. (Hrsg.): Organizational Symbolism. Greenwich, Conn./London 1983

Morgan, F./Smircich, L.: The Case for Qualitative Research. In: Academy of Management Review 5. Jg (1980), S. 605 - 622

Neuberger, O.: Führung. Ideologie - Struktur - Verhalten. Stuttgart 1984

Neuberger, O./Kompa, A.: Wir, die Firma. Weinheim 1987

Nord, W.: Can Organizational Culture Be Managed? A Synthesis. In: Frost, P.J. u.a. (Hrsg.): Organizational Culture. Beverly Hills 1985, S. 187 - 196

Nystrom, P.C./Starbuck, W.H.: To Avoid Organizational Crises, Unlearn. In: Organizational Dynamics 12. Jg (1984), S. 53 - 65

Ouchi, W.G./Wilkins, A.L.: Organizational Culture. In: Annual Review of Sociology 11. Jg (1985), S. 457 - 483

Pacanowsky, M.: Communication in the Empowering Organization. In: Anderson, J.A. (Hrsg.): ICA Yearbook 11. Beverly Hills 1987

Peters, T.J./Waterman, R.H.: In Search of Excellence. New York 1982

Pettigrew, A.M.: On Studying Organizational Cultures. In: Administrative Science Quarterly 24. Jg (1979), S. 570 - 581

Pfeffer, J.: Management as Symbolic Action: The Creation and Maintenance of Organizational Paradigms. In: L.L. Cummings/Staw, B.M. (Hrsg.): Research in Organizational Behavior. Vol. 3. Greenwich Conn. 1981, S. 1 - 52

Phillips, M.E.: A Conception of Culture in Organizational Settings. Graduate School of Management, University of California, Los Angeles 1984, Working Paper Nr. 8-84

Phillips, M.E.: Cultural Influences at the Industrial Level of Analysis. Vortrag auf der Academy of Management. New Orleans August 1987

Pondy, L.R./Boje, D.M.: Bringing Mind Back In.: Evan, W.M. (Hrsg.): Frontiers in Organization and Management. New York 1980, S. 83 - 101

Pondy, L.R./Mitroff, I.: Beyond Open Systems Models of Organizations. In: Staw, B.M. (Hrsg.): Research in Organizational Behavior. Vol. 1. Greenwich Conn. 1979, S. 3 - 39

Pümpin, C.: Unternehmenskultur, Unternehmensstrategie und Unternehmenserfolg. Präsentation auf der ATAG Konferenz "Die Bedeutung der Unternehmenskultur für den künftigen Erfolg Ihres Unternehmens". Zürich 3. Mai 1984

Riley, P.: A Structurationist Account of Political Cultures. In: Administrative Science Quarterly 28. Jg (1985), S. 414 - 437

Ritzer, G.: Sociology: A Multiple Paradigm Science. In: The American Sociologist 10. Jg (1975), S. 156 - 167

Sackmann, S.A.: Organisationskultur - die unsichtbare Einflußgröße. In: Gruppendynamik 4. Jg (1983), S. 393 - 406

Sackmann, S.A.: Cultural Knowledge in Organizations: The Link between Strategy and Organizational Processes. Unveröffentlichte Dissertation. Graduate School of Management, University of California. Los Angeles 1985 (Ann Arbor University of Microfilms)

Sackmann, S.A.: Managing the Transformation Process with new Metaphors for Cultural Change and "Engineering". Vortrag auf der Standing Conference on Organizational Symbolism: Cultural Engineering: The evidence for and against. Montreal Juni 1986

Sackmann, S.A.: Beyond Corporate artifacts: Uncovering Culture in Organizations. Arbeitspapier präsentiert auf der Standing Conference on Organizational Symbolism. Mailand Juni 1987a

Sackmann, S.A.: The Role of Metaphors in Organization Transformation. Arbeitspapier, UCLA Graduate School of Management. Januar 1987b

Sandner, K.: Das Unbehagen an der Organisationskultur. In: Die Betriebswirtschaft, 47. Jg (1987), S. 242 - 244

Sandner, K.: "... von Mythen und Märchen, Kulturpflege und Sinn-Mangement" - Organisationskultur als Gegenstand der Organisationsforschung. In: Die Betriebswirtschaft 48. Jg (1988), in Druck

Sapienza, A.M.: Believing is Seeing: How Organizational Culture Influences the Decisions Top Managers Make. In.: Kilmann, R.H./Saxton, M.J./Serpa, R.: Gaining Control of the Corporate Culture. San Francisco 1985, S. 66 - 83

Sathe, V.: How to Decipher and Change Corporate Culture. In: Kilmann, R.H./Saxton, M.J./Serpa, R. (Hrsg.): Gaining Control of the Corporate Culture. San Francisco 1985, S. 230 - 261

Sathe, V.: Some action implications of corporate culture. In: Organizatonal Dynamics 12. Jg (1983), Autumn, S. 5 - 23

Schein, E.H.: Organizational Culture and Leadership. San Francisco 1985

Schein, E.H.: Wie Führungskräfte Kultur prägen und vermitteln. In: gdi-Impuls (1986), Nr. 2, S. 23 - 36

Scheuplein, H.: Unternehmenskultur und persönliche Weiterentwicklung. Von der Ist-Kultur zur Soll-Kultur. In: Zeitschrift für Organisation 36. Jg (1987), S. 301 - 304

Scholz, C.: Management der Unternehmenskultur. In: Harvard Manager 6. Jg (1988), Nr. 1, S. 81 - 91

Schon, D.A.: Displacement of Concepts. London 1963

Schwartz, H./Davis, S.: Matching Corporate Culture and Business Strategy. In: Organizational Dynamics 10. Jg (1981), Nr. 1, S. 30 - 48

Scott, W.R.: Organisations. Rational, Natural and Open Systems. Englewood Cliffs NJ 1981

Seidel, E.: Unternehmenskultur. Warnung vor der Selbstzerstörung eines Konzepts. In: Zeitschrift für Organisation 52. Jg (1987), S. 295 - 300

Selznick, P.: Leadership in Administration. A Sociological Interpretation. New York 1957

Shrivastava, P.: Integrating Strategy Formulation with Organizational Culture: In: The Journal of Business Strategy (1985), Fall, S. 103 - 111

Siehl, C.: After the Founder. An Opportunity to Manage Culture. In: Frost, P.J./Moore, L.F./Reis Louis, J./Lundberg, C.C./Martin, J. (Hrsg.): Organizational Culture. Beverly Hills 1985, S. 125 - 140

Silverzweig, S./Allen, R.F.: Changing the Corporate Culture. In: Sloan Management Review, 17. Jg (1976), 3, S. 33 - 50

Smircich, L.: Concepts of Culture and Organizational Analysis. In: Administrative Science Quarterly 28. Jg (1983), S. 339 - 358

Smircich, L.: Is the Concept of Culture a Paradigm for Understanding Organizations and ourselves? In: Frost, P.J./ Moore, L.F./Reis Louis, J./Lundberg, C.C./Martin, J. (Hrsg.): Organizational Culture. Beverly Hills 1985, S. 55 - 72

Smircich, L./Morgan, G.: Leadership: The Management of Meaning. In: The Journal of Applied Behavioral Science 18. Jg (1982), S. 257 - 273

Staerkle, R.: Wechselwirkungen zwischen Organisationskultur und Organisationsstruktur. In: Probst, G.J.B./Siegwart, H. (Hrsg.): Integriertes Management. Bausteine eines systemorientierten Managements. Bern und Stuttgart 1985, S. 529 - 553

Tichy, N.: Managing Strategic Change: Technical, Political, and Cultural Dynamics. New York 1983

Trice, H.M./Beyer, J.M.: Using Six Organizational rites to Change Culture. In: Kilmann, R.H./Saxton, M.J./Serpa, R. (Hrsg.): Gaining Control of the Corporate Culture. San Francisco 1985, S. 370 - 399

Türk, K.: Personalführung und soziale Kontrolle. Stuttgart 1981

Tunstall, W.B.: Breakup of the Bell System: A Case Study in Cultural Transformation. In: Kilmann, R.H./Saxton, M.J./Serpa, R. (Hrsg.): Gaining Control of the Corporate Culture. San Francisco 1985, S. 44 - 65

Ulrich, P.: Systemsteuerung und Kulturentwicklung. In: Die Unternehmung 38. Jg (1984), S. 303 - 325

Van de Ven, A.H.: Creating and Sustaining a Corporate Culture in Fast Changing Organizations. Präsentation. University of Santa Clara, Ececutive Seminar on Corporate Excellence. Santa Clara1983

Vinton, K.: Humor in the Work-Place: It's More than Telling Jokes. Präsentation auf der Western Academy of Management, Santa Barbara, März 1983

Weick, K.E.: The Social Psychology of Organizing. Reading, Mass. 1979

Weick, K.E./Borgon, M.: Organizations as Cognitive Maps. In: Sims Jr., J.P./Gioia, D.A. (Hrsg.): The Thinking Organization . San Francisco 1986, S. 102 - 135

Weinhold-Stünzi, H.: Corporate Cultures. Modeströmung oder ernstzunehmendes Erfolgselement? In: Thexis 4. Jg (1985), S. 26 - 32

Weiss, J./Delbecq, A.: High-Technology Cultures and Management. In: Group & Organization Studies 12. Jg. (1987), S. 39 - 54

Wilkins, A.: Organizational Stories as an Expression of Management Philosophy: Implications for Social Control in Organizations. Unveröffentlichte Dissertation, Graduate School of Business, Stanford University 1978

Wilkins, A.: The Culture Audit. In: Organizational Dynamics 12. Jg (1983) Autumn, S. 24 - 38

Wilkins, A./Martin J.: Organizational Legends. Working Paper, Brigham Young & Stanford University, Graduate Schools of Business, 1979

Wilkins, A.L./Patterson, K.J.: You Can't Get There From Here: What Will Make Culture-Change Projects Fail. In: Kilmann, R.H./Saxton, M.J./Serpa, R. (Hrsg.): Gaining Control of the Corporate Culture. San Francisco 1985, S. 262 - 291

Zucker, L.: The Role of Institutionalization in Cultural Persistence. In: American Sociological Review, 45. Jg. (1977), S. 726 - 743

Das Verhältnis von Macht und Herrschaft als politische Wechselbeziehung in Organisationen

Manfred Lueger

1 Einführung

Der vorliegende Artikel befaßt sich mit der Frage der Herstellung permanenter Arbeitskooperation in Organisationen unter der Annahme beträchtlicher Interessensgegensätze zwischen den Organisationsmitgliedern. Das Hauptaugenmerk wird dabei auf die Wechselbeziehung zwischen macht- und herrschaftsbezogenen Strategien sozialen Handelns konzentriert.

Den Ausgangspunkt für diese Überlegungen bildet die Grundanforderung an Organisationen nach dauerhafter Koordinierung von Handlungseinheiten. Diese dient sowohl der Realisierung sachlicher und politischer Zielsetzungen, schließt aber auch den Umgang mit jeweils spezifischen Umweltbedingungen ein. Organisationen stehen damit vor dem Problem der Transformation von Arbeitsfähigkeit in Arbeitsleistung. Dieses Transformationsproblem wird im folgenden vor dem Hintergrund des Verhältnisses von Macht und Herrschaft als politische Wechselbeziehung dargestellt. Der Begriff politischen Handelns bezieht sich dabei auf eine kollektiv verbindliche Festlegung sozialen Handelns hinsichtlich einer Unzahl möglicher Entscheidungsalternativen (Münch, 1982:21 f.). Die Festlegung erfolgt in diesem Sinne einerseits über Herrschaft als institutionalisierte Form von Macht, die auf ein Rechtssystem als Verkörperung der Interpretation eines kollektiven Normsystems verweist und von einem Verwaltungsapparat abgesichert ist. Um aber Legitimität bewahren zu können, ist andererseits ein politischer Austausch notwendig. Dieser ist weniger auf die Sicherung des Sachzieles der Organisation gerichtet, sondern fördert vielmehr die Abstimmung widersprüchlicher Interessen. Wie sich dieser politische Aushandlungsprozeß in Organisationen vollzieht, um zu verbindlichen Entscheidungen zu gelangen, soll auf der Grundlage von Handlungsstrategien geklärt werden.

Der erste Abschnitt dieses Beitrages klärt vorerst den verwendeten Machtbegriff, und beschäftigt sich dann mit dem Übergang von Macht in Herrschaft. Da aber die Erklärung der Wechselwirkung nicht allein aus innerorganisatorischen Bedingungen abgeleitet werden kann, wird anschließend die Sichtweise auf gesellschaftlich-historische Rahmenbedingungen erweitert, weil hier die Quelle einer grundlegenden Beziehungsasymmetrie liegt.

Der dritte Abschnitt befaßt sich schließlich mit spezifischen Strategieaspekten unter Berücksichtigung der Wahrnehmung von Umweltkomplexität durch ein System, wobei zwei Formen der Organisierung und ihre korrespondierenden Strategiepotentiale idealtypisch als Pole gegenübergestellt werden.

2 Grundlagen organisationaler Machtbeziehungen

2.1 Zur Problematik des Machtbegriffs

Den ersten Anhaltspunkt für die folgenden Überlegungen bietet der Machtbegriff bei Max Weber als "jede Chance, innerhalb einer sozialen Beziehung den eigenen Willen auch gegen Widerstand durchzusetzen, gleichviel worauf diese Chance beruht" (Weber, 1980:28). Obzwar selbst Weber den Machtbegriff als soziologisch amorph bezeichnet, so bezieht er sich doch auf ein Verständnis (instrumentalistisch gefärbter) interpersonaler Macht. Macht ist als *soziale Beziehung* zu verstehen und insoferne von allen beteiligten Akteuren abhängig. Oder extrem formuliert: Macht übt der Mächtige über den Machtunterworfenen nur solange aus, als dieser sie dem Mächtigen als Geschenk überreicht.

Macht bezieht sich auf die *Übertragung von Handlungsselektionen* und bedarf damit einer sinnhaften Orientierung der Akteure aneinander. Die beteiligten Akteure (das sind personale und soziale Systeme) sind jedoch füreinander niemals vollständig kalkulierbar. Als selbstreferentiell arbeitende Systeme sind sie erst einmal geschlossene Systeme, die für die funktionsbestimmenden Bestandteile und deren Reproduktion sorgen. Die Umwelt gibt den Rahmen zur Aufrechterhaltung der eigenen Organisation ab. Um einen Akteur zu einem bestimmten Handeln (oder auch Denken) zu veranlassen, ist es nötig, auf dieses Verhältnis interner Organisation zur Umwelt zugreifen zu können, um dadurch Motivationskraft zu mobilisieren. Dafür ist ein Wissen darüber erforderlich, wie der andere seine Umwelt strukturiert.

Nun besteht aber eine Schwierigkeit darin, daß der Weg zu einer bestimmten Handlungsweise grundsätzlich verborgen bleibt. Insoferne dringt nur ein Bruchteil sozialer Prozesse an die Oberfläche des Wahrnehmbaren. Deshalb können die in einer Machtbeziehung stehenden Akteure immer nur vom Standpunkt eines *Beobachters* ausgehen. Aus diesem Blickwinkel müssen sie Annahmen darüber treffen, was einen Akteur mit mehr oder weniger hoher Wahrscheinlichkeit zu einem bestimmten Verhalten oder Handeln veranlaßt hat bzw. veranlassen wird. Auch wenn keine endgültige Gewißheit über das Handeln eines anderen Akteurs gegeben sein kann, so liegt der Versuch nahe, den anderen aus dessen Umwelt heraus zu beeinflussen und dazu "im Verhältnis zueinander Indeterminiertheit und Determinierbarkeit" (Luhmann, 1984:156) zu unterstellen. Gleichzeitig entsteht in diesem Spannungsfeld ein Bereich sozialen Lernens anhand erlebter Wirkungen auf Beeinflussungsversuche.

Machtbeziehungen entwickeln sich daher in einer *Unsicherheitszone*, in der allen Beteiligten mehr als eine einzige Handlungsalternative zur Disposition steht. Ob eine spezielle Alternative realisiert wird, hängt jedoch von dem in einem Akteur strukturell festgelegten Informationsverarbeitungspotential ab. Die im Zuge einer Machtbeziehung gewählte Handlungsalternative muß daher *Anschlußfähigkeit* an die potentiell verfügbaren Handlungsalternativen der anderen Akteure aufweisen, um überhaupt Determinierbarkeit gewährleisten zu können. Anders ausgedrückt: Jeder Akteur muß Handlungsmöglichkeiten des anderen antizipieren und sicherstellen, daß dieser in der Lage ist, die Ansprüche zu erfüllen und bereit ist, einiges an Anstrengung dafür zu investieren. Heider (1977) spricht in diesem Zusammenhang von zwei notwendigen Bedingungen zur Herstellung einer Handlungsbereitschaft:

- dem *Können* als grundlegende Fähigkeit zur Überwindung von Umweltkräften (notfalls muß der anspruchstellende Akteur Hindernisse aus dem Weg räumen - in Organisationen etwa mittels Ausbildung); und
- dem *Versuchen* als Absicht und Anstrengung, wofür aber erst motiviert werden muß.

In Machtbeziehungen ist unter diesen Umständen nur ein *wechselseitiges Agieren* innerhalb eines konsensuellen Bereichs möglich, d.h. beide Akteure müssen Aspekte des anderen übernehmen - Unmögliches ist nicht einforderbar.

Wenn nun die Selektion einer Handlungsalternative von einem anderen Akteur eingelöst werden soll, so benötigt dieser eine entsprechende *Motivationskraft* zur Vorstrukturierung von Handlungsentscheidungen. Und hier zeigt sich eine weitere Einschränkung des Machtbegriffs: Im Gegensatz zu Einfluß ist die Wahrscheinlichkeit der Annahme einer Handlungsselektion geringer als die Wahl einer anderen potentiell verfügbaren Alternative. Dem Wollen des einen Akteurs entspricht das Nichtwollen des anderen. Damit ist explizit die Konfliktdimension und *Interessendivergenz* bezüglich Handlungspräferenzen in Machtbeziehungen postuliert. Macht soll das Unwahrscheinliche wahrscheinlich machen. Allerdings sollte man an dieser Stelle nicht in die behavioristische Tradition klassischer Machtanalysen zurückfallen, nach der die Konfliktdimension offen zutage treten muß, sondern von einer prinzipiell unterstellbaren Interessendivergenz ausgehen. Macht bearbeitet die daraus resultierende Komplementarität von Erwartungen über konditionale Verknüpfung einer Kombination von Vermeidungsalternativen mit einer Kombination weniger negativ bewerteter Handlungsalternativen. Sie lebt gleichsam von der Schaffung relativ ungünstiger Alternativen, wobei alle beteiligten Akteure *relativen Nutzen* aus der Beziehung ziehen (sogar dann, wenn alle - objektiv betrachtet - Verluste erleiden).

Bei der Analyse von Machtbeziehungen geht es in einer ersten Annäherung vorwiegend um drei Aspekte, auf die im Abschnitt 2.6.3 im Zuge der Entwicklung eines Strategieschemas nochmals zurückgegriffen wird:

a) *Differenzierung* als Repräsentation unterschiedlicher Interessen der in einer Machtbeziehung beteiligten Akteure;

b) *Dependenz* als wechselseitige Abhängigkeit der Akteure von den Handlungsalternativen anderer Beteiligter;

c) *Tausch* als Erbringung von Motivationsleistung zur Durchsetzung spezifischer Alternativen und zur Veränderung der Präferenzordnung.

Politisch betrachtet fehlt noch eine Komponente: Die kollektive Verbindlichkeit der Durchsetzung einer Handlungsalternative. Macht wirkt im politischen Prozeß erst einmal dynamisierend auf die Organisation. Um die Wirksamkeit von Macht zu erhöhen, muß eine Ordnungsleistung erbracht werden. Der nächste Teil beschäftigt sich daher mit Herrschaftsverhältnissen als stabilisierendem Faktor in Organisationen.

2.2 Der Übergang von Macht zu Herrschaft

Dem soeben dargestellten Ansatz folgend, würden Machtbeziehungen ein unentwegtes Aushandeln von Handlungsselektionen erfordern, ohne auf Dauer gestellt oder auf andere Situationen übertragbar zu sein. Für komplexe Sozialsysteme ist diese Variante unwahrscheinlich, weil sie äußerst aufwendiger Kommunikationsleistungen bedarf und ständig Motivationsleistungen für den Einzelfall zu erbringen sind.

Popitz (1986:37 f.) bezeichnet eine solche Beziehung als *sporadische Macht*, in der Machtbeziehungen keine Kontinuität aufweisen. Einen Ausweg bietet die Entwicklung von *Substituten* zum Zweck des Vergleiches von Machtlagen, zur Bildung stabiler Erwartungszustände und zur Absicherung der Wahrscheinlichkeit einer Selektionsannahme. Luhmann (1975:10) unterscheidet drei Substitutionsmöglichkeiten:

- Hierarchien, die eine asymmetrische Machtverteilung postulieren;
- Systemgeschichte, indem erfolgreiche Durchsetzung in Konfliktlagen als Erwartung generalisiert wird;
- vertragsartige Regelungen als Arrangement mit möglicherweise illoyalen oder sich zurückziehenden Akteuren.

Unter Bezugnahme auf solche Substitute wird direkter kommunikativer Rekurs auf Macht durch *normative Verpflichtung* beider Seiten unter Anspielung auf unterstellte Machtasymmetrien ersetzt. Zugleich vollzieht sich eine *Entpersönlichung*, *Generalisierung* und *Formalisierung* von Macht. Diese zunehmende normative Verfestigung führt konsequenterweise zu einer Loslösung der Machtprozesse von den unmittelbar beteiligten Akteuren. Die Grenzlinie zwischen Macht und Herrschaft ist markiert durch den Übergang von normativ gefestigter Macht zu überpersonalen Machtpositionen und deren Koordination. Den letzten Schritt, der über politische Prozesse in Organisationen hinausgeht, bildet die Veralltäglichung zentralisierter Machtausübung im Sinne staatlicher Herrschaft. Diese beruht auf der Durchsetzung von Monopolansprüchen, der Vereinheitlichung geltender Normen und der Kontrolle ihrer Einhaltung (siehe auch Popitz, 1986:37 f.). Die Durchsetzung einer solchen Regelung benötigt eine Legitimationsgrundlage, die auf dem gesellschaftlichen Normensystem basiert und den Zugang zu Machtressourcen sowie die Zulässigkeit von Machtmitteln steuert.

Erst die Institutionalisierung von Macht bedeutet Herrschaft, welche einerseits aus Machtbeziehungen entspringt, in einmal verfestigtem Zustand aber den Rahmen für diese abgibt. Und hier bietet sich die Möglichkeit, Macht formal mit dem binären

Schematismus Recht/Unrecht zu verknüpfen, um eine relativ kontextfreie Verwendung auch in Situationen zu gewährleisten, in denen kein eindeutiges "Machtgefälle" besteht. Zusätzlich stellt dieser Schematismus auch die Möglichkeit der Verknüpfung von Machtketten bereit, indem auch der Organisation nicht zugehörige Akteure zur Machtmobilisierung verpflichtet werden können. In diesem Zusammenhang wird auch der Zugriff auf die letzte Vermeidungsalternative in Form von *Gewalt* interessant, welche sich auf das staatlich abgesicherte Gewaltmonopol stützt.

Um nun zu einem Hauptproblem von Organisationen zurückzukehren: Die Externalisierung auf letztendlich staatliche Regulierungen reicht nicht aus, das Transformationsproblem zu lösen, nämlich menschliches Arbeitsvermögen in von der Organisation geforderte Arbeitsleistung überzuführen. Unter den bisher beschriebenen Umständen wäre dafür Zwang als Abkoppelungsversuch von menschlichen Störfaktoren oder eine absolute Technisierung (etwa als technikoptimistische Vision einer menschenleeren Fabrik der Zukunft) vonnöten. Politisch erfolgversprechender dürfte aber sein, die Kontrolle von außen in den Akteur hineinzuverlagern. Auf Machtebene geht es dann darum, die zu erbringenden Motivationsleistungen (und auch Selektionsleistungen) dem Akteur selbst als sein eigenes Interesse der Systemerhaltung bzw. -reproduktion zu vermitteln (Zugriff auf die Selbstreferentialität sinnbenutzender Systeme). Nach den bereits angeführten Handlungsbedingungen zur Induktion bestimmter Handlungsweisen (Heider, 1977) kann hierfür eine positive Valenz (etwa als Hinweis, was für den anderen Akteur gut sei) aufgebaut werden, oder man kann abgeleitete Valenzen zur Handlungskontrolle induzieren, indem man Handlungskonsequenzen neu etabliert (eine spezielle Version von Sanktionen). Jedenfalls sollte der andere Akteur aktiv die gewünschte Alternative aus "*Eigeninteresse*" verfolgen.

Eine für diesen Kontext bedeutsame andere Variante behandelt Elias (1977). Er setzt sich mit den Wechselwirkungen zwischen strukturellen Gegebenheiten und dem Verhalten einzelner Akteure innerhalb solcher Strukturen auseinander. Bei seiner Analyse des Zivilisationsprozesses kommt er zur folgenden, hier sehr verkürzt wiedergegebenen Schlußfolgerung: Je weiter die Differenzierung einer Gesellschaft fortgeschritten ist, desto abhängiger wird der Mensch in seinem Tun und Lassen, und der einzelne ist gezwungen, sein Verhalten zu regulieren sowie für andere enttäuschungsfest zu gestalten. Die Kontrolle von außen wird dadurch zu einer Art "Selbstkontrollapparatur" verfestigt. Die äußere Regulierung ist darauf abgestimmt, daß die einzelnen Akteure ihr Handeln hinsichtlich der vielfältigen Verflechtungen selbst steuern. Und genau diese externe Handlungsregulierung erinnert an die positive Bedeutung der Regelbefolgung: Sie betrifft das kollektive Interesse und hat in Institutionalisierungen ihren herrschaftsbezogenen Hintergrund. Die *Verinnerlichung* von dadurch konstituierten Herrschaftsverhältnissen zerstört aber auch tendenziell die Wahrnehmung von Handlungsalternativen (Undenkbares), die in Machtbeziehungen dann nicht mehr zur Disposition stehen.

Für diesen Abschnitt bleibt festzuhalten, daß Machtbeziehungen im Sinne der Ökonomisierung und Asymmetrisierung von Durchsetzungschancen zur Institutionalisierung in Form legitimierter Herrschaftssysteme tendieren. Diese bilden in der

Folge einen zentralen Anknüpfungspunkt für weitere Machtgenerierung. Im politischen Prozeß gewährleistet Herrschaft die bürokratische Durchsetzung von Handlungsselektionen und gewinnt durch rechtliche Fundierung kollektive Verbindlichkeit.

2.3 Herrschaftsbezogene Rahmenbedingungen betrieblichen Machthandelns

Aus dem Vorangegangenen geht hervor, daß Machtbeziehungen zu einem guten Teil auf einer Art sozialer Konstruktion von Realität basieren. Diese Realitätskonstruktion vollzieht sich über die selektive Verknüpfung spezifischer Differenzierungen, Abhängigkeiten und Tauschrelationen. Gleichzeitig muß man aber auch strukturelle Komponenten zur Entwicklung von Machtpotentialen - ausgehend von gesellschaftlich-historischen Rahmenbedingungen der gegenwärtigen Arbeitswelt - berücksichtigen. Sie sollen hier zumindest in groben Zügen dargestellt werden:

Arbeitnehmer können nicht nur frei über ihr Arbeitsvermögen verfügen, sondern sind überdies frei von Produktionsmitteln. Zur Reproduktion ihres Lebens und zur Erfüllung ihrer Bedürfnisse sind sie auf den Warentausch angewiesen. Daraus konstituiert sich eine spezifische *Asymmetrie* zwischen Vertretern des Kapitals und den "Lohnabhängigen", die ihre Arbeitskraft zur Verfügung stellen. Im Vertragsverhältnis zwischen scheinbar freien Rechtspersonen ist der Arbeitnehmer gezwungen, sich bei Übernahme der Mitgliedschaftsrolle den in einer Organisation bestehenden Herrschaftsverhältnissen zu unterwerfen. Er muß sich also in den für ihn vorselektierten Handlungsspielraum einfügen und diesen als rechtmäßig anerkennen. Die Optionen des Anbieters der Ware Arbeitskraft beruhen bei gegebenen Qualifikationen im Berufssystem auf den verfügbaren Alternativen am Arbeitsmarkt.

Andererseits hat aber der Käufer dieser Ware den Nachteil, trotz eingekaufter Arbeitszeit niemals völlig sicher über den gewünschten Arbeitseinsatz sein zu können. Als primäre Handlungsalternative auf seiten der Arbeitnehmer nach Eintritt in die Organisation können daher nicht nur die drei von Hirschmann (1974) genannten Reaktionen gelten:

- *Abwanderung*, solange entsprechende Substitutionsmöglichkeiten am Arbeitsmarkt bestehen. Sie ist dann wahrscheinlich, wenn die realen Arbeitsbedingungen für das Organisationsmitglied ein erträgliches Maß übersteigen und den ursprünglichen Erwartungen in keiner Weise entsprechen. Vergegenwärtigt man sich die eben beschriebene Problematik des Verhältnisses von Kapital und Arbeit, so gerät man bei dieser Version - bildlich gesprochen - von der Traufe in den Regen.
- *Widerspruch* ist dagegen die aktive Variante politischen Handelns, um einem ungünstigen Zustand nicht einfach auszuweichen, sondern ihn zu verändern. Widerspruch bietet sich an, wenn Abwanderung nicht oder nur unter sehr schlechten

Voraussetzungen möglich ist oder wenn die Aktivierung von Gegenmacht erfolgversprechend erscheint.
- Drittens gibt es noch *Loyalität*, die als eine Art Bindung an die Organisation wirkt, Abwanderung weniger wahrscheinlich macht und teilweise sogar Widerspruch fördert. Eintrittshürden stärken Loyalität und wirken dadurch stabilisierend auf die Organisation.

Offensichtlich gehen bei diesen Varianten aber alle Formen *passiven Widerstandes* unter (etwa individuelle oder kollektive Leistungszurückhaltung). Und genau diese letztlich nur vom Akteur selbst steuerbare Leistungserbringung repräsentiert jenen Bereich, in dem nach wie vor Organisationsmitglieder trotz aller Formalisierungen und Standardisierungen großen Einfluß ausüben können. Sie gefährden damit tendenziell die Verwertung der Ware Arbeitskraft im Transformationsprozeß. Hier wird deutlich, daß Macht- und Herrschaftsverhältnisse in einen Widerspruch zueinander treten, indem dieses "unsichtbare" Handlungsfeld einen politischen Austauschprozeß fördert, welcher Herrschaftsbestrebungen entgegentritt und behindert.

Einen weiteren Beitrag zur Abstützung gesellschaftlicher Herrschaftsverhältnisse liefert die Ausdifferenzierung der Berufe (zu dieser Problematik siehe auch Beck/Brater, 1978). Sie erleichtert nicht nur im Rahmen fortschreitender Spezialisierung die Vermarktung abgegrenzter arbeitsrelevanter Fähigkeiten, sondern bietet im Sinne des Tauschwertes für den Anbieter der Ware Arbeitskraft gewissen Schutz (Transferierbarkeit, Statusstabilisierung). Diesen Vorzug bezahlen die Arbeitnehmer aber mit dem Preis gegenseitiger Konkurrenz um die eigene Versorgung, die berufliche Abgrenzungen und Abschirmung gegen unkontrollierte Zugänge zum Berufsfeld fördert. Für den Käufer der Ware Arbeitskraft schaffen Berufe in der Funktion des Gebrauchswertes Transparenz und Planbarkeit. Trotz Einschränkung der Nutzbarkeit des Arbeitsvermögens bietet diese Spezialisierung der Arbeitskraft Möglichkeiten zu einer genauen Auslese der Anbieter hinsichtlich ihres erwarteten Arbeitsvermögens und schafft ein Potential für Organisationsmaßnahmen. Für den Arbeitskraftanbieter ist jedoch die berufliche Schutzfunktion defensiv ausgelegt und perpetuiert außerdem soziale Ungleichheiten (über Ressourcenverteilung als Berufsvoraussetzung und klassenspezifische Arbeits- und Berufsinteressen bzw. Erwartungen).

Sichert die notwendige Reproduktion des Lebens die *Verfügbarkeit* über das Organisationsmitglied, das seine Arbeitsfähigkeit anbieten muß und dessen Wahlmöglichkeiten schon dadurch beschränkt sind, so erleichtert das System der Berufe die *Transparenz* bezüglich des Arbeitsvermögens. Die geforderte Leistung für eine bestimmte Position im Organisationsgefüge wird erwartbar gestaltet.

Zu erkennen ist die Verflochtenheit mit Eigentumsverhältnissen und der staatlich abgesicherten Verfügungsgewalt über Produktionsmittel und Arbeitskraft (vermittelt duch gesatztes Recht). Daß Arbeitnehmer ihre Arbeitskraft am Markt anbieten müssen, liegt ja nicht zuletzt daran, daß sie selbst zwar über im Qualifikationssystem angeeignete Arbeitsfähigkeiten verfügen, nicht jedoch über die notwendigen

Produktionsmittel bzw. das Kapital (und auch Beziehungen am Wirtschaftssektor), um ihr Arbeitsvermögen selbständig umzusetzen. Für die Mehrheit besteht zwar nur die Möglichkeit eines Organisationseintritts, wie sie aber ihre Arbeit verrichten, ist ein etwas schwierigeres internes Bearbeitungsproblem.

Politisch betrachtet eröffnen sich für Organisationen zwei Bewältigungsmöglichkeiten der Transformation von Arbeitsfähigkeit in Arbeitsleistung: Organisierung und Technisierung als Antworten auf historisch spezifische Bedingungen der Kapitalverwertung und den Konkurrenzdruck untereinander. *Organisierung* (sie wird im nächsten Abschnitt genauer besprochen) betrifft Auslese, Arbeitskooperation und Kontrolle der Arbeitskräfte und soll die Berechenbarkeit des Arbeitsablaufes und der Arbeitserbringung gewährleisten. Darin enthalten sind Aspekte organisatorischer Disziplinierung, Formalisierung und Arbeitsmotivierung. Das Organisationsmitglied wird der Verfügungsgewalt über sachliche Arbeitsbedingungen und der Organisationsgewalt unter Hinweis auf die bestehende Hierarchie unterworfen. Den Rahmen dafür geben formale Regeln ab, die über Sachlogik entpersönlicht und mittels sozialer Strategien internalisiert werden. *Technisierung* beruht dagegen auf der Verdinglichung des Arbeitsprozesses und der Entkoppelung der Leistungserbringung von der Widerspenstigkeit des Arbeitnehmers als Person. Technisierung erfüllt solcherart mehrere Funktionen: Sie unterstützt das ökonomische Interesse im Rahmen der Produktivkraftentwicklung, hat aber auch politische Implikationen, da der Sachzwangcharakter von Technologien persönliche Kontrolle aufgrund technischer Vorgaben gleichsam neutralisiert und als Problemlösungsmittel Herrschaftsverhältnisse legitimieren kann.

Sowohl Arbeitgeber als auch Arbeitnehmer sind an der Aufrechterhaltung dieses gesellschaftlichen Rahmens interessiert, wenngleich aus gegensätzlichen Gründen. Dieser Rahmen charakterisiert weniger unmittelbare Machtbeziehungen als Herrschaftsverhältnisse. Er zeigt jedoch die Grenzen von Machtausübung, die wir in der Feinstruktur von Organisationen finden, und die von der spezifischen Ausgestaltung einer Organisation und den darin vorfindbaren Freiräumen und Begrenzungen abhängen. Aber grundsätzlich bestehen vorweg bestimmte Interessensgegensätze und Machtasymmetrien zwischen Akteuren, die als Arbeitgebervertreter agieren und jenen, die als Arbeitnehmer fungieren (oder Akteuren in unterschiedlichen hierarchischen Positionen). Im politischen System der Arbeitsbeziehungen (etwa über Verbände, Gewerkschaften etc.) erfolgen höchstens Abschwächungen. Es wäre allerdings unzureichend, Machtausübung auf Arbeitnehmerseite in untergeordneten Positionen unter den Begriff "Gegenmacht" zu subsumieren. Man würde bei einseitiger Betrachtungsweise diesen eine ausschließlich passive Rolle im Machtspiel zuschreiben und eigene Initiativen vorweg ausschließen.

Die Betrachtung gesellschaftlicher Herrschaftsverhältnisse auf der Basis ökonomischer Verfügungsgewalt provoziert die Vorstellung eindeutiger Über- und Unterordnung und damit verbundene Abhängigkeitsverhältnisse. Im nächsten Abschnitt soll daher untersucht werden, auf welchen darüber hinausreichenden Grundlagen sich Machtbeziehungen aufbauen, welcher strategischer Teilstücke sich die Durchsetzung eines Wollens bedienen kann, welche Rolle die Handlungssteuerung im Rahmen von Kooperationsbeziehungen spielt und welch verschiedenartige Dynamik die in unterschiedlichen Umweltbezügen generierten Macht- und Herrschaftsbeziehungen aufweisen.

3 Macht- und herrschaftsbezogene Potentiale strategischen Handelns

Es wurde bereits erwähnt, daß Machtbeziehungen zu einem Gutteil auf soziale Realitätskonstruktion zurückgehen. Eine besonders zentrale Stellung kommt dabei den für strategische Kalküle wichtigen spezifischen Motivationsleistungen zu. In einer ersten Annäherung werden drei allgemeine Sinndimensionen als Unterscheidungskriterium für Ereignisse, Handlungen oder Bedeutungszusammenhänge dargestellt, die auf unterschiedliche Weise Grenzen markieren. Diese werden dann mit den spezifischen strategischen Ebenen verknüpft, die aus dem oben vorgestellten Machtkonzept abgeleitet sind. In der Folge soll betrachtet werden, welche Varianten von Machtbeziehungen sich unter bestimmten Bedingungen (besonders unter Berücksichtigung der Umweltkomplexität) mit relativ hoher Wahrscheinlichkeit ergeben können.

Die erstgenannten Sinndimensionen geben in ihrer Funktion der Grenzziehung einen allgemeinen kategoriellen Rahmen für Argumentations- und Handlungsstrukturen ab:

a) zeitlich: Handlungen oder Ereignisse sind *zeitlich strukturiert*, indem sie entweder stattfinden oder nicht, von bestimmter Dauer sind, oder sich zu einem anderen Zeitpunkt wiederholen können bzw. einen kontinuierlichen oder diskontinuierlichen Verlauf nehmen. So ist etwa nicht gleichgültig, ob eine erwünschte Handlungsselektion dem betreffenden Akteur bereits vor vollzogener Handlung bekannt wird, oder diesem erst im nachhinein als die günstigere dargestellt wird (z.B. bei Sanktionierung).

b) sozial: Diese Dimension zielt auf die jeweils spezifischen *Beziehungen zwischen Akteuren*. Diese pflegen im allgemeinen mit anderen für eine Machtbeziehung bedeutsamen Akteuren Kontakte, oder stimmen mit anderen in ihren Überlegungen, Handlungen oder Erleben überein oder nicht, bzw. können aus bestimmten (auch von anderen gewählten) Handlungsalternativen subjektiven Nutzen ziehen. Auch hier ein Beispiel zur Art der Handlungsselektion: Der Aufforderungscharakter kann deutlich über eine direkte Übermittlung einer Anordnung oder eines Wunsches hervortreten, oder die Handlungsselektion erfolgt indirekt über einen anderen Akteur (wie beispielsweise beim Lernen am Modell). Der machtanspruchstellende Akteur kann sich hier formal aus der Machtbeziehung hinausdefinieren. Eventuelle Konsequenzen bei Nichterfüllung von solcherart indirekt gestellten Erwartungen werden aber durchaus vermittelt.

c) sachlich: Hier tritt die *inhaltliche Dimension*, das Objekt der Machtbeziehung hervor, indem die Frage nach der Art des Anspruches immer auch die Frage nach der

Essentialität für die beteiligten Akteure auslöst. Und es geht um sachliche Verträglichkeiten und Abgrenzungen mit bzw. von anderen Ereignissen, Handlungen oder Einstellungen, welche die vorgeschlagene Handlungsvariante mit den gegebenen Rahmenbedingungen kompatibel oder eben nicht kompatibel erscheinen lassen. Für die Art der Selektion spielt hier eine Rolle, ob eine Handlung selbst (auch die Frage nach der Handlungsart würde hierher passen), Handlungsziele oder einfach Handlungsprämissen Gegenstand der Selektion sind.

Unter dem Aspekt der Bestimmung von Macht als Selektionsübertragung ergeben sich damit drei *Verweisungsmöglichkeiten*, die als Sinngrenzen zur Annahme von Handlungsselektionen motivieren können:

- Verweisung auf Vergangenes oder Zukünftiges und Umgang mit Zeitstrukturen (Kontinuität/Veränderbarkeit, Verknappung von Zeit, Hinauszögern von Entscheidungen; Reihenfolge von Entscheidungen oder Handlungen etc.).
- Verweisung auf andere Akteure und Einbezug eines erweiterten bzw. begrenzten sozialen Feldes (wie Übereinstimmung mit Erwartungen, Koalitions- und Kettenbildung, Verteilung subjektiv erlebten Nutzens).
- Verweisung auf andere, vergleichbar gelagerte Fälle und die Festlegung einer sachbezogenen Handlungslogik (z.B. technischer Sachzwang, Verträglichkeit mit anderen Entscheidungen, Verfügbarkeit über Mittel).

Diese strategisch nutzbare Verweisbarkeit setzt - und dies gilt auch für die nachstehenden Strategieebenen - ein beträchtliches Maß an Erfahrung und Handlungswissen voraus und dient dem Anbieten von Orientierung durch Komplexitätsreduktion. Im Vordergrund steht die Etablierung einer *spezifischen Logik*, welche Handlungen, Ereignisse, Abfolgen sowie kulturspezifische Wertsetzungen und Zielvorstellungen miteinander in besonderer Weise verknüpft. Hat man nämlich eine spezifische Logik durchgesetzt (oder sich auf der anderen Seite darauf eingelassen), so verändert sich die Plausibilität und die Rechtfertigungsstruktur für oder gegen bestimmte Handlungsalternativen. Die Steuerung des Erscheinungsbildes von Handlungsalternativen als mehr oder weniger logisch bzw. gerechtfertigt ist dadurch möglich.

Zur genaueren Bestimmung werden diese Sinndimensionen in Fortführung der Argumentation mit den drei zentralen Strategieebenen verbunden, die der theoretischen Konzeption von Machtbeziehungen entstammen (siehe Abschnitt 2.1):

a) Differenzierung als *Grenzziehung* zwischen Akteuren und Machtobjekten;
b) Dependenz als Einschränkung des Handlungsfreiraumes aufgrund der *Angewiesenheit* auf bestimmte Personen, Dinge oder sonstige Handlungs- bzw. Entscheidungserfordernisse (auch außerhalb der unmittelbaren Machtbeziehung);
c) Tausch als Ausdruck der *Wechselseitigkeit* der Beziehung und als Steuerungsmechanismus der Selbstreferentialität von Akteuren.

Wenn man nun diese beiden Kategorisierungen verbindet, so erhält man einen Bezugsrahmen, der auf zentrale Aspekte einer Machtbeziehung hinweist und die große Bandbreite taktischer bzw. strategischer Möglichkeiten politischen Handelns und entsprechender Denkweisen demonstriert. Er zeigt auch, daß die meisten gängigen Ansätze zur Erklärung und Beschreibung von Macht nur für abgezirkelte Bereiche gelten. Gleichzeitig werden - um die Diskussion im Zusammenhang mit unterschiedlichen Organisationsformen zu erleichtern - die damit geschaffenen Felder in zwei gegensätzliche Pole aufgetrennt: Einen herrschaftsbezogenen (= H) und einen machtbezogenen (= M) Idealtyp:

Sinndimension / Ebene	zeitlich	sozial	sachlich	
Differenzierung	Kontinuität / Diskontinuität	Konsens / Dissens	Kompatibilität / Inkompatibilität	H / M
Dependenz	enge Zeitverkoppelung / lose Zeitverkoppelung	starke Kettenbildung / schwache Kettenbildung	Nichtsubstituierbarkeit / Substituierbarkeit	H / M
Tausch	einseitige Initiative / zweiseitige Initiative	Nutzenasymmetrie / Nutzensymmetrie	begrenzte Mittel / vielfältige Mittel	H / M

Abb. 1: Schema der Strategieaspekte
(nach Sinndimensionen, Strategieebenen, Macht- bzw. Herrschaftsbezug)

Der folgende Teil erläutert vorerst die allgemeine Bedeutung dieses Schemas. Danach sollen die einzelnen Strategieaspekte im Zusammenhang mit macht- und herrschaftsbezogenen Formen der Organisierung noch genauer untersucht werden. Aus der hier vorgelegten Dimensionierung auf theoretischer Grundlage geht hervor, daß die Aktionsmöglichkeiten vorerst einmal beinahe beliebig erscheinen, und nicht einzelne Strategieaspekte allein zur Erklärung von Machtphänomenen ausreichen. Daher muß die Erklärung über die Verknüpfung der einzelnen Faktoren im Sinne der jeweils spezifischen Handlungslogik unter bestimmten Rahmenbedingungen laufen. Die Analyse von Organisationen erfordert die Berücksichtigung strategischer Implikationen der Rahmendefinition, die Folgeleistung erleichtern und die Wahrscheinlichkeit der Durchsetzung ungleich verteilen.

Es geht daher um die Analyse der Konstruktion sozialer Realität unter spezifischen Bedingungen, die den von einem Akteur präferierten Vorstellungen zum Durchbruch verhelfen. Derjenige Akteur setzt sich durch, der entweder den verfügbaren Handlungsrahmen optimal zu nutzen versteht, oder dem es gelingt, eigene Situationsdefinitionen und Handlungslogiken für andere verbindlich zu gestalten. Man muß aber dazu anmerken, daß diese Möglichkeit mit den von den Akteuren besetzten Positionen und ausgefüllten Rollen korrespondiert, d.h. solcherart in der Struktur der Organisation Asymmetrien perpetuiert werden.

Will man im Zusammenhang mit Organisationen diese Punkte berücksichtigen, so ist zu beachten, daß sich die Organisationsformen (aber auch Technisierung) immer parallel zu Macht- und Herrschaftsverhältnissen entwickeln. Der Einfachheit halber (und unter Beachtung der polarisierten Darstellung in Abb.1) kann man annehmen, daß entsprechend dem Ausmaß vorhandener Umweltkomplexität tendenziell zwei (hier in extremer Ausprägung dargestellte) Organisationsformen den Anforderungen adäquat sein können. Die dargestellten Organisationsformen beziehen sich nicht so sehr auf eine Gesamtorganisation, sondern eher auf Teilsysteme (wie Abteilungen oder auch unterschiedliche hierarchische Ebenen):

a) *Rigide Organisationsform*:
Die zugrundegelegte Annahme besagt, daß sich eine dieser Organisationsform entsprechende Strategie der Organisierung bevorzugt in einer relativ *stabilen* Umwelt etablieren kann, deren technologische Bedingungen und Marktkonditionen (sowohl produktbezogen als auch hinsichtlich der Arbeitsmarktbedingungen) bekannt sind. Das System verfolgt klar umrissene Aufgabenstellungen (etwa die Fertigung von Standard- bzw. Massenprodukten) und eindeutige Ziele effizient mittels fortgeschrittener Arbeitsteilung, spezifischer Arbeitsprofile und formaler Handlungsanweisungen (repetitive Anforderungen). Die Umwelt zeichnet sich für diese Systeme durch gute Kalkulierbarkeit aus - die Umweltkomplexität kann für das System als niedrig eingestuft werden.

Wenn man nun auf das Strategieschema zurückgreift, so ist diese Organisationsform mittels der mit H (=herrschaftsbezogen) gekennzeichneten Zeilen näher charakterisiert. Für den Regelfall läßt sich die Bewährung jener Strategien vermuten, die eine Kombination dieser Strategieaspekte repräsentieren. Das heißt, erfolgreiche Durchsetzung muß Rücksicht nehmen auf:

Differenzierungsebene:
- Kontinuität des Ablaufes (Dauerhaftigkeit - auch der Handlungskonsequenzen),
- allgemeine Übereinstimmung mit bestimmten Handlungsvoraussetzungen (etwa im Sinne bürokratischer Regeln) und Klarheit über die einbezogenen Akteure,
- und Kompatibilität mit bereits Bestehendem;

Dependenzebene:
- einzuhaltende Reihenfolgen oder Fristen (Abhängigkeit aufgrund fortgeschrittener Arbeitsteilung),
- starke Durchgriffsmöglichkeiten (etwa Befehlswege und hierarchische Strukturen),
- und Beschränkung der Handlungsalternativen (Problemlösungen vorgeben);

Tauschebene:
- einseitige Initiativenergreifung (z.B. aufgrund von Befugnissen),
- asymmetrische Nutzenverteilung aus geforderten Handlungen,
- und nur begrenzt verfügbare Ressourcen zur Motivationserbringung (formale Sanktionsregelung).

Unter Hinweis auf Herrschaftsverhältnisse (denn diese sind in den angeführten Strategieaspekten widergespiegelt) sind politische Aushandlungsprozesse auf formaler Ebene drastisch eingeschränkt. Überdies erfolgt eine starke Betonung von *Konditionalprogrammen* (zu den Handlungsprogrammen siehe auch Grünberger, 1981; Luhmann, 1977; Willke, 1983) als Mechanismen zur Lösung bereits gelöster Probleme, indem spezifische Inputs eines Systems als Entscheidungsauslöser fixiert werden. Im Idealfall ist die Handlungsentscheidung vom Handelnden selbst entkoppelt.

Da die einzelnen Akteure in ein genau umrissenes Aktionsfeld eingebettet sind, bleibt der Freiraum für Alternativentscheidungen formal extrem beschränkt. An Bedeutung gewinnt das *"informelle System"* als kommunikative Abarbeitung von Unzulänglichkeiten und eine eher verdeckte Widerstandsform: Gegenmacht, die häufig störfallbezogen wirkt. Die Tücke unvollständiger Berechenbarkeit und die Verwundbarkeit bei Engpässen (etwa im Sinne der Unsicherheitszonen von Crozier/Friedberg, 1979) gewinnen an Wirksamkeit und können sich in Mikropolitik (Bosetzky/Heinrich, 1980:154 f.) niederschlagen. Informelle Beziehungsgeflechte unterlaufen formale Vorschriften; und wenn diese emotional gesteuerten Beziehungen auftauchende Probleme nicht mehr auf ein erträgliches Maß reduzieren können und somit in ihrer Wirkung nicht mehr abpuffern, sind radikale Entwicklungen durchaus denkbar.

Eine andere Variante wäre die der formalen Ebene adäquate Institutionalisierung von Gegenmacht über *Sekundärmachtbeziehungen* auf der Basis bereits erkämpfter bzw. staatlicher Regelungen (siehe dazu auch Jürgens, 1984). Damit soll die Übermacht der Organisation als kollektiver Akteur mit der Unterstützung einer "Gegenorganisation" zumindest teilweise eine Kompensation finden.

Die Stabilisierung der Machtbeziehungen erfolgt in diesem Fall herrschaftsbezogen auf der Grundlage genauer Kalkulierbarkeit durch Einschränkung der Handlungsalternativen und Arbeitsabläufe bei guter kausaler Zuschreibungsmöglichkeit von Fehlleistungen.

b) *Flexible Organisationsform*:
Die hier entsprechende Organisierungsstrategie bildet gewissermaßen den Gegenpol zur oben dargestellten und ist besonders komplexen Umweltbedingungen angepaßt. Den

Ausgangspunkt bildet hier ein *turbulentes Umfeld*, das Entwicklungsbedingungen offen und Rationalitätskriterien für effizientes Handeln unklar hält. Aufgabenstellungen lassen sich nicht auf Dauer festschreiben (etwa Produktionsflexibilität bei Kleinserienfertigung), und es bedarf innovativer Leistungen zur Sicherung des Weiterbestandes, die Routineabläufe durchkreuzen und die Kalkulierbarkeit von Arbeitsprozessen unterlaufen. Aber es sind nicht nur die komplexeren Arbeitsansprüche an die Organisationsmitglieder, die dementsprechende Arbeitsvoraussetzungen erfordern, sondern ebenso unterstützen intransparente Marktkonditionen bei vielfältiger Konkurrenz und kritischen Verhältnissen am Arbeitsmarkt eine solche Entwicklung. Hier kann die Umweltkomplexität für das System als hoch eingestuft werden.

Dieser Typus findet seine Entsprechung in den mit M (=machtbezogen) bezeichneten Zeilen des Strategieschemas. Sie entsprechen am besten der geforderten Umweltkomplexität, wobei angenommen wird, daß zur Verarbeitung einer komplexen Umwelt auch die Eigenkomplexität des Systems erhöht werden muß. Unter diesen Bedingungen ist Durchsetzung dann wahrscheinlich, wenn folgende Strategieaspekte beachtet werden:

Differenzierungsebene:
- Diskontinuität wegen der nötigen Flexibilitätserfordernis,
- Dissens als Voraussetzung für Aushandlungsprozesse bei Unbestimmtheit der Involviertheit von Akteuren,
- und Inkompatibilität von gegenwärtigen Anforderungen mit derzeitigen Prozeduren;

Dependenzebene:
- lose Zeitverkoppelung zur Etablierung individueller Zeiträume,
- geringe Kettenbildung und entsprechend hohe Autonomisierungsansprüche,
- sowie hohe Substituierbarkeit der Handlungsalternativen (funktionale Äquivalenz);

Tauschebene:
- Offenheit gegenüber Initiativenergreifung,
- Ausgleich der Nutzens- bzw. Auszahlungsverhältnisse, um Optionen offen zu halten,
- und relativ vielfältige Mittel zur wechselseitigen Motivierung.

Hier geben Herrschaftsverhältnisse nur einen äußerst groben Orientierungsrahmen ab, da es aufgrund der Anforderungen an die Organisation unmöglich ist, die Handlungsvoraussetzungen und -wirkungen tatsächlich stabil zu halten. Gerade kreative Organisationsmitglieder offerieren eine wichtige Ressource, auf die aber kein unmittelbarer, formal zu definierender Zugriff besteht. Genau daraus erwächst eine schlagkräftige Gegenposition zur formalen Organisationsmacht bzw. Verfügungsgewalt, die sinnvoll nur über politische Austauschprozesse zu bewältigen ist.

Auch hier können wir die Frage nach dem dominierenden Handlungsprogramm aufwerfen - allerdings rutschen jetzt Konditionalprogramme zunehmend in den dysfunktionalen Bereich ab, während *Zweckprogramme* als formulierte Probleme, die Systeme unter dem Aspekt der Wirkung auf ihre Umwelt regulieren, vorrücken. Weil dabei auch die konkrete Handlungsausführung offenbleibt, zeichnet der Handelnde auch in weitaus stärkerem Ausmaß für Handlungskonsequenzen verantwortlich. Ein darüber hinausreichender Programmtyp wären *Relationierungsprogramme* in Form einer spezifischen prozeduralen Steuerung. Dabei sind alle relevanten Akteure in Zielformulierung, Entscheidungsfindung und Implementationsprozesse eingebunden und für das Geschehen mitverantwortlich (was allerdings Verantwortung wiederum verteilt und eindeutige Zuschreibungen erschwert). Dieser Programmtyp ist am ehesten dort beobachtbar, wo es die relative Autonomie den Akteuren erlaubt, den Steuerungsprinzipien der Organisation eigene Optionen entgegenzusetzen. Die Zentralität der Führung wird hier in Frage gestellt.

In all diesen Fällen sind die Grenzen politischer Verhandlungen und die Rahmenbedingungen dafür weitaus unklarer und bedürfen sozialer Definition in größerem Ausmaß als in rigiden Formen der Organisierung. Akteure können *aktiv* Handlungsalternativen in das System einführen, Eigeninteressen treten stärker in den Vordergrund, und sogar Organisationsinteressen und -ziele können zum offiziellen Verhandlungsthema werden.

Auch wenn formal über Herrschaft der Rückgriff auf gesatztes Recht möglich ist, so erfolgt die Stabilisierung der Macht in einem ständigen Erneuerungsprozeß, weshalb auch die Scheidelinie zwischen formaler und informaler Handlungssteuerung verschwimmt. Da die gesamte Organisation mit ununterbrochenen "Störungen" kämpfen muß, erweisen sich einzelne Störaktionen als weitaus wirkungsloser als im Fall rigider Strategien der Organisierung (auch wegen der geringeren unmittelbaren Abhängigkeitsbeziehungen und der großen Substitutionspotentiale). Die Akteure müssen zunehmend strukturelle Ankoppelung an veränderbare Bedingungen finden (was wiederum die Tauschsymmetrie stärkt).

Allerdings ist daraus keine Harmonie der Handelnden untereinander abzuleiten, sondern im Gegenteil: Handeln findet in einer Sphäre statt, in der sich jeder einzelne aufgrund ständiger Gefährdungen in viel stärkerem Ausmaß als in einer rigiden Organisation behaupten muß. Subjektive Sicherheit ist tendenziell immer gefährdet, und es besteht Bedarf an impliziten Übereinkünften bezüglich der Handlungsregulierung, die sich aber ebenfalls formalen Definitionen - zumindest partiell - widersetzen.

Abgesehen davon, daß die beiden Organisationsformen hier nur in ihrer Idealform angeführt sind, zeigen sie eine völlig *unterschiedliche Dynamik*. Aber beide Typen sind in unterschiedlichen Ausprägungsformen faktisch in allen Organisationen vorzufinden. Zu dieser Dynamik sind der Einfluß subjektiver Sicherheit und das Verhältnis von Gefahr und Risiko besonders interessant zu betrachten:

Die Etablierung formaler Regeln beschneidet (sofern sie allen bekannt sind) den Handlungsspielraum aller Akteure. Herrschaftsbezogene Strategien bieten Ordnung und *Sicherheit* - man kann sich auf einen geregelten Ablauf verlassen.

Diese Erwartungssicherheit hat aber auch eine negative Komponente: Das Gefühl der Ohnmacht bei "Machtunterworfenen", die keine Veränderungsmöglichkeit mehr wahrnehmen und die bürokratische Struktur als übermächtig erleben. Nach Bosetzky/ Heinrich (1980) findet man in einem solchen Fall je nach innerer Akzeptanz oder Ablehnung bestimmte Reaktionsweisen vor: Den Typ des rigiden, regeltreuen, pflichterfüllenden oder auch professionell arbeitenden Bürokraten bei Anerkennung der Herrschaftsordnung; bei Ablehnung den Büropathen mit seinen psychosomatischen Erkrankungen und den passiven Widerständler, der die Regeln gegen die Organisation wendet oder heimlich Sand ins Ordnungsgetriebe streut. Man kann also annehmen, daß unter solchen Bedingungen Sozialisationsprozesse tendenziell Bürokraten fördern, was die Beweglichkeit der Organisation weiter herabsetzt. Aber es ist auch denkbar (und dafür finden sich Hinweise bei Scott, 1986:396 f.), daß die häufig damit einhergehende Arbeitsplatzsicherheit und die Berechenbarkeit des Arbeitsablaufes Kreativität freisetzt, die sich vielleicht erst im "Untergrund" frei entfalten kann.

In flexiblen Organisationsformen mangelt es an solch einschränkender Sicherheit: Hier finden wir ein durch permanente relative *Unsicherheit* geprägtes Klima, das aber als Entschädigung Chancen zur Durchsetzung eigener Ideen und Interessen birgt und Anreize zur Umweltkontrolle liefert.

Der offenkundige Nachteil liegt jedoch nun in dieser streßbetonten Unsicherheit mit ihrer unentwegten Anforderung, sich auf neuartige Situationen einzustellen, und ständig in Aushandlungsprozesse involviert, zugleich aber immer auf der Hut vor verborgenen Fallen zu sein. Finden wir in rigiden Organisationsformen Streß in Form von Langeweile und Unterforderung, so äußert er sich hier in Reizüberflutung und Überforderung. Und diese Überlastung kann Tendenzen der Rigidisierung (und Regressionen) verstärken - ein der Flexibilitätserfordernis genau gegenläufiger Trend.

Als weiterer Aspekt ist die spezifische Verteilung von Gefahr und Risiko für die Akteure zu nennen: Im Fall herrschaftsbezogenen Handelns sind Alternativen und Konsequenzen für alle Beteiligten als bekannt unterstellbar. Handeln ist kalkulier- und erwartbar gestaltet - man kann von einem wechselseitigen *Risiko* für eigenes und fremdes Handeln sprechen. Abweichungen versucht man tunlichst zu unterbinden.

Anders bei Macht: Hier sind Handlungsprämissen, -alternativen und -konsequenzen Gegenstand von Aushandlungen und Interpretationen. Handlungen sind daher in weitaus dürftigerem Ausmaß vorhersagbar, womit die *Gefahr* für die Akteure steigt.

Wenn man diesen Gedanken unter Kontrollgesichtspunkten weiterführt, so ergibt sich, daß im ersten Fall (ökonomisch betrachtet) Belohnungen für Folgebereitschaft nur hohe Kosten bewirken würden, weil dieser Fall der wahrscheinlichere ist. Überdies ist "Gehorsam" im Sinne von Anweisungsbefolgung als Normalfall nicht extra zu honorieren. Im zweiten Fall kann sich die Organisation bezüglich des Mitgliederverhaltens nie vollkommen gewiß sein. Um Handeln "positiv" zu beeinflussen, bietet sich die Gewährung von Gratifikationen an, die Ansprüche der Organisation bestätigen und entsprechendes Handeln in den wahrnehmbaren Bereich drängen (eine Voraussetzung zur Inanspruchnahme von Belohnungen).

Es ergibt sich der paradoxe Effekt, daß negative Sanktionen in Fällen eingesetzt werden, in denen die Annahmewahrscheinlichkeit ohnehin hoch ist (rigide Organisationsform), positive dagegen dann, wenn man sich auf Folgeleistung nicht verlassen kann, bzw. Handlungen aufgrund komplexer Verflechtungen in ihren Folgen schwer abschätzbar sind (flexible Organisationsform). Diese Paradoxie liefert auch einen Hinweis darauf, weshalb in rigiden Organisationen die Bedeutung informeller Beziehungen zunimmt. Abweichungen als Transformation von Risiko in Gefahr (zumindest organisationsseitig) sollen mittels Strafandrohung verhindert werden. Man drängt sie damit aus dem wahrnehmbaren Aktionsfeld (wer läßt sich gerne erwischen?). Hingegen fördern Belohnungen erwünschtes Verhalten und wandeln tendenziell Gefahr in Risiko um (flexibilitätsbezogen). Wenn Ansprüche kollektiv verbindlich sein sollen, erleichtert das Hinterlassen von Spuren die Aufdeckung von Abweichungen. Forderungen und Regelungen sind dann am leichtesten geltend zu machen, wenn Handlungen über Spuren verfolgbar sind. Hier findet sich auch ein Erklärungsansatz für die Installierung aufwendiger bürokratischer, technischer oder sozialer *Kontrollsysteme*: Sie sollen als ständiges (am besten unsichtbares) Drohpotential verinnerlicht werden und Unregelmäßigkeiten ohne Geheimhaltungschance sofort aufdecken (Aktenmäßigkeit, Personalinformationssysteme, spezielle räumliche Anordnungen, Prozeßkontrollen etc.). Diese Absicherung schwächt noch einen weiteren Nachteil negativer Sanktionen ab, daß sie nämlich den Machtanspruch als gescheitert erkennbar machen.

Kehrt man an dieser Stelle zum Strategieschema zurück, so ist ersichtlich, daß die in der Literatur nachzulesenden Darstellungen von Machtprozessen als Selektionsübertragung (z.B. Luhmann, 1975), als Chance zur Willensdurchsetzung (etwa auf Grundlage der eingangs angeführten Definition von Weber, 1980), unter austauschtheoretischen Gesichtspunkten (etwa Homans, 1968; Blau, 1964), als Mikropolitik (beispielsweise Bosetzky/Heinrich, 1980), aufgebaut auf Machtquellen (wie Unsicherheitszonen bei Crozier/Friedberg, 1979), Machtmittel (wie Belohnung, Bestrafung, Identifikation, Legitimation und Expertise - eventuell noch Information bei French/Raven, 1959), Kapitalformen (wie ökonomisches, kulturelles oder soziales Kapital bei Bourdieu, 1983) und etliche andere nicht nur etwas zu grob vorgehen, sondern auch der Dynamik und den Rahmenbedingungen politisch gefärbter Beziehungen in Organisationen nur teilweise gerecht werden.

4 Abschließende Bemerkung zum Verhältnis von Macht und Herrschaft

Für beide Strategieformen kann man *Kristallisationspunkte* in Organisationen angeben: So finden wir herrschaftsbezogene beispielsweise verstärkt in unteren hierarchischen Rängen, im Verwaltungsbereich oder in der Produktion; machtbezogene dagegen überwiegend in den Führungsetagen von Organisationen, Entwicklungs- oder Marketingabteilungen und Projektgruppen. Aber keine der beiden Formen tritt isoliert von der anderen auf - sie müssen *koexistieren*, um den Bestand der Organisation zu sichern. Um an die einleitende Bemerkung zu erinnern: Herrschaftsbeziehungen sorgen für dauerhafte Handlungskoordinierung zur Realisierung sachlicher und politischer Zielsetzungen; Machtbeziehungen halten die Organisation lernfähig.

Beide Organisationsformen und ihre korrespondierenden Handlungsstrategien liefern wechselseitig füreinander einen Beitrag zu ihrer Reproduktion: So bildet *Macht* mit ihrer flexibel gehaltenen Dynamik, der darin angelegten Unsicherheit, sowie die über informelle Zuschreibungen entwickelten Asymmetrien eine Beziehung, die für ihren Interpretationsrahmen selbst sorgt. Macht schafft solcherart im politischen Austauschprozeß ein Erprobungsfeld für Herrschaft. Indem Machtbeziehungen über normative Verfestigung und Stabilisierung in Positionsgefügen in Herrschaft übergehen können, sorgen sie nicht nur für eine Erneuerung der Herrschaft, sondern halten Herrschaftsverhältnisse auch anpassungsfähig.

Herrschaft dagegen bietet aufgrund der ihr immanenten Stabilität und der damit verknüpften Erwartungssicherheit - auch aufgrund der Befugnisverteilung auf formale Positionen - einen festgefügten Interpretationsrahmen für soziale Situationen und offeriert nur eine begrenzte Auswahl an Handlungsmöglichkeiten. Gerade dadurch bindet sie Machtbeziehungen in ein übergeordnetes Ordnungsgefüge ein und schafft Orientierung als Grundlage sozialen und kollektiven Handelns in komplexen Organisationen und hochdifferenzierten Gesellschaften. Sie bremst die ungezügelte Entwicklung von Machtbeziehungen und sorgt dafür, daß aufgrund der Möglichkeit komplementären Erwartens (etwa, welche Akteure berechtigte Ansprüche an andere stellen dürfen, bzw. welche Akteure in welchen Fällen zur Folgeleistung verpflichtet sind) soziale Systeme nicht an ihrer eigenen Machtdynamik zerbrechen. Indirekt sichert Herrschaft dadurch den Weiterbestand der Macht.

Diese Wechselseitigkeit führt aber auch dazu, daß Akteure im politischen Prozeß dann für das System besondere Bedeutung erlangen, wenn sie die dem Regelfall genau entgegengesetzte Strategie verfolgen: Wenn es etwa gelingt, bestimmte Anforderungen in ein formales Regelsystem zu überführen, oder falls man formale Regeln außer Kraft setzen kann, so verändert dies die Handlungsbedingungen großer Teile des Systems. Eine ganze Reihe anderer, auch nicht unmittelbar involvierter Akteure, ist davon betroffen (große Reichweite der Macht).

Auf gesellschaftlicher Ebene sorgt das gegenseitige Ineinandergreifen für den Weiterbestand und die Reproduktion sozialer Ungleichheit. Der grundlegende Widerspruch zwischen Kapital und Arbeit bleibt als Bezugsrahmen des Handelns in Organisationen unberührt; er wird eben über Herrschaft abgesichert, durch Macht aber höchstens erträglich gestaltet. Insoferne sorgt das politische Wechselverhältnis zwischen Macht und Herrschaft in Organisationen auf gesellschaftlicher Ebene für die Abstützung staatlicher Herrschaft.

Literatur

Beck, U./Brater, M.: Berufliche Arbeitsteilung und soziale Ungleichheit. Eine gesellschaftlich-historische Theorie der Berufe. Frankfurt/New York 1978

Blau, P.M.: Exchange and Power in Social Life. New York 1964

Bourdieu, P.: Ökonomisches Kapital, kulturelles Kapital, soziales Kapital. In: Soziale Welt SB2 (Hrsg.: Kreckel, R.): Soziale Ungleichheiten. Göttingen 1983, S. 183 - 198

Bosetzky, H./Heinrich, P.: Mensch und Organisation. Aspekte bürokratischer Sozialisation. Stuttgart 1980

Crozier, M./Friedberg, E.: Macht und Organisation. Die Zwänge kollektiven Handelns. Königstein/Ts. 1979

Elias, N.: Über den Prozeß der Zivilisation. Soziogenetische und psychogenetische Untersuchungen. Bd. 1, 2. Frankfurt 1977

French, J.R.P./Raven, B.: The Basis of Social Power. In: Cartwright, D. (Hrsg.): Studies in Social Power. Ann Arbor 1959, S. 150 - 167

Grünberger J.: Die Perfektion des Mitglieds. Die soziologische Systemtheorie als eine Soziologie regelgeleiteten Verhaltens. Berlin 1981

Heider, F.: Psychologie der interpersonalen Beziehungen. Stuttgart 1977

Hirschmann, A.O.: Abwanderung und Widerspruch. Tübingen 1974

Homans, G.C.: Elementarformen sozialen Verhaltens. Opladen 1968

Jürgens, U.: Die Entwicklung von Macht, Herrschaft und Kontrolle im Betrieb als politischer Prozeß - Eine Problemskizze zur Arbeitspolitik. In: Jürgens, U./Naschold, F. (Hrsg.): Arbeitspolitik: Materialien zum Zusammenhang von politischer Macht, Kontrolle und betrieblicher Organisation der Arbeit. Opladen 1984, S. 58 - 91

Luhmann, N.: Macht. Stuttgart 1975

Luhmann, N.: Zweckbegriff und Systemrationalität. Frankfurt 1977

Luhmann, N.: Soziale Systeme. Grundriß einer allgemeinen Theorie. Frankfurt 1984

Münch, R.: Basale Soziologie: Soziologie der Politik. Opladen 1982

Popitz, H.: Phänomene der Macht. Tübingen 1986

Scott, R.W.: Grundlagen der Organisationstheorie. Frankfurt/New York 1986

Weber, M.: Wirtschaft und Gesellschaft. Tübingen 1980

Willke, H.: Entzauberung des Staates. Überlegungen zu einer sozietalen Steuerungstheorie. Königstein/Ts. 1983

Politische Legitimität, moralische Autorität und wirtschaftliche Effizienz als externe Lenkungssysteme der Unternehmung

Grundvorstellungen einer gesellschaftsbezogenen Managementlehre

Thomas Dyllick

Die etablierte Wirtschaftswissenschaft beschäftigt sich fast ausschließlich mit der Funktionsweise von Markt und Preismechanismus als externem Lenkungssystem der Wirtschaft im allgemeinen und der Unternehmung im besonderen. Fragen der Wirtschaftslenkung werden im Rahmen der vorherrschenden neoklassischen Volkswirtschaftslehre genauso wie im Rahmen der darauf basierenden mikroökonomischen Unternehmungstheorie im Grunde als normative Vorentscheide behandelt, die weder thematisiert noch näher untersucht werden. Markt und Wettbewerb als Lenkungsinstanz und das Prinzip der größtmöglichen wirtschaftlichen Effizienz (ökonomisches Prinzip) als Handlungsziel der Wirtschaftssubjekte werden dabei im Sinne einer vorwissenschaftlichen Entscheidung vorausgesetzt. Das gleiche Bild ergibt sich auch, wenn man die betriebswirtschaftlichen Beiträge zur Behandlung der Beziehungen zwischen der Unternehmung und ihrer Umwelt im Rahmen der vorherrschenden Ansätze betrachtet. Diese sind traditionellerweise auf die Bereiche der Absatz- und Beschaffungsmärkte beschränkt. Der Markt und die Prozesse marktlicher Lenkung stellen dementsprechend die zentralen Vermittlungsbereiche zwischen "Innen" und "Außen" dar.

Hierin kommt wissenschaftsgeschichtlich die Abspaltung einer rationalen ökonomischen Theorie von der umfassenderen praktischen Philosophie zum Ausdruck, in die sie bis zum Ende des 18. Jahrhunderts eingebettet war. Beide zusammen, "economic science" und "economic philosophy", bildeten bis dahin einen integralen Bestandteil *einer* normativen Disziplin, nämlich der "moral sciences", wie das Wissens- und Lehrgebiet Adam Smiths damals noch hieß, oder der *praktischen Philosophie*. Die Einheit der praktischen Philosophie, die seit Aristoteles die drei Disziplinen der Ökonomie, Politik und Ethik umfaßt hatte, zerbrach jedoch in der Folge zugunsten der verselbständigten Entwicklung einer reinen ökonomischen Theorie, die streng an der ökonomischen Rationalität ausgerichtet war. War die Aufgabe der Ökonomie als "moral science", zusammen mit Politik und Ethik, bis zu dieser Zeit die Aufstellung gerechtfertigter Normen gesellschaftlichen Handelns gewesen, so entwickelte sie sich danach zu einer allgemeinen Theorie rationaler Entscheidung. Politische Legitimierungszwänge und moralische Rechtfertigungszwänge fielen weg. Im Rahmen der ökonomischen Theorie stellte sich folgerichtig die Lehre vom richtigen Handeln nicht mehr als eine Lehre des gerechten Handelns, sondern nur noch als eine Lehre des zweckmäßigen und effizienten Handelns dar (Mittelstraß, 1985:19 ff.; Schwemmer, 1985:33 ff.; P. Ulrich, 1986:176 ff.).

Im Zuge der Entwicklung und Verfeinerung der ökonomischen Theorie blieben in der Folge die nichtökonomischen Bereiche der Politik und der Ethik ausgeblendet. Die daraus resultierende Hauptbeschäftigung der Ökonomie mit dem Markt ist aber trotzdem verwunderlich, weil auch "rein" wirtschaftliche Beziehungen de facto selten ausschließlich durch das Preissystem geregelt werden, sondern im Hinblick auf wirtschaftspolitische oder gesellschaftspolitische Ziele staatlichen Eingriffen und gesellschaftlichen Präferenzen unterworfen sind. Dies wird dort besonders deutlich, wo man es mit "Marktunvollkommenheiten" oder mit Fällen des "Marktversagens" zu tun hat (Frey, 1981:73 ff.; Lindblom, 1980:134 ff.). Auf Marktunvollkommenheiten, die, wie im Falle unvollständiger Märkte oder externer Effekte, die Nützlichkeit des Marktes als Lenkungssystem einschränken, ihn deshalb aber noch nicht ohne weiteres überflüssig oder ersetzbar machen, wird traditionellerweise mit wirtschaftspolitischen Eingriffen des Staates reagiert. Solche Eingriffe erfolgen in Gestalt von Maßnahmen der Wettbewerbspolitik, der Markt-Regulierungen, des Verbraucherschutzes oder der Strukturpolitik. Fälle des Marktversagens betreffen demgegenüber grundsätzliche Unzulänglichkeiten der Lenkung mittels des Preismechanismus. Sie kommen zum Ausdruck in einer Reihe gesellschaftspolitischer "Fragen" wie der Sozialen Frage, der Machtfrage und der ökologischen Frage. In diesen Fällen kommen typischerweise ergänzende oder alternative Lenkungssysteme politischer Natur zum Einsatz. Der Zweck solcher Marktkorrekturen besteht im Falle der Marktunvollkommenheiten darin, Mängel des Marktes im Hinblick auf die gesamtwirtschaftlich effiziente Allokation der Ressourcen zu kompensieren. Im Falle des Marktversagens geht es demgegenüber zumeist um die Erreichung ganz anderer gesellschaftlicher Ziele wie Gleichheit, Gerechtigkeit oder Erhaltung der natürlichen Lebensgrundlagen, die sich nur schwer mit Hilfe der marktlichen Lenkung erreichen lassen.

Unternehmungen unterliegen zweifellos dem Markt als externem Lenkungssystem, der ihren Erfolg in Gestalt zu- oder abnehmender Umsätze, Marktanteile und Gewinne bewertet. Hierauf sind die Marktstrategien ausgerichtet, deren lenkbare Variablen vor allem im Leistungsangebot, der Marktpositionierung, dem Preis, der Markt-Kommunikation, der Distribution und Innovation bestehen. Unternehmungen unterliegen jedoch nicht nur dem Markt als externem Lenkungssystem. Dies wird heute besonders deutlich, wenn in zunehmendem Maße Unternehmungen in öffentliche Auseinandersetzungen geraten, in denen es gar nicht um ihre wirtschaftliche, sondern um ihre gesellschaftliche "Leistung" geht, die in Gestalt von oftmals unbeabsichtigten Neben- und Spätwirkungen ihrer Tätigkeit auftreten. Wenn Stahlwerke z.B. aufgrund der Emissionen ihre Umgebung belasten, und deshalb in langwierige Auseinandersetzungen mit den Anwohnern und Behörden über die "technisch machbaren und wirtschaftlich tragbaren Schutzmaßnahmen" geraten; wenn die öffentliche Auseinandersetzung um die Gesundheitsrisiken eines einstmals wegen seiner vielen nützlichen Eigenschaften hochgeschätzten Werkstoffes wie Asbest finanziell gesunde Firmen und ganze Branchen an den Rand des Untergangs bringt; und wenn schließlich die in Basel ansässigen Chemiefirmen wegen der vehementen öffentlichen Diskussion im Nachgang zu "Schweizerhalle", wegen der unzähligen Einsprachen de facto ihre anstehenden Baugesuche nicht durchbringen können, dann wird hier sehr deutlich, daß die Tätigkeit und der Erfolg von Unternehmungen offenbar auch noch außerhalb des Marktes und nach anderen als rein wirtschaftlichen Kriterien bewertet werden. Die Sicherung des Unternehmungserfolgs verlangt offenbar heute mehr als nur wirtschaftliche Erfolgspotentiale, sondern vermehrt auch *gesellschaftliche Akzeptanz* der eigenen Tätigkeit überhaupt (Röglin/v. Grebmer, 1988).

Um diese nichtmarktlichen Einflüsse und Zusammenhänge konzeptionell erfassen zu können, bedarf es jedoch weitreichender Weiterentwicklungen der vorherrschenden Grundvorstellungen der Betriebswirtschafts- und Managementlehre in Richtung einer *gesellschaftsbezogenen Managementlehre*. Bei dem Versuch einer solchen Weiterentwicklung soll zum einen auf eine Vielzahl bereits bestehender Arbeiten zurückgegriffen werden, zum anderen sollen die Ergebnisse einer vor kurzem abgeschlossenen umfangreichen Arbeit des Verfassers hierzu verwendet werden (Dyllick, 1987; 1988a; 1986). Folgende konzeptionelle Bausteine sollen nachfolgend entwickelt und dargestellt werden:

- Zunächst soll ein Blick auf den grundlegend veränderten *gesellschaftlichen Kontext* geworfen werden (Abschnitt 1).
- Die *öffentliche Exponiertheit* der Unternehmung ist als neue, relevante Dimension der Unternehmungsführung zu sehen (Abschnitt 2).
- Die Unternehmung, obwohl privatrechtlich verfaßt, wird zur *quasi-öffentlichen, gesellschaftlichen Institution*, deren Rationalität nicht rein wirtschaftlicher, sondern gesellschaftlicher Natur ist. Zunächst wird hierzu die konzeptionelle Sicht der Beziehungen zwischen Unternehmung und Gesellschaft in den traditionellen Ansätzen der Betriebswirtschaftslehre herausgearbeitet (Abschnitt 3), ehe neue, weiterführende Arbeiten ausgewertet werden (Abschnitt 4).
- Neben den *Markt* treten noch *Politik und Moral* als externe Lenkungssysteme der Unternehmung, deren unterschiedliche Funktionsprinzipien verdeutlicht werden (Abschnitt 5).

1 Ein grundlegend veränderter gesellschaftlicher Kontext: Von der Wohlstands- zur Risikogesellschaft

Vor dem Hintergrund einzelner herausragender katastrophaler Ereignisse der letzten Jahre gerieten vermehrt Unternehmungen, aber auch ganze Industriezweige, die sich risikobehafteter Technologien bedienen, in eine ausgesprochene *Vertrauens- und Akzeptanzkrise* in der Gesellschaft. Hieraus wird deutlich, daß Unternehmungen nicht nur Wohlstand produzieren, sondern offenbar auch Risiken. Dies war zwar schon immer so, aber die heutige Situation erscheint dennoch so tiefgreifend verändert, daß die Konturen einer ganz anders gearteten *"Risikogesellschaft"* deutlich werden, die sich aus dem Schoße der

Industriegesellschaft heraus entwickelt (Beck, 1986; Perrow, 1984). Im Vordergrund der Aufmerksamkeit stehen hierbei neuartige "Modernisierungsrisiken", die nicht mehr in Gestalt natürlicher Gefährdungen auftreten, sondern als direkte Konsequenz und Kehrseite der großen industriellen Erfolge. Ihre Merkmale sind zugenommene Reichweiten und Eingriffstiefen wirtschaftlicher Tätigkeit, die auf labilere ökologische Verhältnisse und gesellschaftliche Lebensumstände treffen. Angesichts von bereits beträchtlich erhöhten Belastungsniveaus sind dabei die Belastungsgrenzen natürlicher und sozialer Systeme schneller erreicht. Die Konsequenzen werden deutlich in Gestalt von zunehmenden gesellschaftlichen Risiken in z.T. bisher unbekanntem Ausmaß (Schweizer Rück, 1986:12).

Zugenommene Reichweiten und Eingriffstiefen wirtschaftlicher Tätigkeit treffen darüber hinaus aber auch auf eine veränderte subjektive Bewußtseinslage. Es sind gar nicht nur die zugenommenen objektiven Modernisierungsrisiken, welche die zu beobachtende öffentliche Verunsicherung begründen, sondern es sind tiefgreifende Verschiebungen in den Werthaltungen der Bevölkerung, die zu einer Veränderung der Erwartungshaltung geführt haben. Wenn heute der Wertekomplex "Umwelt und Gesundheit" gegenüber den traditionelleren Wertekomplexen "Materieller Wohlstand", aber auch der "Sozialen Frage" eindeutig die Oberhand gewonnen hat (Raffée/Wiedmann, 1987), dann kann dies auch nicht ohne Auswirkungen auf die Einschätzung der Rolle der Wirtschaft bleiben: Die Wirtschaft erscheint immer noch als einseitig verknüpft mit dem Wertesystem "Materieller Wohlstand", während die Gesellschaft einem veränderten Wertesystem nachzuleben scheint. Solange diese Diskrepanz bestehen bleibt, sind Probleme im Verhältnis Wirtschaft - Gesellschaft geradezu vorprogrammiert (Röglin/v. Grebmer, 1988).

Hieraus hat sich für das Management eine neue Situation ergeben: Es ist immer häufiger zu beobachten, daß gesellschaftliche Anliegen nicht vor den Toren der Unternehmung gehalten und gelöst werden können. Sie finden vielmehr ihren Weg *in* die Unternehmung und *auf die Tische* ihres Managements. Erhöhte gesellschaftliche Risiken einerseits und ein geschärftes Risikobewußtsein andererseits führen dazu, daß diese Risiken von den aktiven Teilen der Gesellschaft nicht mehr einfach hingenommen werden. Diese melden vielmehr ihren Widerspruch gegen die Mit-Produktion dieser Risiken an und konfrontieren das Management mit konkreten Forderungen. In dem Maße, wie die Öffentlichkeit hinter solchen Forderungen steht, gerät die Unternehmung unter öffentlichen Druck und sieht sich gezwungen, ihre bislang als privat aufgefaßten Entscheidungen öffentlich zu rechtfertigen. Gelingt ihr dies nicht, so kann ihre Entscheidungsfreiheit sukzessive eingeengt werden oder es können sogar ihre Existenzgrundlagen ins Wanken geraten.

Aus dem Aufeinandertreffen der unternehmerischen Interessen und marktorientierten Handlungsbedingungen mit abweichenden gesellschaftlichen Erwartungen entstehen jedoch politische Konflikte, deren Regelung traditionell den Behörden alleine überlassen werden konnte, die hierfür die formal legitimierten Regelungsinstanzen darstellen. Dies erweist sich jedoch immer häufiger als nur begrenzt ausreichende

Lösung. Vielmehr ist zu beobachten, daß unternehmungspolitische Entscheidungen, die traditionell der Entscheidungskompetenz des Managements unterliegen, vermehrt unter einen öffentlichen Rechtfertigungsdruck geraten. Was daraus resultiert, ist eine vermehrte Politisierung und Moralisierung unternehmerischen Handelns. Und dies erfolgt nicht mehr nur außerhalb der Unternehmung, in der Gesellschaft, sondern auch *in* der Unternehmung selber. Das Bild, das sich hieraus ergibt, ist das eines "Hineinwachsens" der Gesellschaft und ihrer politischen Konflikte in die Unternehmung, im gleichen Maße, wie die Unternehmung durch ihre Tätigkeit und deren Auswirkungen in die Gesellschaft hineinreicht.

2 Die neue Dimension öffentlicher Exponiertheit von Unternehmungen

Werden Unternehmungen zum Gegenstand öffentlicher Auseinandersetzungen, wie dies einer ständig steigenden Anzahl von Unternehmungen und ganzen Industriezweigen aus den unterschiedlichsten Gründen passiert, so ist dies als Ausdruck ihrer *"öffentlichen Exponiertheit"* aufzufassen. Hierunter ist allgemein die Tatsache zu verstehen, daß Unternehmungen durch ihre Tätigkeit öffentliche Interessen berühren, aber auch umgekehrt durch Handlungen, die im Namen öffentlicher Interessen ausgeübt werden, selber betroffen werden. Dies heißt nichts anderes, als daß Unternehmungen aus dem Bereich privatrechtlicher Verfaßtheit und privatautonomer Entscheidungs- und Gestaltungsfreiheit hinaustreten und Beeinflussungen sowie Beurteilungskriterien unterworfen werden, die ansonsten nur für öffentliche Organisationen Anwendung finden. Dies schafft für die Unternehmung Begründungs- und Legitimationszwänge gegenüber der Öffentlichkeit, die denen politischer Institutionen ähnlich sind.

Als *Indikatoren* der öffentlichen Exponiertheit können das Ausmaß der Staatseingriffe in die private Handlungsfreiheit angesehen werden, das Ausmaß der politischen Aufmerksamkeit durch die politischen Organe, des wissenschaftlichen Interesses, der Aufmerksamkeit in den Medien und der Öffentlichkeit sowie das Ausmaß der direkten Bürgeraktivierung gegen Unternehmungen oder bestimmte unternehmerische Tätigkeiten. Diese Indikatoren zur Messung der öffentlichen Exponiertheit der Unternehmung weisen auf die ganze Breite und Vieldimensionalität dieses Konzepts hin. Auch wenn die spärlichen empirischen Untersuchungen der Exponiertheit verschiedener Unternehmungen und Branchen keine verläßlichen Resultate zutage gefördert haben, so wird doch deutlich, daß es sich hierbei um einen *dimensionalen Begriff* handelt, der zum Ausdruck bringt, daß verschiedene Unternehmungen auch unterschiedlich stark öffentlich exponiert sind.

Von welchen *allgemeinen Bestimmungsfaktoren* das Ausmaß der öffentlichen Exponiertheit abhängt, soll näher verdeutlicht werden. Miles (Miles, 1987:2 ff.) kommt aufgrund seiner Untersuchung der amerikanischen Versicherungsindustrie zum Schluß, daß es primär unternehmungsstrategische Faktoren wie Produktpalette, Abnehmerkategorien und regionales Tätigkeitsgebiet sind, die für das Ausmaß der öffentlichen Exponiertheit der Unternehmungen bestimmend sind. Vergleicht man jedoch nicht nur die Firmen einer Branche untereinander, sondern auch Firmen verschiedener Branchen oder ganze Branchen, dann treten neben die strategischen noch weitere Faktoren. Es sollen deshalb allgemein

- industrie- und unternehmungsspezifische Faktoren auf der einen Seite,
- Faktoren der öffentlichen Meinung und der öffentlichen Sensibilität auf der anderen Seite unterschieden werden.

Die Bedeutung *industriespezifischer Faktoren* wird dort deutlich, wo ganze Branchen wegen riskanter oder fragwürdiger Produkte oder Produktionsverfahren in öffentliche Auseinandersetzungen verwickelt werden, wie die Beispiele Kernenergie, Chemie, Asbestindustrie oder Milchpulverindustrie belegen. Es gilt hier wohl allgemein, daß Industriebranchen stärker exponiert sind als Dienstleistungsbranchen, obwohl es hier Gegenbeispiele gibt wie die Banken, Versicherungen und Reiseunternehmungen im Hinblick auf ihre Geschäftspraktiken oder im Hinblick auf das erst an Bedeutung gewinnende Anliegen "Datenschutz". Es ist zu betonen, daß es sich hierbei lediglich um prinzipielle Unterschiede handelt, keineswegs um allgemeingültige Gesetze.

Die empirisch untersuchten Fälle öffentlicher Exponiertheit von Unternehmungen (Dyllick 1987; Miles 1987; Miles/Cameron 1982; Sonnenfeld 1981) machen aber auch deutlich, daß keineswegs alle Firmen einer Branche gleichermaßen öffentlich exponiert sind. Hier spielen häufig *unternehmungsspezifische Bestimmungsfaktoren* - vor allem die Größe der Firma, aber auch die verfolgte Strategie - eine Rolle. Größe begründet Einfluß auf einen Problembereich, aber auch öffentliche Sichtbarkeit. Beides zieht öffentliche Aufmerksamkeit auf sich. Daneben ist es aber auch die jeweils verfolgte Unternehmungsstrategie, die mitentscheidend ist, welche der Unternehmungen der gleichen Branche stärker oder schwächer exponiert sind. Fragen der Produkt- und Prozeßgestaltung, aber auch der Vermarktung der Produkte stellen strategische Entscheidungen der Unternehmung dar, die ein mehr oder weniger großes Exponierungspotential begründen. Auch die Art und Weise des Umgangs mit öffentlichen Auseinandersetzungen, die Bereitschaft zur Anerkennung und Lösung eines Problems sowie zum Dialog und zur Kooperation mit den jeweiligen Anspruchsgruppen spielen eine große Rolle.

Weder industrie- noch unternehmungsspezifische Faktoren alleine vermögen jedoch die öffentliche Exponiertheit von Unternehmungen hinreichend zu begründen, wenn nicht als vermutlich wichtigerer Faktor noch eine entsprechende *öffentliche Sensibilität* hinzukommt. Es ist die wandelbare öffentliche Sensibilität, die den Blick für bestimmte problemhafte Produkte, Verfahren oder Praktiken schärft, damit aber auch die betreffenden Branchen und Unternehmungen erst öffentlich exponiert. Anders ist es kaum zu erklären, daß z.B. der über Jahrzehnte von allen Beteiligten als "Wunderfaser" gepriesene Werkstoff Asbest plötzlich so nachhaltig in Verruf geriet, obwohl auch seine Gefahren bereits seit mehreren Jahrzehnten bekannt waren.

Aus der Analyse der empirisch untersuchten Fälle öffentlicher Auseinandersetzungen (Dyllick 1987) kann eine Reihe allgemeiner *Merkmale* gewonnen werden, die verdeutlichen, worin die neue Dimension öffentlicher Exponiertheit von Unternehmungen zu sehen ist:

1. Die Ansprüche an Unternehmungen werden im Namen übergeordneter Interessen der Gesellschaft insgesamt erhoben und den privaten Interessen der Unternehmung gegenübergestellt. Dies erfolgt zum Nachteil der betroffenen Unternehmungen, weil im Rahmen öffentlicher Auseinandersetzungen die privaten Interessen den öffentlichen Interessen i.d.R. untergeordnet werden.
2. Es handelt sich in vermehrtem Maße auch um direkte Auseinandersetzungen zwischen Unternehmungen und Betroffenen oder deren Vertretern. Es handelt sich nur zu einem Teil um die eher traditionellen "Dreiecksbeziehungen", mit einer politischen Behörde oder einem Gericht als Entscheidungsinstanz. In Gestalt der Betroffenen stehen den Unternehmungen aber stärker motivierte und persönlich engagierte Anspruchsgruppen gegenüber, die auch in bezug auf die Wahl der Mittel und die Art der Spielregeln der Auseinandersetzung über eine größere Freiheit als die Behörden verfügen.
3. Der Einsatz öffentlichen Drucks auf die Unternehmungen steht im Vordergrund, wobei die Medien eine zentrale Rolle einnehmen. Während die Wirtschaftswissenschaften traditionellerweise nur den Wettbewerbsdruck betrachten und bereits der politische Druck in die "Rahmendaten" verbannt wird, steht hier mit dem öffentlichen Druck eine bisher völlig unbeachtete Kraft im Vordergrund, die eine bedeutende, diffus streuende Lenkungswirkung auf Unternehmungen ausüben kann. Dabei sind die Medien das Filtersystem, das bestimmte Anliegen selektiert, den öffentlichen Blick darauf lenkt und seine Wirkung verstärkt.
4. Es werden moralisch begründete Positionen eingenommen. Moralische Forderungen gehen in der Regel über die rechtlich kodifizierten und erzwingbaren Normen hinaus. Für diejenigen, denen es gelingt, moralisch gerechtfertigte Anliegen zu verkörpern, können diese zu einer Quelle von Macht werden. Diese Macht stützt sich zu Beginn auf nichts anderes ab als darauf, "daß nicht sein soll, was nicht sein darf". Erst nachfolgend finden sie eine "Verfestigung" in Form politischer oder öffentlicher Druckpotentiale. Die untersuchten Fälle öffentlicher Auseinandersetzungen zeigen, daß sich die häufig als "weich" und unverbindlich angesehenen moralischen Forderungen dabei als äußerst "harte" Instanz erweisen können.
5. Es erweist sich zunehmend als nötig, daß vom Management ein neues Maß an moralischer Sensibilität sowie an politischer Kreativität entwickelt wird, um zu vermeiden, daß eine Auseinandersetzung eskaliert und die Fronten sich verhärten. Die Fähigkeit, neue Formen der Konfliktlösung für gesellschaftliche Anliegen zu finden, und damit zu tragfähigen Problemlösungen zu kommen, erweist sich immer mehr als ein Erfordernis unternehmerischer Zukunftssicherung.

3 Die Beziehungen zwischen Unternehmung und Gesellschaft in den traditionellen Ansätzen der Betriebswirtschaftslehre

Es stellt sich die Frage, inwiefern die vorliegenden Ansätze der Betriebswirtschaftslehre geeignet sind, um die neuartigen Probleme adäquat zu erfassen, die sich aus der Tatsache der öffentlichen Exponiertheit der Unternehmung ergeben. Hierzu soll zunächst ein Blick auf die drei wichtigsten Wissenschaftsprogramme geworfen werden, um zu erkunden, wie in ihnen die Beziehungen der Unternehmung zur Gesellschaft erfaßt und dargestellt werden. Im Vordergrund stehen hierbei der faktortheoretische Ansatz Gutenbergs und seiner Schüler, der entscheidungsorientierte Ansatz Heinens sowie der systemorientierte Ansatz Ulrichs, die als die vorherrschenden Ansätze der (deutschsprachigen) Betriebswirtschaftslehre der Nachkriegszeit anzusehen sind. Wegleitend für die vergleichende Analyse soll eine Fragestellung sein, die darauf abzielt, herauszuarbeiten:

- Welches *Unternehmungsbild* zugrunde liegt;
- Welche *Anliegen* und *Anspruchsgruppen der Unternehmung* als relevant und bedeutungsvoll angesehen werden, also welches Bild der Umwelt somit zugrunde liegt;
- Welche *externen Lenkungssysteme* der Unternehmung als bedeutsam angesehen werden.

Im Rahmen des durch Gutenberg geprägten, für weite Teile der deutschen Betriebswirtschaftslehre bis heute im Vordergrund stehenden *faktortheoretischen Ansatzes* der Betriebswirtschaftslehre, wird diese ganz bewußt als *Wirtschaftswissenschaft* konzipiert, deren Untersuchungsgegenstand nicht die Unternehmung schlechthin, sondern lediglich deren wirtschaftliche Seite ist. Technische, rechtliche, soziologische, politische, psychologische oder ethische Aspekte und Einflußfaktoren werden zwar gesehen, aber nicht als in das Untersuchungsgebiet der Betriebswirtschaftslehre gehörig betrachtet. Sie werden in den Bereich der anderen Wissensdisziplinen verwiesen, die z.B. bei Wöhe lediglich den Charakter von "Hilfswissenschaften" haben, "da der Betriebsprozeß von der Betriebswirtschaftslehre als wirtschaftlicher Prozeß und nicht als gesellschaftlicher Prozeß untersucht werden soll" (Wöhe, 1976:9).

Im Rahmen dieser *mikroökonomischen Sicht* der Betriebwirtschaftslehre wird dementsprechend die Unternehmung als wirtschaftliche "Kombination von Produktionsfaktoren" (Wöhe, 1976:8 f. und 33) oder als "wirtschaftliches Input-Output-System" (Albach, 1985:29) gesehen, deren Einbettung in das marktwirtschaftliche System von konstitutiver Bedeutung ist. Die Aufgabe und Legitimation der Unternehmung wird in der Bereitstellung von Gütern und Dienstleistungen gesehen, womit auch bereits die für den faktortheoretischen Ansatz allein im Vordergrund stehenden rein wirtschaftlichen Bedürfnisse der Gesellschaft bezeichnet wären (Gutenberg, 1958:27; Werhahn, 1980:119). Über diese materiellen Bedürfnisse der Gesellschaft hinausgehende Anliegen der Gesellschaft werden aus dem Bereich der Betriebswirtschaftslehre ausgeschlossen. Die einzig legitime Anspruchsgruppe der Unternehmung sind die

Eigentümer, weshalb auch das Gewinnstreben als die einzig gerechtfertigte Motivation angesehen wird. Die Mitarbeiter werden lediglich im Hinblick auf ihren möglichst effizienten Einsatz als Produktionsfaktoren behandelt, während die materiellen Bedürfnisse der Konsumenten bereits durch das Wirken des Marktmechanismus als vollauf befriedigt gesehen werden. Andere als wirtschaftliche Anliegen der Eigentümer finden somit keinen Eingang in den faktortheoretischen Ansatz.

Die Umweltbeziehungen der Unternehmung werden als reine Austauschbeziehungen von Gütern und Geld auf den Beschaffungs- und Absatzmärkten gesehen. Das einzig relevante Lenkungssystem stellt hierfür der Markt dar. Andere Einflüsse und Lenkungssysteme werden als externe Faktoren aus der Betriebswirtschaftslehre ausgeklammert. Die Unternehmung wird demgemäß als Teil der Gesamtwirtschaft, nicht aber der Gesamtgesellschaft aufgefaßt.

Im Rahmen des *entscheidungsorientierten Ansatzes* von Heinen wird die Unternehmung als durch ein "System von Austauschbeziehungen" mit ihrer Umwelt verknüpft gesehen (Heinen, 1980:72 ff.). Eine Austauschbeziehung ist dabei stets auf einen Gütertausch gerichtet und enthält eine strenge Gegenseitigkeit von Leistung und Gegenleistung. Heinens Sicht des Lenkungssystems der Unternehmung basiert dabei auf der Vorstellung eines marktgelenkten Austauschsystems, das die Unternehmungen und die anderen Wirtschaftseinheiten untereinander verknüpft. Diese bilden insgesamt ein System gesamtwirtschaftlicher Güter- und Geldkreisläufe. Damit befindet er sich ganz in der Tradition des wirtschaftswissenschaftlichen Selbstverständnisses des faktortheoretischen Ansatzes. Dies wird auch daraus deutlich, daß als relevante Anspruchsgruppen der Unternehmung vor allem die Eigentümer und das Management im Vordergrund stehen, deren Ziele primär im Gewinn- und Sicherheitsstreben gesehen werden. Im Hinblick auf die von ihm angesprochenen, aber dann nicht weiter verfolgten "sonstigen" Ziele der Unternehmung, wie sittlich-ethische oder soziale Bestrebungen, bemerkt er: "Ihre Bedeutung wird zwar heute kaum noch bestritten, eine genaue Fassung dieser Ziele bereitet jedoch erhebliche Schwierigkeiten. So lange die betriebswirtschaftliche Forschung keine entsprechenden Modelle der Umweltbeziehungen entwickelt, fehlt weitgehend die Grundlage für die Erklärung solcher Zielinhalte" (Heinen, 1980:115).

Heinen dokumentiert in seinem Werk programmatisch eine Öffnung gegenüber den Beziehungen zur gesellschaftlichen Umwelt und gegenüber Lenkungssystemen jenseits des Marktes, die er namentlich in sozialen Normensystemen wie Recht, Kultur und Moral sieht. Er zeichnet diese damit als betriebswirtschaftlich ebenfalls relevante Lenkungssysteme der Unternehmung aus, deren Lenkungswirkung er in Gestalt von Mißbilligung, Ermahnung, sozialer Ächtung, Verruf und staatlichen Zwangsmaßnahmen sieht (Heinen, 1980:78). Er wird jedoch seinem programmatischen Anspruch inhaltlich nicht gerecht, wenn er letztlich doch ausschließlich Erklärungsmodelle wirtschaftlicher und marktgelenkter Transaktionen vorlegt. Er bekennt dies auch freimütig im Nachwort zu seiner "Einführung in die Betriebswirtschaftslehre", wenn er feststellt, daß die Ausfüllung seines programmatischen Rahmens noch eine Fülle ungelöster

Probleme aufwerfe. Insbesondere stellt er abschließend fest, daß die Beziehungen zur gesellschaftlichen Umwelt künftig von besonderer Bedeutung wären, und daß gesellschaftspolitische Entwicklungen Theorie und Praxis zu neuen Fragestellungen und Antworten herausforderten (Heinen, 1980:260; ders., 1985:58 ff.).

Die Öffnung des als Managementlehre konzipierten *systemorientierten Ansatzes* von Ulrich für andere als rein wirtschaftliche Gesichtspunkte wird dort von Anfang an deutlich. Ihm geht es nicht darum, Unternehmungen als wirtschaftliche Systeme zu konzipieren, sondern den Blick offen zu halten für alle möglichen Erscheinungsformen, in denen Unternehmungen im Hinblick auf die vielfältigen jeweils zu lösenden Probleme gesehen werden müssen. Im Rahmen einer mehrdimensionalen Betrachtungsperspektive faßt er die Unternehmung deshalb auch nicht als wirtschaftliche, sondern allgemeiner als gesellschaftliche Institution auf, für die die wirtschaftliche Dimension eine wichtige Dimension darstellt, die jedoch nicht den Blick verstellen darf auf andere, möglicherweise gleichermaßen wichtige Dimensionen. Als gesellschaftliche Institution findet für Ulrich die Unternehmung ihre Grundbestimmung in der Erbringung von Leistungen für die Gesellschaft, deren Organ sie ist. Diese Leistungen umfassen dabei sowohl wirtschaftliche als auch nichtwirtschaftliche Aspekte und sind zudem in ihrer konkreten Gestalt historisch wandelbar. Hierin kommt bei ihm die "Zweckorientierung" von Unternehmungen zum Ausdruck, die von ihrem Management verlangt, die jeweils vordringlichen gesellschaftlichen Anforderungen an die eigene Leistungserbringung zu erfassen und in operationale Unternehmungsziele umzuformen (Ulrich, 1970:182; ders., 1978:71; ders., 1984:111).

Im Hinblick auf die relevanten, vom Sytemansatz zugelassenen Anliegen und Anspruchsgruppen werden a-priori keine ausgeschlossen. Dies ist Ausdruck des bewußten Offenlassens der Konzeption für alle praktisch relevanten Probleme. Es werden insbesondere auch gesellschaftliche Anliegen wie Konsumentenschutz, wirtschafts- und staatspolitische Anliegen als Bestandteile der unternehmungspolitischen Zielsetzungen explizit einbezogen (Ulrich, 1978:64 ff. und 149 ff.).

Im Hinblick auf die externen Lenkungssysteme ist für Ulrich der Markt von primärer Bedeutung, durch den die Unternehmungen, je nach konkreter Gestalt der real vorliegenden Marktverhältnisse, mehr oder weniger intensiv zu einem wirtschaftlichen Verhalten gezwungen werden. Zugrunde gelegt wird hier somit die empirisch vorfindbare Form einer mehr oder weniger marktwirtschaftlichen Lenkung, nicht das theoretische Idealmodell der reinen Marktwirtschaft. Daneben geht Ulrich aber auch auf weitere Lenkungssysteme ein, die er zum einen in Gestalt des Staates und seiner "geschriebenen Gesetze" sieht, zum anderen in Gestalt moralischer Normen der Gesellschaft und ihrer vielfältigen "ungeschriebenen Gesetze". Aus dem Wirken dieser unterschiedlichen Lenkungssysteme folgt für ihn, daß Unternehmungen nicht nur eine wirtschaftliche, sondern auch eine darüber hinausgehende gesellschaftliche Verantwortung haben, und daß neben den leistungs- und finanzwirtschaftlichen Zusammenhängen im Rahmen der Unternehmungsführung immer auch die sozialen und gesellschaftlichen Zusammenhänge mit zu berücksichtigen sind. Dies findet seinen konkreten Ausdruck darin, daß er im

Rahmen seiner Unternehmungspolitik nicht nur ein konkretes leistungswirtschaftliches und finanzwirtschaftliches Gestaltungskonzept entwickelt, sondern auf gleicher Stufe auch ein entsprechendes soziales Konzept (Ulrich, 1978:146 ff.). Die Merkmale der drei wichtigsten betriebswirtschaftlichen Ansätze sind nachfolgend noch einmal zusammengefaßt.

	Faktortheoretischer Ansatz	Entscheidungsorient. Ansatz	Systemorientierter Ansatz
Unternehmungsbild	wirtschaftliche Faktorkombination	offenes Wirtschaftssystem	offene, gesellschaftliche Institution
Umweltbild: Anliegen	wirtschaftliche Bedürfnisse	wirtschaftliche Bedürfnisse zentral	wirtschaftliche und gesellschaftliche Anliegen
Umweltbild: Anspruchsgruppen	Eigentümer	Eigentümer als Kerngruppe, daneben Satellitengruppen	keine Festlegung
Externe Lenkungssysteme	Markt	Markt primär, daneben Kultur, Rechts- und Wirtschaftsordng.	Markt, Staat und Moral

Abb. 1: Zentrale Merkmale der Beziehungen zwischen Unternehmung und Gesellschaft in den drei wichtigsten betriebswirtschaftlichen Ansätzen

In der Reihenfolge der behandelten Ansätze kommt eine deutliche Tendenz zur Öffnung der Betriebswirtschaftslehre für gesellschaftliche Einflüsse zum Ausdruck, die sowohl als eine Konsequenz der zentralen Prämissen der Ansätze, als auch als Reflexion der erfolgten Veränderungen in den gesellschaftlichen Auffassungen über Aufgabe und Rolle der Unternehmung in der Gesellschaft zu deuten ist. Im Hinblick auf die hier im Vordergrund stehenden Probleme einer öffentlichen Exponiertheit der Unternehmung muß festgestellt werden, daß eine Beschränkung des Blickfeldes auf rein wirtschaftliche und marktbezogene Zusammenhänge ein adäquates Verständnis dieser neuartigen Herausforderungen geradezu verhindern dürfte. Wenn es aber darum gehen soll, eine Weiterentwicklung der Betriebswirtschafts- und Managementlehre anzuleiten, die es erlaubt, auch solche praktisch relevanten Probleme zu erfassen, dann muß von einem unvermeidlichen *Gesellschaftsbezug* des Wirtschaftens ausgegangen werden, und zwar als konstitutives Element der Betriebswirtschaftslehre selber, wie dies im systemorientierten Ansatz von Ulrich vorgezeichnet, im entscheidungsorientierten Ansatz von Heinen zum Programm erhoben worden ist. Die Erforschung dieser disziplinenübergreifenden Problemstellung kann nicht alleine Gesellschaftswissenschaften wie Soziologie, Politologie oder Recht überlassen bleiben, sondern sie muß auch aus der Perspektive und mit den Mitteln der Betriebswirtschafts- und Managementlehre angegangen werden, um der Managementpraxis Hilfestellung leisten zu können.

4 Die Beziehungen zwischen Unternehmung und Gesellschaft in neueren Arbeiten wissenschaftsprogrammatischen Charakters

Ulrich faßt die Unternehmung in seinem Systemansatz bereits als gesellschaftliche Institution auf, deren Aufgabe die Befriedigung von gesellschaftlichen Ansprüchen mit umfaßt. Sein Ansatz steht aber noch ganz im Zeichen der Überwindung eines rein wirtschaftswissenschaftlichen Unternehmungsverständnisses, wie es durch den dominierenden Einfluß der Gutenbergschen Konzeption begründet worden war. Was bei ihm nicht erfolgt, ist die positive konzeptionelle Fundierung der nunmehr als gesellschaftliche Institution aufgefaßten Unternehmung. Eine Reihe von neueren Arbeiten wissenschaftsprogrammatischen Charakters haben hier weiterführende Beiträge zu einem vertieften Verständnis des gesellschaftlichen Charakters der Unternehmung geleistet. Sie betreffen:

- die Auffassung der Unternehmung als "multifunktionale Koalition", als "quasi-öffentliche Institution" oder als "fortschrittsfähige Organisation";
- den Wechsel vom Eigentum auf die "Betroffenheit" als neuer Legitimationsbasis unternehmerischen Handelns, damit aber auch die Ausweitung der als berechtigt angesehenen Anspruchsgruppen von den Eigentümern auf alle Betroffenen;
- die Entwicklung eines Konzeptes der "sozio-ökonomischen Vernunft" als neues Rationalitätskriterium unternehmerischen Handelns, das über den Markt und seine rein wirtschaftliche Rationalität hinausgeht.

Betriebswirtschafter wie Hill, P. Ulrich, Steinmann und Gerum gehen von einem *pluralistischen Anspruchsgruppenkonzept* aus, womit sie die Konzeption der Unternehmung als einer politischen Koalition von Anspruchsgruppen aufgreifen und vertiefen (Barnard, 1968; March/Simon, 1958; Cyert/March, 1963). Sie fassen die Unternehmung als "pluralistische" respektive "multifunktionale Wertschöpfungseinheit" (P. Ulrich/Fluri, 1984:16 ff.) auf, deren Existenz, Überleben und Erfolg von der Befriedigung der Forderungen kritischer Anspruchsgruppen abhängt. Hill führt hierzu aus: "Als Betriebe bezeichnen wir dabei Institutionen, die zur kollektiven, arbeitsteiligen Leistungserbringung Ressourcen verwenden, welche ihnen im Austausch von Ressourcenlieferanten zur Verfügung gestellt werden, deren Ansprüche sie durch ihre Leistungen befriedigen" (Hill, 1985a:118).

Unternehmungen werden als multifunktionale Systeme aufgefaßt, deren Existenz von der Erfüllung von Funktionen für verschiedene gesellschaftliche Teilumwelten abhängt. Damit wird in diesen Arbeiten der Übergang von einer "interessenmonistischen" auf eine "interessenpluralistische Unternehmungskonzeption" deutlich, bei der die "Eigentumsidee" abgelöst wird von einer *"Koalitionsidee"* (P. Ulrich, 1977:166 ff.; Steinmann/Gerum, 1985:166 ff.). Unternehmungen werden, m.a.W., nicht mehr als Instrumente *einer* Interessengruppe - traditionell der Eigentümer - gesehen, sondern als solche *vielfältiger* gesellschaftlicher Interessen. Damit werden sie aber auch, vor allem wenn sie eine bestimmte Größenordnung überschritten haben, zu *"quasi-öffentlichen Institutionen"*, deren Handlungswirkungen de facto von mehr oder weniger großer öffentlicher Relevanz sind (P. Ulrich/Fluri, 1984:17; P. Ulrich, 1977; ders., 1986:394/ Fußnote).

Eine verwandte Idee wird von Kirsch in Gestalt seiner Konzeption der "fortschrittsfähigen Organisation" präsentiert, die er als regulative Leitidee für die (geplante) Evolution von Unternehmungen vorschlägt (Kirsch, 1984:347 ff.; ders., 1985:50). Was versteht er hierunter? Ausgehend von der Fähigkeit zur Handhabung komplexer Probleme als der eigentlichen Funktion des Managements, frägt er, unter welchen Bedingungen dies mit einem "Fortschritt" verbunden ist. Seine Antwort lautet, daß fortschrittsfähige Systeme im Zuge der Handhabung komplexer Probleme zu einem Fortschritt in der Befriedigung der Bedürfnisse der Betroffenen in der Lage sind. Dabei ist davon auszugehen, daß die Betroffenen ihre Bedürfnisse jeweils im Kontext ihrer spezifischen Lebenswelt erleben und in einer mit dieser Lebensform eng verwobenen Sprache artikulieren. Eine voll entfaltete fortschrittsfähige Organisation ist für ihn durch drei Fähigkeiten gekennzeichnet: Sie ist gleichermaßen empfänglich gegenüber betroffenen Lebensformen, zu einem Erkenntnisfortschritt befähigt und handlungsfähig. Empfänglichkeit, Erkenntnisfähigkeit und Handlungsfähigkeit stellen dabei mehrdimensionale, d.h. nach vielen Einzelvariablen zu kennzeichnende Bedingungskomplexe dafür dar, daß eine Unternehmung einen Fortschritt in der Generierung und Befriedigung von kontextspezifischen Bedürfnissen der von ihren Handlungen Betroffenen zu realisieren vermag.

Mit dem Übergang im Unternehmungsbild zu einem pluralistischen Anspruchsgruppenkonzept findet gleichzeitig auch ein Wandel in der Legitimationsbasis unternehmerischen Handelns statt. An die Stelle des Kapitalbesitzes tritt bei der Koalitionsidee die *Betroffenheit* als neue Legitimationsbasis (P. Ulrich, 1977: 167 ff.; ders., 1986:420 ff.). Als relevante Anspruchsgruppen werden damit nicht nur die Eigentümer, sondern vielmehr alle durch die Unternehmungshandlungen Betroffenen angesehen. Zu dem sich daraus ergebenden Zweck der Unternehmung noch einmal Hill: "Der Zweck der Betriebe besteht nicht ausschließlich in der Produktion und im Vertrieb irgendwelcher Leistungen oder in der Gewinnerzielung, sondern in der Befriedigung verschiedenster Ansprüche von sich engagierenden Interessengruppen" (Hill, 1985a:118).

Demnach sind nicht nur die Eigentümer aufgrund der Tatsache ihres Kapitalbesitzes berechtigt, Einfluß auf Ziele und Handlungen der Unternehmung zu nehmen, sondern alle Gruppen, die durch die Handlungen oder Handlungswirkungen der Unternehmung betroffen sind. Dies steht im Widerspruch zu den bis heute gültigen Grundlagen des Gesellschaftsrechts, das nach wie vor als "Recht der Eigentümer" anzusehen ist. Demgegenüber hat sich die gesellschaftliche Wirklichkeit von dieser Situation schon lange entfernt (Steinmann/Gerum, 1985:171 ff.). Unternehmungen kommen gar nicht mehr umhin, sich mit Anliegen unterschiedlichster Betroffenengruppen auseinanderzusetzen, wenn sie ihre gesellschaftliche Akzeptanz sichern und erhalten wollen.

Durch die neue Grundlage der Betroffenheit werden nun aber neue Probleme aufgeworfen. Sie betreffen vor allem *zwei Fragen*: Wer ist alles als Betroffener aufzufassen? Und: Sollen die Konflikte zwischen verschiedenen Betroffenen "monologisch", d.h. durch das Management quasi als "Treuhänder" stellvertretend für alle Betroffenen gelöst werden oder durch die Betroffenen selber, im Rahmen eines "dialogischen" Entscheidungsprozesses zusammen mit dem Management?

Die deutsche Unternehmensrechtskommission hat alle relevanten Interessen untersucht, die in einem neu zu schaffenden Unternehmensrecht institutionell zu berücksichtigen wären. Wenn sie auch letztlich keinen Vorschlag für ein Unternehmensrecht machte, so erzielte sie doch Einigkeit, daß die Eigentümer, Arbeitnehmer und das Management als an der Unternehmung Beteiligte anzusehen sind (Raiser, 1981:38 f). Steinmann/Gerum nennen demgegenüber vier verfassungsrelevante Unternehmungsinteressen: Konsumenten, Arbeitnehmer, Eigentümer und das öffentliche Interesse (Steinmann/Gerum, 1985:167 ff.). P. Ulrich schlägt zunächst vor, die Eigentümer, Arbeitnehmer, Öffentlichkeit und das Management in einem Verhältnis von 3:3:3:1 in den Aufsichts- oder Verwaltungsrat aufzunehmen (P. Ulrich, 1977:174 ff.), kommt dann aber in einem neueren Beitrag zum Schluß, daß es sinnlos sei, überhaupt einen situationsunabhängigen und erschöpfenden Katalog von relevanten Anspruchsgruppen aufstellen zu wollen. Allgemein ließe sich nämlich lediglich die regulative Idee einer unbegrenzten Koalition *aller* Betroffenen allgemeingültig begründen. Sein Vorschlag lautet deshalb, nicht die Betroffeneninteressen festzulegen, sondern eine "offene Unternehmungsverfassung" zu entwerfen, in der die situationsabhängige Partizipation vorgängig nicht explizit festgelegter Betroffenengruppen mittels ausgebauter Anhörungs-, Oppositions-, Klage-, Entschädigungs- und Mitspracherechte möglich wäre (P. Ulrich, 1986:431 ff.). Hiermit verlagert er den Diskussionsschwerpunkt von der materiellen auf die prozedurale Ebene. Anstelle die Betroffenengruppen festzulegen, sollten besser Partizipationsmöglichkeiten geschaffen werden, für alle, die sich betroffen fühlen. Hiermit liefert er einen nützlichen alternativen Ansatzpunkt. Doch dürften sich auch bei der Festlegung der Partizipationsmöglichkeiten sehr bald wieder die pragmatischen Probleme der Festlegung der Betroffenengruppen in den Vordergrund drängen, die im Hinblick auf die legitimen Unternehmungsinteressen an Effizienz und

Wirtschaftlichkeit verlangen, die Mittel und Verfahren der Partizipation zu normieren, um damit ein auch zeitlich kalkulierbares Entscheidungsverfahren zu schaffen.

Im Hinblick auf die zweite Frage nach der Art der Entscheidungsfindung in einer gesellschaftlichen Institution stehen sich die Ideen der gesellschaftlichen Verantwortung des Managements auf der einen Seite und des konsensorientierten Managements auf der anderen Seite gegenüber. Im Rahmen des Konzepts einer gesellschaftlichen Verantwortung geht es darum, daß das Management die gesellschaftlichen Anliegen der Anspruchsgruppen internalisiert und diese in seinen Entscheidungen berücksichtigt. Demgegenüber geht es im Rahmen des konsensorientierten Managements von P. Ulrich nicht um eine Internalisierung der Anliegen, sondern um eine Internalisierung der Betroffenen selber (P. Ulrich, 1986:431 ff.). Für ihn ist ein Management, das *an Stelle* der von den Unternehmungshandlungen Betroffenen deren Bedürfnisse und Interessen berücksichtigen muß, hoffnungslos überfordert. Da es sich hierbei nicht lediglich um ein Problem faktischer Informationsverarbeitung handelt, sondern um ein Problem normativer Willensbildung, kann dieses rational gar nicht anders als durch argumentative Verständigung und Konsensfindung *mit* den Betroffenen gelöst werden. Damit muß für ihn aber von der dem Konzept der gesellschaftlichen Verantwortung des Managements zugrunde liegenden "monologischen" auf eine "dialogische Verantwortungskonzeption" übergegangen werden. An die Stelle einer paternalistischen Interessenberücksichtigung durch das Management tritt hierbei eine demokratische Willensbildung aller Betroffenen zusammen mit dem Management.

Daß es sich hierbei nicht bloß um wirklichkeitsfremde Vorstellungen von Theoretikern handelt, zeigen eine zunehmende Anzahl praktischer Fälle, in denen Unternehmungen - nicht immer ganz freiwillig - neuartige Formen des Dialogs und der Kooperation mit gesellschaftlichen Anspruchsgruppen schufen, um virulente politische Konflikte zu bewältigen (Dyllick, 1987; ders. 1988a; ders. 1988b). Hier besteht ein bedeutender Nachhol- und Lernbedarf, sowohl in der Managementtheorie als auch in der Managementpraxis. Auf der Ebene grundsätzlicher Erwägungen gilt es allerdings gegenüber einer vorschnellen Diskreditierung der Idee der gesellschaftlichen Verantwortung des Managements einzuwenden, daß diese die Effizienz der Entscheidungsfindung auf ihrer Seite hat. Unternehmungen haben gegenüber öffentlichen Institutionen einen wirtschaftlichen Leistungsauftrag zu erfüllen. Effizienz, Wirtschaftlichkeit und Innovation spielen deshalb bei ihnen eine zentrale Rolle. Ihre Legitimation basiert in bedeutend stärkerem Maße auf ihrer Leistung (Output-Legitimation), im Vergleich zu den vor allem auf Legitimität der Entscheidungsfindung (Input-Legitimation) basierenden öffentlichen Institutionen. Und in dem Maße, in dem demokratische Entscheidungsverfahren die Leistungsfähigkeit gefährden, ist eine Güterabwägung unvermeidlich. Bei dieser Abwägung dürfte gelten, daß in den meisten Fällen die effizientere Form der Legitimation in Gestalt der Übernahme einer sozialen Verantwortung durch das Management zu sehen ist. Allerdings muß sie verknüpft sein mit einem erhöhten Maß an Transparenz und Überprüfbarkeit der Entscheidungen.

Das Koalitionsmodell als neues Unternehmungsbild und die Betroffenheit als Grundlage von Ansprüchen an die Unternehmung bedingen aber auch ein verändertes *Rationalitätsverständnis* unternehmerischen Handelns. Dem für die Vertreter einer wirtschaftswissenschaftlichen Ausrichtung der Betriebswirtschaftslehre zentralen Konzept der wirtschaftlichen Rationalität stellt Hill sein jüngst vorgelegtes Konzept einer *"sozio-ökonomischen Rationalität"* gegenüber (Hill, 1985a:119 f.; ders., 1985b:262 f.). Es stellt den zeitgemäßen Versuch dar, ein umfassendes, für die Unternehmung als gesellschaftliche Institution allgemeingültiges Rationalitätsverständnis zu definieren, das an die Stelle der Wirtschaftlichkeit als einem rein ökonomischen Rationalitätsverständnis treten kann. Hierdurch soll dieses "zugleich ausgeweitet und reintegriert" werden (Hill, 1985a:140/Anmerkung Nr. 6; ders., 1985b:263 f.).

Nach Hill ist ein Verhalten der Unternehmung sozio-ökonomisch rational, das den *vier Teil-Kriterien* technischer, wirtschaftlicher, politischer und soziokultureller Rationalität genügt. Zunächst ist der produktive Auftrag der Unternehmung in der Versorgung der Gesellschaft mit benötigten Produkten und Dienstleistungen zu sehen. Das Maß des Erfolgs dieser Leistungserbringung bezeichnet er als "technische Rationalität" oder Effektivität. Die Wertschöpfung, als mittelbares Ergebnis der erfolgreichen Leistungserbringung, ergibt sich aus der geldwerten Differenz zwischen dem Ertrag der Leistungserbringung und den verbrauchten Vorleistungen. Je größer die Wertschöpfung pro eingesetzter Ressourceneinheit ist, um so effizienter oder wirtschaftlicher arbeitet die Unternehmung, womit als zweites Kriterium die "wirtschaftliche Rationalität" der Unternehmung angesprochen ist. Die Wertschöpfung wird sodann verwendet zur Befriedigung der Ansprüche der Ressourcenlieferanten sowie zur Reservenbildung, die die Autonomie der Unternehmung gegenüber den Ressourcenlieferanten erhöht. Dabei geht es in einem politischen Prozeß darum, dafür zu sorgen, daß weder die Kunden und Lieferanten die Entstehung der Wertschöpfung verhindern, noch Anspruchsgruppen wie Kapitalgeber, Mitarbeiter, Staat und Öffentlichkeit bei deren Verteilung die Lebensfähigkeit der Unternehmung gefährden. Je besser es dem Management gelingt, die Beiträge der Ressourcenlieferanten an die Unternehmung zu sichern und gleichzeitig die eigene Handlungsfreiheit zu erhalten, desto erfolgreicher ist sie im Sinne des dritten Kriteriums, die Hill als "politische Rationalität" bezeichnet. Das vierte Kriterium ergibt sich aus der Notwendigkeit der Befolgung sozialer Normen. Diese Normen sind teilweise kodifiziert in Form von Gesetzen, teilweise intersubjektiv gültig als Moral und Sitte und teilweise individuell-subjektiver Natur wie im Falle der Erhaltung der persönlichen Integrität. Das Ausmaß, in dem die Unternehmung diesen Normen gerecht wird, bestimmt schließlich ihre "sozio-kulturelle Rationalität".

Mit der Fortentwicklung des Unternehmungsverständnisses von dem einer wirtschaftlichen auf eine gesellschaftliche Institution, wie dies beim Übergang vom faktortheoretischen Ansatz auf den entscheidungs- und systemorientierten Ansatz deutlich wurde, erfolgte ein erster weitgehend programmatischer Schritt. Sie diente der Überwindung des rein wirtschaftswissenschaftlichen Selbstverständnisses der stark durch Gutenberg geprägten Betriebswirtschaftslehre, öffnete damit den Weg und zeigte die Richtung für die nachfolgenden Entwicklungen auf. Die inhaltliche Ausgestaltung und Konkretisierung dieses Verständnisses der Unternehmung als einer gesellschaftlichen Institution erfolgte jedoch erst in der Folge durch Arbeiten jüngeren Datums, die hier dargestellt worden sind. Durch sie wurden zentrale Bausteine für die Entfaltung der Konzeption einer gesellschaftsbezogenen Managementlehre vorgelegt:

- Das Unternehmungsverständnis ist zu dem einer pluralistischen, quasi-öffentlichen und fortschrittsfähigen Institution weiterentwickelt worden.
- Die veränderte Legitimationsbasis in Form der Betroffenheit ist herausgearbeitet worden.
- Das Rationalitätsverständnis ist zu dem einer sozio-ökonomischen Vernunft ausgeweitet worden.

5   Markt, Politik und Moral als externe Lenkungssysteme der Unternehmung

Dem Rationalitätsverständnis einer sozioökonomischen Vernunft mit seinen vier Teil-Kriterien technischer, wirtschaftlicher, politischer und sozio-kultureller Rationalität, als Grundlage und Maßstab rationalen Handelns für die Unternehmung, entsprechen ganz unterschiedlich geartete externe Lenkungssysteme der Unternehmung, die hier in funktionaler Sicht als Markt, Politik und Moral gesehen werden. Unter einem "Lenkungssystem" wird hierbei in einem kybernetischen Verständnis ein System verstanden, das die Unternehmung und ihr Handeln beeinflußt oder sogar beherrscht, unabhängig davon, ob solche Lenkungseinflüsse bewußt, gezielt oder geplant sind. Sie umfassen somit auch sich de facto ergebende Wirkungen auf die Unternehmung, wie im Falle der hier behandelten lenkenden Einflüsse der Moral, deren Forderungen nicht notwendigerweise von außen durch bestimmte Anspruchsgruppen an die Unternehmung herangetragen werden müssen, um Wirkung zu zeitigen.

Die grundlegenden Veränderungen des gesellschaftlichen Kontexts und die zunehmende öffentliche Exponiertheit der Unternehmung machen deutlich, daß diese kaum anders denn als gesellschaftliche Institution verstanden werden kann, die mehr als nur die ökonomischen Anforderungen auf dem Markt zu befriedigen hat. Unternehmungen unterliegen darüber hinaus wohl immer auch Lenkungssystemen, die - mit unterschiedlichem Erfolg - auf die Erreichung politischer und moralischer Ziele wie Gleichheit, Gerechtigkeit oder Schutz der natürlichen Lebensgrundlagen hinwirken, und die nicht ohne weiteres mit Hilfe von Markt und Preis angestrebt und erreicht werden. Umgekehrt kann es sich ein öffentlich exponiertes Management auch kaum erlauben, politische und moralische Überlegungen aus seinen Entscheidungen auszuklammern und diese als rein (privat-)wirtschaftliche Entscheidungen betrachten. Unternehmungen unterliegen damit de facto allen drei Bereichen der praktischen Philosophie, der Ökonomie, der Politik und der Ethik. Dies wird heute, angesichts der öffentlichen Herausforderungen von Unternehmungen im Zeichen einer Risikogesellschaft, nur wieder besonders deutlich. Erfolgsmaßstab unternehmerischen Handelns ist dementsprechend nicht nur die wirtschaftliche Leistung, sondern auch politische Legitimität und moralische Autorität der Unternehmung.

Unter dem Begriff des Marktes wird ein Tauschsystem verstanden, das durch den Lenkungsmechanismus des Preises und des Wettbewerbs geregelt wird. Der Begriff der Politik wird als Autoritätssystem aufgefaßt, dessen interne Entscheidungsfindung demokratisch geregelt und legitimiert wird, das gegenüber den Adressaten jedoch mit hierarchischer Hoheitsgewalt ausgestattet ist. Er umfaßt somit insbesondere auch den Bereich des Rechts als wohl wichtigster - aber nicht alleiniger - Ausdrucksform politischer Lenkung. Der Begriff der Moral bezieht sich demgegenüber auf ein verinnerlichtes Lenkungssystem, das im Falle eines Verstoßes nicht zwanghaft durchgesetzt werden kann, das sich jedoch des Mittels der moralischen Ächtung bedient. Es basiert auf den Wertvorstellungen und Verhaltensregeln, die für eine Kulturgemeinschaft prägend sind. Sie wirken zum größeren Teil implizit, können jedoch explizit gemacht werden und auch in Form von Moralkodices ausgehandelt und festgeschrieben werden. Die Nähe zur aristotelischen Einteilung der praktischen Philosophie, aber auch zu einer Vielzahl von Einteilungen, die von Vertretern der Politischen Ökonomie (Arrow, 1974; ders., 1977; Recktenwald, 1985; Lindblom, 1980; Boulding, 1978) verwendet werden, wird bei dieser Dreiteilung deutlich.

In aller Regel gilt, daß der Grad der Formalisierung und der Erzwingbarkeit der Anforderungen je nach Lenkungssystem unterschiedlich stark ausgeprägt sind. Die tatsächliche Lenkungswirkung dieser drei Systeme auf die Unternehmung hängt m.a.W. von den konkreten Umständen ab. Allgemein gilt jedoch, daß jedes System grundsätzlich andere Anforderungen an das Verhalten der Unternehmung stellt. Diese *grundsätzlichen Unterschiede* zwischen den drei Lenkungssystemen sollen hier vor allem herausgearbeitet und verdeutlicht werden. Dabei sollen die Anforderungen anhand ihres jeweiligen Zwecks, ihres Souveräns, ihres Lenkungsmechanismus', ihrer Wirkungsweise und ihres Erfolgskriteriums voneinander unterschieden werden.

Der *Markt* funktioniert vom Prinzip her als kybernetisches Lenkungssystem, das sich als Lenkungsprinzip auf die gewissermaßen automatisch erfolgende wechselseitige Anpassung der individuellen Pläne der Marktteilnehmer vermittels negativer Rückkoppelung abstützt. Die sich daraus ergebende "spontane Ordnung" der Wirtschaft hat sich dort, wo sie verwirklicht wurde, als ausgesprochen effizientes Koordinationssystem der vielfältigen Interaktionen der Wirtschaftssubjekte erwiesen (Hayek, 1969a; ders., 1969b:256; ders., 1980:57 ff.; Röpke, 1976:39). Der Markt als Lenkungssystem weist eine Reihe charakteristischer Merkmale auf, durch die er sich von anderen gesellschaftlichen Lenkungssystemen unterscheidet:
- Sein Zweck besteht zum einen in gesamtwirtschaftlicher Sicht in der effizienten *Allokation knapper Ressourcen*, zum anderen in individualwirtschaftlicher Sicht in der effizienten *Befriedigung von Konsumbedürfnissen*.

- Sein Souverän ist der *Konsument*. Er bestimmt - im Prinzip - wofür ein Markt existiert und in seinen Diensten wirkt er.
- Sein Lenkungsmechanismus beruht auf der *Nachfrage* und dem *Preis*.
- Seine Wirkungsweise ist durch folgende Besonderheiten gekennzeichnet: Er geht von einem freien Austausch zwischen grundsätzlich gleichberechtigten und autonomen Individuen aus. Er ermöglicht und schützt dadurch die wirtschaftliche Freiheit der Tauschpartner, setzt jedoch ihre Freiheit und Gleichheit auch voraus (Modell des Liberalismus). Er geht weiter davon aus, daß die Auswirkungen des Tausches auf die beteiligten Tauschpartner beschränkt sind, daß somit keine "externen Effekte" auftreten. Das kommerzielle Privatinteresse gilt in seinem Geltungsbereich als legitime Handlungsmotivation. Sein Handlungsmedium ist schließlich das Geld. Geld stellt m.a.W. die "Währung" des Marktes dar.
- Sein Erfolgskriterium ist die *wirtschaftliche Effizienz*, sowohl in gesamtwirtschaftlicher als auch in individualwirtschaftlicher Sicht.

Sowohl im Rahmen der Volkswirtschaftslehre als auch im Rahmen der Betriebswirtschaftslehre stehen der Markt als Institution und die Funktions- und Wirkungsweise marktlicher Lenkung des Unternehmungsverhaltens im Vordergrund des Interesses. Hiermit ist ein zweifellos wichtiger Bereich der externen Lenkung der Unternehmung behandelt, aber insgesamt doch nur ein Teilbereich. Markt und Wettbewerb alleine sind als Nenner zu klein, um die vielgestaltigen Beziehungen zwischen der Unternehmung und ihrer gesellschaftlichen Umwelt erfassen und erklären zu können. Bei näherem Hinsehen erweist sich der Markt als ein Lenkungssystem, das im Hinblick auf seine konkrete Ausgestaltung, aber auch im Hinblick auf seinen Geltungsbereich und Stellenwert von übergeordneten politischen und gesellschaftlichen Entscheidungsprozessen abhängt. Erst im Rahmen solcher politischer Prozesse wird die konkrete Form der Lenkung gesellschaftlicher Institutionen wie der Unternehmung bestimmt.

Die *Politik* als gesellschaftliches Lenkungssystem weist jedoch gegenüber dem Markt grundlegend andere Merkmale auf:

- Ihr Lenkungszweck besteht nicht in der Allokation knapper Ressourcen, wie im Falle des Marktes, sondern in der *kollektiven Entscheidungsfindung* für das Gemeinwesen insgesamt. Jedes Gemeinwesen steht vor der Aufgabe, Entscheidungen über die Regelung des Zusammenlebens aller zu treffen, die von den Mitgliedern als verbindlich anerkannt werden. Diese Aufgabe ist die ursprüngliche Aufgabe der Politik, die sie in ihrer demokratischen Form unter Wahrung der erworbenen Mitwirkungs- und Bürgerrechte zu lösen hat. Damit ist bereits auf ihren Zweck im Hinblick auf das Individuum hingewiesen: die Wahrung und Verwirklichung der politischen und sozialen *Rechte des Bürgers*. Wie umfassend auch immer die materiellen Bürgerrechte definiert sein mögen, so haben sie doch einige allgemeine Merkmale gemeinsam: Sie stehen - im Vergleich zu ökonomischen Gütern - den Bürgern kostenlos zu; sie sind gleichmäßig verteilt; sie werden deshalb auch nicht als Anreize zur Belohnung erwünschten oder Bestrafung unerwünschten Verhaltens verwendet, wie im Falle der Preise; sie sind im Prinzip nicht käuflich und nicht handelbar, auch wenn der Ökonom dem entgegenhält, daß der Gesamtnutzen bestimmter Rechte im Falle ihrer Handelbarkeit höher ausfiele; sie stehen somit im Dienste der Verwirklichung von *Gleichheit*, nicht von wirtschaftlicher Effizienz, einem ganz anderen und tendenziell konkurrierenden gesellschaftlichen Leitwert (Okun, 1975:6 ff.).

- Souverän des politischen Lenkungssystems ist nicht der Konsument, sondern zum einen das *Volk* als Ganzes, im Hinblick auf den kollektiven Lenkungszweck, und zum anderen der *Bürger*, im Hinblick auf den individuellen Lenkungszweck.

- Die Unterschiede zwischen marktlicher und politischer Lenkung werden auch bei der Betrachtung der zum Einsatz kommenden Lenkungsmechanismen deutlich. Gegenüber dem Preismechanismus des Marktes kommen in der Politik *Abstimmung* und *Wahl* zum Einsatz. Diese weisen ganz eigene Merkmale auf: Handelt es sich im Falle des Marktes um eine Output-Kontrolle, in der die fertigen Produkte "gewählt" werden, so beruht die politische Wahl auf einer Input- oder Verfahrenskontrolle, in der die politischen Repräsentanten gewählt werden. Sie wirkt deshalb auch indirekter und zumeist auch unpräziser als der Markt, weil man nie mit Sicherheit weiß, wie sich der Gewählte tatsächlich verhalten wird und was das Ergebnis seines Handelns sein wird. Während der Konsument sich so oft er will für oder gegen ein Produkt entscheidet, sind Wahlen bedeutend aufwendigere Verfahren und können nur periodisch stattfinden. Hat jeder Stimmberechtigte in der Politik eine Stimme, so sind die Wahlmöglichkeiten am Markt abhängig von der Kaufkraft. Ist der Marktmechanismus relativ simpel und verlangt nur eine Ja-Nein-Entscheidung, so ist der politische Mechanimus komplexer und anspruchsvoller. Diese Tatsache hängt letztlich damit zusammen, daß der Markt lediglich eine zweiseitige Anpassung der Interaktionspartner vermittelt, aber auch benötigt, während der politische Prozeß auf einer vielseitigen Anpassung und einem mehrseitigen Interessenausgleich beruht. Dem Nachteil der Nichtberücksichtigung von Drittinteressen durch den privatautonom bewirkten Markttausch stehen auf seiten des politischen Mechanismus typischerweise Nachteile in Form von Entscheidungshemmung und mangelnder Innovationskraft gegenüber. Letztlich findet der Entscheidungsprozeß im Falle des Marktes privat und anonym statt, während der politische Prozeß ein öffentliches Verfahren darstellt, in dem die Gründe für die Entscheidung offengelegt und begründet werden müssen (Lindblom, 1980:233 ff.; Hirschman, 1970:15 ff.; Frey, 1977:24 ff.; ders., 1981:70 ff.).

- Marktliche und politische Lenkung unterscheiden sich auch entsprechend deutlich in ihrer Wirkungsweise: Basiert die marktliche Lenkung auf dem liberalen Modell des freien Tausches zwischen autonomen Individuen, so liegt der politischen Lenkung ein anderes Bild zugrunde. Auf der einen Seite ist bei ihr die Entscheidungsfindung demokratisch geregelt, auf der anderen Seite werden die einmal ge-

troffenen Entscheide in Gestalt eines "hoheitlichen Zwangstausches" gegenüber den Adressaten durchgesetzt. Geht das Marktmodell von der Möglichkeit der Begrenzung der Auswirkungen auf die beteiligten Tauschpartner aus, so werden im Falle der politischen Lenkung gerade solche Auswirkungen auf unbeteiligte Dritte vorausgesetzt. Sie implizieren somit in gewissem Maße Macht, die politisch legitimiert werden muß. Spielt sich der Markttausch im Bereich der Privatsphäre ab und basiert motivationsmäßig auf dem kommerziellen Privatinteresse der Teilnehmer, so spielt sich die politische Lenkung in der öffentlichen Sphäre ab und bedarf der legitimierenden öffentlichen Interessen als Handlungsmotivation. Handlungsmedium ist im Falle des Marktes das Geld, im Falle der Politik ist es demgegenüber der Einfluß.
- Damit wird aber auch deutlich, daß das Erfolgskriterium im Kontext der politischen Lenkung ein ganz anderes sein muß als im Falle der marktlichen Lenkung: Geht es im Markt um wirtschaftliche Effizienz, so geht es in der Politik um *politische Legitimität*, die an das Zustandekommen eines politischen Konsenses und das Einhalten der demokratischen Spielregeln geknüpft ist.

Politische Legitimität bedarf einer de facto erfolgenden politischen Zustimmung, die unter Umständen auch auf einem durchaus "faulen" Kompromiß beruhen kann, für den wenig gute und vertretbare Gründe zu seiner Rechtfertigung angeführt werden können. Dies verweist auf den der Politik vorgelagerten Bereich der *Moral*, in dem es genau um solche rechtfertigbare Gründe für Entscheidungen geht. Hier stehen durchaus legale Handlungen zur Diskussion, die auf ihre moralische Legitimität hin befragt werden. Die Bedeutung dieser Fragestellung auch für Unternehmungen wird unmittelbar einsichtig, wenn man an die vielfältigen aktuellen Herausforderungen der Kernenergie, der Biotechnologie, des Umweltschutzes, der Waffenproduktion, des Bankgeheimnisses oder der Verwendung aggressiver Marketingpraktiken denkt.

Als Mitglieder und Teile der Gesellschaft sind die Unternehmungen unlösbar eingebunden in eine umfassende Dimension des Moralischen, einen "Horizont der Sittlichkeit", der den Anspruch des Guten und Richtigen an das Handeln sowie an die zugrunde liegenden Maximen und Einstellungen bezeichnet. Dieser Horizont mag bisweilen ausgeblendet sein, dennoch gilt: aus ihm heraustreten können sie nicht. Dies beweist die stete Möglichkeit seiner Aktualisierung durch gesellschaftliche Anspruchsgruppen. Betroffen sind sie hierdurch gleichermaßen wie der Einzelmensch und der Staat, die traditionellen Adressaten moralischer Erwartungen, wie die Vielfalt konkreter moralischer Forderungen an die Adresse von Unternehmungen hinreichend belegt. In einer Zeit, die wie wohl niemals zuvor durch das Wirken mächtiger Großorganisationen geprägt ist, erhält die Moralität des institutionellen Handelns dieser Organisationen sogar unvermeidlich eine ganz zentrale Bedeutung. Die Individual- und Staatsethik bedarf in diesem Sinne einer Ergänzung durch eine dazwischen angesiedelte "Ethik der Organisation" (Jonas, 1979; Lenk, 1982). Auf den Bereich einer Unternehmungsethik bezogen, geht es hierbei konkret um zwei Verantwortungsbereiche: Nach innen, gegenüber den eigenen Mitarbeitern, erscheint die Unternehmung als (mehr oder weniger) moralische Umgebung für deren Handeln, nach außen jedoch als eigenständiger moralischer Handlungsträger, der eigene Handlungsziele verfolgt und auch zu verantworten hat.

Im Verlauf der Geistesgeschichte ist der moralische Anspruch des Guten unterschiedlich gesehen worden. Für Aristoteles lag er z.B. in der Entfaltung des Menschen zu seiner sittlichen Möglichkeit, für das Christentum in der Erfahrung der Liebe Gottes zum Menschen, für Kant in der Idee der Verallgemeinerbarkeit der Handlungsmaximen. Aber wenn auch die konkreten Inhalte der Moral geschichtlich und kulturell wandelbar sind, so stimmen doch alle Interpretationen darin überein, daß das Moralische vom Anspruch des Guten her zu interpretieren ist (Pfürtner, 1978:219 ff.; Höffe, 1981:51).

Mit der Moral ist das dritte externe Lenkungssystem der Unternehmung bezeichnet, das auf einen der eigenen Verfügung weitgehend entzogenen Rahmen der normativen Lebenswelt verweist. Wie auch schon im Falle des Marktes und der Politik, soll es hier primär darum gehen, die besonderen Funktionsprinzipien der Moral als Lenkungssystem zu verdeutlichen:

- Der Zweck der Moral ist darin zu sehen, ein dem Guten und Richtigen verpflichtetes Handeln anzuleiten und zu bewirken, wie dies gemeinhin mit dem Begriff der *"Sittlichkeit"* zum Ausdruck gebracht wird.
- Der Souverän ist in diesem Falle weder der wirtschaftliche Konsument, noch der politische Bürger oder das Volk, sondern der *Mensch* als Gattungswesen, resp. die *Menschheit* insgesamt. Deshalb spielen auch Fragen der politisch begründeten Grenzziehung (Zuständigkeitsregelungen, Verantwortungsregelungen) keine Rolle.
- Der Lenkungsmechanismus basiert im positiven Sinne auf der *sozialen Achtung*, im negativen Sinne hingegen auf der *sozialen Ächtung*, wie dies in zeitgemäßer Form in der öffentlichen Bloßstellung auf der Frontseite der Tageszeitung erfolgt. Zu dieser externen moralischen Instanz tritt das *Gewissen* als internalisierte und individuelle Lenkungsinstanz hinzu.
- Auch die Wirkungsweise der Moral weist eine ganze Reihe von spezifischen Merkmalen auf: Ein erstes Merkmal wird aus der Unterscheidung zum Recht deutlich. Beide, Moral und Recht, haben die gesellschaftliche Funktion Verhalten zu regulieren, d.h. erwartbar zu machen. Doch während das positive Recht zum wesentlichen Teil aus formellen Akten staatlicher Rechtsetzung besteht, dessen Auslegung und Durchsetzung mittels staatlicher Sanktionsgewalt, notfalls also durch Zwang, durchgesetzt werden kann, existiert im Falle der Moral ein vergleichbarer Zwang nicht. Die Moral besteht aus einem geschichtlich gewachsenen Normengefüge, dessen Übertretung durch Tadeln, soziale Ächtung oder Ausstoß aus der Gemeinschaft sanktioniert wird. Ist das Recht explizit vorgegeben und durchsetzbar (Recht als Zwangsordnung), so ist die Moral weitgehend *implizit* wirksam und *nicht erzwingbar*. Auch erschwert im Falle der Moralordnung, daß diese auf einer Konkurrenz z.T. *inkompatibler Moralprinzipien* beruht,

	Markt	Politik	Moral
Zweck	Allokation knapper Ressourcen Befriedigung von Konsumbedürfn.	kollektive Entscheidungsfindung Wahrung politischer Rechte d. Bürgers	Dem Guten und Richtigen verpflichtetes Handeln (Sittlichkeit)
Souverän	Konsument	Bürger und Volk	Mensch und Menschheit
Lenkungsmechanismus	Nachfrage und Preis	Abstimmung und Wahl	Soziale Ächtung (extern) Gewissen (internalisiert)
Wirkungsweise	Freier Tausch zwischen Individuen Auswirkungen nur auf die Tauschpartner Kommerzielles Privatinteresse als legitime Handlungsmotivation Geld als Medium	Hoheitlicher Zwangstausch gegenüber Adressaten Entscheidungsfindung demokratisch geregelt Auswirkungen auf unbeteiligte Dritte Öffentliches Interesse als legitime Handlungsmotivation Einfluß als Medium	Weitgehend implizit wirksam Keine Erzwingbarkeit Konkurrenz von Moralprinzipien Verallgemeinerbarkeit Sittlichkeit als Handlungsmotivation Achtung als Medium
Erfolgskriterium	Wirtschaftliche Effizienz	Politische Legitimität	Moralische Autorität

Abb. 2: Funktionsprinzipien von Markt, Politik und Moral

die sich auf den Nutzen (Utilitarismus), die Handlungsmaximen (Deontologie), die Gerechtigkeit oder die verwendeten Verfahren beziehen. Werden im Rahmen der marktlichen Lenkung nur die unmittelbaren Wirkungen auf die Tauschpartner beachtet, bei der politischen Lenkung auch die Auswirkungen auf unbeteiligte Dritte, so geht es bei der Lenkung durch die Moral um die *Verallgemeinerbarkeit* der Auswirkungen. Diese müssen generell und aus sich heraus erwünscht sein, unabhängig von wirtschaftlichen oder politischen Opportunitäten. Im Falle der Moral bedarf es deshalb im Hinblick auf die legitime Handlungsmotivation der Sittlichkeit, die sowohl das kommerzielle Privatinteresse als auch das öffentliche Interesse übersteigt. Das Medium der Moral ist schließlich die gesellschaftliche *Achtung*.

- Damit tritt aber an die Stelle der wirtschaftlichen Effizienz und der politischen Legitimität ein abweichendes moralisches Erfolgskriterium, das in der *moralischen Autorität* des Handlungsträgers zu sehen ist. Erst aus der Beurteilung der Handlungen im Hinblick auf die Normen der Sittlichkeit, läßt sich somit Erfolg in moralischer Dimension beurteilen.

Die Funktionsprinzipien der drei externen Lenkungssysteme der Unternehmung Markt, Politik und Moral gehen aus der Abbildung 2 noch einmal im Überblick hervor.

Wie das Zusammenspiel der drei externen Lenkungssysteme der Unternehmung funktioniert, ist mit dieser differenzierenden Beschreibung noch nicht gesagt. Was sich jedoch sagen läßt, ist, daß praktisch vernünftige Handlungen der Unternehmung den Anforderungen aller drei Lenkungssysteme genügen müssen. Sie müssen sowohl dem Kriterium der wirtschaftlichen Effizienz als auch dem der politischen Legitimität und der moralischen Autorität genügen. Und jedes dieser Lenkungssysteme stellt grundsätzlich andere Anforderungen an das Handeln der Unternehmung. Die entsprechenden Unterschiede herauszuarbeiten und die Anforderungen, die sich daraus ergeben, zu verdeutlichen, war Zweck dieses Beitrags.

Literatur

Albach, H.: Betriebswirtschaftslehre als Wissenschaft - als Wissenschaft vom Management. In: Probst, G./Siegwart, H. (Hrsg.): Integriertes Management. Festschrift zum 65. Geburtstag von H. Ulrich. Bern/Stuttgart 1985, S. 25 - 36

Arrow, K.: The Organization of Economic Activity: Issues Pertinent to the Choice of Market versus Nonmarket Allocation. In: Haveman, R./Margolis, J. (Hrsg.): Public Expenditures and Policy Analysis. Chicago 1977 (2. Aufl.), S. 67 - 81

Arrow, K.: The Limits of Organization. New York 1974

Barnard, C.: The Functions of the Executive. Cambridge Mass. 1968 (30. Aufl.)

Beck, U.: Risikogesellschaft. Frankfurt 1986

Boulding, K.: Ecodynamics. Beverly Hills 1978

Cyert, R.M./March, J.G.: A Behavioral Theory of the Firm. Englewood Cliffs 1963

Dyllick, T.: Management der Umweltbeziehungen. Öffentliche Exponiertheit von Unternehmungen als Herausforderung für Managementtheorie und -praxis. In: Die Unternehmung, 1988, Nr. 3, S. 190 - 205 (zit. als 1988a)

Dyllick, T.: Toni Joghurt im Zirkulationsglas: Erfolgreiche Positionierung mit ökologischer Verpackung, In: Thexis, 1988, Nr. 3, S. 51 - 55 (zit. als 1988b)

Dyllick, T.: Management der Umweltbeziehungen der Unternehmung. Unveröffentlichte Habilitationsschrift für die Hochschule St. Gallen. St. Gallen 1987 (erscheint 1989)

Dyllick, T.: Die Beziehungen zwischen Unternehmung und gesellschaftlicher Umwelt. In: Die Betriebswirtschaft, 1986, Nr. 3, S. 373 - 392

Frey, B.: Theorie demokratischer Wirtschaftspolitik. München 1981

Frey, B.: Moderne Politische Ökonomie. München 1977

Gutenberg, E.: Einführung in die Betriebswirtschaftslehre. Wiesbaden 1958

von Hayek, F.A.: Recht, Gesetzgebung und Freiheit, Band 1: Regeln und Ordnung. München 1980

von Hayek, F.A.: Arten der Ordnung. In: ders.: Freiburger Studien. Tübingen 1969, S. 32 - 46 (zit. als 1969a)

von Hayek, F.A.: Der Wettbewerb als Entdeckungsverfahren. In: ders.: Freiburger Studien. Tübingen 1969, S. 249 - 265 (zit. als 1969b)

Heinen, E.: Wandlungen und Strömungen in der Betriebswirtschaftslehre. In: Probst, G./Siegwart, H. (Hrsg.): Integriertes Management. Festschrift zum 65. Geburtstag von H. Ulrich. Bern/Stuttgart 1985, S. 37 - 63

Heinen, E.: Einführung in die Betriebswirtschaftslehre. Wiesbaden 1980 (7. Aufl.)

Hill, W.: Betriebswirtschaftslehre als Managementlehre. In: Wunderer, R. (Hrsg.): Betriebswirtschaftslehre als Management- und Führungslehre. Stuttgart 1985, S. 111 - 146 (zit. als 1985a)

Hill, W., Das betriebswirtschaftliche Institut im Spannungsfeld von Wissenschaft und Praxis. In: Die Unternehmung, 1985, Nr. 4, S. 259 - 270

Hirschman, A.O.: Exit, Voice, and Loyalty. Cambridge, Mass./London 1970

Höffe, O.: Moral und Recht: Eine philosophische Perspektive: In: Höffe, O./Kadelbach, G./Plumpe, G. (Hrsg.): Praktische Philosophie/Ethik. Reader zum Funkkolleg, Band 2. Frankfurt 1981, S. 51 - 64

Jonas, H.: Das Prinzip Verantwortung. Frankfurt 1979

Kirsch, W.: Zur Konzeption der Betriebswirtschaftslehre als Führungslehre. In: Wunderer, R. (Hrsg.): Betriebswirtschaftslehre als Management- und Führungslehre. Stuttgart 1985, S. 33 - 65

Kirsch, W.: Wissenschaftliche Unternehmensführung oder Freiheit vor der Wissenschaft?, 1. Halbband. München 1984

Lenk, H.: Zur Sozialphilosophie der Technik. Frankfurt 1982

Lindblom, C.: Jenseits von Markt und Staat. Stuttgart 1980

March, J.G./Simon, H.A.: Organizations. New York 1958

Miles, R.H.: Managing the Corporate Social Environment. Englewood Cliffs 1987

Miles, R.H./Cameron, K.S.: Coffin Nails and Corporate Strategies. Englewood Cliffs 1982

Mittelstraß, J.: Wirtschaftsethik als wissenschaftliche Disziplin? In: Enderle, G. (Hrsg.): Ethik und Wirtschaftswissenschaft, Schriften des Vereins für Socialpolitik, NF Band 147. Berlin 1985, S. 17 - 32

Okun, A.M.: Equality and Efficiency. Washington 1975

Perrow, C.: Normal Accidents. New York 1984

Pfürtner, S.: Zur wissenschaftstheoretischen Begründung der Moral, In: Luhmann, N./Pfürtner, S. (Hrsg.): Theorietechnik und Moral. Frankfurt 1978, S. 176 - 250

Raffée, H./Wiedmann, K.: Dialoge 2: Konsequenzen für das Marketing. Hamburg 1987

Raiser, T.: Der Bericht der Unternehmensrechtskommission und die Probleme der Unternehmensverfassung: In: Bohr, K./Drukarczyk, J./Drumm, H.J./Scherrer, G. (Hrsg.): Unternehmensverfassung als Problem der Betriebswirtschaftslehre. Wissenschaftliche Tagung des Verbandes der Hochschullehrer für Betriebswirtschaft. Berlin, 1981, S.35 - 51

Recktenwald, H.C.: Ethik, Selbstinteresse und bonum commune. Eine Analyse der klassischen Ordnungstheorie Adam Smiths. In: Enderle, G. (Hrsg.): Ethik und Wirtschaftswissenschaft, Schriften des Vereins für Socialpolitik, NF Band 147. Berlin 1985, S. 143 - 162

Röglin, H.C./v. Grebmer, K.: Pharma-Industrie und Öffentlichkeit, Basel 1988

Röpke, J., Wettbewerb als Problemlösungsverfahren. In: Wirtschaftspolitische Blätter, 1976, Heft 5, S. 38 - 46

Schweizer Rück: Internationale Großschaden- und Katastrophenbilanz 1970 - 1985. Sigma Wirtschaftsstudien, November 1986, 11

Schwemmer, O.: Ökonomische Rationalität und praktische Vernunft oder: Kann man ethische Grundsätze zu Prinzipien ökonomischer Systeme machen? In: Enderle, G. (Hrsg.): Ethik und Wirtschaftswissenschaft, Schriften des Vereins für Socialpolitik, NF Band147. Berlin 1985, S. 33 - 53

Sonnenfeld, J.A.: Corporate Views of the Public Interest. Boston1981

Steinmann, H./Gerum, E.: Unternehmensordnung. In: Bea, F./Dichtl, E./Schweitzer, M. (Hrsg.): Allgemeine Betriebswirtschaftslehre, Band 1: Grundfragen. Stuttgart/New York 1985 (3. Auf.), S. 164 - 251

Ulrich, H., Management. Hrsg. von Dyllick, T./Probst, G. Bern/Stuttgart 1984

Ulrich, H.: Unternehmungspolitik. Bern/Stuttgart 1978

Ulrich, H.: Die Unternehmung als produktives soziales System. Bern/Stuttgart 1970 (2. Aufl.)

Ulrich, P.: Transformation der ökonomischen Vernunft. Bern/Stuttgart 1986

Ulrich, P., Die Großunternehmung als quasi-öffentliche Institution, Stuttgart 1977

Ulrich, P./Fluri, E.: Management. Bern/Stuttgart 1984 (3. Aufl.)

Werhahn,P., Menschenbild, Gesellschaftsbild und Wissenschaftsbegriff in der neueren Betriebswirtschaftslehre. Bern/Stuttgart 1980

Wöhe, G., Einführung in die Allgemeine Betriebswirtschaftslehre. München 1976 (12. Aufl.)

Zu den Autoren

Thomas Dyllick-Brenzinger, PD Dr.: Studien an der Universität Freiburg/Br. (Mathematik, Volkswirtschaft), an der Hochschule St. Gallen (Betriebswirtschaft), an den Business Schools der University of Chicago und der Harvard University; dzt. vollamtlicher Dozent an der Hochschule St. Gallen; Forschungsschwerpunkte sind die Beziehungen zwischen Unternehmung, Ökologie und Gesellschaft.
HSG, CH-9010 St. Gallen, Guisanstraße 11

Alois Kehrer, Dr.: Studien an der Universität Linz (Betriebswirtschaft) und an der Wirtschaftsuniversität Wien (Betriebswirtschaft); dzt. Universitätsassistent an der Wirtschaftsuniversität Wien und Lektor an der Sozialakademie St. Pölten; Psychotherapeut. Forschungsschwerpunkt ist die Verknüpfung tiefenpsychologischer und organisationstheoretischer Erkenntnisse.
WU Wien, A-1090 Wien, Augasse 2 - 6

Manfred Lueger, Dr.: Studium an der Universität Wien (Soziologie, Psychologie); dzt. Universitätsassistent an der Wirtschaftsuniversität Wien; Forschungsschwerpunkte sind Organisationssoziologie mit Schwerpunkt Machtbeziehungen sowie qualitative Methoden.
WU Wien, A-1090 Wien, Augasse 2 - 6

Sonja Sackmann, Dipl. Psych., PhD: Studien an der Universität Heidelberg (Psychologie) und an der University of California, Los Angeles (Management); dzt. Entwicklungs- und Projektleiterin in einem Beratungsunternehmen; Lektorin an der Hochschule St. Gallen; Forschungsschwerpunkte sind Unternehmenskultur, Personalmanagement sowie 'nicht-programmierbare' Situationen.
MZSG, CH-9001 St. Gallen, Rosenbergstraße 38

Karl Sandner, Univ.Prof. Dr.: Studien an der Wirtschaftsuniversität Wien (Betriebswirtschaft), an der Hochschule St. Gallen (Betriebswirtschaft) und an der University of California, Los Angeles (Management); dzt. Universitätsprofessor an der Wirtschaftsuniversität Wien; Forschungsschwerpunkte sind Steuerungsprozesse in Organisationen.
WU Wien, A-1090 Wien, Augasse 2 - 6

Johannes Steyrer, Dr.: Studien an der Universität Wien (Soziologie) und an der Wirtschaftsuniversität Wien (Betriebswirtschaft); dzt. Universitätsassistent an der Wirtschaftsuniversität Wien; Forschungsschwerpunkte sind Beratungsforschung sowie Führungspsychologie.
WU Wien, A-1090 Wien, Augasse 2 - 6

Peter Stockinger, Univ.Prof. DDr.: Studien an der der Universität Salzburg (Psychologie) und an der Sorbonne, Paris (Linguistik, Semiotik); dzt. Universitätsprofessor am Institut National des Langues et Civilisations Orientales (Paris); Forschungschwerpunkte sind kognitive Wissenschaften, künstliche Intelligenz sowie Repräsentationen von Handlungs- und Interaktionsstrategien.
INALCO, 2 rue de Lille, F-75343 Paris

Rudolf Wimmer, Univ.doz. Dr.: Studien an der Universität Wien (Rechtswissenschaft) und an der Universität Tübingen (Politologie); dzt. Leiter eines Forschungsinstitutes für Organisations- und Institutionsberatung; Geschäftsführer eines Organisationsberatungsunternehmens; Forschungsschwerpunkte sind Mangement- und Organisationsentwicklung, Organisations- und Institutionsforschung sowie Beratungsforschung.
OBSERVE, A-1080 Wien, Josefstädterstraße 27/12

MIX
Papier aus verantwortungsvollen Quellen
Paper from responsible sources
FSC® C105338

If you have any concerns about our products,
you can contact us on
ProductSafety@springernature.com

In case Publisher is established outside the EU,
the EU authorized representative is:
**Springer Nature Customer Service Center GmbH
Europaplatz 3, 69115 Heidelberg, Germany**

Printed by Libri Plureos GmbH
in Hamburg, Germany